北京炜衡（上海）律师事务所商事金融法丛书

商事金融法新思维与新路径

张小炜　主编
郭俊　章晓科　副主编

U0889133

当代中国出版社
Contemporary China Publishing House

图书在版编目（CIP）数据

商事金融法新思维与新路径 / 张小炜主编；郭俊，章晓科副主编 . -- 北京 : 当代中国出版社，2023.5
ISBN 978-7-5154-1257-3

Ⅰ . ①商… Ⅱ . ①张… ②郭… ③章… Ⅲ . ①金融法—中国—文集 Ⅳ . ① D922.280.4-53

中国国家版本馆 CIP 数据核字（2023）第 074089 号

出 版 人　冀祥德
责任编辑　靳振国　沈秋彤
责任校对　贾云华
印刷监制　刘艳平
装帧设计　郝志燕
出版发行　当代中国出版社
地　　址　北京市地安门西大街旌勇里 8 号
网　　址　http://www.ddzg.net
邮政编码　100009
编 辑 部　（010）66572156
市 场 部　（010）66572281　66572157
印　　刷　北京润田金辉印刷有限公司
开　　本　710 毫米 ×1000 毫米　1/16
印　　张　19.5 印张　2 插页　337 千字
版　　次　2023 年 5 月第 1 版
印　　次　2023 年 5 月第 1 次印刷
定　　价　128.00 元

版权所有，翻版必究；如有印装质量问题，请拨打（010）66572159 联系出版部调换。

序

2023年，是本论文集问世的元年，也是北京炜衡（上海）律师事务所（下称炜衡上海）走过的第二十个年头。此论文集的出版既是为了庆祝炜衡上海建所二十周年，也是希望地处国际金融中心的炜衡上海能以此为契机，每年展示和探讨商事金融热点法律问题，进而推动整个炜衡商事金融业务的发展。

炜衡律师事务所是我与其他几位司法部原"中国法律事务中心"的骨干律师于1995年创立的。二十多年来，炜衡新老同仁筚路蓝缕，薪火相传，秉持初心，迎难而上，始终沿着中国特色社会主义法治道路勇毅前行，深耕且精耕本土法律服务市场，同时亦着力于打造"开放、合作、共赢"的全球化法律服务体系。炜衡律师时刻砥砺着法律人思维的前瞻性、开放性、创新性，时刻不忘理论与实践相结合的使命。在不同的发展时期，炜衡律师事务所先后参与了联合国贸易法委员会、最高人民法院、财政部、中国银行保险监督管理委员会、中华全国律师协会、北京市高级人民法院、中关村国家自主创新国家示范区等部门的相关课题的研究及司法解释、操作规程的起草和研讨，并出版了《证券法》《私募股权投资基金》《房地产工程建设》《企业商标全程谋略》《破产法论坛》《破产管理人工作规程》等几十部卓有影响的理论研究和法律实务著作。

过去三年席卷全球的新冠疫情，一方面加大了法律工作者拥抱科技尤其是互联网大数据与人工智能的步伐，另一方面也让律师们获得了充足的时间沉淀与复盘。每一个法律人深知：法律虽有自生自洽的逻辑体系，却不是一门自成闭环的学科，它涉及社会生活的方方面面，离开其所调整的具体对象，法律将会成为无源之水、无本之木。所以，为了更好地解决"新常态"下的新问题，更好地适应科技变革之新、金融发展之新、社会演进之新，炜衡上海的优秀同仁结合自身在金融及商事领域的优势，针对近年来该领域的突出问题或典型案例，展开思辨与研讨，并将其记录于纸案，集思广益，终汇集成此呕心之作。

本书涉猎广泛，涵盖近年来民商事领域诸多新型问题和热点争议。在民法基本理论层面，有兼考中外法律制度补益既有条文的思考，也有针对社会热点案例展开的评析。在公司法领域，我们将视角更多地聚焦于实务层面的新问题，如数据合规，同时也热切关注在传统领域出现的新问题，如股东代表之诉、股东激励机制、股东对重大事项"一票否决权"机制的重构与改良。众所周知，上海作为金融行业核心城市，为金融法律业务提供了丰富翔实的实战案例。炜衡上海的律师们作为金融法律业务的参与者，亦不吝分享对定增保底协议相关问题的前瞻、对卖方机构履行适当性义务的新探、对私募基金及其管理人的责任的再析以及对城市更新专项 REITs 新模式的探究等。同时，本书还囊括了保险、破产、纠纷解决机制等重要实务领域的重要文章著作。

本书成书不易，但尤见法律人之志。石以砥焉，化钝为利；法以砥焉，化愚为智。在这过去的三年时间里，律师行业长久积累的共识与韧性受到了冲击，行业内生矛盾与积弊日益显露，如潮汐渐退，顽石突兀。更有无数蒙尘的微观个体，作为行业最基础的单位，他们的沉浮也许微不足道，他们的悲喜也许被淹没于众生的喧嚣，他们的名字更无法被主流历史书写和铭记。但他们有一个共同的名字——律师。是的，律师在中国仍是一个较为年轻的行业。时代赋予了这个新生行业成长与挑战，律师也见证并参与了中国特色社会主义法治体系建设的伟大进程。

2022 年，在上海经历疫情最严峻考验之时，本人时刻关心着炜衡上海及各位同仁近况，时刻关切并思虑着律所走出困局之方向，在与炜衡上海全体高级合伙人进行深入交流探讨之下，我们作为法律执业共同体一致认为：在当下，在百年未有之大变局下，潮涌暂息，逝者如斯，律师也应从曾经的“危”中洞悉未来蕴藏着的“机”。在“抗疫”的宏观叙事下与全球经济降温的负面预期中，我国经济增长一转入“新常态”。有鉴于此，律师所肩负的时代使命必然应当涵盖推进社会主义法治化进程与经济社会全面发展相适应，即基于现有的法律框架和已有的实务经验，立足实践反思理论，更新理论指导实践，知行合一，深化改革。在“新常态”指挥棒下，律师应当将司法实践的法治研究推向新阶段和新高度，这也是“新常态”的应有之义。同时，我们亦诚挚感谢每一位对此有着深刻共识的炜衡同仁，在那些闭门的日子里，正是他们趁此静默之机，沉下心来、俯下身去，本着“向前看”的高维度和“求诸己”的低姿态，将过往执业经验逐一书录。

2023 年仲春，值此挥别阴霾、万象更新之际，炜衡上海将各位资深律师近年来的实务研究成果汇编成册并予出版，旨在以文字为舟楫，在浩瀚的法律实务汪洋中记录值得思辨的点滴，以问题为导向，对未来与未知提出具有前瞻性和参考性的法律思考，我们愿将此与每一位读者共享！

2023，一起再出发！

炜衡律师事务所管委会主席

目　　录

第一编　民　　法

第二编　公　司　法

第三编 资本市场

第四编 保 险

第五编 纠纷解决

动产价款债权担保之初探

——《美国统一商法典》PMSI 制度与中国《民法典》第 416 条之比较

章晓科* 商行健**

随着《民法典》的颁布与实施，不少全新的制度走进了国人的生活，并开始影响人们的日常行为模式。有部分制度还进入了法律人的视野，对法学理论和实务界提出了新的挑战。

《民法典》第 416 条规定："动产抵押担保的主债权是抵押物的价款，标的物交付后十日内办理抵押登记的，该抵押权人优先于抵押物买受人的其他担保物权人受偿，但是留置权人除外。"短短一条新规，因为其中"优先受偿"几个字，对庞大的担保物权体系牵一发而动全身，引发不少关注。目前，在对《民法典》的研究中不少学者专家均提及，这一条款是参照《美国统一商法典》(Uniform Commercial Code, UCC)中的价款债权担保(Purchase Money Security Interest, PMSI)制度，结合 UCC 中将 PMSI 的优先顺位形容为"超级优先"(super priority)，亦有学者将《民法典》第 416 条规定的抵押权称为"超级动产抵押"。虽然官方文件中并未明确此条款的来源，但是在立法机构和司法机构提供的相关解读中，均提及了 UCC[①]，可见上述说法并非空穴来风。同时，不少学者对该条款的设立目的表示费解，各类研究众说纷纭，立法机构和司法机构对于第 416 条规定给出的目的性解释也不尽统一。目前主流意见认为，该条款旨在鼓励融资，特别是突破在先浮动担保人的担保垄断，使得债务人能够拓宽融资途径。也有意见认为该制度如其名，强调

---

* 章晓科，浙江大学经济法学士、英国诺丁汉大学国际商法硕士。高级合伙人律师，现任炜衡律所全国涉外业务负责人、上海分所执委。曾在知名国际性律师事务所中国代表处任职，在京沪两地的全国性大型律所担任高级合伙人。执业领域为跨境投融资、医药、能源、环保 / 气候变化、危机公关、争议解决等。

** 商行健，毕业于美国凯斯西储备大学法律博士专业，持有美国纽约州律师执业证以及中国律师执业证。

① 参见最高人民法院民法典贯彻实施工作领导小组主编:《中华人民共和国民法典物权编理解与适用》(上下册)，人民法院出版社 2020 年版，第 1131 页；黄薇主编:《中华人民共和国民法典物权编释义》，法律出版社 2020 年版，第 540 页。

的是对于“价款”债权人的保护。本文将通过对于UCC相关条款的分析，对比国内权威机构及专家学者对《民法典》第416条的解读，帮助读者更好地探究第416条的立法目的及将来在司法实践中的运用。

一、UCC相关条款解读

1.UCC背景介绍

首先必须明确，UCC本身并非严格意义上的美国现行法律，而是由美国法学会和美国统一州法全国委员会的一众专家编纂的模范法典。它不具有联邦法的效力[①]，而是各州根据这一模范法典，选择性地适用，一般是直接在UCC前加上州名（如纽约统一商法典）作为州法。而各州在适用过程中也会进行一些调整或者保留（如路易斯安那州[②]）。除正文外，UCC各条文后面还带有官方评注（official comments），对条文进行解释或举例。这些评注作为立法解释，在法院适用的司法实践中具有强制力（mandatory authority），效力与法条等同。但是各州在调整或者保留UCC的同时，对于官方评注也可能作出调整。出于英美法系的特点，UCC对于大量细节问题并未作出规定，而是通过司法实践，即判例这一普通法的形式填补空白。为方便起见，本文中的UCC指的是2010年美国法学会和美国统一州法全国委员会修订后的模范版本，如果涉及某一州对于UCC的适用，则以“州字母简写+UCC”的形式表示。

UCC一共有11编，分别为：第1编总则（Article 1 Gerenal Provisions）、第2编买卖（Article 2 Sales）、第2A编租赁（Article 2A Leases）、第3编流通票据（Article 3 Negotiable Instruments）、第4编银行存款与托收（Article 4 Bank Deposits and Collections）、第4A编资金转账（Article 4A Funds Transfer）、第5编信用证（Article 5 Letters of Credit）、第6编大宗转让与大宗交易（Article 6 Bulk Transfers and Bulk Sales）、第7编仓单、提单和其他物权凭证（Article 7 Warehouse Receipts, Bills of Lading and Other Documents of Title）、第8编投资证券（Article 8 Investment Securities）、第9编担保交易（Article 9 Secured Transactions）。

本次《民法典》第416条可能参照学习的PMSI制度相关条款规定于UCC第9编，该编内容在2001年与2010年进行过部分修订[③]。需要注意的是，该章节虽然

① https://www.uniformlaws.org/acts/ucc.
② https://en.wikipedia.org/wiki/Uniform_Commercial_Code.
③ https://en.wikipedia.org/wiki/Uniform_Commercial_Code.

名为担保交易，但其中涉及的担保物权仅限于动产担保物权交易。

2.UCC 对动产抵押物的分类

在 UCC 第 9 编下，不同的动产抵押权适用规则不尽相同。第 9–102 条将有形抵押物（tangible collateral）的动产[①]分为四个类别：消费品（consumer goods）、设备（equipment）、农产品（farm products）和存货（inventory）[②]。其中消费品和农产品的定义如其名：消费品即指债务人主要用于个人或家庭生活需要的动产抵押物[③]；农产品即指债务人用于农业生产的动产[④]。而设备和存货的概念即便抛开语言差异，在英文上也与日常用法有所区别。第 9–102 条对于“设备”的定义属于兜底性定义，即“不属于存货、农产品或日常消费品的货物即为设备”。[⑤]而根据 UCC 第 9–102 条的官方评注：“同一动产不可能同时具有双重属性。在疑难案例中，一辆外科医生的汽车或农民的卡车可能既是消费品又是设备——该动产的主要使用方法是决定性因素……”被出租人用于出租，或被个人用于出售或租赁的货物即存货。修订后的“存货”明确了该定义既包括债务人出租给他人的货物，也包括出于租赁目的而持有的货物。原材料、在制品以及根据服务协议提供的货物也属于存货的范围。该定义暗含的标准为买卖和租赁均属于或将要属于正常的商业流程范畴。举例而言，即便债务人的经营方针是将用于生产制造的机器在淘汰或报废后进行出售，这台机器也应属于设备的范畴，而非存货。存货还包括在商业运营中消耗的货物（如经营中消耗的燃料）。总体来说，如果用于商业运营的货物是固定资产，或拥有可长期使用的可识别单位，则属于日常生产设备；但如果该货物在生产产品或提供服务的过程中短时间内被消耗，即便持有它们的目的并非用于出售或租赁，该货物也属于存货[⑥]。

在实务中，法院曾作出如下判例：“如饲主拟出租马匹用作种马服务，但不从事农场经营，则该马匹既可能是‘设备’，也可能是‘存货’，而非农产品”[⑦]以及“为比赛而养的马，不是为繁殖而养的马，是设备，不是农产品”。[⑧]结合普通法对于这

① UCC 项下的抵押物首先分为有形物（tangible property）、无形物（intangible property）及其他。这里不再展开。

② Official Comment 4 .a. to 9–102, Uniform Commercial Code.

③ UCC 9–102（a）（23）.

④ UCC 9–102（a）（34）.

⑤ UCC 9–102（a）（32）.

⑥ Official Comment 4 .a. to 9–102, Uniform Commercial Code.

⑦ In re Butcher（Martin v. Landers）, 43 B.R. 513, 521–22（Bankr. E.D. Tenn. 1984）.

⑧ In re Bob Schwermer & Assoc. Inc., 27 B.R. 304, 308（Bankr. N.D. Ill. 1983）.

一定义的补充，对于所谓的“设备”类抵押物，其使用目的为债务人的日常商业生产，而非日常消耗、商业出售租赁或者农业生产。

为了便于理解，下文将消费品限缩解释为“日用消费品”，将设备限缩解释为“日常生产设备”。这一定义并非严谨，仅方便读者与一般用法的“消费品”及“设备”相区分。

3.UCC 抵押权设立模式

在《民法典》体系下，抵押权设立遵循着“债权行为（抵押合同有效）+ 物权行为（抵押登记）= 物权变动（抵押权设立）”的分离原则。虽然英美法系并未强调如此清晰的法理，但是 UCC 第 9 编的抵押权设立也蕴含着类似的逻辑。按照第 9 编的规则，抵押权的设立包含 attachment 和 perfection 两个步骤。

第 9–203 条将 attachment 定义为“抵押物上的抵押权变得可以向债务人行使的过程”。第 9–308 条的评注也解释“本章使用‘attach’这一术语描述某一财产设置抵押权的节点”。乍看之下，attach 似乎是个物权行为，但是第 9–203 条进一步规定 attachment 一般有三个要件：（1）抵押权人对抵押权进行了定价（value given by secured party）；（2）抵押人对于抵押物享有处分权（the debtor has right in the collateral）；（3）抵押人签署了抵押合同（the debtor has authenticated[①] a security agreement）。因此为了便于理解，下文将 attach 视为类似于签署有效抵押合同的债权行为[②]。

Perfection 则与国内物权法的“公示”概念近似，即“向世界通知抵押债权，以保证抵押权人的权利能够完整实现”[③]。UCC 在第 9–309—9–316 条中规定了不同的 perfection 方式，概括来说主要分为：（1）在 attachment 完成时自动设立（automatic perfection upon attachment）；（2）抵押权登记（filing a financing statement with the appropriate public office）；（3）占有抵押物（possessing the collateral）；（4）控制抵押物（controlling the collateral）；（5）其他法定方式（by other methods under state and federal law）。其中最常见的当属第一种自动设立的抵押权。对此，UCC 第 9–309 条规定了十余类伴随抵押合同生效自动完成的抵押权类型。举例而言，在日用消费品上设立 PMSI，即属于其中一种当合同生效便完成 perfection 的抵押权。大体来说，可以将 perfection 视为一个物权行为。为便于理解，下文将 perfection 翻译为“公示”。

---

① 和一般的法律英语用法不同，第 9–102 条（a）款（7）项中 authenticate 的定义为“to sign”，即“签署”。

② 这里对 attachment 以及下文的 perfection 仅作一个大致类比，方便国内法律人理解。实际上这两个术语无论在理论上还是在实操中都与国内法律有不少细节上的出入。

③ UCC 原文为“The process of putting the world on notice of the security interest in order to make the secured parties' rights fully enforceable.”。

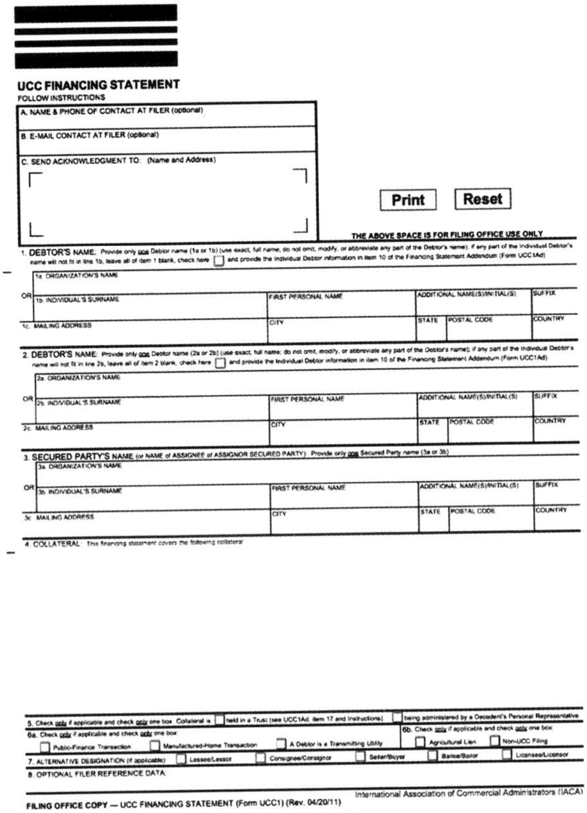
UCC FINANCING STATEMENT
FOLLOW INSTRUCTIONS
A. NAME & PHONE OF CONTACT AT FILER (optional)
B. E-MAIL CONTACT AT FILER (optional)
C. SEND ACKNOWLEDGMENT TO: (Name and Address)
Print Reset
THE ABOVE SPACE IS FOR FILING OFFICE USE ONLY
1. DEBTOR'S NAME: Provide only one Debtor name (1a or 1b) (use exact, full name; do not omit, modify, or abbreviate any part of the Debtor's name); if any part of the Individual Debtor's name will not fit in line 1b, leave all of item 1 blank, check here and provide the Individual Debtor information in item 10 of the Financing Statement Addendum (Form UCC1Ad)
1a. ORGANIZATION'S NAME
OR 1b. INDIVIDUAL'S SURNAME | FIRST PERSONAL NAME | ADDITIONAL NAME(S)/INITIAL(S) | SUFFIX
1c. MAILING ADDRESS | CITY | STATE | POSTAL CODE | COUNTRY
2. DEBTOR'S NAME: Provide only one Debtor name (2a or 2b) (use exact, full name; do not omit, modify, or abbreviate any part of the Debtor's name); if any part of the Individual Debtor's name will not fit in line 2b, leave all of item 2 blank, check here and provide the Individual Debtor information in item 10 of the Financing Statement Addendum (Form UCC1Ad)
2a. ORGANIZATION'S NAME
OR 2b. INDIVIDUAL'S SURNAME | FIRST PERSONAL NAME | ADDITIONAL NAME(S)/INITIAL(S) | SUFFIX
2c. MAILING ADDRESS | CITY | STATE | POSTAL CODE | COUNTRY
3. SECURED PARTY'S NAME (or NAME of ASSIGNEE of ASSIGNOR SECURED PARTY): Provide only one Secured Party name (3a or 3b)
3a. ORGANIZATION'S NAME
OR 3b. INDIVIDUAL'S SURNAME | FIRST PERSONAL NAME | ADDITIONAL NAME(S)/INITIAL(S) | SUFFIX
3c. MAILING ADDRESS | CITY | STATE | POSTAL CODE | COUNTRY
4. COLLATERAL: This financing statement covers the following collateral:
5. Check only if applicable and check only one box: Collateral is held in a Trust (see UCC1Ad, item 17 and Instructions) being administered by a Decedent's Personal Representative
6a. Check only if applicable and check only one box: Public-Finance Transaction Manufactured-Home Transaction A Debtor is a Transmitting Utility
6b. Check only if applicable and check only one box: Agricultural Lien Non-UCC Filing
7. ALTERNATIVE DESIGNATION (if applicable): Lessee/Lessor Consignee/Consignor Seller/Buyer Bailee/Bailor Licensee/Licensor
8. OPTIONAL FILER REFERENCE DATA:
FILING OFFICE COPY — UCC FINANCING STATEMENT (Form UCC1) (Rev. 04/20/11)
International Association of Commercial Administrators (IACA)

图 1　UCC 抵押权登记表示例

经过 attachment 和 perfection 的抵押权可以受到法律保护并执行。由于本文主要内容并非这二者，这里不进一步展开。仅因它们是 PMSI 的生效前提，故作简单介绍。

二、UCC 中 PMSI 制度相关条款分析

（一）PMSI 定义

UCC 第 9-103 条（a）款对于 PMSI 给出了相关定义：（1）价款担保物，是指用以担保与抵押物相关的价款债务的货物或软件[①]；（2）价款债务，是指债务人对于抵押物全部或部分价款所产生的义务；或者债务人为获得抵押物的权利或使用抵押

① UCC 第 9-103 条（a）款（1）项，原文为：“‘purchase money collateral’ means goods or software that secures a purchase-money obligation incurred with respect to that collateral.”。

物的对价义务，如果该对价实际上确实被如此使用①。这一定义初看十分拗口，因此第9-103条的官方评注3给出了进一步解释："'价款债务'、'抵押物价格或对价'的定义包括取得抵押物上的权利相关费用的义务、销售税、关税、信贷费用、利息、运费、运输中仓储费用、滞留费、行政费用、征收和执行费用、律师费以及其他类似义务。价款债权担保（PMSI）要求被担保的债务和被获取的抵押物之间存在紧密联系（close nexus）。因此如果债务人用未经担保的信贷方式获得某财产，随后在其价款上设立担保，这类担保并不属于价款债权担保。"②

第9-103条(a)款(2)项中对于债务进行了价格（price）和对价（value given to enable）的区分，但并未给出二者的定义。根据UCC第1-204条定义条款中关于value的解释，value可以概括理解为合同或担保成立的对价。一般理解为，价格是针对债权人同时是抵押物货物的出卖人的情况，而对价则是描述债权人出借给债务人用以购买抵押物的债权（大部分场合为金钱之债），因此第9-103条(a)款(2)项之后进一步明确，该对价应当被实际用于购买货物，即为购买抵押物（所有权）或租赁抵押物（使用权）而进行的借款。

简而言之，PMSI制度所担保的债务是指债务人为取得抵押物所有权或使用权等权益而产生的对价及相关费用（需注意，UCC规则下的PMSI还可用于软件类担保物，详见下文）。而由于紧密联系的要求，如存在货物出卖人、债务人（买受人）、银行（债权人）三方的场景下，如果债务人先以未经担保的信贷（如出卖人赊账）形式从出卖人处取得货物，再通过向银行贷款，偿还出卖人价款，则由于后者的借款与取得货物并不存在紧密联系（中间隔了一层出卖人与债务人的赊账借贷），因此即便银行要求债务人提供担保，所形成的担保债权也并非PMSI③。

（二）PMSI交叉担保机制与双重属性原则

UCC下的存货类PMSI具有一个机制，即交叉担保机制。交叉担保的概念与国内的混合担保有部分类似，但又存在明显区别。该属性规定于第9-103条(b)款，由于原条文篇幅较长且中英文语言逻辑上存在差异，就不再像上文那样进行全文翻译。简而言之，该条规则允许存货类抵押物上设立的PMSI在其价款范围内担保债务人对同一债权人其他存货类抵押物的价款，且该担保同为PMSI或者非

① UCC第9-103条(a)款(s)项，原文为："'purchase-money obligation' means an obligation of an obligor incurred as all or part of the price of the collateral or for value given to enable the debtor to acquire rights in or the use of the collateral if the value is in fact so used."。

② UCC 9-103 official comments 3.

③ R. Marshall Grodner, *Practical Law Finance and Practical Law Commercial Transactions.*

PMSI 抵押物担保 PMSI 债权。第 9-103 条的官方评注给出了一个简单的例子进行说明：出卖人甲向债务人乙出售一件存货 A，并在 A 上设立了浮动抵押 1 并登记。甲随后又向乙出售另一件存货 B，再次设立了浮动抵押 2 并登记。之后乙向甲支付了 A 的货款，并在正常商业运营中将 B 卖给了某买受人丙。

根据第 9-103 条(b)款的规定，A 上设立的浮动抵押 1 对 B 的未清偿价款的担保将成为 PMSI。这是因为甲对于 A 拥有 PMSI 权益，A 担保了 B(与价款债权相关联而产生)的价款，而 B 本身是 PMSI 的抵押物。需注意的是，乙付清了价款，此时甲对于 A 的抵押权将不再属于第 9-103 条(b)款中的 PMSI 权益。在 A 上设立的抵押权仅当 A 作为价款抵押物，即仅当 A“担保了该抵押物(即 A)设立的价款债务”时，才会成为第 9-103 条(b)款下的 PMSI 权益[①]。

对上述例子稍作解释：随着 5.5 日乙付清了 A 的货款债务，A 上的担保物权就 A 而言不再是 PMSI，但由于浮动抵押的属性，A 依旧作为抵押物而存在，并从中产生了 B 的担保，故相对于 B 的价款，A 上设立的担保物权依旧可以成为 PMSI。详见图 2(为便于说明，图 2 中的“5.1”“5.3”等为行为发生时间)。

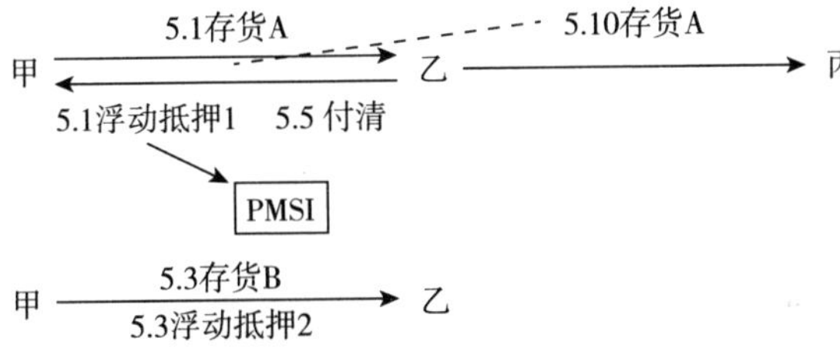

图 2　浮动抵押与 PMS

此外，对于非日用消费品抵押物，当出现交叉担保的情形时，UCC 允许担保物具有双重属性，即可以根据其担保的债权范围，既担保 PMSI 债权，又担保非 PMSI 债权。第 9-103 条(f)款进一步明确，PMSI 担保物担保非 PMSI 债务时，自身的 PMSI 属性并不会消失。但是与大陆法系债权从属性理论不同的是，该款第(3)项进一步约定“原价款债务的更新、再筹资金，合并、重组”[②](即主债务的变更)并不会影响 PMSI 的效力。

双重属性原则是 2010 年 UCC 修订后明确的新规则。此前，美国司法实践中曾长期采用“转换原则”，认为当出现交叉担保时，抵押物上的非 PMSI 担保，或者非 PMSI 抵押物担保 PMSI 债权会使得原有的 PMSI“转换”为普通担保。对于是

① UCC 9-103 official comment 4.
② UCC 9-103(f)(3).

否摒弃转换原则而采用双重属性原则，美国理论界尚存在争论，在部分州的 UCC 中也保留了旧的转换原则。

（三）不同抵押物 PMSI 设立机制

1. 一般规则

不少介绍《民法典》第 416 条的解读都会泛泛地提到这一条对价款债权抵押的优先性是学习了 UCC 第 9-103 条，但是如上文所述，第 9-103 条更多的是对 PMSI 的定义作出规定，真正规定了 PMSI 相较于其他担保债权具有优先性条款的其实是第 9-324 条。

第 9-324 条的（a）款规定了 PMSI 优先性的一般规则："除非（g）款另有规定[①]，在非存货、非家畜的货物[②]上设立的价款债权担保（PMSI）在与其他同一货物上设立的担保债权产生冲突时具有优先性；并且，除非第 9-327 条另有规定[③]，如果债务人在获得抵押物占有之时或之后的 20 日内对价款债权担保（PMSI）进行公示，经过公示的担保物权对其可辨认的孳息（proceeds）也拥有优先权。"[④]

该条的官方评注 3 进一步对设立 PMSI 所需的公示要求作出了注意规定：公示要求意味着价款担保权人须在此（20 日宽限期）之前进行抵押权登记（file a financing statement），或根据第 9-312 条（e）款和第 9-312 条（f）款的文件[⑤]，获得对该货物临时公示的抵押权，并保持该公示状态在本条约定的 20 日期间内有效。根据本条（a）款，PMSI 具有优先性，即便 PMSI 担保权人知道已经设立相冲突的担保物权，或者相冲突的权利人此前已经对抵押物进行了担保登记[⑥]。

至此，《民法典》第 416 条中价款、抵押权登记、宽限期、优先顺位等要素终于初见端倪。但是，第 9-324 条（a）款中对于 20 日宽限期的起算节点，描述得十分模糊，原文为"receives possession of the collateral"，即获得对抵押物的占有。从官

---

① 该款规定的是多个 PMSI 冲突时的优先权，详见下文。

② 即日用消费品、日常设备和非家畜类农产品动产。

③ 该条规定的是对于存款账户的抵押权顺位，因与 PMSI 关系较小这里不再展开。

④ UCC 第 9-324 条（a）款原文为："Except as otherwise provided in subsection (g), a perfected purchase-money security interest in goods other than inventory or livestock has priority over a conflicting security interest in the same goods, and, except as otherwise provided in Section 9-327, a perfected security interest in its identifiable proceeds also has priority, if the purchase-money security interest is perfected when the debtor receives possession of the collateral or within 20 days thereafter."。

⑤ 这两款规定的是如果抵押物进行了新的估价（new value given）或者交付了可转让的物权证券（negotiable document for the goods），则抵押权人在新估价后的抵押合同生效之日或获得证券之日起 20 内获得临时性公示，无须登记。

⑥ UCC 9-324 official comment 3.

方评注来看，这一模糊处理似乎是有意而为之："一般来说，债务人何时'获得对抵押物的占有'并没有太大问题。但是，有时会出现债务人购买货物并分阶段获得占有，并在债务人所在地进行组装和测试（由出卖人或买受人—债务人完成）的情况。在此情况下，买方获得（a）款项下的'占有'的节点为在检查债务人所拥有的部分货物之后，对于潜在（向债务人）出借人来说，此时债务人显然已经在整体上获得了对货物的权益。对于债务人何时'获得占有'的另一个相似问题产生于债务人通过非本章节项下的交易完成对货物的占有，之后又同意以经担保的信贷方式购买该货物的场合。举例而言，某自然人通过租赁协议，以承租人的身份获得对货物的占有后，行使（优先）购买权，向出租人以经过担保的信贷方式购买了该货物。根据第 2A-307（1）条，承租人的债权人一般来说也受制于（subject to）租赁协议。进行抵押登记对于保护出租人的租赁权或残值并非必需。相应地，（a）款中的 20 日期限在货物未成为抵押物之前不会起算。"①

简而言之，一般规则为出卖人向债务人交付抵押物之日起算 PMSI 设立期限；对于分批次交付的动产，则使用客观标准，当一个第三方潜在债权人认为债务人已经对抵押物取得整体权益时，即视为占有之日；而对于在租赁物上行使购买权的买受人—债务人来说，PMSI 的设立期限自租赁物成为抵押物（一般为后续抵押合同签订）之日起算。

2. 存货和家畜

对于存货类和家畜类农产品动产，设立 PMSI 并获得优先权的条件要比一般规则更复杂，鉴于国内物权法对于动产未进行 UCC 中日用消费品、存货、农产品、日常生产设备的分类，这里不逐字分析相关条文。但是鉴于未来仍有可能参考 UCC 设立新的规定，所以对于这两类抵押物的 PMSI 设立的重点规则进行简单介绍：（1）抵押权人需在债务人收到货并占有时完成 PMSI 的公示；（2）向相冲突的抵押权人（即同一抵押物上的其他抵押权人）发送经过验证的通知；（3）其他冲突抵押权人在债务人实现对抵押物占有之前的一段时间内（存货为 5 年，家畜为 6 个月）收到该通知；（4）PMSI 抵押权人在通知中描述了存货，并表示已经或者将要对存货行使价款债权抵押权②。也就是说，对于存货类抵押物，PMSI 抵押权人的权利生效需要考虑两个时效：一是当抵押物交付债务人之时（或之前）是否完成抵押权

---

① UCC 9-324 official comment 3.

② UCC 9-324（b）（1）-（4）.

登记；二是抵押物交付债务人之前是否对该抵押物上的其他权利人发出行权通知。（PMSI 行权通知可参见图 3）

设立此特殊规则的目的在于保护其他非 PMSI 抵押权人：一般对于存货类抵押物，抵押权人（一般也是融资租赁中的债权人）会持续向债务人提供资金，作为抵押物的存货也会处于一个去旧进新的流动状态（类似于浮动抵押中的抵押物）。此时债务人可能会以欺诈的形式对已经向第三方抵押权人设立了 PMSI 的抵押物继续申请资金，而未来债权人行使抵押权时就会发现自己的抵押权低于 PMSI。若收到了 PMSI 抵押权人的行权通知，则债权人可以在此时停止继续融资；而若未收到此类通知，一般来说其他抵押权人就其债权依然享有优先性[①]。

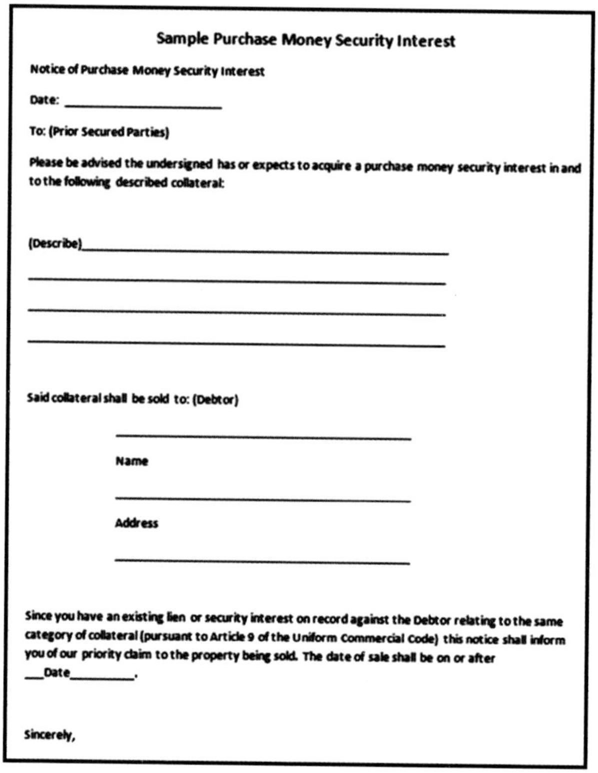

Sample Purchase Money Security Interest

Notice of Purchase Money Security Interest

Date: ____________________

To: (Prior Secured Parties)

Please be advised the undersigned has or expects to acquire a purchase money security interest in and to the following described collateral:

(Describe)____

____

____

____

Said collateral shall be sold to: (Debtor)

____

Name

____

Address

____

Since you have an existing lien or security interest on record against the Debtor relating to the same category of collateral (pursuant to Article 9 of the Uniform Commercial Code) this notice shall inform you of our priority claim to the property being sold. The date of sale shall be on or after __Date________.

Sincerely,

图 3　PMSI 行权通知示例

对于 PMSI 抵押权人如何确保知晓抵押物上存在其他抵押权人并通知的问题，虽然 UCC 的法条并未明文规定，但是美国律师界实践中的做法是：在登记机构对

① UCC 9-324 official comment 4.

抵押物进行登记检索，如发现在 PMSI 登记之日前存在其他抵押权人，则对其发出行权通知。有时候为了保险起见，律师会建议 PMSI 抵押权人对在登记系统中检索到的全部抵押权人，不论登记时间、权利种类，均发出行权通知[①]。

虽然家畜类农产品的 PMSI 设立方式与存货类似，但是两者的担保范围还存在差异。对于家畜类农产品担保物，PMSI 的范围可以延伸至该动产的全部可辨认孳息以及尚未完全生产的可辨认产品[②]。

3. 软件

UCC 还对一类特殊的非动产担保物——软件设立 PMSI 进行了规定。我国以往的物权法体系和当前的《民法典》中都没有对软件的性质作出明确分类，但是一般学理上认为软件属于知识产权范畴。鉴于分类上的差异，这里对于 UCC 中在软件上设立 PMSI 的规则仅作简单介绍，不进行详解。

债权人在软件上设立 PMSI 需要满足两个要件：(1)债务人通过于取得某(实体)货物的权益的一体化交易(integrated transaction)中同时获得了对软件的权益；(2)债权人获得软件中权益的主要目的是使用货物中的软件[③]。概括来说，即债务人需要通过购买实体媒介的方式购得软件，并以取得使用权为目的进行交易。在软件上设立的 PMSI 其优先权基本与一般货物一致，可以延伸至软件及其实体媒介产生的可辨认孳息上[④]。

4. 各类抵押物设立 PMSI 小结

结合 UCC 中有关抵押物的分类、抵押权设立规则、PMSI 的特殊规则，这里将各类抵押物 PMSI 的设立模式总结如表 1 所示。

表 1　各类抵押物的 PMSI 设立模式

抵押物性质	PMSI 设立模式		交叉担保时的双重属性规则
	买卖	先租后买	
日用消费品(consumer goods)	担保合同生效即成立	同买卖	不适用

---

① https://www.bakerdonelson.com/Its-a-Birdits-a-Planeits-a-SUPER-Priority-Purchase-Money-Security-Interest-11-01-2011#_ftn1.

② UCC 9-324(d).

③ UCC 9-103(c)(1)-(2).

④ UCC9-324(f).

续表

抵押物性质	PMSI 设立模式		交叉担保时的双重属性规则
日常生产设备（equipment）	担保合同生效 + 交付 / 债务人验收第一批货物合格 +20 日内办理抵押登记	担保合同生效 + 20 日内办理抵押登记	适用
家畜类农产品（farm products：livestock）	担保合同生效 + 交付 / 债务人验收货物合格之日（或之前）办理抵押登记 + 向其他已经抵押物上的抵押权人发出行权通知 + 其他抵押权人 6 个月内收到通知	担保合同生效 + 同时（或之前）办理抵押登记 + 向其他已经抵押物上的抵押权人发出行权通知 + 其他抵押权人 6 个月内收到通知	适用
其他农产品（farm products other than livestock）	担保合同生效 + 交付 / 债务人验收第一批货物合格 +20 日内办理抵押登记	担保合同生效 + 20 日内办理抵押登记	适用
存货（inventory）	担保合同生效 + 交付 / 债务人验收货物合格之日（或之前）办理抵押登记 + 向其他已经抵押物上的抵押权人发出行权通知 + 其他抵押权人 5 年内收到通知	担保合同生效 + 同时（或之前）办理抵押登记 + 向其他已经抵押物上的抵押权人发出行权通知 + 其他抵押权人 5 年内收到通知	适用
软件（software）	软件与实体媒介货物一并交易 + 交易目的为软件使用权 + 担保合同生效 + 交付 / 债务人验收第一批货物合格 +20 日内办理抵押登记	软件与实体媒介货物一并交易 + 交易目的为软件使用权 + 担保合同生效 + 20 日内办理抵押登记	适用

（四）PMSI 之间的优先顺位

虽然 PMSI 较一般抵押权具有优先性，但是如果同一抵押物上设立多个 PMSI，此时这几个 PMSI 之间的清偿优先顺位应该如何确定？

对于这个问题 UCC 第 9-324 条（g）款作出了规定："（1）如果某 PMSI 所担保的债权是抵押物的全部或部分价格，则该 PMSI 在清偿顺位上优先于债务人为获得抵押物的权利或使用抵押物的对价设立的 PMSI。（2）其他情况，按照第 9-322 条（a）款对于抵押权顺位的规定。"

该条第（g）款（1）项的规定意味着抵押物出卖人享有的抵押权在清偿顺位上优先于向债务人提供资金购买或租赁抵押物的借款人的抵押权。对此，官方评注援引了《第三版财产法重述（按揭）》的解释：该权利偏向保护出卖人。出卖人放弃的是具体不动产而非金钱，而且除非出卖人能够使用该抵押权来履行支付价款的义务，否则出卖人不会放弃不动产。即使出卖人可能知道抵押人将通过向第三方借款和提供抵押担保来为交易提供部分资金，这种情况仍然存在。在最后的分析中，法律更同情卖方失去以前拥有的房地产的风险，而不是第三方借款人无法从以前从未属于他的房地产利息中收取的风险[①]。

该条第（g）款（2）项所引用的第 9–322 条，则是一般抵押权上先登记者优先（first-to-file-or-perfect）的规则。

对于第 9–322 条（g）款确认的优先顺序可用图 4 表示：

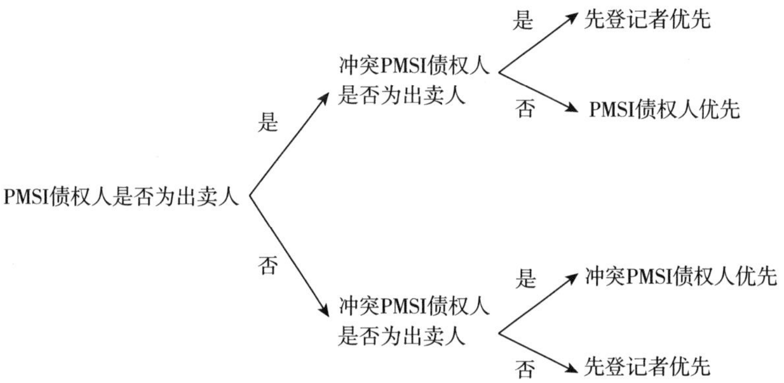

图 4　UCC 第 9–322 条（g）款确认的优先顺序适用

（五）UCC PMSI 制度立法目的分析

虽然目前一些讲解《民法典》的课程中，讲授学者对于 UCC 设立 PMSI 的立法目的表示费解，但其实国内已经有对于 PMSI 比较透彻的研究。有学者指出："PMSI 的正当性恰好就源于，在先总括担保（浮动担保）极强的优先效力会给担保人和其他潜在债权人造成诸多负面影响，这源于它创设的'位势垄断'"[②]，即一旦债务人在其动产上设立浮动抵押，之后抵押债权价值范围的所有财产都将成为抵押物，在这种情况下，债务人很难通过在动产上设立抵押的方式进行融资。而 PMSI 因为其针对特定动产的价款债权具有优先性，便打破了浮动抵押权的这种垄断，使得 PMSI 债权人在借款给债务人时，不必担心抵押物成为浮动抵押的一部分而影响自身债权的担保。如此一来，债务人便获得了更多的融资途径。

---

① Restatement（3d）of the Law of Property（Mortgages）（1997）Section 7.2（c），comment d.

② 谢鸿飞：《价款债权抵押权的运行机理与规则构造》，载《清华法学》2020 年第 3 期。

这样的解释显然具有合理性。在美国学者中，James J.White 和 Robert S.Summers 也支持 PMSI 具有这一立法目的[①]。但是这一解释无法解释为何 UCC 对于不同的抵押物设立 PMSI 规定了不同的制度，比如为何日用消费品类抵押物，在担保合同生效之时 PMSI 便自动设立。

这一问题其实涉及了美国财产法的基本原理。James J.White 和 Robert S.Summers 指出："出卖人—抵押权人不应通过检查抵押登记来确保自己对拥有并准备售卖的货物具有优先权。根据假设，出卖人最初拥有对于货物的权益并未转让给买受人。一个对财产法理论学习细致的学生会偏袒出卖人，理由是出卖人从未将其中代表担保利益的权利转移出去。"

另一些法经济学的学者则从利益平衡的角度对 UCC 中不同的 PMSI 制度进行了正当性解释：一方面，要防止允许新贷款人将贷款风险外部化，转嫁给旧贷款人的风险转换（risk-alteration）问题；另一方面，又要给予新借款人评估债务人偿债能力的后发优势。而通过新借款购进新的特定资产并不会影响债务人原有的资产及其偿债能力，因此不会对先债权人产生不利影响。因此，将特定债务与特定资产相联系的 PMSI 在这一问题上兼顾了先债权人和后债权人的利益。但是，不同于生产设备，购置存货所产生的风险转换问题要大得多，因此 UCC 对于在存货上设立 PMSI 规定了通知先债权人，以便其决定是否及时行权脱身的机会[②]。

尽管并无明文立法材料说明设立 PMSI 制度的目的为何，官方评注中也未十分细致地说明这些制度的意义。但是结合上述各学理研究，可以肯定的是该制度的设立兼顾了三类主体的需求：（1）先债权人—出卖人确保自身债权实现的需求；（2）债务人新增借款以购买货物的需求；（3）后债权人确保其借款不被先债权人垄断的需求。

三、《民法典》第 416 条与 UCC 条款对比

（一）抵押物范围对比

抛开理论上的差异，致使 UCC 与《民法典》在 PMSI 制度上产生最大分歧的原因之一便是两者对于抵押物规定的不同。

《民法典》第 115 条中规定，物包括动产和不动产，对于动产并没有明文定义，

---

① James J.White and Robert S.Summers, PRINCIPLES OF SECURED TRANSACTIONS, P161.

② See Hideki Kanda and Saul Levmore, Explaining Creditor Priorities, Virginia Law Review, Nov., 1994, Vol.80, No.8, Symposium on the Revision of Article 9 of the Uniform Commercial Code (Nov., 1994).

但是在第 395 条中列出了可以作为抵押物的财产类型，其中第 4 项特别强调了“生产设备、原材料、半成品、产品”，似乎与 UCC 中的分类有一些相似之处。但是《民法典》并没有对于不同抵押物上的 PMSI 作出诸如日用消费品自动公示、存货需要通知其他债权人这样的不同设立要求（详见下文）。

对于在知识产权和无形资产设立担保物权，《民法典》第 441 条专门规定了权利质权，而第 416 条适用的前提为“动产抵押担保”，因此在《民法典》的担保体系下，不可能像 UCC 那样在软件上设立 PMSI。

（二）“价款”定义对比

第 416 条要求被担保的主债权是抵押物的价款，但是对于何为价款并未明确定义。根据《民法典》第 389 条的一般规定，“担保物权的担保范围包括主债权及其利息、违约金、损害赔偿金、保管担保财产和实现担保物权的费用。当事人另有约定的，按照其约定”。

正如 UCC 中强调 PMSI 担保的债务与取得抵押物之间需要存在紧密联系一样，立法部门和司法部门同样注意到了对于价款定义的问题。

在全国人大常委会法工委工作人员编写的《中华人民共和国民法典物权编释义》（以下简称《民法典释义》）一书中，立法部门考虑到了一般购买和举债购买抵押物两种不同情况：“根据债权人主体的不同，主债权可以分为两类：一类是动产出卖人请求动产买受人支付价款的债权；另一类是贷款人请求动产买受人返还其发放的用于支付动产价款的贷款债权，在这一类债权关系中涉及三方当事人，即动产买受人、动产出卖人和贷款人，买受人与贷款人协商，约定以贷款人发放的贷款向出卖人支付部分或者全部价款，买受人为担保贷款人的债权，在买受的动产上为该债权设定抵押。”① 这一解释与 UCC 第 9-103 条中将债务分为货款和对价有着异曲同工之妙。

在《最高人民法院关于适用〈中华人民共和国民法典〉有关担保制度的解释答记者问》中，最高人民法院民二庭负责人认为《民法典》第 416 条适用于两种场合：“一是债务人在设定动产浮动抵押后又购入或者承租新的动产时，为担保价款或者租金债权的实现，有关权利人在该动产上依法设定抵押权等担保物权；二是在动产买卖中，买受人通过赊销、融资租赁等方式取得动产后，又以该动产为他人设定担保物权，为担保价款或者租金债权实现，有关权利人在该动产上依法设定担保物

① 黄薇主编：《中华人民共和国民法典物权编释义》，法律出版社 2020 年版，第 538 页。

权。两种情形中，享有价款优先权的人都包括在动产上设立抵押权或者保留所有权的出卖人、为价款支付提供融资而在该动产上设立抵押权的债权人、以融资租赁方式出租该动产的出租人等情形。”①

相较于法工委的解释，最高人民法院对PMSI的适用场合解释得更为复杂，还特别提到了“赊销”一词，显然是参考了UCC官方评注中的信贷（on credit）的模式。但是无论是立法部门还是司法部门，都没有对何为“赊销”作出过定义。UCC官方注释中排除的债务人通过信贷的方式（即以自身信用向出卖人赊账）购买抵押物，再向借款人借款以偿还信贷的情形，是否能理解为价款，目前国内尚无权威解释。考虑到美国信用交易体系相对更为完善，现阶段立法部门和司法部门对于此问题尚未进行明确而细致的回应，尚能理解。

UCC中对于对价使用了“如果该对价实际上确实被如此使用”的描述，来排除双方虚构交易来损害第三方债权人的可能性。对于主债务的真实性问题，最高人民法院编写的《中华人民共和国民法典物权编理解与适用》则从证据层面进行了提示，要求法院在审判涉及PMSI纠纷的案件中，为了保证价款抵押权的真实性，避免抵押人和债权人恶意串通、虚造交易而获得优先清偿顺位，侵犯其他抵押权人的优先顺位……可以审查买卖合同、贷款协议、抵押合同以及相关票据②，来确定债权与抵押物的对应关系。

和《民法典》相比，UCC对于PMSI所担保的债务的举例要细致得多。UCC中官方评注将价款扩大解释为“取得抵押物上的权利相关费用的义务、销售税、关税、信贷费用、利息、运费、运输中仓储费用、滞留费、行政费用、征收和执行费用、律师费以及其他类似义务”。目前《民法典》无论是对于抵押权的一般规定中，还是在第416条的特殊规定上均未作此类解释。

（三）担保范围对比

除了“价款”的范围，UCC第9-324条描述PMSI优先性时，还特别强调了PMSI债权对于其“可辨认的孳息”也具有优先性；UCC第9-324条对于家畜类农产品上的优先性还作了强调，其优先性可以延伸至可辨认孳息以及“尚未完全生产的可辨认产品”（即尚未分离的孳息）。但是这种优先性并不是自动产生的，而是需

① 《最高人民法院关于适用〈中华人民共和国民法典〉有关担保制度的解释》。

② 最高人民法院民法典贯彻实施工作领导小组主编：《中华人民共和国民法典物权编理解与适用》（上下册），人民法院出版社2020年版，第1135页。

要在公示抵押权时将其一并纳入[①]。此外，UCC 对于可取得优先权的孳息种类也进行了限定[②]。对于金钱类债务，《民法典》第 389 条关于担保范围的规定已经涵盖了主债权利息。而对于孳息，《民法典》第 412 条第 1 款规定："债务人不履行到期债务或者发生当事人约定的实现抵押权的情形，致使抵押财产被人民法院依法扣押的，自扣押之日起，抵押权人有权收取该抵押财产的天然孳息或者法定孳息，但是抵押权人未通知应当清偿法定孳息义务人的除外。"

从法条对比上可见，《民法典》中 PMSI 在担保物孳息方面与 UCC 存在两处不同：(1)《民法典》体系中的孳息需要具备"债务人不履行到期债务 + 法院扣押"两个前置条件才会成为抵押权人的行权对象，而 UCC 则需要在设立抵押权时对孳息一并公示；(2) 一般认为，物之收益需与原物分离才能称为孳息，如尚未分离，仍为原物的组成部分，则不能称为孳息，而 UCC 对于家畜类抵押物则规定即便未分离，只要可以辨认且经过公示，则该孳息同样属于 PMSI 优先担保的范围。

(四) 设立模式对比

1. 抵押登记

《民法典》中目前仅第 416 条对于 PMSI 作出了规定，仅要求通过抵押登记的方式设立抵押权，宽限期为自标的物交付后的 10 日内。相比之下，UCC 中对于日用消费品类的抵押物并无登记要求，而是随着抵押合同生效同时抵押权设立；而对于存货类和家畜农产品类抵押物，则要求交付的同时或之前进行抵押登记并通知其他抵押权人。

值得注意的是，虽然《民法典》的物权编并未对日用消费品类型的担保作出特殊规定，但是合同编中却间接设立了一类针对价款债权的担保模式，即第 641 条规定的保留所有权买卖："当事人可以在买卖合同中约定买受人未履行支付价款或者其他义务的，标的物的所有权属于出卖人。出卖人对标的物保留的所有权，未经登记，不得对抗善意第三人。"

该条第 1 款自原《民法通则》的时代便已有之。目前的通说普遍认为，规定这一类合同的目的，正是在于出卖人通过合同约定对买卖标的物保留取回权，可以担保买受人履行支付价款的义务。而实践中最常见的保留所有权的买卖莫过于日常消费品的试用买卖合同。不过与 UCC 中对于日用消费品类担保物自抵押合同生

---

① UCC 9-324 official comment 8.

② UCC 9-324 official comment 8。一般来说，账户类和动产契据类的孳息无法取得 PMSI 优先权。

效之日起 PMSI 即设立不同,《民法典》中新增的第 2 款特别规定了该类担保功能应采登记对抗主义,即未经登记不得对抗善意第三人,当涉及担保债权的优先性的时候,这一规定显然与 UCC 下的模式分道扬镳了。

对于设立在存货类担保物的 PMSI,有学者认为,债权人在某批存货设定 PMSI 后,在先的浮动担保权人若未接到通知,很可能误以为债务人的资产实质增加了,而对债务人继续提供融资,但事后又无法对这批存货或其收益主张优先权,而《民法典》未作此类区分,可能存在交易隐患[①]。在《最高人民法院关于适用〈中华人民共和国民法典〉担保部分的解释》(以下简称《民法典担保司法解释》)中,对于第 416 条的解释特别强调了出现了“企业、个体工商户、农业生产经营者将其现有的以及将有的生产设备、原材料、半成品及产品”这一类描述与 UCC 相似的担保物,同时最高人民法院《中华人民共和国民法典物权编理解与适用》中亦对第 416 条作出了“通过必要的公示要件规定以及完善的效力规则,可以最大程度上减轻这些隐患”[②]的展望。或许司法部门已经对 UCC 中关于在不同动产上设立 PMSI 所需的不同模式的情形予以了关注,不排除将来立法部门对于第 416 条不同抵押物设立 PMSI 规则进一步细化的可能。

在实务中,对于抵押登记,并不会自动显示抵押物上是否存在先抵押权人,而是和 UCC 一样,需要抵押权人主动查询;在设立新的抵押权时,先抵押权人也不会得到相应的通知。基于公平原则的考虑,设立类似 UCC 的通知制度具有一定的合理性:先担保权人的债务人在新购置的资产上设立了 PMSI,有助于先担保权人评估债务人的偿债能力并及时行权;对于 PMSI 债权人来说,由于 PMSI 的优先顺位,即便先担保权人行使抵押权,也不会影响自身债权在 PMSI 抵押物上的实现。鉴于如今互联网技术的发达程度,实现在设立登记的同时检索并通知其他债权人的技术难度并不大,不排除日后所有动产抵押物进行抵押登记时同时进行“检索 + 通知”的可能。

2. 宽限期计算

对于宽限期的起算节点问题,《民法典》和 UCC 由于基础理论有所差别,在特殊情况下会产生较大差异。

在分批次交付抵押物零件的交易中,《民法典》虽然没有明确规定交付时间,

---

① 谢鸿飞:《价款债权抵押权的运行机理与规则构造》,载《清华法学》2020 年第 3 期。

② 最高人民法院民法典贯彻实施工作领导小组主编:《中华人民共和国民法典物权编理解与适用》(上下册),人民法院出版社 2020 年版,第 1134 页。

但是按照物权理论，买受人—债务人是基于买受的抵押物整体设立抵押权，而非其中的部分零件，因此在交付完整的物之前，宽限期不会起算。在实务中，则存在将动产关键零件交付时间作为节点和参照分期付款合同，将交付超过 80% 作为节点等多种观点。而 UCC 则使用了具有普通法特色的第三方主观标准：当一个第三方债权人认为当买受人验收了部分抵押物零件后，便已经取得了相当于整个抵押物的权益之时，即开始计算宽限期，因此宽限期的起算节点要更早，但也更需结合具体交易背景。

在对于抵押人对抵押物先租后买的交易模式中，根据《民法典》第 226 条对简易交付的规定："动产物权设立和转让前，权利人已经占有该动产的，物权自民事法律行为生效时发生效力。"当后续买卖合同生效时，视为交付完成，开始计算 10 日的宽限期。此处与 UCC 第 9-324 条官方评注中解释的"货物成为抵押物（抵押合同生效）之日开始计算宽限期"有所区别，原因便在于《民法典》遵循物债两分原则，而 UCC 中 attachment 却是一个物债混合的概念。

（五）优先顺位对比

根据《民法典》第 416 条的规定，有效设立的 PMSI 在清偿顺位上优先于抵押物买受人的其他担保物权人，但滞后于留置权人。对于同一抵押物上设立的数个 PMSI 竞存时的情形，《民法典》并未像 UCC 那样，额外规定出卖人—债权人优先于借款人—债权人。如果存在数个 PMSI 时，一般认为应该适用《民法典》第 414、415 条，按照抵押登记和交付担保物时间先后决定优先顺序的一般原则，即当存在多个担保物权时，清偿优先顺序按照留置权＞先登记 PMSI ＞后登记 PMSI ＞先登记抵押权 / 先交付质权＞后登记抵押权 / 后交付质权＞未登记 PMSI / 未登记抵押权。

（六）其他特性对比

1. 交叉担保

虽然 UCC 第 9-103 条及其官方评注使用了大量篇幅规定 PMSI 的交叉担保机制，但是其中相当大一部分内容对于《民法典》来说并不复杂。有学者评论："在大陆法系民法中，同一担保物担保多个债权以及同一债权由多个担保物担保，似乎稀松平常，但在美国法上成了一个疑难法律问题。"[①] 对于债务人购买多个动产并设立 PMSI 的情形，《民法典》第 395 条既允许 PMSI 之间交叉担保，又允许抵押人将

---

① 谢鸿飞：《价款债权抵押权的运行机理与规则构造》，载《清华法学》2020 年第 3 期。

所有抵押物一并抵押用以担保全部抵押债权。这两种抵押模式带来的最终清偿结果可能产生差异。理论界有学者认为“若未作一并抵押，为保障其他债权人的利益，不应许可交叉抵押或合并抵押权登记。”[①] 立法部门和司法部门尚未对此问题作出回应，具体处理方式尚有待观察。

2. 债务变更时 PMSI 的效力

UCC 第 9-103 条(f)款(3)项明确约定了主债权的更新、再筹资金，合并、重组并不会影响 PMSI 的属性。而《民法典》虽未明确规定上述情形下 PMSI 的效力，但是《民法典》规定遵循着从属性原则，当主债权发生变化时，担保物权多少也会产生相应变化。比如在债务移转的场合，按照《民法典》第 407 条中“债权转让的，担保该债权的抵押权一并转让”的规定，此时新债务人不具有原债务人兼有的买受人身份，在抵押物上设立的 PMSI 是否依旧具有优先性，并未规定。目前立法部门和司法部门对于这一问题，也没有提供官方解读，如何处理有待日后观察。

（七）立法目的对比

对于《民法典》第 416 条在民法典体系中的效力，理论界大多认为，这一制度打破了浮动抵押对于债务人债权的垄断性权利，给予了债务人，尤其是中小企业新的融资渠道[②]。而立法、司法部门结合我国法律实践，也给出了自己的解读。

《中华人民共和国民法典物权编释义》一书对于第 416 条的立法目的做了如下阐述：“现代商业社会中，以赊购或者贷款方式购买生产设备、原材料、半成品、产品等动产的商业活动非常普遍，这种方式对于增加生产促进资金融通和经济发展有巨大作用。为了保障在上述买卖活动中提供融资的出卖人或者贷款人的债权，特别是平衡该类债权人与债务人的其他担保物权人之间的优先受偿顺位，本法参考借鉴国外的相关制度，规定了买卖价款抵押权制度。”[③] 最高人民法院的《中华人民共和国民法典物权编理解与适用》一书则总结了第 416 条的三大意义：(1)有助于抵押人进行融资特别是持续性融资；(2)可以维护交易秩序，平衡不同权利主体利益；(3)有助于所有权保留制度更好地发挥作用。可见立法部门和司法部门都强调了设立第 416 条对于抵押人进行融资的意义。同时，上述两书中以及《民法典担保司法解释》中对于第 416 条的解读均采用了“先担保权人设立浮动抵押—抵押

① 谢鸿飞：《价款债权抵押权的运行机理与规则构造》，载《清华法学》2020 年第 3 期。

② 见高圣平：《民法典动产担保权优先顺位规则的解释论》，载《清华法学》2020 年第 3 期；谢鸿飞：《价款债权抵押权的运行机理与规则构造》，载《清华法学》2020 年第 3 期。

③ 黄薇主编：《中华人民共和国民法典物权编释义》，法律出版社 2020 年版，第 538 页。

人欲进行融资—后抵押人设立 PMSI”的模型解读其中关于价款债权的优先受偿的规定，可见理论界与实务界对于所谓打破浮动抵押权“垄断势位”的目的解释采信度较高。

在《最高人民法院关于适用〈中华人民共和国民法典〉有关担保制度的解释》答记者问中，最高人民法院民二庭负责人对《民法典》第 416 条的适用又做了进一步补充：“前一情形下的价款优先权，主要适用于浮动抵押场合，解决的是已经设定浮动抵押的中小企业的再融资问题，对抗的是在先设立的浮动抵押权；而后一情形下的价款优先权，适用于动产抵押，是为了解决买受人在该动产上为第三人设定抵押权时如何保护出卖人、出租人等权利人权益的问题，对抗的则是为取得优先权进行抢先登记的权利人。”

以上立法目的解读主要还是通过从抵押人的角度出发进行的论述，而仅在最高人民法院的答记者问中提及了出卖人—抵押权人的保护。相比之下，UCC 在官方评注中就列举了不少保护出卖人的例子，加上 UCC 中对于日用消费品、存货等抵押物设立 PMSI 所需不同的公示机制，均可以看出立法者在设立 PMSI 制度时，尤其在非融资领域，对于出卖人—抵押权人的保护有所倾斜。

（八）小结

在详细对比了《民法典》第 416 条和 UCC 中的 PMSI 制度之后，相信读者不难感觉出，虽然《民法典》第 416 条与 UCC 的 PMSI 制度有诸多相似之处，从立法时间上也是 UCC 在先、《民法典》在后，但是二者从底层理论、设立机制，都存在诸多差异；加之国内理论和实践中都有研究指出 PMSI 并非 UCC 一家的特色，而是国际广泛接受的担保模式[①]，因此过度强调《民法典》第 416 条师承 UCC，其实有失妥当。

四、国内实务展望

截至本文定稿之日，在国内相关法律平台上检索《民法典》第 416 条相关的案例，可搜得 57 个案例，其中大部分为借贷纠纷，但因当事人为借款进行了抵押登记，故涉及了抵押权的探讨。这 57 个案例中，有 6 个案例的判决书单独引用了

---

① 见谢鸿飞:《价款债权抵押权的运行机理与规则构造》，载《清华法学》2020 年第 3 期；黄薇主编:《中华人民共和国民法典物权编释义》，法律出版社 2020 年版。

《民法典》第416条[①]，其余则是援引其他担保相关的条文时提及了该条，但未引述具体约定或进行分析；另有38份判决书支持了担保权人的优先受偿权，但是该优先受偿权更多地体现为担保物权的优先受偿权，而非PMSI的优先受偿权，而未能支持优先受偿权的案例中大多则是由于当事人未能进行有效的担保登记，作为基础的担保物权并未设立，遑论PMSI。由此可见，一方面，PMSI制度已经在国内初步生效，而非只存在于法条中不具有实务生命力的条文；另一方面，由于国内的融资模式和担保习惯，PMSI尚未发挥其真正的作用。从实务的角度出发，对债权人而言，无论债权客体是否为抵押物价款，从权利实现的角度考虑，尽快进行抵押登记总是对债权的保障更为有利，且在确有必要之时，可以将进行PMSI登记作为借款合同的一大主要条款，作为多重保障；对债务人而言，设立PMSI并不会加重已有的债务，甚至可以扩展债务人的融资渠道。不过值得注意的是，对于原有的浮动抵押权人，不及时披露设立的PMSI，将可能导致违反注意义务（虽然尚未出现此类判例）；而对将要收购债务人的第三方以及在先的债权人（往往是银行）而言，将PMSI的设立情况作为交易前尽职调查的内容，以及交易后目标公司应当作出的陈述保证内容之一，也将成为不可忽视的重大风险点。

① 分别为（2022）桂0124民初314号、（2022）豫10民终538号、（2022）鲁1482民初181号、（2021）粤1823民初1886号、（2021）湘1302民初3224号、（2021）粤1971民初4300号。

土地储备计划导致租赁合同提前解除的责任认定及损失赔偿

马永健 *

一、引言

近年来多地均在积极探索土地储备发展的新路径。土地储备，是指县级(含)以上国土资源主管部门为调控土地市场、促进土地资源合理利用，依法取得土地，组织前期开发、储存以备供应的行为[①]。土地储备对于推动经济发展有着重要的作用。鉴于土地储备项目中涉及土地使用权的收回，必将对于土地、地上房屋以及其中所涉租赁关系产生影响。本文将阐述，如遇土地储备项目，在土地及地上租赁物被收储的情况下，租赁合同关系解除事由、解除后损失赔偿问题应该如何进行认定及处理。

二、案情介绍[②]

上海市某区某路某号土地(以下简称系争场地)使用权及地上已有房屋产权均登记在甲公司名下。2011 年，乙公司拟在系争场地上出资建设 4S 店(以下简称系争房屋)，甲公司作为出租人与承租人乙公司达成《场地租赁协议》，主要内容如下。

系争房屋将由乙公司以甲公司名义申报并经有关部门审批同意后建设。乙公司建成后系争房屋的所有权归甲公司，但乙公司在租赁期限内拥有系争房屋的独家使用权。租赁期为 20 年，自场地租赁协议签订之日起算。租金先付后用，每季度支付一次。乙公司于场地租赁协议签订之后 5 个工作日内支付甲公司定金。系

---

* 马永健，北京炜衡(上海)律师事务所高级合伙人，城市更新与征收业务部主任，现任上海律协不动产征收业务研究委员会主任、最高检民事行政案咨询专家、上海市委市政府信访和法律事项志愿团律师、上海律协城市更新和城市治理研究中心服务团副团长。

① 2017 年《土地储备管理办法》中规定，土地储备是指县级(含)以上国土资源主管部门为调控土地市场、促进土地资源合理利用，依法取得土地，组织前期开发、储存以备供应的行为。土地储备工作统一归口国土资源主管部门管理，土地储备机构承担土地储备的具体实施工作。财政部门负责土地储备资金及形成资产的监管。

② 参见(2020)沪 0115 民初 30286 号、(2022)沪 01 民终 2870 号。

争房屋中期验收合格后，甲公司向乙公司返还定金的 50%。租期结束后，剩余的 50% 定金按以下约定处理：其中一半转为租赁押金，并在合同解除、终止或乙公司租赁期满且无违约和按约迁出后，由甲公司一次性无息返还给乙公司；剩余一半转为预付租金，在乙公司按约计付租金时予以抵扣，直至抵扣完毕为止。

场地租赁协议还约定，租赁合同期满或提前解除、终止后，系争房屋的全部使用权立即转归甲公司。无论是期满终止还是因为乙公司违约提前解除或终止，甲公司均有权收回系争房屋的全部使用权，且无须对乙公司于系争房屋的建设投资予以任何补偿。在租期届满或提前解除、终止后的 10 日内，在不影响系争房屋建筑结构的前提下，乙公司有权将其投入且可移动的设备、设施搬离，附着于系争房屋建筑物与地坪或地板上的不可移动物无偿归甲公司所有。

如果乙公司未在租期届满后的拆空期内搬离并移交系争房屋及其附属场地和设施设备且未经甲公司的书面同意继续占用的，在占用期间乙公司需每季度按照相当于协议期满前或协议解除前最后一个季度租金的 200% 的标准向甲公司支付房屋使用费。乙公司未按协议规定支付租金及其他费用的，每逾期一天，应向甲公司支付应付租金的 3‰的滞纳金，拖欠租金及其他费用 30 日以上的，甲公司有权单方面终止协议。

在协议期内，甲公司擅自解除协议的，由甲公司向乙公司赔偿由此造成的一切经济损失（包括但不限于乙公司的全部建设投入、装修投入、设施设备投入及相关经营损失等）。

场地租赁协议签订后，甲公司即将系争场地交给了乙公司使用。乙公司在系争场地上建造了系争房屋，但未办理产权证，也无合法的建造手续。

2012 年 1 月，甲公司、乙公司与丙公司签订《补充协议》，约定场地租赁协议中涉及的费用由乙公司委托丙公司支付。

2012 年 12 月，甲公司返还给乙公司 50% 的定金，抵扣乙公司欠付的租金后，尚余 40 万元定金转为押金，留在甲公司处。

2014 年 4 月，丙公司开始使用系争场地及系争房屋。

2014 年 6 月，甲公司与乙公司签订《补充协议书》，约定如下：《场地租赁协议》约定的租赁期限内，如因城市市政建设或政府规划需要，系争土地及系争房屋被依法征收或动迁或因系争房屋属违章建筑等而被勒令拆除并提前解除《场地租赁协议》的，如乙公司拒不搬迁，乙公司同意在占用期间按照季度租金的 200% 的标准向甲公司支付房屋使用费，并向甲公司承担违约责任。

各方签署上述所有协议后，丙公司一直使用系争场地和系争房屋。2017 年 12

月，某区规土局出具《关于上报系争地块土地储备计划的请示》，向市规土局上报将系争场地等4幅地块列入土地储备计划。

2018年1月，市规土局向某区规土局出具《关于同意系争地块列入土地储备计划的批复》，同意将系争场地在内的4幅地块列入土地储备计划。

2018年3月，某区土地储备中心出具《关于系争地块实施收储工作的函》，其中载明拟将甲公司所属的系争场地进行租赁住房的开发。市规土局同意将系争场地列入区土地储备计划。

2019年6月，甲公司与某区土地储备中心签订《土地储备收购补偿协议》，由某区土地储备中心收购甲公司的系争场地土地。至此，系争场地正式由区土地储备中心进行土地储备。

由于系争房屋在建造时没有办理合法的建造手续，也没有办理产权证，2019年9月，某区“五违”整治办公室向甲公司发送《关于限期拆除系争地块上无证建(构)筑物的函》(以下简称限期拆除函)，称系争场地上的无证建(构)筑物已录入市无证建筑数据库，要求由甲公司督促系争场地所有违建单位停止经营业务、搬离清空，并自行拆除所有无证建(构)筑物。

甲公司在收到限期拆除函后，立即向乙公司发送律师函，要求乙公司停止无证建(构)筑物内的经营业务，并严格按照限期拆除函履行，清空房屋、搬离，并自行拆除未经过合法申报审批的无证建(构)筑物。鉴于乙公司擅自建造的违章建筑被勒令拆除，依据补充协议的约定，因系争房屋属于违章建筑而被勒令拆除，甲公司要求自2019年9月起提前解除场地租赁协议以及数份补充协议。

鉴于乙公司并未按照律师函要求清空房屋并搬离，甲公司因此起诉至法院，要求确认场地租赁协议以及补充协议中的租赁合同关系解除，要求乙公司及丙公司限期搬离，并要求乙公司支付欠付的租金、迟延支付租金的滞纳金以及系争场地使用费。

甲公司起诉后，乙公司提起反诉，认为甲公司擅自解除了租赁合同关系，要求甲公司赔偿因擅自单方面解除协议而给乙公司造成的建设投入、装修投入损失、设备设施投入损失、因甲公司擅自单方面解除协议而产生的违约金。丙公司作为第三人参与诉讼。

三、一审各方主要观点

1. 甲公司观点

鉴于乙公司仅支付租金至2018年年底，经甲公司向乙公司发送《租金催收单》

催告，乙公司仍拖欠甲公司自 2019 年 1 月 1 日起的租金。根据《场地租赁协议》的约定，甲公司有权解除其与乙公司之间的租赁关系，并要求乙公司承担滞纳金的违约责任。

另鉴于限期拆除函已勒令违建单位即乙公司拆除其擅自在系争场地上建造的违章建筑，该情况符合补充协议的约定，即“因地上建筑物属违章建筑等而被勒令拆除而提前解除租赁协议”，故甲公司提出解除与乙公司的租赁关系，是符合补充协议中解除合同条件的。

基于上述乙公司的违约情形，依据《场地租赁协议》的约定，不论租赁合同关系是期满终止还是因乙公司违约提前解除或终止，甲公司均有权收回系争房屋的全部使用权，且无须对乙公司于系争房屋的建设投资予以任何补偿。且在甲公司依据合同约定提前解除租赁协议的情形下，第三人丙公司应当配合搬迁，丙公司拒不搬迁的，乙公司应当按照《场地租赁协议》的约定，在占用期间按照季度使用费的 200% 的标准向甲公司支付房屋使用费。

甲公司还认为，退一步说，即使法庭认为由于系争场地被纳入土地储备计划，导致场地租赁合同关系在事实上履行不能，进而场地租赁合同关系需提前解除的，那么也应当认为“系争场地被列入土地储备计划”是不可归责于双方的事由。甲公司在其中没有进行任何主动申报、收回土地并进行商业开发的行为，也不存在任何过错或者恶意，因此甲公司没有擅自单方解除租赁合同关系，乙公司要求甲公司赔偿“因擅自单方解除协议”而给其造成的建设投入、装修投入损失，设施设备投入损失的合同约定在本案中不应被适用。

在合同没有约定的情况下，甲公司认为依据司法解释相关规定，承租人未经出租人同意装饰、装修或者扩建产生的费用，应由承租人负担。出租人请求承租人恢复原状或者赔偿损失的，人民法院应予支持。鉴于乙公司的所有装修和改扩建均未得到甲公司的同意，故甲公司有权要求乙公司恢复原状。

即使法庭认为甲公司应当明知的，依据司法解释的相关规定，合同解除时，双方对已形成附合的装饰、装修物的处理没有约定的，因不可归责于双方的事由导致合同解除的，剩余租赁期内的装饰、装修残值损失，由双方按照公平原则分担。本案中，由于乙公司未经甲公司同意就擅自进行了装修，其应当承担主要的过错。乙公司未经甲公司同意，也未办理合法的建设手续，其对于未办理合法建设手续的系争房屋，也应当承担主要的过错。

依据《场地租赁协议》约定，租赁合同关系解除后，在不影响该房屋建筑结构的前提下，乙公司有权将其投入且可移动的设备、设施搬离，不可移动物无偿归甲公司所有。因此，甲公司无须赔偿乙公司任何设备设施损失。

2. 乙公司观点

甲公司与乙公司签订的《场地租赁协议》中约定，如甲公司擅自解除协议，应赔偿由此给乙公司造成的一切经济损失（包括但不限于系争房屋的全部建设投入、装修投入、设施设备投入及相关经营性损失等），并支付相当于违约行为发生前三个月租金的违约金。租赁协议签订后，乙公司共计投入人民币 7000 万元，用于房屋改建、装修及购置设施设备。

乙公司认为，2017 年年底，甲公司及其上级单位某集团为谋求更大利益，在未征得乙公司意见的情况下，主动申报要求某区土地储备中心整体收储系争场地。甲公司与土地收储中心于 2019 年 6 月就签署了土地收储协议。故乙公司认为甲公司属于擅自单方面解除了租赁协议，依据合同约定，乙公司有权要求甲公司赔偿乙公司建设（及装修）投入损失及设施设备投入损失，并支付违约金。

四、一审双方提交证据及质证意见

甲公司举证，乙公司质证，具体详见表 1。

表 1 甲公司的举证及乙公司的质证内容

组号	序号	证据名称	证明	乙公司质证意见
第 1 组	1	《场地租赁协议》	甲公司与乙公司就系争地块建立租赁关系。 由乙公司负责以甲公司的名义办理立项、规划、报建、环评等各项手续，取得立项批准文件、建设用地规划许可证、建设工程规划许可证、建筑施工许可证等文件	真实性无异议，但场地租赁协议约定，乙公司对出资建造的系争房屋享有独家使用权，甲公司保证系争场地不存在权属争议。如果租期内系争场地被依法征收动迁导致租赁协议解除的，甲公司应当按照租赁协议的约定，共同与政府部门协商谈判并签署相关协议
第 2 组	2	《补充协议》	乙公司施工前需向甲公司提供完整的工程规划、方案及图纸，经甲公司上级主管单位审定通过后方可进场施工。 乙公司应在施工进场前向甲公司提供施工许可证复印件，以备接受政府相关部门检查，如因乙公司事由造成不良影响及经济损失，由乙公司承担完全责任	
	3	《补充协议》	甲公司、乙公司、丙公司约定：由乙公司委托丙公司支付相关租金等费用	

续表

组号	序号	证据名称	证明	乙公司质证意见
第2组	4	《补充协议书》	如因城市市政建设或政府规划需要，租赁范围内的场地及地上建筑物被依法征收或动迁或因地上建筑物属违章建筑等而被勒令拆除而提前解除租赁协议的，如丙公司拒不搬迁的，乙公司同意按《场地租赁协议》约定向甲公司承担违约责任（即在占用期间乙公司须每季度按相当于合同期满或合同解除前最后一个季度使用费的200%的标准向甲公司支付房屋使用费，不足一个季度的按一个季度计算）	
第3组	5	律师函	甲公司收到限期拆除函后，即委托律师向乙公司发函，告知其无证建（构）筑物已录入市无证建筑数据库相关情况，并要求其停止在无证建（构）筑物内的经营业务，清空搬离并自行拆除违章建筑，并告知乙公司租赁合同关系自2019年9月起解除	对律师函真实性无异议，内容不认可。对限期拆除函不认可。该函不具备行政执法效力，其内容也不特定指向系争房屋
	6	《关于限期拆除系争地块上无证建（构）筑物的函》		
	7	委托凭证		
第4组	8	律师函	甲公司又委托律师于2019年10月向乙公司发送律师函，再次要求乙公司停止无证建（构）筑物内的经营业务，并清空房屋并搬离	真实性无异议，但按照双方交易习惯，甲公司先开票，乙公司再付款。乙公司并未拖欠房租
	9	委托凭证		
第5组	10	记账凭证	乙公司租金支付至2018年第四季度，后再未向甲公司支付任何租金	
	11	发票		
第6组	12	《关于上报系争地块土地储备计划的请示》	经区规土局请示，市规土局批复，系争场地被列入土地储备计划，并由区土地储备中心负责该地块的收储工作。区土地储备中心函告甲公司，其拟于2018年正式启动系争地块的收储工作	真实性无异议，但是可以看出某集团主动申报土地收储致使场地租赁协议无法继续履行，责任在甲公司
	13	《关于同意系争地块列入土地储备计划的批复》		
	14	《关于系争地块实施收储工作的函》		
第7组	15	《土地储备收购补偿协议》	系争地块所在街区总计200亩土地被收储	

续表

组号	序号	证据名称	证明	乙公司质证意见
第 8 组	16	《关于系争场地及地上房地产等估价报告的情况说明》	受区土地储备中心委托，上海 ×× 估价有限公司对系争场地及地上房屋进行估价。其中乙公司于系争地块上违章搭建的系争房屋为未见证房屋，该未见证房屋重置价格结合残值率的评估总价为人民币 600 万元	对形式上的真实性认可，对于其中的评估项目的评估金额不予认可
第 9 组	17	租金催收单	甲公司于 2019 年 9 月向乙公司发送租金催收单，要求其在 2019 年 10 月前支付拖欠甲公司的租金。但乙公司并未按期支付	真实性不认可，乙公司没有收到过

乙公司举证，甲公司质证，具体详见表 2。

表 2　乙公司举证与甲公司质证内容

证据编号		证据名称	证明	甲公司质证意见
第 1 组	1	区规土局《关于上报土地储备计划（租赁住宅地块）的请示》	系争场地于 2018 年被市规土局批准列入区土地储备计划	对三性予以认可，同时从该证据可以看出，系争场地由区规土局上报市规土局请示，市规土局同意将系争场地列入土地储备计划，并由区土地储备中心办理土地储备前期手续，切实做好地块前期基础性开发工作
	2	市规土局《关于同意系争地块列入土地储备计划的批复》		
第 2 组	3	公证书（微信及短信）	（1）甲公司曾三次通知乙公司参加系争地块收储会议，证明《土地收储协议》所载，双方一直讨论的都是基于收储合同的损失赔偿问题，而不是甲公司诉请所依据基础。 （2）证明 2019 年年初甲公司将系争场地转让给了收储中心，所以从 2019 年起甲公司无法再收取租金。	对公证书的合法性、真实性认可，与本案没有关联。由于系争场地被列入土地收储项目，区土地储备中心要求甲公司做好地块上租赁户清退工作，故甲公司与乙公司就清退事宜确实进行过谈判。但由于甲公司收到了限期拆除函，甲公司收到该函件后与乙公司就拆违以及解除合同的事宜进行了发函以及沟通。此时双方谈判基础已经改变，甲公司之后再也未就清退事宜与乙公司进行沟通，甲公司与乙公司此后的协商均以限期拆违以及合同解除为基础。

续表

证据编号		证据名称	证明	甲公司质证意见
第2组	4	地上建筑改建材料	(3)证明乙公司出资改建房屋，总投资5000多万元，对应的是20年的独家使用权，甲公司擅自将系争场地转让给土地收储中心，是严重的违约行为，并给乙公司造成了巨额经济损失	对地上建筑改建材料，三性均不认可，租赁合同中约定了由乙公司承担所有的改建事项，该材料也从未交由甲公司审核，甲公司没见过，也不认可该材料
第3组	5	公证书（微信记录）	乙公司历史履约情况良好，主观上没有迟延支付租金的恶意，系甲公司指令乙公司停止支付租金	对公证书的合法性、真实性认可，对于其关联性不认可，对证明目的不认可。 对租金支付凭证和租金发票的合法性、真实性认可，对关联性不认可，对证明目的不认可。 该公证书中的微信记录从2019年年底开始。甲公司于2019年9月还在向乙公司发送《催收函》，要求乙公司在2019年10月前支付租金，但乙公司仍未支付租金
	6	2018年租金支付凭证		
	7	2018年租金发票		
第4组	8	承租房产的房地产权证书	证明乙公司在系争场地上改建已有建筑而成了系争房屋，并非无证建筑	对房地产权证书的三性认可。但该产权证记载的是系争场地交付乙公司之前地上建筑物的情况。甲公司在与乙公司签订场地租赁合同后，将系争场地上的建筑进行了拆除，将“五通一平”的场地交付给了乙公司。该产权证并不能证明乙公司建造的系争房屋系有证建筑。 甲公司从未见过公安分局出具的该证明，对此并不知情，但认可其内容。 对区发改委的两份项目备案意见，三性均不认可。用于申请该备案意见的材料系乙公司自行制作、提交，乙公司从未提交甲公司进行审批，甲公司不认可其中所载内容。乙公司在系争场地建造上的建筑，属于无证建筑，这点已经在限期拆除函中明
	9	公安分局出具的证明		

续表

证据编号		证据名称	证明	甲公司质证意见
第 4 组	10	区发改委出具的两份《上海市企业投资项目备案意见》	证明乙公司在系争场地上改建已有建筑而成了系争房屋，并非无证建筑	确，并且系争房屋已经录入市无证建筑数据库。这两份备案意见并不能够证明系争房屋办理了合法的建设手续。 对于镇政府向某消防支队出具《说明》，三性均不认可，甲公司从未见过该份说明，也未经过甲公司确认
	11	镇政府向消防支队出具的《说明》，区规土局证明情况属实		
第 5 组	12	丙公司的股权转让协议	乙公司于 2014 年 9 月将丙公司 100% 股权转让给案外人，转让的基础也是 20 年的独家使用权，且股权转让协议约定如果系争场地产权出现问题，乙公司将承担巨额的违约金	对该组证据的真实性、合法性认可，关联性不认可，与本案没有关联。甲公司现解除与乙公司的租赁关系，与丙公司没有任何关联。 甲公司与乙公司在补充协议书中也约定，乙公司与丙公司之间的转让行为不影响乙公司按照场地租赁协议履行相关义务。丙公司与乙公司的股权转让协议系丙公司和乙公司自行签订，与甲公司也没有任何关联

五、双方对于补偿金额各持己见

甲公司认为区土地储备中心已经委托上海 ×× 估价有限公司对乙公司在系争场地上违章搭建的系争房屋进行过评估，那么甲公司应当以评估总价人民币 600 万元为限进行补偿。但乙公司认为其改建、装饰装修、设备设施损失总计人民币 7000 余万元，故乙公司向法院申请司法鉴定，就系争场地上乙公司自行搭建的系争房屋及装修的造价以及折旧进行司法鉴定。

六、鉴定结果及双方意见

经法院委托的鉴定单位鉴定，系争场地上乙公司自行搭建的系争房屋及装修的工程造价原值金额为人民币 5700 万元、残值金额为人民币 3600 万元。法院组织双方就该鉴定意见发表了各自意见，并请鉴定单位进行了相应的答复。

（一）甲公司对鉴定结果的意见以及鉴定单位的答复意见

1. 折旧问题

甲公司认为，虽然甲公司于 2019 年 9 月解除租赁合同关系，但是乙公司和丙公司至今没有归还场地，甲公司对于折旧期间的起算点没有异议，但是折旧期间的截止日期应当为乙公司及丙公司实际返还系争场地之日。

鉴定单位答复鉴于乙公司和丙公司实际归还场地的日期目前无法确认，所以暂计算至甲公司解除租赁合同关系之日。

2. 系争房屋已经做过评估

甲公司认为，经土地收储中心委托，系争房屋已经进行过评估，系争房屋重置价结合残值率的评估总价仅为人民币 600 万元，与本次鉴定结果差异巨大。

鉴定单位答复结果差异是由于评估原则不一样。本次鉴定是根据图纸重新计算工程量和定额，组价后重新计算的工程造价，并依据租赁期限进行折旧。

3. 土方外运费用

甲公司认为，系争场地具备临时堆土条件，无须土方外运，乙公司没有提供施工单位与监理单位共同签章认可的原始场地表格网格图，也没有提供合同、发票、付款凭证等证据证明土方外运的发生。根据甲公司提供的系争场地材料，系争场地存在充分的堆土条件，乙公司可以直接将余土堆放在系争场地内，完全不用将余土进行外运。因此鉴定结果不应当计算土方外运的费用。

鉴定单位答复其是根据图纸计算的土方，余土一般是外运的，但如果现场有堆放条件的话，也有可能堆在现场。鉴于没有证据证明当时的情况，鉴定单位是按照常规施工时余土外运来计算工程量和费用。

（二）乙公司对鉴定结果的意见以及鉴定单位的答复意见

1. 社保费率异议

乙公司认为，鉴于系争房屋工程的开工日期为 2012 年 4 月，应当按照 2012 年相关文件中规定的费率计算。而鉴定报告中是以 2010 年相关文件中费率计算的，若按照 2012 年的费率计算，会比现在的结果增加 180 万余元。

鉴定单位答复 2012 年文件仅更改了 2010 年文件中的费率，并没有更改“老工程老办法”的规定，本案系争房屋的工程属于老工程，应当适用 2010 年文件规定的社保费率。

2. 关于设备设施

乙公司认为，系争房屋内的 300 多件设备设施鉴定单位认为是可移动的，所以未纳入鉴定范围，但所涉设备如果进行拆卸再安装，设备价值将大幅贬损，所以应当纳入评估范围。

鉴定单位答复认为甲公司的设备设施是可移动的，不应计入本次鉴定范围。

3. 装修采购价

乙公司认为，根据4S店装修要求进行的装修采购价格远高于鉴定报告中采取的市场价格。

鉴定单位答复鉴定原则就是采取市场信息价，本案甲公司和乙公司之间没有就采购价格达成合意，鉴定单位依据市场信息结合市场询价综合取定了价格。

4. 关于折旧

乙公司不同意就造价进行折旧后取残值。由于甲公司擅自解除租赁合同关系，应当赔偿乙公司一切损失。

鉴定单位答复合同解除和是否应当折旧由法庭审理决定。

5. 其他项目

乙公司认为门卫、门牌、围墙涂料、配电房涂料、道路、下水道等项目没有被计入鉴定结果中。这些虽不是场地租赁协议规划红线内的施工，在规划红线外，但是系依据甲公司要求进行的施工。

鉴定单位答复认为其只对系争场地内的施工进行鉴定，系争场地外的施工不属于此次鉴定范围，且乙公司没有提供任何甲公司签字认可的施工图和竣工图。

七、一审法院对于鉴定结果的综合意见

针对甲公司和乙公司对鉴定报告提出的异议，结合鉴定单位的答复意见，一审法院分析如下。

(一) 甲公司对鉴定报告提出的异议

1. 对于折旧截止日的异议

法院将综合考虑双方的场地租赁合同关系解除、乙公司至今未从系争场地迁出并将场地返还给甲公司以及本案在诉讼中实际情况等因素，酌情确定折旧率。

2. 对于两次鉴定结果的差异

鉴定单位已进行解释，本次鉴定是根据图纸计算工程量和定额，组价后计算的工程造价，按照使用租期的比例进行折旧。

3. 对于土方外运费用的异议

乙公司辩称，当时系争房屋周边是仓库，不存在堆土条件。法院认为，甲公司

未举证证明施工现场有堆土条件，鉴定单位按照施工惯例计算土方外运费用，并无不当。

（二）乙公司对鉴定报告提出的异议

1. 对于社保费率的异议

鉴定单位已进行解释，2012 年文件仅更改了 2010 年文件中的费率，并没有改变 2010 号文中“老工程老办法”的规定。系争工程属于老工程，故应适用老办法按照合同约定计取费率。

2. 对于设备设施费用的异议

鉴定单位解释称可移动的设施设备不应计入本次造价。

3. 对于规划红线外工程的异议

法院认为，因乙公司没有证据证明甲公司要求其施工且无法提供经甲公司签字认可的施工图、竣工图等证据，故对乙公司的主张无法支持。

4. 对于装修采购价格的异议

鉴定单位已经进行解释称，其是根据市场信息价结合市场询价综合取定的采购价格。

5. 对于折旧的异议

法院认为合同解除后，赔偿的是实际损失，乙公司要求按照工程造价原值计取，缺乏依据。

八、一审判决裁判理由

一审法院认为，甲公司与乙公司签订的场地租赁协议以及数份补充协议是当事人真实意思表示，且不违反法律、法规强制性规定，应属合法有效，双方均应按约履行。

甲公司与乙公司之间系场地租赁合同关系，甲公司以系争场地上的无证建（构）筑物需拆除为由要求解除场地租赁协议，缺乏依据。因甲公司表示暂时不收取租金，故甲公司主张乙公司拖欠租金而解除租赁合同关系的主张，一审法院无法采信。鉴于此，甲公司应当退还乙公司剩余押金，甲公司对于迟延支付租金的滞纳金的主张，一审法院也无法支持。

根据法律规定，在法律上或事实上不能履行的，致使不能实现合同目的的，人民法院可以根据当事人的请求终止合同权利义务关系，但不影响违约责任的承担。因甲公司与区土地储备中心已签订土地储备收购补偿协议，甲公司与乙公司签订的场地租赁协议以及一系列的补充协议在事实上不能履行，故甲公司与乙公司之间的租赁合同关系于本案诉状副本送达乙公司之日解除。

合同解除后，尚未履行的，终止履行；已经履行的，根据履行情况和合同性质，当事人可以要求恢复原状，采取其他补救措施，并有权要求赔偿损失。合同解除后，乙公司及丙公司理应从系争场地中迁出，并将系争场地返还给甲公司。

因乙公司实际使用系争场地，理应按约支付租金。甲公司要求乙公司支付自2019年1月1日起的租金，乙公司对欠付租金的起算日以及租金标准无异议，一审法院予以确认，租金应支付至场地租赁协议解除日即起诉状副本送达乙公司之日。

因乙公司至今仍未将系争场地返还给甲公司，乙公司理应支付场地使用费。一审法院综合考虑当事人的过错程度，甲公司的实际损失以及本案的具体情况，酌定场地使用费的计算标准。

乙公司主张系甲公司的集团公司主动申报收储造成系争地块被某区土储中心收购，甲公司抗辩系争场地经区规土局请求、市规土局批复，被列入土地储备计划，不存在主动申报的情形，甲公司不存在任何过错或恶意。因乙公司提供的书面证据不足以证明其主张，故对乙公司的主张，一审法院难以采信。

乙公司在系争场地上建造的房屋未取得产权证或合法的建造凭证，存在过错。甲公司在签订合同时明知乙公司在系争场地上建造系争房屋，在违法构筑物建造后持放任之态，亦存在过错，故对土建和装修损失应由甲公司和乙公司各自承担一半责任。一审法院综合考虑到系争场地上乙公司自行搭建的房屋及装修的工程造价原值金额、双方的场地租赁合同关系于2020年6月解除、乙公司至今未从系争场地迁出并将系争场地返还给甲公司、双方当事人的过错程度、乙公司的实际损失等综合因素，根据法院酌情确定的折旧率，酌定甲公司赔偿给乙公司土建和装修损失1400万余元。

乙公司要求甲公司赔偿设施设备的投入损失，一审法院认为，首先，《场地租赁协议》约定，协议提前解除，乙公司有权将其投入且可移动的设备、设施搬离；其次，鉴定单位称，乙公司提供的设施设备清单中其中部分为可移动的设施设备，即使不可移动的设备亦可拆卸搬离。协议解除后，乙公司可自行搬离上述设施设备，其要求甲公司赔偿可移动设备的投入损失，缺乏依据，法院难以支持。对乙公司要求对上述设施设备进行评估的申请，法院不予准许。

九、一审判决结果

（1）甲公司与乙公司就系争场地签订的场地租赁协议以及数份补充协议中甲公司与乙公司之间的场地租赁合同关系于起诉状副本送达乙公司之日起解除。

（2）乙公司、丙公司于判决生效之日起 10 日内从系争场地迁出，并将系争场地返还给甲公司。

（3）乙公司于判决生效之日起 10 日内支付给甲公司自 2019 年 1 月 1 日起按照年租金标准计算至租赁合同关系解除之日的租金。

（4）乙公司于判决生效之日起 10 日内支付给甲公司自租赁合同关系解除之日起按照年租金标准计算至实际迁出之日止的使用费。

（5）甲公司于判决生效之日起 10 日内返还给乙公司押金。

（6）甲公司于判决生效之日起 10 日内支付给乙公司土建和装修的投入损失人民币 1400 万余元。

（7）驳回甲公司的其他诉讼请求，驳回乙公司的其他反诉请求。

在收到一审判决后，甲公司和乙公司均对一审判决提起上诉。

十、双方上诉意见

甲公司的上诉理由如下。限期拆除函已经明确载明，系争场地上由乙公司擅自建造的建筑，已录入市无证建筑数据库，已经能够充分证明乙公司擅自搭建的建（构）筑物系违章建筑，且被勒令拆除。一审法院对于此部分事实没有进行认定，是对事实的认定错误。因乙公司建造违章建筑且被责令拆除，甲公司要求解除租赁关系，是完全符合双方合同约定的。

关于乙公司拖欠租金部分，乙公司提供的是 2019 年 10 月开始的微信记录，但其拖欠的是 2019 年 1 月起的租金，在此之前的 10 个月内乙公司都没有支付任何的租金，明显不能以甲公司于 2019 年 10 月要求其停付来解释。因此一审法院认为是由于甲公司表示暂时不收取租金，所以乙公司才没有支付租金的事实认定错误。

基于上述论述，甲公司以乙公司违章搭建以及欠付租金为由要求解除租赁关系是符合合同约定的。依据合同约定，甲公司有权没收乙公司押金。

关于土方外运部分费用的认定，由于乙公司并未提供任何合同、发票、付款凭证等证据证明土方外运费用的发生，故对该项费用甲公司不予认可。鉴定单位也解释称如果现场有堆土的条件，那么有可能土方不进行外运，直接堆放在现场。为了证明当时现场存在堆土的条件，甲公司已经提交了相应的论证材料。既然乙公司认为当时现场产生了土方的外运，就应该提供相应的证据证明实际土方量以及外运费用的发生。但一审法院不仅不要求乙公司提供相应证据证明发生了土方外运，而且认为甲公司没有提供足够证据证明现场有堆土条件，存在举证责任分配上的错误。

在对双方的过错进行认定时，一审法院认定甲公司和乙公司对系争房屋的土建和装修损失各自承担一半责任，这对甲公司的过错责任进行了较重的认定。首先，根据合同约定，房屋的申报审批、建设手续、设计、投资建设、手续或证照办理，均由乙公司负责。乙公司没有报请甲公司同意，也未办理合法的建设手续，其对于未办理合法建设手续的系争房屋，应当承担主要的过错。

甲公司在得知乙公司搭建的为违章建筑后，并没有任何的放任之态。甲公司在收到限期拆除函后，立刻就在系争场地内予以张贴，并且委托律师通过邮政特快专递向乙公司发送律师函，告知乙公司限期拆除函的内容并且主动要求乙公司履行拆除义务。但乙公司并没有做出任何纠正其违建的行为。故一审法院认定甲公司与乙公司承担同等过错责任，对甲公司明显不公。

乙公司同时也提出上诉，上诉理由为系争场地被收储的原因是甲公司的控股股东主动向区政府部门申报土地收储，未经过乙公司的同意。甲公司擅自与土地储备中心签订了收购补偿协议，获得了巨额的补偿款。故甲公司存在违约解除租赁合同关系的行为。

根据双方合同约定，甲公司作为违约方，应当对乙公司进行充分的赔偿，包括以下三项赔偿：乙公司的全部建设投入装修工程造价原值（不应计算折旧）；一审的鉴定结果未包含设备设施共计 300 多项，价值 550 万元；因场地租赁协议解除导致第三方丙公司向乙公司追索产生的损失，针对该损失，乙公司保留另行起诉甲公司进行赔偿的权利。

乙公司还认为一审判决未查明系争场地的权利人变更情况，由此导致租金及使用费收取主体的认定错误。甲公司在注销土地使用权证后，再无法以权利人身份向乙公司收取租金或使用费。

十一、二审判决裁判理由

经过组织开庭就本案进行公开审理，二审法院审理后认为，甲公司和乙公司就系争场地签订的协议均系双方真实意思表示，合法有效。现因系争场地被区土地储备中心收储，导致双方间一系列的租赁协议在事实上无法继续履行，双方间的租赁合同关系应当解除。

本案的争议焦点在于：系争租赁合同的解除时点；土地收储而导致系争租赁合同关系解除能否确认为甲公司违约；系争租赁合同关系解除的后果处理。

关于第一个争议焦点。甲公司认为，系争场地上的无证建筑物需要拆除及乙公司逾期支付租金超过 30 日，其有权单方面行使解除权。对此，法院认为，乙公司一直以来均按约支付租金，信用良好，双方微信记录显示，甲公司明确表示租赁费用暂时不收，甲公司虽表示其曾经在 2019 年 9 月向乙公司发函催缴租金，但因乙公司表示未收到甲公司的该份函件，甲公司也未提供证据证明该份函件曾发送并送至乙公司，故对于乙公司欠租一节，法院不能确认。至于无证建筑物需要拆除的问题，因甲公司并无证据证明区“五违”整治指挥部办公室所指的限期拆除无证建筑物即是乙公司建造的系争房屋，且退一步讲，即使二者一致，本案系场地租赁合同，无证建筑物被拆除，也不影响场地的继续租赁使用，故对甲公司所述此项单方合同解除理由不予认可。现租赁合同关系因事实上不能继续履行，一审判决以甲公司诉请解除的诉状副本送达之日为合同解除日，二审法院认为并无不当，予以维持。鉴于此，甲公司以乙公司存在前述违约行为为由，要求乙公司支付逾期支付租金的滞纳金并没收押金，一审未予支持，二审法院认为并无不当，予以维持。

关于第二个争议焦点。甲公司认为系争租赁协议不能履行是因为系争场地被行政机关土地储备而解除，甲公司不构成违约。乙公司则认为，甲公司主动要求土地收储，并擅自将系争地块转让给区土地储备中心，构成违约。二审法院经审理认为，系争场地被纳入土地储备计划，系国家对城市土地所做的总体规划，甲公司并无直接决定权，即使存在甲公司的上级公司主动申报，但是否予以收储并不以甲公司一方的意见为准。乙公司以此为据主张甲公司对合同解除负有全部责任，一审未予支持，二审法院不持异议。

关于第三个争议焦点。合同解除后，乙公司应当将系争场地返还给甲公司，并支付场地返还前的占有使用费。乙公司认为占有使用费仅应支付至系争房屋权属证书被注销之日。对此，二审法院认为，即使案涉土地被收储，土地房屋权属发生变化，然租赁物在租赁期间发生所有权变动的，不影响租赁合同效力，且系争场地仍由乙公司转租给第三人丙公司使用，一审判决乙公司支付租金至场地返还之前，并无不当，二审法院予以维持。

合同解除后，当事人有权请求赔偿损失。乙公司主张的损失赔偿中，设施设备可以依据合同约定由乙公司直接搬离。土建和装修损失，因系争房屋未取得产权证或合法建造凭证，一审依据过错程度由双方各自承担一半，并参照合同解除时间、折旧等因素，酌情确定损失金额，尚属合理。

甲公司认为未办证的主要责任在于乙公司，乙公司应承担更重的责任，但事实上甲公司允许乙公司重新建房，且对之后乙公司使用无证房屋的行为持放任态度，因此双方应共同承担责任。

至于甲公司所述土方外运的费用应当扣除的意见，鉴定单位按照图纸计算余土需要外运，并按照常规施工时土方外运计算工程量和造价，现甲公司认为现场有堆土条件，应当提供相应证据，否则应当按照施工惯例计算土方外运费用。一审未扣除土方外运费用，二审法院认为并无不当。

十二、二审判决结果

综上所述，二审法院认为甲公司和乙公司的上诉请求均不能成立，应予驳回，一审判决认定事实清楚，适用法律正确，应予以维持。

十三、案例评析

经过对本案事实进行梳理，本案的争议焦点为：(1)租赁合同关系的解除事由以及合同解除的时间节点如何认定？(2)租赁合同关系解除后的损失赔偿问题如何处理？

1. 租赁合同关系的解除事由以及合同解除的时间节点

本案中，甲公司和乙公司对于租赁合同关系解除有着不一样的主张。甲公司认为，由于乙公司拖欠租金已达 30 日，依据合同约定，甲公司有权单方面解除租赁合同关系。并且，由于乙公司未按合同约定，擅自建造了系争房屋，未经任何合法的建造手续或建房批复，依据合同约定，乙公司也有权利单方面解除租赁合同关系。

针对甲公司的上述主张，乙公司则认为，是由于甲公司要求乙公司暂停支付租金，故乙公司没有支付自 2019 年起的租金。乙公司也不认可限期拆除函的效力，认为其不具备行政执法的效力。甲公司主张的租赁合同关系解除事由没有任何法律和事实依据。

相反，乙公司认为系争场地被收储是由于甲公司的上级单位主动申报，才导致系争场地被收储，从而导致乙公司利益受损，鉴于甲公司擅自解除租赁合同关系的行为，甲公司应当赔偿乙公司所有损失。

而法院则认为，甲公司主张的合同解除事由不成立，但因甲公司与土地收储中心已经签订《土地储备收储补偿协议》，双方间的租赁合同关系在事实上不能履行，致使合同目的不能实现，因此，法院可以根据当事人的请求终止合同权利义务关系，法院将诉状副本送达乙公司的送达日作为租赁合同关系解除日。租金和场地使用费也以诉状送达日进行区别计算。

本案中，法院没有认可甲公司的解除合同事由，也没有采纳乙公司认为甲公司擅自解除租赁合同关系的主张。法院以租赁合同关系事实上履行不能为由，依据当事人的请求终止了合同权利义务关系。可以认为在本案中，因土地储备而导致租赁合同关系提前解除，属于因不可归责于当事人双方的事由而导致租赁合同因事实上履行不能而提前解除。

2. 租赁合同关系解除后的损失赔偿问题

甲公司认为由于乙公司违约而导致租赁合同关系提前解除，因此甲公司不应对乙公司进行任何赔偿。乙公司则认为由于甲公司擅自解除租赁合同关系，应当赔偿其一切经济损失，包括建设投入、装修投入、设备设施投入以及相关经营损失。

由于法院以租赁合同关系事实上履行不能为由认定租赁合同关系解除，因此没有采纳甲公司和乙公司对于损失赔偿的主张。

为确认合同解除后乙公司的损失金额，法院另行委托了鉴定单位，对于系争房屋造价装修以及折旧进行了鉴定，在确定了系争房屋造价及装修的残值后，法院考虑到甲公司和乙公司对于土建和装修损失均存在过错，认为双方应各自承担一半责任。对于乙公司主张的设备设施损失，法院认为乙公司可以自行搬离，故对于乙公司关于设备设施的损失主张，不予支持。

可见，虽然本案所涉为场地租赁合同关系，但是法院在处理相关的损失问题时，还是与最高人民法院《关于审理城镇房屋租赁合同纠纷案件具体应用法律若干问题的解释》[①] 的相关规定思路一致，即合同解除时，双方对已形成附合的装饰、装

---

① 2020 年最高人民法院《关于审理城镇房屋租赁合同纠纷案件具体应用法律若干问题的解释》第 9 条规定："承租人经出租人同意装饰装修，合同解除时，双方对已形成附合的装饰装修物的处理没有约定的，人民法院按照下列情形分别处理：（一）因出租人违约导致合同解除，承租人请求出租人赔偿剩余租赁期内装饰装修残值损失的，应予支持；（二）因承租人违约导致合同解除，承租人请求出租人赔偿剩余租赁期内装饰装修残值损失的，不予支持。但出租人同意利用的，应在利用价值范围内予以适当补偿；（三）因双方违约导致合同解除，剩余租赁期内的装饰装修残值损失，由双方根据各自的过错承担相应的责任；（四）因不可归责于双方的事由导致合同解除的，剩余租赁期内的装饰装修残值损失，由双方按照公平原则分担。法律另有规定的，适用其规定。"第 12 条规定："承租人经出租人同意扩建，但双方对扩建费用的处理没有约定的，人民法院按照下列情形分别处理：（一）办理合法建设手续的，扩建造价费用由出租人负担；（二）未办理合法建设手续的，扩建造价费用由双方按照过错分担。"

修物的处理没有约定的，因不可归责于双方的事由导致合同解除的，剩余租赁期内的装饰、装修物残值损失，由双方按照公平原则分担。承租人经出租人同意扩建，但双方对扩建费用的处理没有约定的、未办理合法建设手续的，扩建造价费用由双方按照过错分担。

十四、结语

在本案形成诉讼之前，甲公司和乙公司就租赁户清退、拆违清退等事宜进行过数次谈判。但在谈判时乙公司不仅要求建设投入的成本，还要求装修投入、设备设施投入、经营损失，甚至要求涵盖其与案外人签订的股权转让协议项下的相关损失，导致双方因金额差距巨大而无法达成合意。

在实践中，由于土地、房屋被征收、动拆迁、土地收储、旧改、产业升级等不可归责于双方的事由，导致租赁合同关系事实上无法履行的情形屡见不鲜，但即使在正规的征收程序中，依据现有的法律规定，“被征收人”仅为“被征收房屋所有权人”[①]，承租人、次承租人的利益应该如何进行认定，法律法规并没有明确规定，在实践中也存在很大争议。

从承租人的角度来看，在面临上述情形时，首先应当对于合同的相关约定进行一个梳理。若合同没有相关约定的，那么承租人应当依照法律规定的实际损失赔偿范围和规则，对其合理的损失进行一个预估，从而选择是谈判解决还是诉讼解决相关争议。从本案来看，最终法院判决结果与双方在协商谈判中可能达成的补偿金额相差巨大，乙公司在谈判中对合理损失明显误判。

---

① 《国有土地上房屋征收与补偿条例》第 2 条规定：“为了公共利益的需要，征收国有土地上单位、个人的房屋，应当对被征收房屋所有权人（以下称被征收人）给予公平补偿。”

融资租赁企业常见法律风险及应对

任天干[*]　贾宇驰[**]

一、引言

租赁作为一种传统的交易模式历史悠久，而现代融资租赁则被普遍认为发源于20世纪50年代的美国，目前已发展成为国际商业领域普遍采用的非银金融形式，尤其是在拉动设备投资这一领域发挥了不可替代的作用。据Solifi集团2022年发布的《世界租赁年报》[①]，2020年，面对新冠疫情对经济的巨大冲击，全球租赁业新增业务额仍保持在13381.9亿美元，较2019年仅有1.8%的下降，表现了较强的行业韧性。在市场经济发展程度较高的发达国家，融资租赁已成为仅次于银行信贷的第二大资金供应渠道。

融资租赁于20世纪80年代首次在我国出现，经过40余年的发展历程，现已成为一种越来越常见的融资手段而进入大众的视野。尤其在2014年银监会发布新版《金融租赁公司管理办法》、2015年国务院办公厅印发《关于加快融资租赁业发展的指导意见》之后，融资租赁进入了高速发展期。蓬勃发展的市场涌现了大量的融资租赁企业，但也由于发展过于快速，整个行业来不及规范和适应，导致近年来融资租赁企业之间的纠纷居高不下。

笔者经查阅发现，"融资租赁合同纠纷在近二十年内（2001—2022年）的案件审结情况为：2001年至2007年案件保持在低位状态，案件数量总和不超过35件，自2008年起，案件数量逐渐增多，且增长速度逐渐加快，2008年有50件，2009年

---

* 任天干，国际法学硕士，北京炜衡（上海）律师事务所律师、高级合伙人。深耕公司与商事、投融资、非银金融、行政管理等专业领域，擅长跨界解决疑难法律问题。

** 贾宇驰，北京炜衡（上海）律师事务所律师。

① Solifi集团及其前身White Clarke持续关注全球租赁市场发展状况30余年，由其组织编写的《世界租赁年报》（Global Leasing Report）包含对世界主要租赁市场的独特数据和相关分析，是了解全球租赁业发展动态的重要资料。《2022年全球租赁报告》，https://www.solifi.com/ebooks/global-leasing-report-2022/，2022年12月9日访问。

有 115 件，2010 年有 128 件，2011 年有 206 件，2012 年有 713 件，2013 年以后，案件数量增长速率陡然上升。2013 年有 2855 件，2014 年有 9377 件，2015 年有 14109 件，2016 年有 21304 件，2017 年有 33059 件，2018 年有 41504 件，2019 年有 68666 件，2020 年有 76446 件，2021 年有 53507 件，至 2022 年 9 月有 17066 件”[①]。（具体详见图 1）

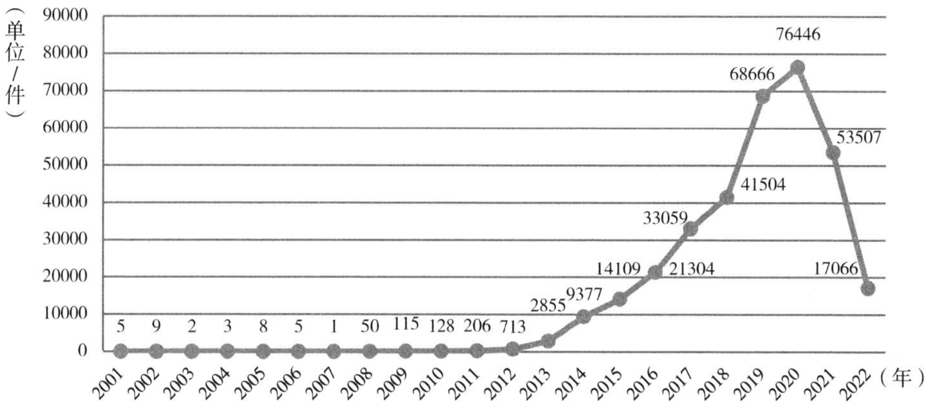

图 1　融资租赁合同纠纷案件年度审结趋势（截至 2022 年 9 月）

笔者认为，应当对融资租赁行业居高不下的纠纷率背后所隐含的法律风险予以充分关注。通常而言，融资租赁企业可能面临的法律风险主要分为涉诉风险和合规风险，而两者之间又有一定的相关性，企业经营越符合监管要求，其涉诉风险相对也就越低。融资租赁企业如想在市场上走得长远，合规管理就必须放在重要位置。

下文中，笔者将结合融资租赁司法审判实践，以及笔者和所在团队承办的“某自贸区政府金融主管部门 2021 年度融资租赁企业现场检查”专项法律服务案例，对融资租赁企业在经营过程中常见的法律风险事项进行分析，并提出应对建议。

二、融资租赁概述

（一）融资租赁的定义

在《民法典》通过前，我国法律对融资租赁合同缺乏明确定义。《民法典》通过后，其第 735 条规定，“融资租赁合同是出租人根据承租人对出卖人、租赁物的选

---

① 《中国融资租赁合同纠纷案件法律大数据分析与风险防控报告》，https://baijiahao.baidu.com/s?id=1748998599599370044&wfr=spider&for=pc2022 年 12 月 9 日访问。

择，向出卖人购买租赁物，提供给承租人使用，承租人支付租金的合同”。这一条款及其所在的融资租赁合同章首次在法律中明确对融资租赁合同进行了规制，但仍未对融资租赁交易及融资租赁物的内涵和外延以明确的法律条文的形式进行具体的界定。2006 年颁布的《企业会计准则第 21 号——租赁》中对融资租赁的定义则主要对交易实质进行了剖析，将融资租赁风险与收益概括转移的交易脉络提炼，并对融资租赁的利益运动方向加以描述，强调了所有权最终转移与否并不具有决定性意义。

在国际层面，国际统一私法协会的《国际融资租赁公约》亦没有直接定义融资租赁，而是对融资租赁交易进行了定义。其在公约中将融资租赁定义为出租人根据承租人的规格要求及其所同意的条件同供货人缔结一项供货协议，据此，出租人取得工厂、资本货物或其他设备；并同承租人缔结一项租赁协议，授予承租人使用该设备的权利，以补偿其所付的租金。

不过，尽管文字表述各有不同，但是国际公约与我国法律法规对于融资租赁的实质理解是一致的，即出租人根据承租人的选择自供货商处订购符合承租人要求的租赁物并将之租赁与承租人，承租人在租赁期间获得租赁物的占有收益，承担租赁物的风险并向出租人支付租赁费用，租赁期满后租赁物的处置不影响融资租赁的界定。

作为一种新型融资方式，融资租赁具有“融资”与“融物”相结合、租赁物所有权与使用权相分离的特点，是各种金融交易方式中与实体经济结合最紧密的一种形式[①]。该模式独有的特征使企业在扩大生产的同时得以减少成本支出，促进了实体经济的发展，但同时，这一特征也将融资租赁与传统财产租赁法律关系相区分，使其涵盖买卖、租赁、借贷、担保等诸多法律关系，呈现“两合同 + 三方当事人”的独有法律关系构造，形成了相对较为复杂的交易结构，从而需要法律法规和监管层针对其法律特点和交易特征进行具有针对性的规制。

(二)融资租赁的类型

实践中，融资租赁有着多种不同的交易模式，直接融资租赁和售后回租是实践中较为常见和活跃的交易模式。除此之外，融资租赁还存在转租赁、杠杆租赁等交易模式，这些交易模式通常是对直接融资租赁交易模式的变通，交易结构往往更为

---

① 崔佳宁、史燕平:《我国融资租赁行业风险的阶段性特征——来自不完全合同与演化博弈的解释》，载《技术经济》2020 年第 5 期。

复杂[1]。

直接融资租赁是产生时间最为久远也是最具有典型性的融资租赁类型,《民法典》融资租赁合同一章主要规制的即是这一融资租赁模式。在直接融资租赁中,租赁合同下的出租人同时兼具买卖合同中的买受人的身份,其按照承租人的指示向出卖人购买指定的租赁物,获得租赁物的所有权,并根据租赁合同将租赁物出租给承租人使用,定期获得租金及利息,在租赁期满后按合同约定处理租赁物的所有权问题。

实践中,售后回租融资租赁在融资租赁中的占比也相当高。据中国外商投资企业协会租赁业工作委员会于其官网发布的 2022 年 11 月融资租赁登记情况[2],在 2022 年 11 月中登网新增融资租赁登记中,售后回租登记数量占比 85.8%,而在过去一年中,每月中登网新增融资租赁业务中售后回租占比也始终在 76.5%—92.2% 的区间内波动,可以说,售后回租已成为我国融资租赁最主要的业务模式。最高人民法院《关于审理融资租赁合同纠纷案件适用法律问题的解释》认可了这一模式的存在[3]。在售后回租中,与直接融资租赁仅有出租人兼具买受人的双重身份不同,出租人与承租人均具有双重身份,同时,这一模式不会产生租赁物实际位置和控制权属的变化,而是单纯的通过买卖合同变更所有权并通过租赁合同建立租赁关系。在这一模式下,租赁合同中的承租人同时兼具买卖合同中的出卖人身份,承租人将本为自己所有的资产出售给出租人成为租赁合同项下的租赁物,并按照双方之间的协议约定将该租赁物租回继续使用,在保留资产的使用权的同时提高现金流动性。

此外,转租赁也是融资租赁实务中较为常见的模式之一,这一模式以出租人为中心,采用双层租赁模式:在第一层法律关系中,出租人作为承租人与上游出租人签订租赁合同;在第二层法律关系中,出租人在取得上游出租人的许可后,将标的物再次转租给承租人。这一模式的特点体现为实际承租人无须对租赁物的真正所有权人承担责任,其主要权利义务关系体现为实际承租人与实际出租人之间的法律关系(即前述第二层法律关系)。

---

① 江必新主编:《融资租赁合同纠纷》,法律出版社 2014 年版。

② 《2022 年 11 月融资租赁登记情况》,https://www.clba.org.cn/newsinfo/4805827.html,2022 年 12 月 30 日访问。

③ 最高人民法院民事审判第二庭编著:《最高人民法院关于融资租赁合同司法解释理解与适用》,人民法院出版社 2016 年版。

三、我国融资租赁的发展与现状

2020年我国融资租赁新增业务额3004亿美元[①]，已发展成为全球第二大租赁市场，整体发展情况呈现增速较快但发展进程曲折、整体渗透率较低的态势。

1981年中国东方租赁有限公司和中国租赁有限公司的成立标志着中国融资租赁行业的兴起，这一行业最初是以引进外资为原始动机、以外商投资企业的形式起步的。1988年之后的近十年时间里，由于相关监管制度的缺失和融资租赁模式的不健全、不完善，租金拖欠成为行业内的普遍现象，在1997年至2006年间，大量租赁公司面临经营危机，国家逐步加强对行业的监管，行业经历了第一个调整期；2006年后，我国融资租赁公司整体实力不断增强，融资租赁余额也不断上升，自2012年后即已成为仅次于美国的世界第二大租赁国，至2021年15年间，我国融资租赁公司注册资本自571亿元上涨至37538.2亿元[②]，增长了65.7倍；2018年以来，随着监管机构的调整和行业监管的进一步加强，融资租赁行业进入了新一轮的调整期，加强融资租赁相关企业的合规建设亦显得更为重要。

此外，我国融资租赁行业同时存在较高的行业整体风险性和不确定性。根据启信宝信用评估模型提供的数据，我国融资租赁行业中高风险企业占比高达20.37%，资质欠佳且信用状况欠佳的企业高达60.95%，整体行业风险较高。具体到主体而言，部分企业“脱离主业，无序扩张”的合规风险问题仍较为突出[③]，为行业发展带来了不利影响。部分市场主体将融资租赁当作类贷款性质的租赁业务，租赁物虚化情况严重；同时，部分企业采取虚假注资或利用关联交易转移资金，形成“空壳公司”“失联公司”，违反监管要求，进一步削弱了企业的抗风险能力，造成信用危机。从风险事件分布的角度来看，司法风险是我国融资租赁行业的主要风险事件。2021年度，融资租赁企业新增涉诉案件10578件，涉案金额达到497797.9万元。

---

① 《2022年全球租赁报告》，https://www.solifi.com/ebooks/global-leasing-report-2022/，2022年12月9日访问。

② 数据来源于《融资租赁(2021)产业发展研究报告》。

③ 李伟群、尤冰宁：《从“融资”走向“融物”——新监管体系下融资租赁合规展业的实现路径》，载《华侨大学学报(哲学社会科学版)》2021年第5期。

四、融资租赁的法律规制与行业监管

与我国融资租赁行业的迅速发展不同，我国在融资租赁法律法规与行业监管制度建设方面曾存在一定的滞后性，不能很好地适应行业的发展，但近年来，这一问题随着全面依法治国的深入推进和金融监管的逐步加强已有所改变，合法合规问题正逐渐成为融资租赁企业应当关注的重点问题。

在法律规制方面，我国融资租赁行业发展初期，与之配套的法律法规呈现空白态势。直至 1999 年通过的《合同法》才初次在法律中对融资租赁的定义、主体及其权利义务进行了规定，搭建起融资租赁法律制度的基本框架。2021 年生效的《民法典》单独设立融资租赁合同一章，对融资租赁合同效力、融资租赁物范围界定等内容进行了规定，在原《物权法》规定的基础上，进一步完善了担保物权制度，明确了融资租赁非典型担保合同的担保功能，从而使融资租赁合同可以成为法律规制下的担保合同，对融资租赁的发展产生了深远影响。

在司法解释方面，最高人民法院曾于 1996 年和 2014 年先后两次发布相关司法解释[①]，旨在规范融资租赁相关法律的适用问题，统一裁判尺度，在一定程度上弥补融资租赁业务在法律规制方面的不足。2020 年年末，最高人民法院根据《民法典》的修订情况再次修订《关于审理融资租赁合同纠纷案件适用法律问题的解释》并发布《关于适用〈中华人民共和国民法典〉有关担保制度的解释》，两者与融资租赁的法律适用密切相关，为《民法典》时代融资租赁的发展提供了司法保护和指引。

法律法规与司法解释的进一步发展完善要求融资租赁公司加强法务合规建设，在合同起草与审查时，重视租赁物价值的约定以及明确对抵押物的追及效力，对索赔权、追偿权等条款进行设置从而最大限度地保障自身合法权益不受损失。

在行业监管方面，在融资租赁诞生后的较长一段时间内，融资租赁公司依其所属的类型和所开展的业务的不同，分别归属于银保监会和商务部监督。长期以来，两机关发布的监管规定存在一定的差异，行业内存在一定程度的混乱现象，对于防范金融领域系统性风险较为不利。

根据第五次全国金融工作会议精神，金融监管需要更加重视行为监管，强化金融监管的专业性、统一性、穿透性，避免监管重叠和监管真空，消除监管套利。基

---

① 最高人民法院在 2014 年发布了《融资租赁合同纠纷案件适用法律问题的解释》，并同时废止了其于 1996 年发布的《融资租赁合同纠纷案件若干问题的规定》。

于此，为解决针对金融租赁公司和非金融机构类融资租赁公司不同的监管规定带来的经营规则差异和行业混乱、更好地防范金融系统性风险，2018 年商务部发布《商务部办公厅关于融资租赁公司、商业保理公司和典当行管理职责调整有关事宜的通知》，将对原属于商务部监管的内资租赁公司和外资租赁公司的监管职责转隶银保监会，使我国对三类不同融资租赁公司的监管主体得以统一，持续多年的多头监管体系得以终结。

2020 年 5 月 26 日，银保监会发布《融资租赁公司监督管理暂行办法》[①]（以下简称《办法》），旨在进一步规范融资租赁公司经营行为，为行业发展创造有利的监管环境。《办法》明确了融资租赁公司的业务体系、监管指标等内容，并规定现有融资租赁公司应当在过渡期内达到《办法》的各项要求，并为之设立了原则上不超过 3 年的过渡期以方便调整。

在具体监管执法层面，监管层在近年也加大了行业惩处力度，对违规行为予以整顿。据租赁资讯平台不完全统计，2021 年监管机关对金融租赁行业总计开出 22 张罚单，累计罚款金额达到 1146 万元，创下历史新高。2022 年以来，银保监会依然延续严监管态势，截至 7 月底，监管机构已经开出 9 份行政处罚决定书，罚没金额累计达到 657 万元。在监管不断加强的市场背景下，融资租赁企业合规问题也显得愈发重要。

五、融资租赁企业涉诉法律风险分析及应对

为进一步分析融资租赁企业在具体司法实践中常见的涉诉风险和诉讼过程中体现的企业合规问题，笔者团队查阅了上海市浦东新区人民法院（以下简称浦东法院）于 2020 年年末发布的《涉中国（上海）自由贸易试验区融资租赁案件审判白皮书》[②]、天津自由贸易试验区人民法院（以下简称天津自贸区法院）于 2022 年年初发布的《融资租赁案件审判白皮书》[③] 和上海市虹口区人民法院（以下简称虹口法院）

① 《融资租赁公司监督管理暂行办法》，http：//www.gov.cn/gongbao/content/2020/content_5537939.htm，2022 年 9 月 26 日访问。

② 《上海浦东法院发布涉中国（上海）自由贸易试验区融资租赁案件审判白皮书》，http：//www.hshfy.sh.cn/shfy/web/××nr.jsp?pa=aaWQ9MjAxOTgwMDcmeGg9MSZsbWRtPWxtMTcxz，2022 年 12 月 19 日访问。

③ 《天津滨海新区（自贸区）法院发布融资租赁审判白皮书》，载微信公众号“中国天津自贸区”，2022 年 12 月 19 日访问。

于2022年10月发布的《2012—2022年虹口法院金融审判白皮书》[①]。

综合三个法院发布的审判白皮书，笔者团队注意到近年来融资租赁企业涉诉案件存在以下情况值得关注。

（一）涉诉企业集中度高，且商事融资租赁企业涉诉较多

浦东法院白皮书显示，在该院2019年审理的案件中，金融租赁企业仅占涉诉企业的3.13%，其余均为商事融资租赁企业；天津自贸区法院白皮书也指出2021年该院审理的案件中约70家企业涉诉，其中排名前五位的企业涉诉案件占比超过80%，呈现涉诉企业集中度高的特点。这一特点可能与部分商事融资租赁企业展业不规范、风控机制不健全、企业内部合规建设不力等问题密不可分。

同时，据虹口法院白皮书，在该院审理的融资租赁合同纠纷中，突出的类型化问题包括：部分企业或以不具备适合于租赁特性的物作为标的物，或虚构租赁物、或低值高估租赁物，开展类信贷业务，导致融资租赁法律关系是否构成存在争议；部分企业风控机制形同虚设，怠于办理所有权转让手续，放大了融资风险；部分企业首付款、保证金及服务费等条款设置不明确，引发争议。上述问题在浦东法院白皮书和天津自贸区法院白皮书中也有所提及，可见属于相对广泛存在的普遍性问题。此外，浦东法院和天津自贸区法院还在白皮书中提出，汽车融资租赁实践中存在出租人登记为租赁物抵押权人、承租人和实际使用人不一致等问题，均值得关注。

对此，笔者建议相关企业重视租赁物的法律地位，确保融资租赁合同既存在融资性质，也存在融物性质，确保融资租赁法律关系存在。同时，融资租赁企业应当严格租赁物的审核管理，以权属清晰、真实存在且能够产生收益的租赁物为载体，对租赁物的真实性、确定性进行必要审核，不可过度依赖渠道商的增信而忽略对承租人自身资信及租赁物担保功能的审查，及时完成所有权登记、公示等工作，建立、健全租赁物价值评估体系，审慎防范经营性担保的法律风险，从而减少潜在的纠纷。

此外，在合同起草时，融资租赁企业应当妥善草拟合同条款，避免重要因素缺失。考虑到浦东法院在（2018）沪0115民初79204号案件中支持了当事人明确约定且在法律和相关政策规定范围内的手续费、服务费，对于服务费等其他费用条款或者涉及双方重大权利义务的条款内容，笔者建议企业对相关内容作重点标识，在谈判中充分告知交易对方并在合同中作明确约定，同时也要注意不要超越法律和

① 《金融庭成立十周年记 | 上海虹口法院发布金融审判白皮书》，载微信公众号“上海虹口法院”，2022年12月19日访问。

相关政策规定所允许的承租人年化总成本。

（二）新类型融资租赁合同纠纷增速较快，但该类型融资租赁法律关系司法认定存在不确定性，风险相对较大

浦东法院和天津自贸区法院在其审判白皮书中均指出新类型融资租赁，近年来虽涉诉总体数量仍较少，但增速较快。同时，由于新类型融资租赁与传统融资租赁相比，租赁物存在性质差异，相关业务存在被否定融资租赁关系的法律风险。

浦东法院审理的（2018）沪 0115 民初 72831 号案件中，融资租赁合同的融资物为生物资产，被告在审理中主张奶牛作为生物资产并非适格租赁物，法律关系应认定为民间借贷关系。法院经审理认为奶牛属生产性生物资产，虽存在生长周期、疫病等风险，但风险可控，符合租赁物的相关要求，故本案系融资租赁法律关系。天津自贸区法院亦于（2020）津 0116 民初 27378 号判决书中，认定以电视栏目著作权为标的符合融资租赁法律关系的特征，合法有效。

但需要注意的是，尽管上述两法院均对新型租赁物所涉的融资租赁法律关系予以了肯定，但法院同时也指出不同于传统融资租赁，生物资产和无形资产等新类型租赁物风险可能相对较大，可能存在争议发生后租赁物难以处置等问题。

笔者建议，融资租赁企业在处理此类新型融资租赁关系时，要对标的物进行审慎的审查，确认其同时具备融资、融物双重属性，符合融资租赁法律关系的特征；同时，企业内部的风控部门要对风险有充分预判，及时准确地向业务部门揭示风险，并在合同中明确约定风险承担方式。

（三）电子合同等新模式逐渐普及，企业对相关问题法律风险认知有限

相较于浦东法院发布的白皮书，天津自贸区法院和虹口法院于今年发布的白皮书还聚焦了科技对于融资租赁业务的影响。两法院均于白皮书中提及了企业之间因电子签约的应用水平参差不齐而带来的法律风险，两法院指出的主要问题具体包括电子交易管辖确定、交易对手身份识别、合同主要条款及相关权利义务提示、告知义务履行、电子合同签名真伪及数据完整、电子证据固定和效力认定等。

笔者建议，如融资租赁企业确需选择电子签约的，应当确保合同符合《电子签名法》的相关规定，规范电子签约过程，留存能够反映承租人本人签约过程的材料，避免产生不必要的纠纷。

整体来看，融资租赁行业涉诉情况呈现商事融资租赁企业多而金融租赁企业少、涉诉企业高度集中化的特点。三个法院在白皮书中指出的一系列问题均反映了融资租赁企业做好企业合规建设可以有效减少企业涉诉风险，控制融资风险，保

障企业正常开展经营活动；同时，在涉及新类型融资租赁业务和电子签约等问题时，合规开展经营的重要性更是不言而喻。

六、融资租赁企业合规法律风险分析——某自贸区政府金融主管部门2021年度融资租赁企业现场检查案例

如前所述，融资租赁企业内部合规风控制度建设的完善程度与企业业务经营风险及涉诉风险息息相关，行之有效的合规风控体系将显著减少企业经营风险及涉诉风险，而流于形式的合规风控则会使企业屡屡涉诉，难以聚焦主业。笔者及所在团队曾于2021年4月至2021年10月，接受某自贸区政府金融主管部门的委托，对该自贸区内注册的全部融资租赁企业进行现场检查，下文将结合该次现场检查所发现的问题作出分析。

检查的法律依据，主要包括:《公司法》、《中国银保监会关于印发〈融资租赁公司监督管理暂行办法〉的通知》(银保监发〔2020〕22号)、《上海市地方金融监督管理条例》、《关于进一步促进本市融资租赁公司、商业保理公司、典当行等三类机构规范健康发展强化事中事后监管的若干意见》(沪金规〔2019〕1号)，以及上海市地方金融监督管理局发布的《关于开展本市融资租赁公司、商业保理公司2021年度监管评级工作的通知》(沪金监〔2021〕33号)、《关于开展本市融资租赁公司、商业保理公司2021年度现场检查工作的通知》(沪金监〔2021〕34号)等法律、法规、规范性文件。共对辖区内32家融资租赁公司、商业保理公司2020年1月起至2020年12月止(以下称为检查期内)的经营情况进行了年度现场检查、监管评级打分的工作(以下称为项目)。其中融资租赁公司有19家，占比59.4%。鉴于本文不涉及商业保理公司，因此下文中对检查中商业保理公司的有关情况进行省略。

检查的对象，均为实际经营并开展业务的融资租赁企业，而不涉及未实际经营、未开展业务的企业。故而，笔者认为本次现场检查对于了解融资租赁企业的合规实务具有较好的代表性。

检查的内容，包括法人治理与内部控制情况、业务经营情况、风险控制情况等方面，重点核查融资租赁企业检查期内新发生的业务、内控、风控情况。笔者及团队律师驻场工作，通过实地考察、查验及访谈，向企业提出检查文件清单，收集并审查出具现场检查报告所必需的资料和文件，出具相应的《现场检查报告》及《评分表》。

（一）检查中发现的主要问题汇总

总体而言，在接受检查的19家融资租赁企业中，其法人治理与内部控制存在不同程度的欠缺；业务经营情况、风险控制情况总体较好但也存在部分问题；舆情控制情况相对较好。经对所有《现场检查报告》及《评分表》进行汇总统计后，笔者及团队律师发现如下一些共性问题。

1. 法人治理与内部控制情况

本次检查中，融资租赁企业的法人治理与内部控制相对较为薄弱，主要问题集中于：

（1）内控制度情况中，不少公司（共有10家公司，占全部受检查企业的52.63%）存在内控制度缺失、遗漏的情况，尤其是《关联交易制度》《投诉争议解决处理机制》《信息安全管理办法》等不属于业务、财务类别的运营管理制度。

（2）法人治理情况中，不少公司都已按照《公司法》及公司章程等建立公司治理结构，但近半公司（共有9家公司，占全部受检查企业的47.37%）仍存在未按照《公司法》及公司章程的要求按期召开股东会、董事会、监事会，或未提供相关的会议决议文件及相关会议纪要的情况。

（3）岗位设置情况中，部分公司（共有8家公司，占全部受检查企业的42.11%）存在关键岗位互相兼职、人员配置未遵循不相容职责分离制约的原则以及与母公司人员混用的情况。

（4）业务流程情况中，大部分公司情况较好，但小部分公司（共有3家公司，占全部受检查企业的15.79%）存在缺乏事前对承租方的尽职调查、缺乏有关各类风险相关的事前、事中、事后监督纠正的内容以及内控制度、程序和方法、针对资产管理和贷后资产评级不明确的情况。

2. 业务经营情况

本次检查中，融资租赁企业的经营情况总体较好，大多数公司表现良好、展业合规。但有小部分公司（共有4家公司，占全部受检查企业的21.05%）存在向股东或其他关联方出借资金，或者无正当理由向股东及其他关联方大额（超500万元）划转资金；小部分公司个别业务存在超范围经营（共有3家公司，占全部受检查企业的15.79%）；极个别公司存在对外投资、客户承担的年化综合融资成本达到27%、与母公司之间进行大额资金往来等不合规情形。

3. 风险控制情况

本次检查中，融资租赁企业的风险控制情况相对较好，仅有2家公司风控问题较严重，其中一家存在关联方业务量超过净资产比例的50%，另一家存在近45%的股权被上海金融法院冻结、法定代表人受到刑事处罚等多项风险暴露情况。

4. 舆情控制情况

本次检查中的融资租赁企业的舆情控制情况总体较好，被投诉的情况基本没有，通过公开途径搜索亦未发现存在负面新闻、舆情或被投诉的情况。

（二）对检查中发现主要问题的建议

针对本项目工作中发现的主要问题，笔者已在现场对存在问题的相关企业进行合规答疑，并对已经产生风险暴露的企业予以了重点关注，预防不可控的风险发生。针对上述比较共性的问题，提出如下建议。

1. 法人治理与内部控制方面

制订并实施法人治理与内部控制制度是企业合规风控工作的"源头"，做好这一工作，可从制度上将合规及诉讼风险约束于无形之中。

（1）融资租赁企业应当按照《公司法》及公司章程的要求按期召开股东会、董事会、监事会，并做好相应会议记录，以符合相应的监管要求。

（2）融资租赁企业应重视合规工作，增补相应缺失、遗漏的内控制度。人员配置应严格遵循不相容职责分离制约的原则，避免关键岗位人员混用。

（3）融资租赁企业应明确资产管理和贷后资产评级，做好贷后风控，降低产生坏账的风险。

2. 业务经营方面

业务经营系融资租赁企业运营的核心部分，企业应在业务全流程中始终严格遵守内控制度及监管要求，做到合规经营。

（1）融资租赁企业应当合规展业，杜绝违规营销宣传、降低个人客户比例、不误导个人债务人，避免发生违规情形从而导致被监管机关予以处罚或招致相应的投诉。

（2）融资租赁企业应当按照当地监管部门的要求，避免资金流入敏感行业、避免与P2P网络借贷等互联网金融平台及各类地方交易场所、非持牌资产管理机构、私募投资基金等机构开展业务合作。如已发生上述的相关业务，则应予以尽快清退。

（3）融资租赁企业开展业务应当按照监管部门的要求，在合同签订过程中注意控制客户的综合年化成本（包括利息、手续费等）不超监管红线。

3. 风险控制方面

在本次现场检查的过程中，受检查的融资租赁企业的风险控制情况相对较好，但该部分内容仍应引起重视，因为风险控制工作一旦疏忽就很可能招致监管部门的重点关注，或引发后续的诉讼风险。

（1）融资租赁企业应当按照当地监管部门的要求，避免在长租公寓、医疗美容、教育培训等风险高发领域，与有关运营机构合作开展以个人客户为承租人、还款义务人的相关业务；对已发生的相关业务予以尽快清退。

（2）对已发生严重风险暴露的公司，应当引起特别重视，积极寻求合规帮助，严防事态进一步恶化而导致不可控的风险发生。

4. 舆情控制方面

舆情控制，胜在未雨绸缪。对于尚未存在被投诉、发生负面新闻的企业，日常应注意规范自身业务开展中的行为，避免违规开展业务；对于已存在被投诉、发生负面新闻的企业，则应当聚焦内部核查，找出问题并积极解决，而不是急于掩盖灭火，以免适得其反，招致更大的负面舆情。

七、结语

受当前宏观经济增速放缓、行业竞争加剧、金融监管又日趋严格的态势所限，今后我国融资租赁行业的发展速度相较之前将有所放缓，而对其经营要求则势必越来越规范。此种发展趋势，笔者也从多家融资租赁企业得到印证。在此大背景下，融资租赁企业如想在激烈的市场竞争中脱颖而出，应当进一步做好企业合规以预防触及外部监管风险，重视依法、规范经营，尽可能避免重大诉讼风险。“凡事预则立”，对于尚未发生风险暴露的企业，应当十分注重监管要求，防微杜渐，始终保持对于自身合规的关注度；对于已经发生风险的企业，应当及时寻求专业机构及专业人员介入处理，尽可能将风险置于可控范围。

奥迪小满广告事件相关法律问题之分析与建议

娄俊*

著名汽车品牌奥迪于 2022 年 5 月 21 日（中国农历二十四节气之一的小满当天）发布了一则与刘德华先生合作的《人生小满》的短视频汽车广告，该广告从农历小满节气的含义和对此的感悟入手，将人物、风景、汽车和文案内容巧妙地融合在一起，该广告一经发布，就立即引发了广大网友的好评，瞬间登上了相关热搜。但是事情很快就迎来了反转，当日晚些时候，抖音博主北大满哥发布了一段比对视频，宣称奥迪广告中所涉及的文案内容与其在 2021 年 5 月 21 日发布的一则短视频中的文案内容高度雷同，主张奥迪广告涉嫌抄袭。

2022 年 5 月 22 日，奥迪官方发表声明，声称该广告系由代理公司 M&C Saatchi（以下称上思公司）提报并执行，并就奥迪在此过程中的监管不力、审核不严向北大满哥致歉，同时宣布立即下架相关广告视频；同时刘德华方面也发布声明，表示尊重原创和知识产权，并就此事件表示遗憾。

与此同时，网络上也有部分网友对北大满哥的原创文案的内容表示质疑，部分网友声称北大满哥的文案中自称原创诗词中的第一句诗也是抄袭了古人的诗句，同时有关小满节气的含义以及有小满没有大满等内容，古已有之，属于公众常识，因此部分网友对于北大满哥的文案是否能够享有著作权并据此主张权利表示怀疑。

根据最新消息，2022 年 5 月 25 日北大满哥发布消息，声称其已经与奥迪以及广告经营者达成和解，并已经将所述文案进行了免费授权，该事件暂时归于平息。

虽然，此次奥迪广告事件已经伴随着当事各方的和解而暂时告一段落，但是就该事件中蕴含的相关法律问题以及留给公众的启示，却值得我们就该事件从法

---

* 娄俊，北京炜衡（上海）律师事务所高级合伙人、律师，拥有专利代理师资格，拥有工学学士、法学学士和法学硕士学位。目前担任上海市律协知识产权业务委员会委员；主要从事知识产权、争议解决、投融资领域的法律服务，曾成功代理了众多知识产权和民商事领域的诉讼和非诉案件，在相关领域拥有丰富的执业经验。

律的层面和角度进行进一步的思考。因此笔者将在下文中从著作权法和广告法的角度就该事件中所可能蕴含的法律问题以及该事件带给我们的启示进行分析和探讨，并在此基础上提出相关建议。

首先需要声明的是，由于笔者并非该事件的相关当事方，也不完全了解事件的全部内情，因此本文的下述分析和解读，均基于目前互联网上已经公开披露的相关信息，未必完全符合客观真实情况，同时下文内容仅系笔者个人基于目前网络上的公开信息并结合相关法律法规以及自身经验所作出的分析和探讨，并不保证其百分之百准确，也不代表正式的法律意见。

一、北大满哥是否就其作品享有著作权以及其作品的具体类型

（一）北大满哥对于公有领域内容和元素的表达以及借用古人诗句进行创作不影响就其创作作品的整体享有著作权

首先，北大满哥声称其在先视频中的文案内容为其原创作品，并据此主张著作权。但是也有部分网友对此表示质疑，认为小满作为我国农历上的传统的二十四节气之一，有小满却没有大满，这个属于社会公众的公知常识；同时北大满哥声称原创的诗词中的第一句诗“花未全开月未圆”也是完全抄袭了古人的诗句。

就部分网友的上述质疑，笔者认为，根据著作权法上的思想和表达二分法原理，著作权法保护的是原创作者富有独创性的表达，而不保护作者所要表达的思想内容。虽然小满属于我国农历的二十四节气之一，有关小满的由来以及古人对于小满的寓意等属于公有领域内容的范畴，任何人都可以以此为题材进行自由地表达和创作，因此只要所述文案内容是北大满哥本人独立创作，即便与前人的创作题材雷同，或者包含了公有领域的思想和主题，也不妨碍北大满哥就其自身原创的文案内容享有著作权，且从北大满哥的文案内容来看，“……雨水开始增多，江河渐满，麦穗开始逐渐饱满，但是还没有完全饱满，所以小满这种状态特别好，小满代表了一种人生态度，就是我们一直在追求完美的路上……”，所述文字优美，意境悠远，具有一定独创性，符合著作权法对于文字作品的独创性要求。

同时，虽然北大满哥在其短视频中所吟的诗歌的第一句“花未全开月未圆”借用了古人的诗句，但是考虑到古人的诗句已经进入公有领域，任何人都可以在其作品中适量引用古人的作品，同时少量引用古人的诗句并创作后续的诗词，也属于创作的一种形式，因此北大满哥在其文案作品中适当引用古人的诗句，并不妨碍其就其文案作品的整体享有著作权。

（二）北大满哥的短视频属于录像制品，奥迪广告则属于视听作品

我国现行《著作权法》第 3 条以列举加兜底条款的形式规定了《著作权法》保护的作品类型，其中第 6 项规定的是视听作品，所述视听作品包括电影作品、电视剧作品以及其他作品，同时《著作权法》也规定了录像制品也在保护的类型之中。那么在此事件中，北大满哥的作品属于视听作品还是录像制品？

我国《著作权法实施条例》规定，电影作品和以类似摄制电影的方法创作的作品（即 2020 年《著作权法》中所规定的视听作品），是指摄制在一定介质上由一系列有伴音或者无伴音的画面组成，并且借助适当装置放映或者以其他方式传播的作品；而录像制品，是指电影作品和以类似摄制电影的方法创作的作品以外的任何有伴音或者无伴音的连续相关形象、图像的录制品。因此视听作品与录像制品的主要区别就在于所述作品在创作过程中，其画面的拍摄、场景的选择、情节的构思和配音台词的编排、选择等内容是否能够体现出制作者的独创性。

一般认为，视听作品（比如电影电视剧作品）在创作过程中体现了制作者的独创性，而录像制品通常仅是普通场景的机械摄制，无法体现出拍摄者的独创性和对内容的特有的选择、构思和编排。从北大满哥提供的在先短视频来看，北大满哥的短视频内容仅是以一块普通的黑板为背景，由北大满哥在黑板之前逐字逐句地表述其对于小满节气的感悟和心情，因此可以说北大满哥的短视频内容重点在于北大满哥口述的文案内容本身，而不在于其视频的场景选择、编排和画面的摄制与切换，因此北大满哥的视频的摄制过程并未能够体现视频本身的独创性，所以北大满哥的在先短视频应属于录像制品，尚不构成视听作品。

而与之相对应的是，奥迪广告的画面优美、风景独特，其画面角度的选择和编排以及其剪辑，均体现了广告制作者较高的独创性和拍摄理念，因此奥迪广告本身构成视听作品，北大满哥的短视频与奥迪广告两者分别属于不同的作品类型，具有显著区别。

（三）北大满哥视频中的文案应属于文字作品而非口述作品

北大满哥在其在先的短视频中所表述的文案的主要内容为："今天是二十四节气的小满……有小暑一定有大暑，有小寒一定有大寒，但是小满，一定没有大满，因为大满，不符合我们古人的智慧。小满的这一天，雨水开始增多，江河渐满，麦穗开始逐渐饱满，但是还没有完全饱满，所以小满这种状态特别好，小满代表了一种人生态度，就是我们一直在追求完美的路上，但并不要求一定要十全十美，所以从这个角度，小满其实是一年中最好的一个节气……" 视频之中，北大满哥还分享

了自己创作的一首诗“花未全开月未圆，半山微醉尽余欢。何须多虑盈亏事，终归小满胜万全”。

我国《著作权法》中规定了文字作品与口述作品两种不同的作品类型，那么从北大满哥的短视频中讲述的内容来看，其讲述的内容究竟是属于我国《著作权法》上的文字作品还是属于口述作品？具体来看，我国《著作权法实施条例》第 4 条中规定，文字作品，是指小说、诗词、散文、论文等以文字形式表现的作品；口述作品，是指即兴的演说、授课、法庭辩论等以口头语言形式表现的作品。因此文字作品与口述作品的区别在于口述作品是指即兴创作并以口头表达和语言形式表现的作品，其关键点在于“即兴”两字，也即口头表达的过程本身就是创作作品的过程，其创作强调的是即时性，因此若北大满哥在其视频中表述的内容是其在镜头之前即兴创作的，则应属于口述作品；反之，如果该内容是北大满哥事先创作好的文字内容，而仅在镜头之前进行表述，则属于文字作品的再现，不属于口述作品。

同时此事件中，北大满哥主张的是视频中的文案，其声称其口述的诗是其早先就自创完成的诗句，因此可以认为，北大满哥视频中的文案是其事先已经创作好的，而并非在镜头前即兴创作，因此应将北大满哥的文案认定为文字作品，而非口述作品。

二、奥迪广告是否涉嫌侵犯了北大满哥的著作权

（一）本事件中应将奥迪广告文案内容与北大满哥的文字作品进行比对

本事件中，要分析奥迪广告是否涉嫌侵犯了北大满哥的著作权，首先要解决的问题是应将奥迪广告中的什么内容与北大满哥的什么作品进行比对。如上所述，由于北大满哥的短视频本身属于录像制品，其不具有独创性，不属于视听作品，同时北大满哥的短视频仅以普通黑板作为背景，其视频的关键还在于其自身的文案内容，而奥迪广告片的画面和场景均具有独创性，因此从著作权侵权角度来说，奥迪广告视频的内容与北大满哥短视频的内容既不相同也不相似，并未侵犯北大满哥短视频的权利。因此在此事件中，我们应将奥迪广告中的文案内容与北大满哥的文字作品进行比对，而不是将奥迪广告与北大满哥的短视频进行侵权比对。

（二）判定侵权的方法以及是否涉嫌构成侵权

我国目前司法实践中，著作权法侵权判定采用“接触 + 实质性相似 − 合法来源”的司法裁判规则，从目前的公开信息来看，北大满哥的文案内容至晚于 2021 年 5 月 21 日已经在网络上公开发表，奥迪广告创作团队上思公司完全具有事先接

触的可能性，同时从双方的文字内容来看，两者的文字内容高度雷同，奥迪及其广告创作团队后续也并未提供其独立创作文案的相关证据（从奥迪官方致歉可以推定其放弃了独立创作与合法来源的抗辩），因此从目前各方公开的信息来看，基本可以认为奥迪广告涉嫌侵犯了北大满哥文字作品的著作权。

（三）奥迪广告分别涉嫌侵犯了北大满哥文字作品的哪些权利

1. 奥迪广告涉嫌侵犯了北大满哥文字作品的署名权和修改权

我国现行《著作权法》第 10 条规定了著作权的人身权和财产权，并具体列举了各项署名权、修改权、复制权、汇编权、信息网络传播权等各项具体权能。根据《著作权法》的规定，署名权，是指在作品上署名的权利，即表明作者身份；修改权，即修改或者授权他人修改作品的权利。此事件中，奥迪广告基本上全文使用了北大满哥的文案，但是并未在使用作品的过程中表明作者的身份，涉嫌侵犯了北大满哥的署名权。同时，奥迪广告在使用北大满哥的文字作品过程中未经原作者的同意和授权就对作品进行了修改，也涉嫌侵犯了北大满哥就其文字作品享有的修改权。

2. 奥迪广告涉嫌侵犯了北大满哥文字作品的摄制权

根据我国《著作权法》的规定，摄制权即以摄制视听作品的方法将作品固定在载体上的权利。在现实社会中，作品的原创作者可以通过将摄制权进行授权许可的形式，将其作品授权给他人拍摄成电影、电视剧或者短视频，并收取相应的许可费用，因此摄制权可以说是与作者自身的经济利益联系较为紧密的一项权利之一。本次事件中，奥迪广告团队未经原作者许可，就将北大满哥的文字作品摄制成视听作品形式的广告片，涉嫌侵犯了北大满哥就其文字作品所享有的摄制权。

3. 奥迪广告涉嫌侵犯了北大满哥文字作品的信息网络传播权

信息网络传播权，是指以有线或者无线方式向公众提供，使公众可以在其选定的时间和地点获得作品的权利。随着经济社会的发展，越来越多的作品不再是以实物形式进行出版、发行和销售，而是通过网络环境和途径向公众提供作品，例如通过网络环境和渠道向社会公众提供电影和电视剧等，信息网络传播权控制的是一种典型的交互式作品的传播方式。本次事件中，奥迪通过网络环境向公众提供和发布其广告片，并在广告中以口头表述的形式再现了北大满哥的文字作品，使得公众可以在其选定的时间和地点观赏北大满哥的文字作品，涉嫌侵犯了北大满哥文字作品的信息网络传播权。

三、本事件中当事各方是否应承担法律责任以及应承担何种责任

（一）本事件中当事各方的法律地位

我国《广告法》第 2 条将从事广告制作、经营和发布等各环节的各方区分为四方主体，即广告主、广告发布者、广告经营者和广告代言人。其中，广告主，是指为推销商品或者服务，自行或者委托他人设计、制作、发布广告的自然人、法人或者其他组织；广告经营者，是指接受委托并提供广告设计、制作以及代理服务的自然人、法人或者其他组织；广告发布者，是指为广告主或者广告主委托的广告经营者发布广告的自然人、法人或者其他组织；广告代言人，是指广告主以外的，在广告中以自己的名义或者形象对商品、服务作推荐、证明的自然人、法人或者其他组织。

因此，根据上述法律规定，本事件中，奥迪公司属于广告主（通常是品牌方），其委托为其设计和制作广告的上思公司属于广告经营者，同时由于奥迪公司系在其官方渠道上自行发布了广告，并未通过电视台、电台、期刊等传统意义上的广告发布者进行发布，所以在此事件中奥迪也应属于广义上的广告发布者。

至于刘德华是否属于广告代言人，在此事件中可能存在一定的争议，因为根据《广告法》第 2 条第 5 款的规定，广告代言人是指广告主以外的，在广告中以自己的名义或者形象对商品、服务作推荐、证明的自然人、法人或者其他组织。但是仅从奥迪广告片来看，刘德华仅是口述了其对于小满节气的理解和感悟，全程并未有对奥迪品牌和服务作任何推荐和证明。所以，如果严格按照《广告法》对于广告代言人的定义来看，刘德华也可能不属于广告代言人，而属于该广告片聘用的演员。

当然，在广告拍摄实践中，代言人对于产品和服务的推荐并非一定要采取积极推荐的话语和姿态，有的时候广告代言人佩戴或者使用某种产品和服务本身就是对于产品和服务的背书和站台。比如明星佩戴某品牌的手表的宣传照片，即使明星仅有佩戴行为而并未有任何推荐和证明的语言，也属于广告代言行为。因此刘德华在本广告片中究竟是属于广告代言人还是仅仅只是广告片的演员，还需要根据奥迪和刘德华双方之间的合同内容和具体条款所约定的双方权利义务以及具体劳务报酬金额等综合考虑和认定。

（二）广告经营者上思公司是否承担责任

本事件中，从公开信息可知，奥迪是委托了广告经营者上思公司策划、设计并制作了相应的广告片，因此奥迪是委托方，上思公司是受托方，两者之间系委托关系。因此在具体分析各方责任承担时，应具体着眼于各方是否具体实施了著作权各项权利所控制和禁止的行为。

就署名权与修改权而言，该广告片是上思公司实际拍摄的，上思公司在该广告的拍摄过程中未经原作者同意，直接使用了北大满哥的文字作品，且未进行署名，涉嫌侵害了北大满哥的署名权；同时上思公司未经北大满哥许可，在使用其作品的过程中还对作品进行了修改，也涉嫌侵犯了北大满哥对作品的修改权，应承担相应法律责任。

就摄制权而言，其控制的是未经作者许可将其作品以摄制视听作品的方式将作品固定在载体上的权利。本事件中，该广告片的实际摄制者是上思公司，因此上思公司未经原作者的许可，使用他人文字作品并摄制成视听作品，涉嫌侵害了北大满哥对作品的摄制权。

就信息网络传播权而言，在本事件中，是奥迪具体实施了将广告片置于网络中向公众提供作品的行为，上思公司并无通过信息网络向公众提供作品的行为，因此上思公司并未侵害北大满哥作品的信息网络传播权。

（三）奥迪公司是否承担责任

就奥迪广告的著作权归属而言，从目前的商业实践来看，由于广告片会在一段时间内通过各种渠道反复播放，因此品牌方通常会在委托广告公司设计制作广告时约定制作完成之后的广告片的著作权归属于委托人。在此事件中，奥迪作为知名汽车品牌，应该也是如此，因此笔者推定该广告片的著作权归属于奥迪。

如上所述，本事件中，就信息网络传播权控制的行为而言，该广告片系通过奥迪的官方渠道进行发布，而非其他当事主体发布，因此是奥迪具体实施了将广告片置于网络中向公众提供作品的行为，由此涉嫌侵害了北大满哥就文字作品的信息网络传播权，因此奥迪应就其侵害信息网络传播权的行为承担责任。

就署名权、修改权和摄制权而言，该广告片是由上思公司所实际拍摄，奥迪公司仅是广告片的实际使用方，因此奥迪公司并未直接实施侵害署名权、修改权和摄制权的行为。在上述分析的基础上，虽然奥迪公司并未直接实施侵害署名权、修改权和摄制权的行为，但是奥迪作为广告片的委托方和实际使用方，是广告片的直接受益人，奥迪是否应当承担责任还需要看奥迪公司在此事件中是否存在主观过错。

根据公开信息显示，北大满哥是一个抖音粉丝数量众多的网络红人，其原创的在先视频的访问量也超过了十万，具有一定影响力。因此应当认为，在北大满哥自身的原创文字作品具有一定知名度和传播影响力的情况下，奥迪公司对于广告片内容涉嫌侵权未尽到合理审查义务，其明显具有主观过错，因此奥迪应就侵害作品署名权、修改权和摄制权的行为与上思公司承担连带责任。

（四）明星刘德华是否承担责任

本事件中，笔者认为，刘德华并不需要承担法律责任，具体理由如下。

1. 刘德华并未实施任何侵权行为

首先，需要承担著作权侵权责任的前提是刘德华实施了著作权中各项权利所实际控制的具体行为。在本事件中，将北大满哥作品进行摄制、修改和传播发布的是上思公司和奥迪公司，刘德华本身并未实施上述侵害作品署名权、修改权、摄制权和信息网络传播权的具体行为，因此无论刘德华是作为奥迪品牌的广告代言人还是仅作为广告片的演员，均不构成侵权。

其次，刘德华的行为也不属于我国著作权法上的表演作品的行为。根据我国《著作权法》的规定，著作权法意义上的表演作品的行为或者说表演权控制的行为，是指公开表演作品（即面向公众公开表演作品的行为），以及用各种手段公开播送作品的表演的行为（例如超市面向公众公开播放歌曲的行为）。而本事件中刘德华并未具有面向公众公开表演作品的行为（其不同于通过互联网进行网络传播的行为），因此刘德华并不构成侵权，也不需要承担责任。

2. 根据广告法刘德华无须承担责任

假定刘德华系奥迪产品的广告代言人，根据我国《广告法》第 38 条第 1 款的规定，广告代言人在广告中对商品、服务作推荐、证明，应当依据事实，符合本法和有关法律、行政法规规定，并不得为其未使用过的商品或者未接受过的服务作推荐、证明。同时，《广告法》第 56 条第 2、3 款规定，关系消费者生命健康的商品或者服务的虚假广告，造成消费者损害的，其广告经营者、广告发布者、广告代言人应当与广告主承担连带责任。前款规定以外的商品或者服务的虚假广告，造成消费者损害的，其广告经营者、广告发布者、广告代言人，明知或者应知广告虚假仍设计、制作、代理、发布或者作推荐、证明的，应当与广告主承担连带责任。

因此，根据上述规定，对于食品、药品等关系消费者生命健康领域的虚假广告，广告代言人应当承担连带的赔偿责任。如果虚假代言的广告不涉及生命健康方面，代言人仅在明知广告虚假还故意代言的情况下承担连带责任。因此在本事件中，汽车广告并非关系消费者生命健康领域，且奥迪广告本身也不涉及内容虚假，因此根据上述法律规定，刘德华不应就广告片侵犯他人著作权的行为承担责任。

当然，还有一种特殊情况，目前明星通过自媒体发布其代言的广告的情形比较常见，假如刘德华本人通过其自媒体或者自己控制的媒介（比如微博、微信、个人工作室网站等）发布了奥迪广告，则由于其实施了广告的发布行为，就有可能侵犯北大满哥作品的信息网络传播权。除此情况外，通常情况下，刘德华不应承担责任。

综上所述，本次事件中，假设构成侵权的话，则根据我国《著作权法》的规定，侵犯他人著作权的，应承担停止侵害、赔偿损失、消除影响、赔礼道歉的法律责任。因此，奥迪和上思公司应就其侵害北大满哥文字作品的修改权、署名权、摄制权的行为向北大满哥承担停止侵害、赔礼道歉、消除影响、赔偿损失的连带责任；同时，奥迪应就其侵害北大满哥信息网络传播权的行为承担停止侵害、消除影响、赔偿损失的法律责任；刘德华在本次事件中不承担责任。

四、本次事件给我们的启示和相关建议

虽然随着当事相关各方已经达成和解，有关奥迪广告事件目前已经暂告一段落，但是相信对于本次事件的深入分析和思考，仍能够带给我们足够的启示和借鉴。同时笔者基于以上分析，向广告活动中的相关各方提出如下建议。

（一）品牌方应切实加强广告的知识产权合规管理，进一步防范侵权风险

目前的市场经济社会中，品牌方通常是委托第三方广告公司设计、制作广告，而一旦广告经营者设计、制作的广告侵犯第三方知识产权，则往往品牌方也会承担相应法律责任。但是一般来说，品牌方并非广告行业，其也很难就广告是否侵犯他人知识产权作出有效识别和判断。因此，目前来说，品牌方和广告制作方通常都会在双方签署的合同中约定有知识产权担保条款，明确要求广告制作方摄制的广告片必须是原创的，不得侵犯他人知识产权，同时广告制作方也会要求品牌方提交的广告片的素材内容来源合法，不涉及知识产权侵权。

但是实践中，仅仅让广告制作方作出书面承诺往往是不够的，作为品牌方来说，在广告的拍摄和交付过程中，还应切实做到让广告制作方提交证明其原创的相应证据。此外针对广告文案，如果有条件的话，还可以将广告文案进行一定的检索和文字比对，最大限度地避免广告片侵权情况的发生。同时，笔者也建议，品牌方可以在广告委托制作合同中就知识产权侵权约定较高的违约金，以便加大广告制作方侵权的侵权和违约成本，进一步杜绝侵权现象的发生。

另外，在涉及著作权侵权的案件中，由于著作权本身涵盖的权项比较多，实践中经常发生著作权人将作品的改编权、摄制权、信息网络传播权、复制权、发行权等不同的权项分别授予不同主体的情况，若广告主或广告经营者不是从著作权人处直接获得授权，而是从他人那里获得作品的授权，则建议广告主或者广告经营者

应注意审核其所获得的授权权利是否与广告对于作品的使用方式相匹配（比如若想将广告通过网络进行传播的，则必须获得作品的信息网络传播权的合法授权）以及作品的相关授权渠道是否存在限制（比如所获得的作品授权是否仅限于线上或者线下的渠道），以免由于授权的权利和渠道不匹配，而导致侵权的发生。

（二）权利人在日常工作和生活中应有意识地保留权利证据，一旦遭遇侵权应勇于维护自身合法权益并积极举证

知识产权侵权和维权就像硬币的两个面，总是伴随而生的。就权利人而言，一方面，在发现他人侵犯自身知识产权时，可以采取发律师函、提起民事侵权诉讼等法律手段来维护自身的知识产权；另一方面，权利人也要在平时的生产经营中注意保存好自身权利产生和原始创作的相关证据，从而可以在发生侵权时进行有效维权。就广告领域的侵权行为而言，其通常涉及著作权领域，而著作权与专利和商标的一大区别就是著作权自作品创作完成之日起自动产生，不像专利权和商标权那样需要经过申请人申请和国家有权机关审查和授权程序。

因此著作权作为自创作完成之日起即自动产生的权利，其权利的内容、边界、创作完成的时间以及权利的归属就不太容易证明，就权利人而言，其对于自身作品的原始创作证据、公开发表时间的证据、权利证据等应妥善保存，以便遭遇侵权时可以积极举证。同时，对于著作权作品，权利人创作完成的原始作品可以作为证明其享有著作权的初步依据，同时其公开发表作品的时间证据在侵权判定时也可以作为其享有在先权利的强有力证明，从而证明侵权方有接触权利人作品的可能性。

就如在本事件中，北大满哥在奥迪广告发布后，第一时间举证其在先文案作品的具体内容以及其在先作品的公开发表时间，并且其作品在网络环境中的公开发表也为作品的在先存在和传播留下了明确痕迹，由此有力地证明了奥迪广告制作方具有接触其在先公开发表作品的现实可能性，从而为事件的反转提供了有力证据。

（三）明星也应注重并善于维护自身合法权益

在本次广告事件中，一旦坐实了抄袭行为，则不仅奥迪的声誉和品牌影响力会因此受到较大影响，而且对明星刘德华而言，其自身的声誉和商业价值也会在此后的一段时间内受到此次广告事件的不良影响。在目前的商业环境下，由于明星自身的不良和道德风险行为（比如偷税、酒驾以及其他违法行为等）往往会给其代言的品牌的商业价值带来严重不良影响甚至令品牌蒙羞，因此实践中往往品牌方会在双方的广告合同中约定一旦明星有严重的道德风险行为，则品牌方可以单方立

即解除合同并追索高额赔偿。

但是现实中，除明星的不良行为之外，品牌方往往也可能会由于自身的负面新闻而给为其代言的明星带来不利影响和商业价值贬损（比如品牌方的知识产权侵权行为、财务造假行为或者辱华行为等），因此笔者建议，明星在为品牌代言时也应注意品牌方的负面新闻可能会给自己带来的不利影响和商业价值贬损的情形，从而建议明星在代言合同中也应对于品牌方的类似行为给予合同条款的有力约束，比如一旦品牌方发生此类行为，明星代言人就有权立即解除合同并向品牌方追索赔偿或者违约金等，从而更好地维护明星的个人形象和商业价值。

专利权纠纷中现有技术抗辩实务要点及诚信原则的适用

娄俊*

一、引言

在现代市场经济社会中，专利是企业的重要无形资产与核心竞争力之一，随着人们知识产权保护意识的不断提高，近年来很多专利权人已经开始拿起法律的武器维护自身的合法权益，随之而来的专利侵权诉讼也越来越多。

对被告而言，现有技术抗辩是专利侵权诉讼中的一项常用的抗辩手段。为了更好地理解和适用现有技术抗辩，笔者将在下文中结合自身代理专利侵权诉讼的经验，就专利侵权诉讼中现有技术抗辩的若干实务要点进行分析和阐述，并就民法中的诚实信用原则在现有技术抗辩中的适用结合笔者代理过的相关案例进行论述，以供读者参考。

二、现有技术抗辩概述

在审判实务中，虽然现有技术抗辩早已经在相关人民法院的专利侵权案件中得到大量运用，但是在2008年《专利法》修改之前，现有技术抗辩并未明确记载在《专利法》中。为了适应我国审判实践的不断发展，更好地平衡专利权人与社会公众的合法权益，我国《专利法》在2008年修改时对于现有技术抗辩进行了明确的规定。我国现行《专利法》第67条规定，在专利侵权纠纷中，被控侵权人有证据证明其实施的技术或者设计属于现有技术或者现有设计的，不构成侵犯专利权。

由于在我国专利审查制度中，对于实用新型和外观设计专利仅进行初步审查，因此对于已授权的实用新型和外观设计，由于其未经实质审查，会出现部分实用

---

* 娄俊，北京炜衡（上海）律师事务所高级合伙人、律师，拥有专利代理师资格，拥有工学学士、法学学士和法学硕士学位。目前担任上海市律协知识产权业务委员会委员；主要从事知识产权、争议解决、投融资领域的法律服务，曾成功代理了众多知识产权和民商事领域的诉讼和非诉案件，在相关领域拥有丰富的执业经验。

新型和外观设计专利不符合《专利法》规定的授权条件的情形，比如所述实用新型和外观设计的技术方案和设计内容不适当地使用了现有技术和现有设计的相关内容等。

同时，对于发明专利而言，即便经过实质审查，但是由于专利审查员实质审查时检索的对比文献主要局限于各国的专利文献，也无法查询到以使用方式公开以及其他方式公开的现有技术，并且受限于专利文献检索时进行检索的关键词的选择和组合，由此即便是经过专利实质审查的发明专利，通常也可能存在不符合专利授权条件的情形，因此导致被授权的专利属于不应被授予专利权（以下统称为瑕疵专利）。

就瑕疵专利而言，一旦专利权人基于其原本应属于现有技术范畴的瑕疵专利起诉他人侵犯其专利权，就可能会导致损害社会公众使用现有技术的自由。而在专利侵权诉讼中，如果让被告在每个专利案件中均就涉案专利向国家专利复审委提起专利无效，则既不经济，也耗时漫长，更不利于节约诉讼成本和司法资源。因此《专利法》规定的现有技术抗辩就是为了给案件被告在专利无效程序之外提供了一种更加高效便捷和经济的抗辩方式，使得被告在不提起专利无效的情形之下，也能基于其对于现有技术的使用而成功抗辩。因此，现有技术抗辩能最大限度地维护社会公众使用现有技术的自由，防止专利权人利用瑕疵专利进行权利滥用，有效地维护专利权人和社会公众的利益平衡。

因此，现有技术抗辩作为一种专利侵权诉讼中重要的抗辩手段，在司法实践中具有重要的价值，笔者将在下文中对现有技术抗辩中的若干实务要点进行具体分析和阐述。

三、现有技术抗辩中应注意的若干实务要点

（一）现有技术的范围和界定

1. 现有技术的范围应根据案涉专利的申请日予以合理确定

我国现行《专利法》第 22 条第 5 款、第 23 条第 4 款分别规定，“本法所称现有技术，是指申请日以前在国内外为公众所知的技术”“本法所称现有设计，是指申请日以前在国内外为公众所知的设计”。（为了便于论述，在下文中将现有技术和现有设计统称为现有技术）。根据上述法律规定可知，2008 年我国《专利法》修正后，对于现有技术采用的是“绝对新颖性标准”，即所述技术方案在专利申请日以前在国内外为公众所知，即包括在专利申请日之前在国内外以出版物形式公开、以使用形

式公开以及以其他形式进行公开。而在2008年我国《专利法》修正之前,《专利法》对于现有技术采用的是“相对新颖性标准”,即2008年之前的《专利法》对于现有技术的范围限于在国内外的文献公开、在国内的使用公开以及其他形式的公开。

因此在专利侵权诉讼实务中,在确定涉案专利现有技术范围时,首先要根据涉案专利的申请日来确定其现有技术的范围,即若涉案专利是在2008年《专利法》修正实施之后申请的,则现有技术的范围应包括国外的使用公开,若涉案专利是在2008年《专利法》修正实施之前申请的,则根据当时《专利法》的规定,现有技术的范围不包括国外的使用公开。

同时,在专利现有技术抗辩中需要注意的是,根据我国相关法律规定,对于专利侵权诉讼的法律适用,其应当适用侵权行为发生时的《专利法》,如果侵权行为发生在现行《专利法》修正之前,则适用当时《专利法》的规定;若侵权行为持续到《专利法》修正之后,则适用现行《专利法》的规定。而对于现有技术的内容及范围应适用涉案专利申请时《专利法》的规定予以认定,因此在一件专利侵权诉讼中,可能会出现就现有技术认定以及侵权行为的认定适用不同时期的《专利法》的情形,对此当事人或者代理人应予以重视,因为适用不同时期的《专利法》以及对现有技术范围的不同认定,可能会对案件的结果有影响。

2. 现有技术认定中应注意辨析的概念

在现有技术的认定过程中,无论是出版物公开、使用公开还是以其他方式公开,其认定标准应是所述技术的内容在涉案专利申请日之前是否处于为不特定的公众想获得就能够获得的状态,即只要不特定的公众想获得就可以获得所述技术方案,则所述技术内容就属于现有技术范畴,而不论所述技术方案是否实际上有人接触过或者获得过。

举例而言,假设被告抗辩所援引的现有技术的具体技术方案刊登在一本期刊杂志上,而该期刊杂志在某地图书馆只有一本,则只要该图书馆对于不特定公众是开放的,即便该期刊杂志只有一本且借阅记录中明确记载并无读者借阅过该本杂志,但是只要该期刊杂志处于不特定公众想要获得即可获得的状态,即使并未有读者实际借阅过该期刊杂志,该期刊杂志上公开的技术方案也属于现有技术范畴。

3. 现有技术中应排除的若干情形

如上所述,认定现有技术的关键是所述技术方案是否处于不特定公众想获得即可获得的状态。因此司法实践中,根据相关法律规定或者合同约定,在认定现有技术时应排除以下情形。(1)处于保密状态的技术内容:在实践中,假设有确切证据可以证明某一技术方案或者技术内容在涉案专利申请日之前已经客观存在，但是如果其处于当事人约定保密或者法律规定予以保密的状态，则由于不特定的公众无法由此获得所述技术内容，因此所述内容并未处于不特定公众想获得就能获得的状态，所以该技术方案不属于现有技术范畴。(2)抵触申请的技术方案：根据相关法律规定，抵触申请的技术方案，是指在涉案专利申请日之前申请专利但是在涉案专利申请日之后公开的技术方案，由于该抵触申请技术方案的公开日在涉案专利申请日之后，因此抵触申请的技术方案不属于现有技术范畴。(3)涉案专利申请日当天公开的技术方案：如上所述，现有技术的内容必须是在涉案专利申请日之前为公众所知悉的技术内容，因此在涉案专利申请日当天公开的技术方案，不属于现有技术范畴。(4)根据《专利法》第24条的规定享受不丧失新颖性宽限期的技术方案。根据《专利法》第24条的规定可知，在某些特定情形下，在涉案专利申请日之前6个月内，专利权人可能已经就涉案专利的技术方案在特定的展会上首次展出或者在规定的学术会议上首次发表，则所述首次展出或者首次发表不视为丧失新颖性，因此被告不得援引上述首次展出或者首次发表的技术内容作为现有技术抗辩。

(二)现有技术抗辩中的具体比对方式

1. 应将被控侵权技术方案与现有技术方案进行比对

根据2009年最高人民法院《关于审理侵犯专利权纠纷案件应用法律若干问题的解释》第14条的规定，被诉落入专利权保护范围的全部技术特征，与一项现有技术方案中的相应技术特征相同或者无实质性差异的，人民法院应当认定被诉侵权人实施的技术属于《专利法》第62条规定的现有技术。

因此，根据上述司法解释的规定，在专利侵权诉讼中的现有技术抗辩比对是指将被控侵权产品的技术方案与一项现有技术方案进行技术比对，而不是将被控侵权产品的技术方案与原告专利权利要求的技术方案进行比对，也不是将原告的专利权利要求中的技术方案直接与现有技术方案进行比对。也就是说，如果被控侵权的技术方案经过比对与一项现有技术方案中的相应技术特征相同或者无实质性差异，则司法实践中法院可不必再进行专利侵权比对，可以直接认定被告现有技术抗辩成立，从而被告实施所述技术方案不构成侵犯原告专利权。

笔者认为，之所以要将被控侵权产品技术方案与现有技术进行比对，其背后的法律逻辑是因为在我国现有专利制度体系之下，是否构成专利侵权是由人民法院在诉讼司法程序中进行认定，而是否维持专利权有效系由国家知识产权局专利复审委在专利无效的行政程序中进行认定，两者分别属于司法和行政的不同体系，不能混同和替代。

因此，假设被告在专利侵权诉讼中提供了大量证据证明其使用的系现有技术，而涉案专利的技术方案本身就属于现有技术，则法院也不能在诉讼程序中直接认定涉案专利由于不具有新颖性或者创造性而无效，而只能在假设涉案专利有效的前提之下，通过对被告所主张的现有技术进行审查和确认，认定被告的现有技术抗辩是否成立，从而在不涉及专利权是否有效的前提下，直接作出被告是否构成专利侵权的结论。

同时，在审判实践中，在被告主张现有技术抗辩时，通常也存在两种不同的比对方式和顺序。第一种比对方式是，在庭审中先将被控侵权产品技术方案与现有技术方案进行技术比对，若被控侵权产品技术方案与现有技术的一项技术方案相同或者无实质性差异，则被告的现有技术抗辩成立，法院可以直接认定被告不构成侵权。第二种比对方式是，在庭审中先将被控侵权产品的技术方案与原告权利要求中的技术方案进行比对，若被控侵权产品技术方案未落入原告权利要求保护范围，则被告不构成侵权；若被控侵权产品技术方案落入原告权利要求保护范围，则再将被控侵权产品技术方案与一项现有技术的技术方案进行比对；若被控侵权产品技术方案与现有技术方案不同，则可以认定被告构成专利侵权；若被控侵权产品技术方案与一项现有技术方案相同或者无实质性差异，则可以认定被告的现有技术抗辩成立，被告不构成侵权。

对于上述两种比对方法和比对顺序，笔者认为，以上两种都是法院在现有技术抗辩中通常使用的比对方法，就司法效率上而言，第一种方法更加便捷，通过将被控侵权产品技术方案与现有技术方案进行比对，从而直接得出被告是否侵权的结论；就第二种比对方法而言，根据最高人民法院的上述司法解释，被诉落入专利权保护范围的全部技术特征，与一项现有技术方案中的相应技术特征相同或者无实质性差异的，人民法院应当认定被诉侵权人实施的技术属于 2008 年《专利法》第 62 条规定的现有技术。因此先将被控侵权产品技术方案与原告的权利要求的技术方案进行比对，可以首先明确被诉落入专利权保护范围的全部技术特征的技术范围，从而将被控侵权产品技术方案中其他多余技术特征在现有技术比对中予以排除，由此可以提高现有技术比对的准确性，有利于法庭作出更加准确的结论。

当然，审判实践中究竟采取哪一种比对方法和比对顺序，还要根据涉案专利权利要求的技术方案以及被控侵权产品技术方案的复杂程度以及案件的实际情况来考虑和选择，综合庭审的效率和准确性进行综合考量。

2.“单独比对＋有限扩展”

审判实践中，根据上述法律规定可知，在现有技术抗辩比对时应将被诉落入专利权保护范围的全部技术特征，与一项现有技术方案中的相应技术特征进行技术比对。因此在进行现有技术比对时，应采用单独比对的新颖性比对原则，即将被控侵权技术方案与一项现有技术方案进行比对，而不能将被控侵权技术方案与两项或者两项以上现有技术方案进行比对。

当然，根据上述司法解释，在与现有技术进行比对时，在严格遵循单独比对原则的基础上，还允许进行有限适度扩展，即将与现有技术方案中相应的技术特征无实质性差异的技术特征也视为现有技术范畴，也就是把现有技术与惯用技术手段的直接替换也视为使用现有技术，由此有限适度地扩大了可被认定为使用现有技术的范畴，从而保障了社会公众自由使用现有技术以及与现有技术无实质性差异的技术方案的权利，有效地维护了专利权人与社会公众的利益平衡。

同时，司法解释中对于现有技术抗辩中所使用的概念是“无实质性差异”，而并未使用“等同”或者“实质性相同”的表述，笔者认为，从目前司法实践来看，在现有技术抗辩技术比对中，对于“无实质性差异”的理解和认定，与等同技术特征应该是一致的，即如果被控侵权技术方案与现有技术方案相区别的技术特征仅是本领域惯用技术手段的直接替换或者与现有技术方案中的技术特征相等同的技术特征，则被告的现有技术抗辩也是成立的。

（三）现有技术抗辩中的证据使用

1. 现有技术的举证

对被告而言，在运用现有技术抗辩时，关键还是如何举证证明其主张的现有技术方案在案涉专利申请日之前就已经为公众所知晓。现有技术的公开方式包括出版物公开、使用公开以及以其他方式公开三种公开方式。实践中，有关出版物的公开主要是指各国的专利文献以及国内外公开出版的学术期刊、教科书、技术手册等。其中，出版物公开的方式可以通过专利检索、学术期刊检索等公开的技术检索方式获得，当事人也可以委托专业律师进行相关专利检索和技术检索，或者委托图书馆的专业科技信息检索机构进行技术检索。

而对于使用公开，一般是指通过相关当事方的生产、制造、使用、销售等途径进行公开，被告可以通过公证等证据保全手段对在案涉专利申请日之前的生产、制造、销售的客观事实的存在进行证据固定，通常是在案涉专利申请日之前已经形成并公开的技术方案、技术图纸、销售合同、销售发票、销售产品实物、付款凭证等。

2. 对于公开销售的举证及注意要点

在司法实践中，相较于出版物公开，以国内外使用方式进行公开是比较难以认定的。对于在涉案专利申请日之前的使用公开，主要是通过公开生产、公开制造、公开销售、公开展览等方式使得相关技术方案和技术内容处于不特定公众想获得就可以获得的状态，被告必须证明其主张的现有技术在涉案专利申请日之前已经公开。而通常而言，由于涉案专利申请日距离法院诉讼开庭时可能已经过去较长时间，被告证明现有技术在涉案专利申请日之前已经公开是比较困难的，由此也导致法院在认定现有技术时对被告证据的证明标准要求比较高，认定也比较审慎。

同时，由于被告生产、制造通常并不是公开进行，一般难以为社会公众所知悉，因此相比于公开生产、制造而言，被告通常从现有技术产品公开销售的角度进行举证。被告通常举证证明现有技术产品公开销售的证据可以是产品的销售合同、送货单、款项支付凭证、销售发票、产品实物、现有技术的图纸或者产品照片等。其中需要特别注意的是，以上现有技术产品的销售合同的日期和产品名称型号、送货单上的日期、产品名称和型号、销售发票上的日期、产品名称和型号以及有关现有技术产品的图纸和产品外观等应能够一一对应，如果被告的举证仅能证明其销售的是某一类别的产品，但该类别产品中又有多种不同的产品型号，而现有技术方案仅涉及某种特定的产品型号，则如果被告提交的产品发票、合同中无法明确是哪一种具体产品型号的话，就很可能无法被法庭认可。

同时被告举证的现有技术产品公开销售的证据（比如网络销售的产品图片、技术手册、展会上展销的现场照片等）中所展示的内容必须能够使得相关的技术方案或者技术特征被完整和充分公开。司法实践中，如果一款产品已经在涉案专利申请日之前公开销售并进入公有领域，则涉及该产品的外观、结构、位置关系等技术特征，社会公众可以通过观察、测绘，甚至破坏该产品外部形状等方式得以知晓，则有关该产品的外观、结构、位置关系等相应技术特征应被认定为已经公开，从而成为现有技术；但是该产品的化学成分、配方等，如果使用涉案专利申请日之前已经公开的现有检测方法无法检测获得的话，则有关产品的化学成分、配方等技术内容不应被认定为现有技术。

另外，就某些涉及产品零部件的专利而言，即便是被告能够举证证明包含零部件技术方案的产品已经在涉案专利申请日之前进行公开销售，但是如果所述包含零部件的产品属于需要日常维护保养的产品，则法庭通常也还会考虑所述零部件是否有在日常维护保养中被替换的可能性，因此建议被告最好还应能够提供相关的产品维修保养记录，以便更加夯实其现有技术抗辩证据的证明效力。

再者，就涉及产品的现有技术而言，一般产品的生产厂商会在产品的包装或者铭牌上记载产品的生产日期或者出厂日期。但是就使用公开而言，生产完成并不代表产品已经进入流通领域进行公开销售，即产品生产完成并不意味着已经被公开，产品生产完成后也可能进入仓库存储或者直接出口到国外而不在国内销售，由此产品的真正公开销售的时间往往晚于该产品的生产日期或者出厂日期，所以被告如果仅举证产品的生产日期往往是不够的，还应进一步举证所述产品公开销售的具体时间早于涉案专利的申请日才会被法庭认可。

（四）未进入流通领域的产品技术方案不构成现有技术

在笔者代理过的专利侵权案件中，往往碰到被告或者相关当事方已经将相关产品交付承运或者仓储，由此被告或者相关当事方认为相关产品已经交由他人承运和仓储，已经为社会公众所知悉，并由此主张现有技术抗辩。

基于上述的现有技术抗辩，笔者认为，对于现有技术的认定，应严格把握相关技术处于不特定公众想获得就能够获得的状态。司法实践中，现有技术的公开通常是基于产品公开销售而使得产品进入流通领域，而对于被告基于产品交付运输或者仓储而主张的现有技术抗辩而言，假设当事方已经将相关产品交付承运人承运或者将产品交付仓储，但是在运输和仓储过程中，相关产品仍处于相关当事人或者其委托代理人的严格掌握和控制之下，甚至通常而言产品在运输和仓储过程中均会对产品进行严格和妥善的外包装，由此社会公众无法透过产品外包装而直接知晓和了解产品的技术方案和外观形状，即所述产品的技术方案和技术特征并未处于不特定公众想获得就可以获得的状态。

同时，假设不考虑产品外包装的因素，即便相关承运人和仓储人对于当事方交付运输和仓储的产品技术方案和外观形状有所接触和了解，但是由于承运人和仓储人与当事方之间通常具有委托关系，因此承运人和仓储人一般对于相关当事方具有保密或者保管的法律义务，则在此情况下，承运人和仓储人不属于不特定的社会普通公众，即便相关产品技术方案和外观形状被特定承运人或者仓储人所知晓和了解，也不应视为相关产品技术和特征已经被公开而构成现有技术，因此此种情形下的产品交付承运或者仓储不应视为产品所包含的技术方案和技术特征已经属于现有技术范畴。

（五）现有技术抗辩与先用权抗辩的联系与区别

现有技术抗辩与先用权抗辩是被告在专利侵权抗辩中经常使用的两种抗辩手段。从法律角度而言，现有技术抗辩与先用权抗辩彼此之间既有联系又有一定区别，因此作为专利侵权诉讼的当事方，在援引现有技术抗辩和先用权抗辩时，应予以仔细考量和选择，笔者就此具体分析如下。

1. 现有技术抗辩和先用权抗辩都是基于涉案专利申请日之前的行为

我国《专利法》第 67 条规定，在专利侵权纠纷中，被控侵权人有证据证明其实施的技术或者设计属于现有技术或者现有设计的，不构成侵犯专利权。同时，《专利法》第 75 条规定："有下列情形之一的，不视为侵犯专利权：（一）专利产品或者依照专利方法直接获得的产品，由专利权人或者经其许可的单位、个人售出后，使用、许诺销售、销售、进口该产品的；（二）在专利申请日前已经制造相同产品、使用相同方法或者已经作好制造、使用的必要准备，并且仅在原有范围内继续制造、使用的；（三）临时通过中国领陆、领水、领空的外国运输工具，依照其所属国同中国签订的协议或者共同参加的国际条约，或者依照互惠原则，为运输工具自身需要而在其装置和设备中使用有关专利的；（四）专为科学研究和实验而使用有关专利的；（五）为提供行政审批所需要的信息，制造、使用、进口专利药品或者专利医疗器械的，以及专门为其制造、进口专利药品或者专利医疗器械的。"

由此，根据上述法律规定可知，现有技术抗辩和先用权抗辩均是基于涉案专利申请日之前的行为而产生的抗辩，其中现有技术抗辩强调的是涉案专利申请日之前的使用、销售等行为已经使得所述技术方案或者技术内容已经为公众所知悉或者处于公众想获得就可以获得的状态。而先用权抗辩强调的是在涉案专利申请日之前的制造、使用和相应的准备行为，而所述在先的制造和使用行为并不一定需要为公众所知。

因此若在涉案专利申请日之前的制造和使用行为并未公开进行，比如公司内部已经完成了设备主要设计图纸的绘制、完成了设计方案的研发等，由于所述设计和研发工作并未公开进行，因此其并未达到不特定公众想获得就能够获得的状态，所以在此情况下只能主张先用权抗辩，而不能主张现有技术抗辩。

反言之，假设被告在涉案专利申请日之前已经制造和使用了相同产品和方法，并且所述制造和使用行为已经导致相关产品已经被公开并被社会公众知悉，处于不特定公众想获得就可以获得的状态，则在此情况下也同时构成了现有技术，因此被告可以同时主张现有技术抗辩和先用权抗辩或者择一使用。

2. 现有技术抗辩与先用权抗辩的区别

如上所述，现有技术抗辩是为了保护社会公众自由使用现有技术的权利，防止瑕疵专利的专利权人滥用权利损害社会公众的利益。而先用权的制度价值在于，在我国专利制度采取申请在先原则的基础上，适当保护和平衡在先使用人的利益。但是对在先使用而不进行专利申请的在先使用人来说，其未及时申请专利的行为将既不利于先进科学技术的公开和共享，也不利于社会整体科技的进步，因此法律上属于在先使用人实施其技术方案的权利被进行了一定程度的限制，即在先使用人仅能在原有范围内继续制造和使用，而不能超过原有范围或者扩大范围，若在先使用人扩大了原有的生产和制造范围，则会被认定为侵犯了专利权人的专利权。

而就现有技术抗辩而言，社会公众自由使用现有技术的权利原本就应被予以合法保护，而不应受到任何限制。因此对被告而言，如其使用的是现有技术，则被告可以继续使用和实施现有技术而没有任何原有范围的限制；而先用权抗辩仅可以在原有范围内继续实施而不得扩大范围，因此相较而言，现有技术抗辩对被告更加有利一些。

四、诚实信用原则在现有技术抗辩中的适用

众所周知，诚实信用原则是我国民法领域的基本原则之一，我国《民法典》第7条就明确规定，民事主体从事民事活动，应当遵循诚信原则，秉持诚实，恪守承诺。而民法的诚实信用原则作为民法的基本原则，始终贯穿整个民事法律行为的全过程，当事人在专利的申请、使用、实施和专利诉讼过程中，也应同样遵守诚实信用原则。在笔者代理过的一个专利侵权诉讼的二审案例中，笔者也运用诚实信用原则为当事人在二审程序中上诉成功，获得了二审法院的改判，有效地维护了当事人的合法权益，现笔者将诚实信用原则在现有技术抗辩中运用的相关案例分享如下。

该案基本案情如下：甲公司与乙公司于2017年10月签署了《采购合同》，该合同约定甲公司向乙公司采购共享雨伞和共享童车（共享儿童推车租赁设备），并约定由甲公司向乙公司提供设计需求和设计基本创意，由乙公司为甲公司设计并生产共享童车装置及连接手柄。该合同进一步约定，乙公司对于共享童车的技术方案和设计理念创意等有严格的保密义务；共享雨伞的全部知识产权归乙公司所有，共享童车（共享儿童推车租赁设备）的全部知识产权归甲公司所有。之后乙公司为甲公司设计了共享童车手柄并向甲公司交付了乙公司生产的共享雨伞和共享

童车等相关设备。甲公司于 2018 年 2 月 5 日将双方在合作过程中形成的共享童车的连接手柄技术方案向国家知识产权局申请了实用新型专利，并获得了国家专利局的专利授权。后甲公司发现乙公司未经其许可，擅自生产销售甲公司享有实用新型专利权的共享童车连接手柄专利产品并销售给其各地的经销商和客户，甲公司随即将乙公司及其经销商起诉至法院，要求停止侵权并赔偿经济损失。

在该案的一审过程中，经一审法院技术比对，被诉侵权产品具备涉案专利权利要求（1）的全部技术特征，纳入该专利权利要求（1）的保护范围。乙公司对于被诉侵权产品与涉案专利权利要求（1）的技术特征相同并无异议，但乙公司在该案中主张现有技术抗辩，具体如下：乙公司提交证据表明在《采购合同》项下，乙公司已于 2017 年 12 月、2018 年 1 月、2018 年 2 月（所述时间均在涉案专利申请日之前）曾分三次向甲公司交付了使用被诉侵权技术方案的产品，乙公司因此主张被诉侵权技术方案已于相关产品交付承运人运输后即因投入市场而被公开，因此被诉侵权技术方案在涉案专利申请日前，已经为公众所知晓，属于现有技术，即乙公司生产和销售所述产品不构成侵权。

一审法院认可乙公司的现有技术抗辩主张，并判决驳回甲公司的全部诉讼请求。之后甲公司不服一审判决，向二审法院提起上诉。在该案二审过程中，乙公司又补充提交了经过公证的第三方网站的网页打印件，意图证明乙公司已经在涉案专利申请日之前在第三方网站上刊登了相关的新闻内容，所述新闻内容的配图中可以清楚地显示涉案专利的技术方案和技术内容，由此涉案专利的技术方案已经在其专利申请日之前被第三方网站公开，因此乙公司所使用的技术系现有技术，不构成侵权。

在该案中，笔者代理甲公司向二审法院提起上诉，并向二审法院陈述了如下上诉理由和观点。

首先，通常情况下，被控侵权产品只有进入市场流通销售环节，才可以认定所述技术方案为公众所知悉，本案中乙方公司使用涉案专利技术方案的相关产品交付承运人运输后，仍处于甲公司和承运人的严格控制之下，并未进入销售等社会流通领域，且所述产品在运输过程中均严格包装，外界无法获得其技术内容，因此不构成现有技术（具体理由可详见笔者在上文中的分析和论述）。

其次，在本案中，甲公司与乙公司曾于 2017 年 10 月签订《采购合同》，约定甲公司采购的儿童推车租赁设备及相关设计的专利权属于甲公司，且乙公司对儿童推车租赁设备的知识产权、产品资料、业务模式、软件功能负有保密义务。因此，乙公司应按照诚实信用原则严格履行保密义务，不得擅自公开涉案专利的技术方案，现乙公司未经甲公司同意，即在双方合作期间内擅自在第三方网站上公开披露涉案专利的图片，严重违反了诚实信用原则和保密义务，因此乙公司基于其自身的违约披露行为而在本案中主张现有技术抗辩，违反了诚实信用原则，其现有技术抗辩不应被支持。

二审法院采纳了甲公司的上诉理由，认定乙公司主张的交付承运涉案产品仍在运输和仓储过程中，并未进入流通领域，不构成现有技术公开，同时二审法院认定乙公司在第三方网站上擅自公开涉案专利技术方案的内容，违反了诚实信用原则与合同保密义务，其行为具有违法性和可追责性，因此对于乙公司在本案中主张的现有技术抗辩不予采信。最终，二审法院终审判决撤销一审判决，改判乙公司停止侵权并全额支持了甲公司的赔偿诉请。

五、结语

在专利侵权诉讼中，现有技术抗辩是一项非常重要的不侵权抗辩手段，其制度价值在于维护社会公众使用现有技术的自由和权利，防止专利权人利用瑕疵专利侵害社会公众的利益。而在专利侵权现有技术抗辩制度中，现有技术抗辩制度保护的应当是善意和无过错的被诉侵权方。

在我国现行民事法律体系中，诚实信用原则是一项民法基本原则。而民法作为普通法、专利法作为特别法，两者在诚实信用原则上是相辅相成、融为一体的。因此在专利侵权诉讼的现有技术抗辩中，法院除审查所述技术方案是否实际处于社会公众想获得就可以获得的状态之外，在特定情形下，还需要考虑被告主张的现有技术公开是否符合诚实信用原则，即任何人均不得因其自身的违约行为或者违反诚实信用原则的行为而在诉讼中获得利益。因此若被告主张已经公开的现有技术，是由其本人或者由其授意的第三人违反明示或者默示保密义务或者其他诚实信用原则而公开，则被告不得依据该项现有技术公开而主张现有技术抗辩。

我国有限责任公司股东代表诉讼的规则解析与适用

陈刚 * 何乐 **

一、引言

股东代表诉讼，是指当公司由于某种情况没有就其所遭受的某种行为的侵害提起诉讼时，公司股东可以代表公司以使公司获得赔偿等救济目的而针对该行为所提起的诉讼。① 股东代表诉讼制度在多个方面突破了法律的一般性规则。例如，公司作为民事主体可自由处分其诉权，股东代表诉讼赋予股东为公司利益以自己名义行使公司诉权，在客观上限制了公司处分其权利的自由。又如，根据当事人适格理论，只有自己的合法权益受到侵害的人，方为适格当事人。② 公司具有独立的人格，股东对公司财产虽持有一般性、抽象性的利害关系，但对公司的对外权利并不具有直接或代位提起诉讼的地位。③ 在股东代表诉讼中，原告股东以自己名义直接提起本属公司的诉讼，忽视了公司的独立人格。再如，在根据资本多数决原则选举的董事会、监事会拒绝或怠于起诉不法行为人时，不追究相关人员的法律责任是公司的多数意思，本应得到尊重，股东代表诉讼却赋予少数股东代行公司诉权，即否定多数原则的有效性。由此可见，股东代表诉讼制度是一种突破多种常态法律规则的异态规则。然而，自该制度诞生以来，170 多年的实践证明该制度不仅没有昙花一现，反而为世界上大多数国家和地区所接受和移植，我国 2005 年修订《公司法》时亦引入了股东代表诉讼制度。该制度作为一种由他人对公司承担责任的诉

---

* 陈刚，北京炜衡（上海）律师事务所高级合伙人，上海财经大学硕士，华东政法大学律师学院特聘教授，中国 EDP 教育联盟讲师，上海市信息法律协会理事、专家顾问，2019 年被评为上海市律师行业优秀党员律师，主要执业领域为公司实务、上市并购、知识产权。

** 何乐，复旦大学硕士，主要执业领域为民商事争议解决、刑事辩护。

① 施天涛：《公司法论》，法律出版社 2006 年版，第 431 页。

② 当事人适格，是指在具体争议的诉讼中，能够作为当事人进行起诉或被诉，并获得本案判决的诉讼法上的权能或地位。参见［日］中村英郎：《新民事诉讼法讲义》，陈刚、林剑锋、郭美松译，法律出版社 2001 年版，第 54 页。

③ ［韩］李哲松：《韩国公司法》，吴日焕译，中国政法大学出版社 2000 年版，第 516 页。

讼机制，被誉为普通法国家的一项天才发明。[①] 它是针对公司中那些滥权、浪费和盗窃行为的最后一道防线。[②]

二、股东代表诉讼的制度功能

有研究者从多个角度观察和分析了股东代表诉讼制度的合理性，即公司的非自然性及作为权利主体的非终极性是股东代表诉讼的制度背景；权利社会化思潮的兴起及立法理念的转变是股东代表诉讼的思想条件；民主现代化与多数原则下的少数人保护是股东代表诉讼的政治学基础。[③] 有学者认为，股东代表诉讼具有事后救济功能、事前预防功能和维护证券市场良性运行功能。[④] 总体来看，股东代表诉讼主要在保护股东尤其是中小股东利益和改善公司治理方面发挥作用。

1. 保护股东尤其是中小股东利益

公司制度是人类的一大发明，从某种意义上说，其推动社会进步之意义远甚于蒸汽机和电的发明。[⑤] 公司促进社会进步作用之发挥在很大程度上取决于股东之投资热情和投资信心，而后者又依赖法律对投资者权益之保护程度。[⑥] 从法经济学角度来看，相对于公司债权人和公司员工等公司参与人，股东在公司收益的分配序列上处于最后的位置，其享有的剩余索取权是企业收入在扣除所有企业中协议的固定的契约支付（如原材料成本、固定工资、利息等）的余额的要求权。[⑦] 剩余索取权属于变动回报权，需要有一定的权利保障其剩余索取权的实现，赋予股东代表诉权有利于维护股东的矫正利益。

现代公司股权越来越分散，大股东的控制权越来越强，中小股东越来越多地失去对公司经营管理事务的发言权。"所有者在企业中的地位，已降低为仅在企业中拥有一系列合法的、实际的利益，而我们称之为控制者的集团，则居于对企业拥

---

① Robert C Clark, Corporation Law, Brown and Company, 1986, P.639.

② Michael A.Collora, David M.Osborne, A derivative Claim by Any Other Name: Direct Claims to Remedy Wrongdoing in Close Corporations, (2002) Securities News, No.2.

③ 胡滨、曹顺明:《股东派生诉讼的合理性基础与制度设计》，载《法学研究》2004 年第 4 期。

④ 刘金华:《股东代表诉讼制度研究》，中国人民公安大学出版社 2008 年版，第 10—15 页。

⑤ Roger Meiners, Piercing the Veil of Limited Liability, (1979) 4 Del.J.Corp.L, p.351.

⑥ 胡滨、曹顺明:《股东派生诉讼的合理性基础与制度设计》，载《法学研究》2004 年第 4 期。

⑦ 王国顺等:《企业理论：契约理论》，中国经济出版社 2006 年版，第 185 页。

有法律和实际权力的地位。”[①] 公司大股东、董事、经营层等掌握着公司的意志和行为，容易滥用优势地位侵害中小股东利益；中小股东势单力薄，加上信息不对称、搭便车等因素，易成为公司内部被压迫和剥夺的一群人，故从公司内部视角看，加强投资者权益保护主要是加强中小投资者权益保护。尽管法律设计了累计投票、委托投票、表决权限制等制度，但这些制度提供的是事前保护，对已经发生的损害爱莫能助；而法律规定的大股东对中小股东的诚信义务和董事、经营层的忠实义务和勤勉义务以及保证这些义务履行的直接诉讼制度，虽然能对侵害公司利益的不法行为提供事后救济，但因公司受大股东、董事、经营层控制，故这些事后救济制度的作用是有限的。[②] 在现实中，公司内部人侵害公司利益的现象比比皆是。中国证监会组织的“上市公司建立现代企业制度专项检查结果”表明，大股东掏空上市公司是突出问题，在 1200 多家上市公司中共查出 676 家公司存在控股股东占用资金的现象。[③] 北京证券交易所首次针对上市公司出具的纪律处分决定书，显示 2021 年 8 月至 2022 年 3 月，云南某公司控股股东通过上市公司向第三方背书银行承兑汇票、委托第三方理财的方式累计占用公司资金 3.56 亿元，日占用最高余额为 2.77 亿元。[④] 因此，为维护中小股东的合法权益，赋予其代表诉权有十足的必要。

2. 改善公司治理结构

股东代表诉讼制度的存在，会使得不法行为人在实施侵害公司利益的行为前有所顾忌、三思而后行。诚如学者所言，“十次诉讼中即使九次都失败了，但只要有一次成功，对管理层就是一种威慑，使之不敢为所欲为”[⑤]。美国密苏里州大学对美国法院 1982 年至 1994 年受理的 215 件股东代表诉讼案件进行研究后发现，管理层代理问题越严重的公司发生代表诉讼的概率越高；而作为被告败诉的公司，其董事会规模将变小、外部董事成员将增多。[⑥] 由此可见，股东代表诉讼可以改善公司治理结构。

---

① ［美］阿道夫·A. 伯利、加德纳·C. 米恩斯：《现代公司与私有财产》，甘华鸣、罗锐韧、蔡如海译，商务印书馆 2005 年版，第 185 页。

② L.C.B.Gower, D.D.Prentice, Gower's principles of Modern Company Law, Sweet&Maxwell, 1992, p644.

③ 王芳：《“大股东掏空上市公司”问题突出》，载《市场报》2003 年 1 月 2 日。

④ 彭江：《上市公司不是大股东提款机》，载《经济日报》2022 年 7 月 15 日。

⑤ 朱伟一：《美国公司法判例解析》，中国法制出版社 2000 年版，第 241 页。

⑥ Stephen P.Ferris, Robert M.Lawless, Anil K.Makhija, Derivative Lawsuits as a Corporate Mechanism: Empirical Evidence on Board Changes Surroundings,（2001）CORI Working Paper No.1-3.

三、股东代表诉讼规则之当事人规则解析与适用

(一)原告的认定

1. 双重股东下的原告认定

双重股东代表诉讼,一般是指在母子公司架构下,子公司董事等侵害子公司利益,由母公司的少数股东代表子公司就侵害子公司利益的不当行为向不当行为人提起损害赔偿请求的制度。[①] 从社会现实看,我国企业之间愈发频繁的并购、重组、境内外上市、海外投资和集团化发展使得企业之间的关系呈现出层级化、立体化、复杂化的特点。母公司通过子公司董事、高管等人员损害子公司利益的现象日益多发。从域外法治经验看,美国特拉华州、日本、韩国已经正式建立双重股东代表诉讼制度。[②] 美国伊利诺伊州上诉法院在审理 Brown v.Tenny 案件时,法官列举了刺破公司面纱理论、信托义务理论、共同控制理论、代理权理论、具体履行理论、损害承担理论等学说支持双重股东代表诉讼制度。[③]

我国《公司法》将提起有限责任公司股东代表诉讼的主体限定为本公司股东,在一定程度上抑制了该规定在实践中的运用。自 2008 年我国法院审理了首例涉及母子公司的股东代表诉讼案件以来,多数法院对双重股东代表诉讼持反对态度。[④] 但是,也有法院认为在母公司对子公司形成绝对资本控制的情形下,母公司的股东是股东代表诉讼的适格原告主体。[⑤]

2016 年最高人民法院起草的《关于适用〈中华人民共和国公司法〉若干问题的规定(四)》(征求意见稿)越过平面视角,开始考虑立体公司架构中母公司少数股东的权益。[⑥] 后最高人民法院审判委员会经研究认为,鉴于目前双重股东代表诉讼案件较少,待案件数量增加,积累经验后再提交审委会讨论。[⑦] 近年来全国人大常

---

① 崔埈璿:《股东代表诉讼与双重代表诉讼》,载王保树主编:《实践中的公司法》,社会科学文献出版社 2008 年版,第 405 页。

② Lambrecht v.O' Neal, 3 A, 3d 277(Del.2010). 另参见崔埈璿:《股东代表诉讼与双重代表诉讼》,载王保树主编:《实践中的公司法》,社会科学文献出版社 2008 年版,第 405 页;崔文玉:《日本公司法最新修改之简述——以 2012 年〈公司法制纲要〉为视角》,载《河北法学》2013 年第 4 期。

③ DavidW.Locascio、李诗鸿、查莹:《美国双重代表诉讼理论的困境》,载《公司法律评论》2007 年卷。

④ 参见(2008)沪二中民五(商)初字第 21 号、(2019)最高法民终 521 号。

⑤ 参见(2016)陕民终 228 号。

⑥ 最高人民法院《关于适用〈中华人民共和国公司法〉若干问题的规定(四)》(征求意见稿)第 31 条第 1 款规定:"公司法第一百五十一条第一款、第二款所称的'董事、高级管理人员'、'监事会'、'监事'包括全资子公司的董事、高级管理人员、监事会、监事。"

⑦ 最高人民法院民事审判第二庭编著:《〈全国法院民商事审判工作会议纪要〉理解与适用》,人民法院出版社 2019 年版,第 215 页。

委会起草的《公司法(修订草案)》一审稿及二审稿再次明确母公司股东可对侵害母公司全资子公司的不法行为提起股东代表诉讼。[①]

2. 出资瑕疵股东下的原告认定

我国现行《公司法》对股东代表诉讼的原告资格作了规定,但是未对瑕疵出资股东的诉讼资格作出专门规定。股东瑕疵出资这一术语长期以来被广泛应用于理论界和实务界,最高人民法院《关于适用〈中华人民共和国公司法〉若干问题的规定(三)》[以下简称《公司法司法解释(三)》]对股东瑕疵出资的表现形式作出了集中规定,主要包括:(1)未履行出资,即股东认缴出资取得股东资格后事实上未进行出资;(2)未全面履行出资,即股东认缴出资后进行了出资,但由于各种情形导致认缴额未得到全部兑现,主要表现为未足额出资和出资不适当。[②]

股东资格不会因股东瑕疵出资受到影响,但并不意味着瑕疵出资股东可以享受完整的股东权利。依据权利行使的目的不同,理论界将股权划分为自益权和共益权。自益权,是指股东基于投资关系而取得利益回报的权利,包括股利分配请求权、新股优先认购权、剩余财产分配请求权等直接关系自身利益的权利,《公司法司法解释(三)》第16条规定即对瑕疵出资股东自益权进行了限制。[③]共益权,是指股东实现自身利益的同时也为公司利益而行使的权利。一般认为,只要股东资格存在,包括股东代表诉权在内的共益权就应不受限制地平等享有。[④]在司法实践中,多数法院亦肯定出资瑕疵股东有权提起股东代表诉讼,如福建省高级人民法院认为,“股东是否出资到位,不影响其提起本案的诉讼……股东若未按约定投入资金,其承担的也仅是补足资金责任以及向足额出资股东承担违约责任”[⑤]。需要注意的是,若公司依法解除未履行出资义务的股东资格,则该瑕疵出资股东因丧失股东资格

---

① 《公司法(修订草案二次审议稿)》(征求意见稿)第188条第4款规定:“本条第一款、第二款所称的董事会、董事、高级管理人员、监事会、监事,包括全资子公司的董事会、董事、高级管理人员、监事会、监事。”

② 何辛:《股东出资瑕疵的表现形式及认定》,载《山东社会科学》2012年第S1期。

③ 最高人民法院《关于适用〈中华人民共和国公司法〉若干问题的规定(三)》第16条规定:“股东未履行或者未全面履行出资义务或者抽逃出资,公司根据公司章程或者股东会决议对其利润分配请求权、新股优先认购权、剩余财产分配请求权等股东权利作出相应的合理限制,该股东请求认定该限制无效的,人民法院不予支持。”

④ 李建伟:《瑕疵出资股东的股东权利及其限制的分类研究:规范、解释与实证》,载《求是学刊》2012年第1期。

⑤ 参见(2010)闽民终字第117号。

而无权提起股东代表诉讼。①

（二）被告的认定

关于股东代表诉讼的被告范围，主要有三种立法例。第一种以美国为代表，诉讼对象十分广泛，包括就大股东、董事、高级管理人员、雇员和第三人对公司实施之不正当行为提出禁止、撤销和赔偿等。② 第二种以日本为代表，将代表诉讼的对象范围限于公司内部机关、人员责任的追究。具体而言，股东可对发起人、行使决议权接受公司所提供利益之股东、以明显不公正价格认购股份者、董事、监察人、清算人提起代表诉讼。③ 第三种以我国台湾地区为代表，代表诉讼的范围仅为董事责任。④ 我国现行《公司法》实质上遵循宽松主义原则，公司董事、监事、高级管理人员和"他人"均可成为股东代表诉讼的被告。

有研究者认为，股东代表诉讼是对公司自治原则的一种突破，是国家在不得已的情况下通过司法方式干预公司内部运作，所以应将股东代表诉讼的适用范围限于公司通过内部制衡机制不能解决的特殊情况，即董事、经理、监事、清算人、控股股东对公司的责任。⑤ 另有研究者从董事的实质权能出发，认为股东代表诉讼的被告范围应当限于公司的董事、监事、经理等高级管理人员以及发起人、清算人、控股股东、实际控制人以及担任公司审计人的会计师事务所，但不应包括公司债务人、侵犯公司利益的行政机关等外部人。⑥ 笔者认为，若将公司外部人员排除在股东代表诉讼的适用范围之外，董事或经营层等公司内部人员可通过与公司外部人员里应外合实施侵害公司利益的行为从而规避被追诉的风险，将限制股东代表诉讼的实施效果。

现行法律规范对公司内部被告和外部被告提起代表诉讼时设置的区别主要在于：在《公司法》第 151 条规定的股东代表诉讼前置程序中，先诉请求对象是监事

---

① 最高人民法院《关于适用〈中华人民共和国公司法〉若干问题的规定（三）》第 17 条第 1 款规定："有限责任公司的股东未履行出资义务或者抽逃全部出资，经公司催告缴纳或者返还，其在合理期间内仍未缴纳或者返还出资，公司以股东会决议解除该股东的股东资格，该股东请求确认该解除行为无效的，人民法院不予支持。"

② Harry G.Henn, John R.Alexander, Laws of Corporations, West Publishing Company, 1983, p.1049.

③ 周建龙：《日本的股东代表诉讼制度》，载王保树主编：《商事法论集》（第 2 卷），法律出版社 1997 年版，第 269 页。

④ 我国台湾地区现行"公司法"第 214 条第 1 款规定："继续六个月以上，持有已发行股份总数 1% 以上之股东，得以书面请求监察人对董事提起诉讼。"

⑤ 胡斌、曹顺明：《股东派生诉讼的合理性基础与制度设计》，载《法学研究》2004 年第 4 期；刘金华：《股东代表诉讼制度研究》，中国人民公安大学出版社 2008 年版，第 124 页。

⑥ 蔡立东：《论股东派生诉讼中被告的范围》，载《当代法学》2007 年第 1 期。

会或监事，向董事会或执行董事提出先诉请求则是替补措施；而对因他人侵犯公司合法权益提起的诉讼，《公司法》并未明确规定先诉请求机关，最高人民法院《关于适用〈中华人民共和国公司法〉若干问题的决定（四）》[以下简称《公司法司法解释（四）》]规定应当向董事会或执行董事提出先诉请求。①

四、股东代表诉讼规则之前置程序规则与解析

（一）法律规定

股东代表诉讼的前置程序又称为先诉请求，是指股东提起代表诉讼之前，必须先书面请求公司以自己的名义向法院提起诉讼。根据《公司法》第 151 条第 1 款及《公司法司法解释（四）》第 23 条之规定，我国股东代表诉讼的前置程序为：原告股东需首先书面请求监事会或监事向人民法院提起诉讼；如果是监事侵害公司权益，则向董事会或执行董事提出前述请求。监事会、监事、董事会、执行董事收到前述书面请求后拒绝提起诉讼，或自收到请求之日起 30 日内未提起诉讼的，股东方可以自己的名义提起股东代表诉讼。

股东代表诉讼本质上是一种间接诉讼，只有当公司拒绝或怠于行使诉权追究不法行为人的责任时，才由股东代为行使诉权。由公司内部机关处理相关侵权事宜，有利于维护公司的独立人格、尊重公司的自主意志，并促使公司治理结构正常运作并充分发挥作用。此外，前置程序是股东代表诉讼“穷尽内部救济原则”的体现，对过滤少数股东滥用诉权而提起的扰乱公司正常生产经营的无价值诉讼、避免扰乱公司正常的经营活动具有重要作用。

（二）前置程序的豁免情形

1. 紧急情况的认定

《公司法》第 151 条第 2 款规定：“监事会、不设监事会的有限责任公司的监事，或者董事会、执行董事收到前款规定的股东书面请求后拒绝提起诉讼，或者自收到请求之日起三十日内未提起诉讼，或者情况紧急、不立即提起诉讼将会使公司利益受到难以弥补的损害的，前款规定的股东有权为了公司的利益以自己的名义直接向人民法院提起诉讼。”该条款并未明确界定何为不立即起诉将会使公司利益

① 最高人民法院《关于适用〈中华人民共和国公司法〉若干问题的规定（四）》第 23 条第 2 款规定：“董事会或者不设董事会的有限责任公司的执行董事依据公司法第一百五十一条第一款规定对监事提起诉讼的，或者依据公司法第一百五十一条第三款规定对他人提起诉讼的，应当列公司为原告，依法由董事长或者执行董事代表公司进行诉讼。”

受到难以弥补的损害的“紧急情况”。在司法实践中法官对“紧急情况”的判断具有较大的自由裁量权，且多数法院会从严认定“紧急情况”。[①]

有学者认为，紧急情况主要包括相关权利行使的期间或者诉讼时效即将经过、有关财产面临被转移的风险、可能出现被告逃逸等妨碍追究其责任嫌疑的其他情形。[②]2015 年广东省深圳市中级人民法院《关于审理股东代表诉讼案件的裁判指引》对“情况紧急”的界定进行了类型化尝试，主要概况为以下情形：（1）针对公司的侵权行为正在进行，经过前置的内部救济程序将产生对公司难以弥补的损害结果；（2）等待答复将使公司的权利期间届满；（3）侵害人正在转移公司财产或者公司财产可能发生灭失；（4）其他等待答复可能造成公司损失扩大或无法挽回的情形。

2. 提出书面申请可能性的认定

鉴于“紧急情况”这一法定豁免情形的规定系概括性规定，学者尝试对紧急情况之外的豁免情形进行探讨。[③]2019 年《全国法院民商事审判工作会议纪要》（以下简称《九民纪要》）规定了全新的豁免类型，即在公司治理结构失灵的情况下可以豁免前置程序。《九民纪要》第 25 条中规定，“前置程序针对的是公司治理的一般情况，即在股东向公司有关机关提出书面申请之时，存在公司有关机关提起诉讼的可能性。如果查明的相关事实表明，根本不存在该种可能性的，人民法院不应当以原告未履行前置程序为由驳回起诉”。

最高人民法院民二庭在《〈全国法院民商事审判工作会议纪要〉理解与适用》一书中总结了司法实践中认定公司有关机关不存在提出诉讼可能性的主要情形，具体如下。（1）公司相关机关不存在或因公司经营陷入僵局中，相应的公司机关或有关人员不在其位或不司其职，股东无从提起先诉请求。在清算程序中，清算组实际接管公司，其地位与公司正常经营期间的董事、高管无异。清算组成员滥用权利损害公司利益的，因公司机关各项职权均由清算组行使，客观上没有履行

---

① 研究者在检索的 167 例原告股东未履行前置程序的案例中，原告股东主张存在“紧急情况”等情形且法院认定案情符合的案件仅有 8 例。参见杨裕文：《有限责任公司股东代表诉讼前置程序的检视与完善研究》，吉林大学 2021 年硕士学位论文。

② 孟祥刚：《公司股东代表诉讼的审理》，载《法律适用》2007 年第 4 期。另参见王启国：《论我国股东代表诉讼制度司法困境与出路 ——从北京艺进娱辉科技投资股份有限公司监事会与王莘、汪超涌、林文获、赵四章、卢青、北京瑞星国际软件有限公司损害公司权益纠纷案谈起》，西南政法大学 2011 年硕士学位论文。

③ 朱慈蕴：《股东派生诉讼的前置程序研究——“紧急情况”之外是否存在可豁免情形》，载《政法学刊》2010 年第 3 期。

职权的监事会或监事，故司法解释规定股东可直接向清算组成员提起代表诉讼。[①]（2）股东准备起诉的董事或监事受到同一控股股东或实际控制人控制。（3）先诉请求对象与被告重合。如在某损害公司利益责任纠纷案中，法院认为公司仅有甲、乙、丙三名股东，乙、丙分别担任公司的执行董事和监事，而甲代表公司提起诉讼所指向的被告恰是乙、丙，故本案中不存在公司的执行董事或监事接受股东申请对被告提起诉讼的可能性。[②]（4）执行董事或董事会多数成员与所诉不法行为有利害关系。（5）虽然董事会成员或执行董事本人与所诉不法行为不存在利害关系，但可能受到与行为有关的利害关系人的控制而失去其独立性，则可免除先诉请求。[③]如在某损害公司利益责任纠纷案中，在公司董事会的5名董事中，有2名董事为被告股东委派，1名董事为本案被告，按照公司章程规定的董事会议事程序和决议通过比例，基本上不存在公司董事会通过决议提起诉讼的可能性。因此，前置程序客观上无法完成，要求股东完成前置程序确无必要。[④]笔者认为，当先诉请求对象与原告股东重合时，亦无履行前置程序之必要。如在某损害公司利益责任纠纷案中，法院认为胡某系公司的股东及监事，在二者身份重合的情况下，仍要求胡某在提起股东代表诉讼之前履行前置程序，即提请作为监事的自己提起相应诉讼已无必要。[⑤]

就上文介绍的公司有关机关不存在提出诉讼可能性的常见情形中，笔者认为第五种情形有待商榷，具体理由如下。（1）《九民纪要》第25条规定要求达到根本不存在公司有关机关提起诉讼的可能性，董事被利害关系人控制可能会失去独立性，但不代表该董事不会基于公平正义或避免事后被追究法律责任的考量而支持起诉不法行为，故本情形并未达到根本不存在可能性之程度。（2）设置前置程序让股东等待一段时间，总体成本并不高；相反，如果允许该情形下的前置程序豁免，

---

① 最高人民法院《关于适用〈中华人民共和国公司法〉若干问题的规定（二）》第23条规定："清算组成员从事清算事务时，违反法律、行政法规或者公司章程给公司或者债权人造成损失，公司或者债权人主张其承担赔偿责任的，人民法院应依法予以支持。有限责任公司的股东、股份有限公司连续一百八十日以上单独或者合计持有公司百分之一以上股份的股东，依据公司法第一百五十一条第三款的规定，以清算组成员有前款所述行为为由向人民法院提起诉讼的，人民法院应予受理。公司已经清算完毕注销，上述股东参照公司法第一百五十一条第三款的规定，直接以清算组成员为被告、其他股东为第三人向人民法院提起诉讼的，人民法院应予受理。"

② 参见（2015）民提字第230号。

③ 最高人民法院民事审判第二庭编著：《〈全国法院民商事审判工作会议纪要〉理解与适用》，人民法院出版社2019年版，第211—213页。

④ 参见（2021）京04民初536号。

⑤ 参见（2020）京0108民初1570号。

则法院在审理阶段可能要耗费巨大的司法成本就是否符合豁免情形进行审查，不利于提高司法效率。(3)如果股东认为情况紧急、不立即提起诉讼将会使公司利益受到难以弥补的损害，则可直接依据《公司法》第151条第2款规定的豁免条件提起诉讼。(4)股东向董事会提出请求，由董事会综合考量，可促进公司治理结构和治理水平的提高。

五、股东代表诉讼规则之发展与完善

1. 鼓励正当诉讼与防止投机诉讼相结合

因股东代表的胜诉结果直接归属于公司，股东基于搭便车的心理，在信息不对称、难以知晓诉因存在的情况下，往往不愿意投入时间和精力去管闲事，从而抑制了股东提起代表诉讼。为有效发挥代表诉讼的功能，应当以便利股东提起代表诉讼为原则。但是正如绝对的权力导致绝对的腐败一样，没有限制的权利必然会被滥用。例如，第二次世界大战后美国律师发现公司管理层违规后，找到适格的原告股东代理其提出代表诉讼，但律师的真实目的并不是追究被告的责任，而是想通过诉讼和解获得一笔数目不菲的律师费。[①] 又如，在股东提起代表诉讼前，不法行为人安排其控制的股东抢先提起代表诉讼，虽然表面上进行了维权，但双方在诉讼中没有实质上的抗辩，最后的结果很可能是双方和解或者无实质意义的判决。如果中小股东在此后再次提起代表诉讼，根据"一事不再理"原则，相同的理由、诉求很可能被法院以重复诉讼为由驳回。这种投机诉讼不但不利于保护股东权利、浪费国家司法资源，而且干扰公司经营，可能剥夺公司管理者基于商业判断为公司利益正当行使管理公司的权利。[②]

为防止股东滥用诉权，我国可导入洁手原则，即原告股东必须与案涉不法行为没有牵连，才有资格提起股东代表诉讼，以保障诉权不被滥用。有观点认为，我国虽然没有明文规定洁手原则，但是基于诚实信用原则，提起股东代表诉讼的原告股东应当是没有同意、默认或追认过所诉不法行为的股东。[③] 另一个可以有效遏制股东滥用诉权的方法是导入败诉股东责任制度，此处可借鉴《日本商法》第268条第

---

① Robert W.Hamilton.The Law of Corporations(影印版)，法律出版社1999年版，第406页。

② 黄辉：《股东派生诉讼制度研究》，载王保树主编：《商事法论集》(第7卷)，法律出版社2002年版，第423页。

③ 最高人民法院民事审判第二庭编著：《〈全国法院民商事审判工作会议纪要〉理解与适用》，人民法院出版社2019年版，第208页。

2 款关于“股东败诉时，除非是恶意提起诉讼，否则对公司不负损害赔偿之责”的规定。

2. 适用双重股东代表诉讼时母子公司关系的考量

双重股东代表诉讼适用于母子公司架构之中，但是现行《公司法》没有对母子公司作出明确界定，学术界存在全资控股标准、绝对控股标准、实质性控制标准、充分控制标准等不同的界定标准。

全资控股标准，是指能够提起双重股东代表诉讼的原告股东所属公司应当持有其子公司 100% 股权。近期全国人大常委会公布的《公司法（修订草案）》和 2012 年日本《公司法制再探讨纲要》即采纳全资控股标准。① 该标准在实践中易于判断，且子公司利益受侵害对母公司的影响是最直接的，但是该标准严格限制了双重股东代表诉讼制度的广泛适用，且母公司可通过设立非全资控股的子公司轻松规避母公司股东提起诉讼。

绝对控股标准，是指母公司只需持有子公司半数以上股份，其股东就可在子公司利益受到侵害时代位提起诉讼。该标准在实践中同样易于判断，且可使双重股东代表诉讼广泛适用。但是，在该标准下母公司并非子公司的唯一股东，子公司利益受损时，子公司的其他股东即可提出股东代表诉讼，允许母公司的股东代子公司之位提起诉讼可能会开启滥用诉权的大门。

实质性控制标准，是指只要母公司对子公司形成了事实上的控制，无论持股比例为多少，其股东均可以在子公司利益受侵害时提起代表诉讼。原国家经济体制改革委员会颁布的《关于企业集团建立母子公司体制的指导意见》曾采用实质性控制标准界定母子公司的关系。② 该标准可将提起双重股东代表诉讼的原告范围扩展到最大，但是学术界和司法裁判均未对“实质性控制”的界定形成稳定的共识，且该标准同样会引发滥诉。

充分控制标准，是指持有子公司足够多的股份且对子公司形成充分控制的母公司股东，有权在子公司利益受到侵害时提起股东代表诉讼。③ 该标准包含两种情

---

① 崔文玉：《日本公司法最新修改之简述——以 2012 年〈公司法制纲要〉为视角》，载《河北法学》2013 年第 4 期。

② 《关于企业集团建立母子公司体制的指导意见》第 4 条第 1 款规定：“母公司是向子公司、参股公司出资并行使出资人（股东）职能，具有资本营运等多种功能的公司制企业。”第 5 条规定：“子公司包括全资子公司和控股子公司。母公司单独投资设立的公司为其全资子公司，母公司持有 50% 以上股权，或持有股权虽不足 50% 但拥有实际控制权的公司为其控股子公司。”

③ 沈贵明：《二重派生诉讼适格原告要件的构建》，载《法制与社会发展》2015 年第 2 期。

形:(1)母公司持有子公司100%股权;(2)母公司虽未100%持有子公司股权,但有充分证据证明母公司对子公司形成了充分控制,即母公司及其全资控股的其他公司合并持有子公司100%股权,或者母公司及母公司的控股股东合并持有子公司100%股权。该标准在实践中较易判断,亦可适当扩张双重股东代表诉讼的适用范围,且不易引发滥诉。经综合分析,双重股东代表诉讼制度适用的母子公司之间的关系宜采用充分控制标准。

股权融资中的“一票否决权”条款

金代文[*]　李俊[**]

“一票否决权”，是投资人非常青睐的一项特殊权利。伴随着创业企业融资轮次的增加，越靠近企业上市领投方就越强势，他们一般都会提出董事会席位和一票否决权的要求。因为涉及公司治理，这个条款对被投企业的影响非常大，同时，由于涉及董事会决议和股东会（股东大会）决议效力，在设计条款约定时，需要对公司法和常见判例具有精确的掌握。

一、关于董事席位和董事会一票否决权

根据《公司法》第48条第1款的规定，董事会的议事方式和表决程序，除《公司法》有规定外，由公司章程规定。《公司法》对有限责任公司和股份有限公司的董事会人数上限、董事选举、董事会会议召集和主持程序、董事会按人数表决的方式作出了强制性规定。除此之外，公司章程可以通过股东自由意志，进行合理的设定，包括投资人董事的一票否决权。

条款示例：

1.1 目标公司设董事会，由5名董事组成，其中1名董事*由投资人委派*。董事任期3年，可连选连任。*投资人委派的董事在任职期间，非经投资人书面同意，不得被免职或更换。*

1.2 针对以下事项，须经*包括投资人委派董事在内的过2/3以上董事同意*，方可作出有效的董事会决议：

---

* 金代文，北京炜衡（上海）律师事务所高级合伙人、执委会委员。上海市律师协会互联网与信息技术专业委员会委员，华东理工大学校外导师。长期从事股权投融资、并购与上市等资本市场相关业务，担任多家私募股权投资机构的常年法律顾问

** 李俊，北京炜衡（上海）律师事务所资深律师。此前曾在公证处长期任职，撰写多篇针对国内外公证制度比较等相关主题的研究作品。擅长以商业逻辑处理法律实务问题，以诉讼和非讼相结合的全面视角为客户提供成本效益最大化的服务方案。

1.2.1 批准或修订公司的年度商业计划；

1.2.2 公司*对外投资、举债、资产处置（包括但不限于资产出售、抵押和质押等担保、授权使用等）*；

1.2.3 批准员工股权激励方案。

深度解读：

1. 为投资人设置董事席位的融资阶段

正常情况下，种子期和A轮融资，并不必然为投资人设定董事席位，理由有二：第一，早期创业企业设置过于复杂的治理结构，会增加企业的运营成本，降低决策效率，不符合快速成长的需求；第二，早期投资人对企业的影响力和融资额度，相比较后轮投资人普遍较弱，过早引入投资人董事，会压缩后轮融资空间。

但也有部分行业投资人或品牌投资机构，因为对于被投企业的赛道拥有丰富的经验，在企业早期创业时即作为“内脑”被引入，这样的投融资关系是非常密切的战略层面合作，被投企业也被投资人放到一个非常重要的地位，因为投资人的投后管理成本会因此上升不少。

企业融资到Pre-A轮或A轮，领投的投资机构普遍会要求一个董事席位。站在投资人的角度，通过委派董事，可以突破股东知情权，第一时间参与公司重大事项的决策，更近距离地参与公司管理，了解公司的情况，为投后管理做铺垫；站在被投企业的角度，Pre-A轮或A轮的领投投资人，普遍具有比较好的行业团队和领军人物，对于企业的发展战略制订、资源整合等能够起到积极的作用，也有实力给到企业一些外部支持，委派这样的投资人担任董事，会让企业感觉双方关系更加紧密，企业对此是欢迎的。

2. 为投资人设置董事席位的方式

根据《公司法》第37条的规定，有限公司非由职工代表担任的董事，由股东会选举产生；根据《公司法》第99条的规定，股份有限公司股东大会的职权适用《公司法》第37条的规定。因此，无论创业企业是有限公司还是股份有限公司，董事都应当经过股东会/股东大会选举产生。

对照以上法律规定，根据前述条款示例1.1的第一个斜体部分，我们会发现，条款的内容有不严谨之处。“董事由投资人委派”，直接跳过股东会/股东大会决策流程，这种委派是不符合《公司法》规定的董事产生程序的。该部分内容可以调整为：“董事由投资人委派的人员担任，被投企业创始股东对于选举投资人委派人员担任公司董事应在股东会/股东大会上表决同意”。这样的约定既解决了投资人对董事席位人选的控制权，也为董事当选铺平了道路。

同样的道理，根据条款示例 1.1 的第二个斜体部分，仅仅作出未经投资人同意不得罢免或更换投资人委派的董事的规定，在程序上还是保障不够，如果把投资人委派人选担任董事的改选纳入股东一票否决权事项，执行力和合法性要更加优于 1.1 示例条款。

3. 关于一票否决针对的事项

首先，在设置投资人担任董事的一票否决权时，应当对照《公司法》第 46 条的规定，在董事会决策权限范围内选择相应的事项。笔者曾见到有些投资协议把《公司法》第 37 条规定的股东会决策事项，写入了投资人担任董事的一票否决权条款，这种程序上的错位可能导致投资人董事的一票否决权失去效力，无法达到预期效果。

但从另一个角度看，有些投资协议为投资人同时设置了董事一票否决和股东一票否决，这个时候通过董事一票否决，在董事会提案阶段就完成对某些事项的阻击，让这些事项根本就不会走到股东会 / 股东大会的决策流程，这种双保险的做法并不违背《公司法》的规定。董事会和股东会 / 股东大会，在“年度财务预算方案、决算方案”“利润分配方案和弥补亏损方案”“公司合并、分立、解散或变更公司形式”等多个事项上是存在重叠的，但在权限分配上并不矛盾，董事会负责制订方案，最终提交股东会 / 股东大会表决，这是一个决策的传导过程。董事会可以提案，但最终决定权归股东会或股东大会所有。

其次，在具体事项的设置上，应当参照“估值条款”的设计，尽量做到量化。前述条款示例 1.2.2 就不是一个合格的“一票否决权”条款，约定的内容过于宽泛，会导致投资人过度参与公司决策。针对一票否决事项，涉及对外投资、担保等内容，应当设定金额水平线，针对高于固定金额或超过公司上一财务年度净资产等财务指标一定比例金额的事项，方纳入一票否决，低于前述标准的日常非重要事项，可由公司董事会正常作出决策。

4. 关于一票否决的方式

前述条款示例 1.2 是比较标准的董事一票否决约定，既体现了投资人董事对于关键事项的否决权，也尊重了董事会决策的表决程序，达到了两层效果：第一，没有投资人董事的同意，无论其他董事如何表决，一票否决权事项都无法形成有效董事会决议；第二，即使投资人董事同意，在董事会层面没有达到表决同意的约定比例，仍然不会通过一票否决事项，董事会决策仍然是由公司全体董事按照多数决的方式完成。

在甘肃“海富案”以前，北京市高级人民法院曾有一起涉及当时的国内知名投资机构的“对赌”纠纷，在这个案件中，投资机构要求创始股东承担股权回购义务，并获得了法院的支持。其中的法理并不复杂，但这个案子中的一个细节值得我们关注。创始股东在针对“对赌”条款提出抗辩时，针对“一票否决权”开炮，认为公司没有上市，原因在于投资机构实际控制了公司，创始股东失去了公司控制权。虽然以上意见没有被法院采纳，但作为投资人，需要看到这起案件背后折射出的“一票否决权”条款的“过犹不及”的一面，如果在一票否决程序上没有尊重董事会的集体决策，或者在董事会一票否决事项上设定过于宽泛的范围，会让投资人过度参与公司的经营管理，在未来发生针对经营业绩和上市的“对赌”触发事件时，被投企业和创始股东可能会有甩锅的冲动，对投资人而言，反而增加了风险。

另外，除在表决意见层面设定一票否决以外，有些投资协议还会针对董事会的召开，设置一个与决议效力有关的前置程序条件，就是投资人董事需要参会，否则董事会决议无效。这个逻辑是合理的，投资人董事持有一票否决，如果投资人董事没有参加董事会，就无法发表意见，这个时候自然无法形成约定条件下的有效决议。但这样的约定，可能会因为投资人董事不够勤勉尽责而拖延企业的决策效率，或者因为投资人与被投企业关系恶化，从而故意制造公司僵局。如何规避这个问题，笔者将在下文进一步展开叙述。

5. 企业对于投资人委派人员担任董事的防御策略

投资人要求在被投企业的董事席位，会让被投企业的创始股东和创业团队对公司的控制权产生担忧，特别是第一次引入投资人董事的企业，一般都会做一个防守动作，就是对等增加公司董事会人数，让公司委派人员担任董事的席位始终保持大多数。但几轮融资过后，被投企业就会发现，已经无人可派，或者是企业的发展速度跟不上董事会人数的膨胀倍数，决策成本难以承受。

针对投资人委派人员担任董事的防御策略，最简单的一点就是“矜持”。首先，投资人委派人员担任被投企业董事，并不是投资协议的标配，有限责任公司董事会人数的上限是 13 人，股份有限公司董事会人数的上限是 19 人，每个董事席位对企业而言都非常宝贵。多数投资人与被投企业的关系，只是一个锦上添花的状态，因此，在洽谈投资条款时，必须要结合融资轮次、融资规模、投资人的行业地位，慎重考虑接受投资人委派人员担任董事的要求。

除了在人数上进行控制，在董事会召集程序和董事任免流程上，做一些必要的防守型安排，是另一个防御思路。根据前述“4. 关于一票否决的方式”部分，虽然投资人有委派人员、通过股东会（股东大会）选举成为公司董事的权利，但如果投资人委派人员无故未能参加董事会，甚至在公司按照约定联系方式发送召开董事会的通知后仍拒绝参会，这个时候是否可以要求罢免投资人董事或者跳过一票否决权的约定，强制作出一个符合公司章程约定决策比例的董事会决议？笔者认为，这个是符合《公司法》的法理的。投资人的特殊权利条款，不应损害公司、其他股东的合法权益，也不应当成为通过非正当手段阻止公司运营决策的手段。此外，按照《民法典》第159条的规定，“附条件的民事法律行为，当事人为自己的利益不正当地阻止条件成就的，视为条件已经成就；不正当地促成条件成就的，视为条件不成就”。如果一票否决权条款被过度放大或被不正当适用，作为被投企业一方，也可以参照《民法典》的上述规定作出合理抗辩。

二、股东权利中的“一票否决权”

投资人除在董事席位的产生和董事会表决权上设置一票否决权以外，还会在股东会层面进一步要求“一票否决”。在以上第一点分析的基础上，让我们进一步看下关于投资人在股东层面的一票否决权。

1. 找不同

（1）股东表决权与董事表决权的不同

股东表决权，附属于股东对公司出资而形成的股权，是与股权财产权利并行的另一类重要权利。对于股东表决权的赋予和行使，法律并没有进行过多的限制。而董事表决权，是附属在董事这个身份上的权利，具有专属性，而且按人头计票。主要的区别，我们梳理如表1所示。

表1　公司董事与公司股东的不同

	董事	股东
行权主体	自然人（自然人投资人或投资机构委派人员）；经股东会/股东大会选举产生	持有公司出资的主体（自然人投资人或投资机构直接行使）
出席会议	本人出席，转委托限于其他董事（有限责任公司未作明确规定）	自然人股东出席，或机构股东委派自然人代表出席；转委托没有法定限制
主体资格	《公司法》第146条负面清单；公司违反规定选举、委派董事的，该选举、委派或者聘任无效；董事在任职期间出现负面清单情形，公司应当解除其职务。	具有民事行为能力
行权方式	一人一票	按出资比例（有限责任公司可以通过公司章程作特殊设置）

（2）有限责任公司与股份有限公司在股东表决权上的不同

创业企业的组织形式，以有限责任公司和股份有限公司为主。早期融资企业，多数是有限责任公司；伴随着融资轮次的增加和上市辅导机构的介入，有限责任公司再改制为股份有限公司。有限责任公司与股份有限公司，在股东表决权的设定上是不同的，这一点会直接影响到股东一票否决权条款的设计方式和法律空间。

《公司法》第 42 条规定，“股东会会议由股东按照出资比例行使表决权；但是，公司章程另有规定的除外”。《公司法》第 43 条第 1 款规定，“股东会的议事方式和表决程序，除本法有规定的外，由公司章程规定”。以上两条意味着有限责任公司可以同股不同权，在表决权行使上可以针对出资对应的表决权比例和表决程序作出特别约定，进而实现某个股东的一票否决。

与之相对应的，《公司法》第 103 条第 1 款中针对股份公司的股东大会明确规定，“股东出席股东大会会议，所持每一股份有一表决权”。这一条款意味着在设置股份公司的股东一票否决权时，必须建立在同股同权的基础之上。此外，《公司法》针对股份有限公司的股东大会议事方式和表决程序作出了明确的规定，没有除外条款，因此，股份有限公司在设计一票否决权的条款时，空间较小。

2. 股东一票否决权条款

（1）有限责任公司的股东一票否决权

有限责任公司可以按照以下两条思路，设置逻辑不同的一票否决权条款：

a. 按照持股比例的“硬实力”达到一票否决的效果

条款示例：

3.2 投资人按照投后估值 5000 万元，向公司增资 1100 万元，投资完成后，持有公司 22% 股权。

11.4 公司股东会会议涉及表决本协议第 11.3 条项下任一事项，需经代表 4/5 以上表决权股东通过。

深度解析：

以上条款，是通过表决权比例的硬性设定，达到投资人一票否决权的效果。在这个案例中，投资人持有投后公司 22% 的股权。这意味着，在投资人未表决同意时，即使除投资人以外的其他股东均表决同意，也只能达到 78%，此时无法达到 4/5 以上多数决的设定，无法作出有效决议。

这里讨论以下三个问题。

第一，投资协议是否可以约定超过《公司法》第 43 条针对有限责任公司重大事项 2/3 以上表决权通过的比例限定？答案是肯定的，如以上列举的《公司法》第 42、43 条，有限责任公司对于表决权可以设置灵活的规定，只要不违反《公司法》的原则规定。而《公司法》第 43 条第 2 款，规定的是“必须经代表三分之二以上表决权的股东通过”。这意味着，如果在公司章程中针对重大事项设置低于“三分之二以上表决权”的通过比例，例如规定过半数即可通过，这就跟法律完全相悖，会导致条款无效，进而影响股东会决议的效力。但如果针对法定最低比例进行高于水平线的设定，这是《公司法》赋予有限公司在治理层面的自治空间，可以合理运用。

第二，投资协议是否可以约定超出《公司法》第 43 条关于 2/3 以上表决权通过的重大事项的范围？答案也是肯定的，《公司法》第 43 条规定的需要 2/3 以上表决权通过的重大事项，采用的是列举方式，包括“修改公司章程”“增加或者减少注册资本的决议”，以及“公司合并、分立、解散或者变更公司形式”。与以上分析逻辑相同，只要《公司法》未禁止，有限责任公司即可为，因此，超出以上重大事项范围，针对投资人在意的其他重要公司治理事项，一并纳入重大事项的范围，并设定 2/3 以上，甚至更高比例的表决权通过比例，是完全被《公司法》接受的。

第三，利用“硬实力”设定一票否决权的衰变规律。在上述案例中，因为投资人达到 22% 的投后持股比例，可以在本轮投资完成后，实现一票否决的效果。但按照正常的投资逻辑，投资人很难在企业上市前的每个融资轮次都持续跟投，前轮投资人被后轮融资稀释是一个必然结果。因此，仅凭一个静态表决权比例来实现一票否决，无异于刻舟求剑，除非投资人设定的表决通过比例远远高出其他股东合计的持股比例，否则在经历了几轮融资后，如果投资人放弃某一轮次的优先认购，在持股比例发生稀释后，将可能失去一票否决权的硬实力保障。

b. 按照“不同意即不通过”的逻辑，与投资人股东的持股比例无直接关联

条款示例：

11.2 公司股东会会议涉及表决本协议第 11.3 条项下任一事项和 / 或其他需经过投资人同意的事项，则该等股东会会议必须包含投资人的出席，且所做决议必须经过投资人在内的 2/3 以上股东的同意方为有效。

深度解析：

以上条款的设计逻辑，要明显优于依靠持股比例“硬实力”的一票否决条款，把《公司法》第 43 条给到有限责任公司的公司治理空间发挥到极致。这个条款，可以理解为对议事方式和表决程序的特殊设定。

引申思考：

是否可以利用《公司法》第 42 条，按照不同表决权比例来设定“一票否决权”？

《公司法》第 42 条规定，“股东会会议由股东按照出资比例行使表决权；但是，公司章程另有规定的除外”。这一条款给出了另一种设计“一票否决权”的思路，即针对同样的持股比例设置不同的表决权比例，也就是通过“杠杆”的方式放大一票否决权股东的表决权，进而达到一票否决的效果。

这种设计思路在法律上是站得住脚的，但客观而言，很少会用在投资条款中，反而是早期创业公司，或者是定位于海外上市的科技型企业（包括科创板上市的部分企业），为了巩固创始股东的控制地位，会采用这样的差异表决设定。究其原因，在于投资人终究是要退出的，给其一个不按持股比例行使表决的特殊权利，在逻辑上始终不顺；此外，伴随着外部投资人的不断加入，后轮投资人必然会从维护自身利益的角度针对这样的设定提出挑战。因此，虽然给到投资人一个不按持股比例行使表决权的思路并不违反《公司法》的强制规定，但在实际操作中，不太会出现这样的条款设计。

（2）股份有限公司的股东一票否决权

条款示例：

11.2 交割日后，公司股东大会会议（包括临时股东大会会议）必须经代表公司 1/2 以上表决权的股东出席方为有效，股东委托他人作为代表出席、通过电话或者出席者能够始终相互听见的其他电子视听方式参加等均视为出席，公司应予以必要的协助。但是如果股东大会会议（包括临时股东大会会议）涉及表决本协议第 11.3 条项下任一事项和 / 或其他需经过投资人同意的事项，则该等股东大会会议必须包含投资人的出席，且所做决议必须经过投资人的同意方为有效……

以上条款沿袭了有限公司设计“一票否决权”条款的思路，这种条款是有争议的。如前所述，《公司法》对于股份有限公司的表决权，要求同股同权，在议事方式和表决程序上也没有赋予公司章程一个自由设定的空间。虽然条款本身的表述没有歧义，但对照《公司法》而言，很可能因为违反法律强制规定而失去约束力。

要实现股份有限公司的一票否决，更为稳妥的方式，是在表决比例上达到绝对多数，在未经一票否决权人的表决同意时，股东大会无法作出有效决议。但实际情况是，被投企业进入股份公司阶段，往往融资轮次靠后，很难再像早期融资那样直接持有超过 10% 的出资，为了达到一票否决权的效果，投资人可以考虑针对一票否决权事项，要求实际控制人与其签订一致行动协议，与投资人发表相同意见，以此达到多数决的目的。此外，很多决策事项，董事会决议是股东大会决议的前置程序，通过控制董事会来进行前线狙击，也是另外一种保障措施。

三、一票否决权事项的深度思考

在以上分析的基础上，让我们聚焦一票否决权事项的几个深层次的问题，进一步分析背后的逻辑和操作要务。

1. 董事会和股东会 / 股东大会决议事项的设置逻辑

在设计一票否决权条款时，针对董事会和股东会 / 股东大会，需要分别进行设置。如前文所述，如果把《公司法》强制由股东会 / 股东大会行使职权的事项列入董事会决策范畴，就会导致一票否决权条款的效力受到影响。为了更好地理解这个问题，我们先看一下《公司法》对两个治理机构职权规定的对比（详见表 2）

表 2 《公司法》针对董事会和股东会 / 股东大会行使职权的规定对照

董事会 （《公司法》第 46 条）	股东会 / 股东大会 （《公司法》第 37 条第 1 款）
（1）召集股东会会议，并向股东会报告工作	（1）决定公司的经营方针和投资计划
（2）执行股东会的决议	（2）选举和更换非由职工代表担任的董事、监事，决定有关董事、监事的报酬事项
（3）决定公司的经营计划和投资方案	（3）审议批准董事会的报告
（4）制订公司的年度财务预算方案、决算方案	（4）审议批准监事会或者监事的报告
（5）制订公司的利润分配方案和弥补亏损方案	（5）审议批准公司的年度财务预算方案、决算方案
（6）制订公司增加或者减少注册资本以及发行公司债券的方案	（6）审议批准公司的利润分配方案和弥补亏损方案
（7）制订公司合并、分立、解散或者变更公司形式的方案	（7）对公司增加或者减少注册资本作出决议
（8）决定公司内部管理机构的设置	（8）对发行公司债券作出决议
（9）决定聘任或者解聘公司经理及其报酬事项，并根据经理的提名决定聘任或者解聘公司副经理、财务负责人及其报酬事项	（9）对公司合并、分立、解散、清算或者变更公司形式作出决议
（10）制定公司的基本管理制度	（10）修改公司章程
（11）公司章程规定的其他职权	（11）公司章程规定的其他职权

从表 7-2 可以看出，在公司治理结构的安排上，董事会是股东会 / 股东大会的执行机构，针对公司运营管理事项作出决策，但对于涉及股东权益的重大事项则只有制订方案的职权；股东会 / 股东大会则是股东作为公司的投资者，组成的最高权力机关，对涉及股东投资权益的事项进行最终决策。上述董事会的第 4、5、6、7 项职权，分别对应股东会的第 5、6、7、8、9 项职权，董事会负责制订相应的方案，而股东会则针对董事会制订的方案进行审议批准和决议，这个特征表现得非常明显。因此，在设置董事会和股东会 / 股东大会一票否决权事项时，需要遵循这样的逻辑来进行分层设置。

此外，针对没有直接涉及股东投资权益的经营事项，针对不同的金额或重要程度，是可以分别交给董事会和股东会 / 股东大会表决的，所以在有些事项的一票否决权设置上，可能会同时出现在董事会和股东会 / 股东大会中，但会通过设置不同的标准来加以区分，在下文中我们会详细论述这个问题。

2. 如何理解“公司章程规定的其他职权”？

《公司法》对于董事会、股东会的决策权，设置了一个开放式的条款，允许公司章程针对两会职权进行补充设定。哪些事项可以增加在两会的决策权限中呢？我们可以参考 2019 年《上市公司章程指引》，对于其他职权的列举。

2019 年《上市公司章程指引》第 40 条的规定中，除了《公司法》列举的股东大会一般职权，还增加了以下职权，“（十一）对公司聘用、解聘会计师事务所作出决议；（十二）审议批准第四十一条规定的担保事项；（十三）审议公司在一年内购买、出售重大资产超过公司最近一期经审计总资产 30% 的事项；（十四）审议批准变更募集资金用途事项；（十五）审议股权激励计划”。

对照以上职权我们可以看到，《上市公司章程指引》所列举的，都是对上市公司股东权益非常重要的事项，其中涉及财务机构的聘请、重大担保、重大资产处置、募集资金使用、股权激励。上市公司因为股票的自由流通性，面向公众股东，肩负着社会责任，因此对于可能影响上市公司股票价值和价格的事项，需要纳入股东大会的决议范畴。对创业公司而言，以上指引列举的事项，并不是必然纳入股东会 / 股东大会的决议事项，但相关事项的列举逻辑，是可以被参考的。从过往的投融资案例来看，投资人关注的事项主要包括：（1）财务机构的聘请；（2）重大资产处置；（3）可能增加负债义务的活动；（4）主营业务的重大变化；（5）股权激励；（6）重大业务合同的签署及其他重大交易活动；（7）上市计划；（8）高管任免与薪酬；（9）重大投资或新设子公司；（10）融资事项；（11）修订或变更本轮投资人优先权等特殊权利事项;(12)商业计划的重大变化等。

以上事项中,第 1 项既可以交给董事会决策,也可以交给股东大会决策第 2、3、4、5、6、8、9、12 项,可能同时出现在董事会和股东会 / 股东大会的决策事项中,可以针对不同金额标准和企业的不同发展阶段进行权限设定,也可以全部交给董事会或股东会 / 股东大会一方决策。第 7 项属于涉及股东权益的重大事项,原则上是由股东会 / 股东大会予以决策;第 10、11 项因为会涉及公司章程的修改,故应当由股东会 / 股东大会决策。

接下来,我们参照两个不同融资阶段的投资协议条款,来看下“其他职权”的列举方式,有助于我们进一步理解内在的设置逻辑。

(1)种子期融资条款示例

7.1 公司股东会由全体股东组成,是公司的最高权力机构,对以下事项行使职权:

……

(5)任何出售、转让等涉及处置价值超过 30 万元人民币的公司固定资产或无形资产的交易;

(6)公司超过 50 万元的贷款活动;

(7)任何公司对外出借款项、为第三方提供担保的活动;

(8)公司单个财务年度针对某一主体(包括关联方)单笔交易达到上一财务年度营业收入 10%、或累计交易达到上一财务年度营业收入 30% 以后的新增交易(公司现有客户不受以上限制);

……

上述第(5)(6)(7)(8)事项需经过包含投资人在内的过 2/3 表决同意方可作出有效决议。

深度解析:

以上约定是某企业早期融资的投资协议条款,可以看到,投资人针对资产处置、借贷、对外出借资金、重大交易设置了一票否决。其中针对对外出借资金没有设置门槛,因为企业在发展早期本身就处于资金紧张且现金储备较少的状态,这个时候投资人对于企业资金外流会非常在意,而且也会担心这种情况背后隐藏的是关联方利益输送,所以针对这样的事项会设置更加严格的一票否决。同时,从重大交易的一票否决设置标准来看,按照营业收入占比,同时排除了对原有客户的限制,这是一个平衡的逻辑。就投资人而言,希望对于重大合同的签署行使一票否决，防止企业通过大额交易对外输送利益、乱用融资款；但就企业而言，并不希望投资人对于企业的经营事务过多干预，特别是存量业务，因为投资人在开展本轮投资前已经知情，在此前提下进行了投资，如果在投资后再对融资前的大客户加以限制，并不合理，所以达成了以上的条款，仅针对新增的重大交易进行一票否决。

（2）B 轮融资条款示例

1.1 涉及公司或集团公司的下列行为和交易（无论通过修改公司章程还是其他方式，无论是单一交易还是多笔相关交易），必须经包含投资人在内的、出席股东大会会议的股东所持表决权的三分之二（2/3）以上通过方可进行：

（1）在公司合格上市前以转让、出质等任何方式处分其直接和间接持有、控制的集团公司任一成员的股份或股权，或者集团公司收购自己的股份或股权；

（2）转让公司持有其他公司或实体的股权 / 股份 / 份额 / 权益或对其他公司或实体进行直接投资；

（3）上市相关决策（包括上市的时机、公司估值及交易所等）、聘请与上市相关的中介机构（包括券商、会计师和律师等）；

（4）出售集团公司不动产，或重大资产出售、抵押、担保、租赁、转让或者处置，相关经营权、知识产权的转让或 / 和许可，及其他可能导致重大资产转移（超过公司最近一期经审计的净资产的 30% 的），或可能导致控制权变更的其他交易；

（5）集团公司任一成员实施单笔金额超过 8000 万元的借贷交易；

（6）修订或改变本轮投资人享有的权利或赋予任何第三方优于本轮投资人权利的新权利；可能导致任何本轮投资人在公司中的股份权益被稀释的行为；变更本轮投资人的出资数额；

（7）集团公司与关联方之间发生的任何单笔超过 500 万元或连续 12 个月内累计金额超过 6000 万元的关联交易；

（8）……

深度解析：

第一，以上条款中出现了“集团公司”的概念。一般而言，创业企业在 A 轮融资以后，会进入规模不断扩大的发展阶段，为了锁定投资权益、屏蔽同业竞争的风险、增加投资安全性，投资人会使用“集团公司”这个概念，把本轮融资时公司的控股子公司以及融资完成后在未来新设的控股子公司，一并纳入投资协议条款限定的范畴。

第二，融资轮次越靠后，投资人的逻辑是“少变求稳”，包括以上条款示例中的第(1)(2)款，体现的都是这个逻辑。这一点与早期融资相比，变化非常明显。

第三，投资人会通过一票否决，为后轮融资可能设置优先条款、削弱本轮投资人的特殊权利，设置屏障。因此，在新一轮融资敲定前，企业和投资人都要共同对原有投资协议条款进行清理。

3. 不同融资阶段的一票否决权设置逻辑

创业企业种子期、天使轮融资，业务尚未成熟，创始团队需要更大的决策空间。对应这一阶段的融资，投资人的赌性更大，对企业一般不会做深度干预。因此，在早期融资阶段，一票否决事项主要集中在企业对外投资、举债、资产处置等影响到公司资产完整性和持续经营能力的基本保障条件上，而上市计划、股权激励、子公司设置、对外融资等，并不是一定要纳入一票否决事项的范畴。事实上，过早地把一些事项纳入一票否决，对于后期融资条款的清理会增加很大的难度，每一次融资的一票否决权条款，对企业创始团队而言，都是一次加码、循序渐进，是最合理的逻辑。伴随着后轮投资人的进入，企业治理结构日趋稳定，有成熟的管理团队和业务模式，这个时候从规范经营和上市合规的角度，可以接受更加深度的一票否决事项。

此外，针对一些可以量化的决策事项，例如投资金额、举债金额、资产处置、对外担保等，在不同的融资阶段，设置标准是不同的。在金额设定上，早期融资的条款要低于后轮融资；在比例设定上，早期融资的条款则要高于后轮融资。这里面的逻辑，在于早期融资时的企业，资产规模、业务规模相对较小，如果在金额设置上过低，会导致投资人对很多小事也要干预，企业放不开手脚；而在比例设定上，基于上述原因，逻辑是相反的，如果比例设定较低，因为早期融资企业的规模问题，可能会导致漏掉一些重大事项，所以呈现的是剪刀差的逻辑。伴随着企业发展，融资轮次越靠后，按净资产、营业收入等指标对应比例设定的一票否决权条款，反而会逐步降低，这一点可以从前文列举的不同融资阶段的投资协议条款来进行比对参照。

一票否决权，是一把“双刃剑”。站在投资人的角度，有了一票否决，看上去是多了一份保障，但如果运用不当，反而会成为创业企业的枷锁。很多投资人与被投企业相爱相杀的案例都证明了一个最基本的道理：距离产生美。如何在最大限度保障投资人权利的同时，给企业一个自由发挥的空间，这是一个值得投资人与企业家深度思考的问题。

涉外股权激励计划在境内的争议解决

——以A某与X公司、Y公司纠纷案为例

汤淡宁* 施云倩**

股权激励计划是用人单位授予企业高管或核心骨干人员或重要员工的，期望其能勤勉尽责地为单位长期服务，从而分享用人单位成长收益的一种长期激励工具，常见的激励工具为股票期权（Stock Option）、限制性股票（Restricted Stock Option）、股票增值权（Stock Appreciation Rights，SAR）。股权激励计划的激励主体，通常可分为境内主体和境外主体两类。对于境内主体，证监会早在2006年就发布了境内《上市公司股权激励管理办法》，该办法至今仍为境内公众公司实施股权激励计划的主要规范性依据，对于境外主体在境内实施的股权激励，最早可见国家外管局于2007年发布的《境内个人参与境外上市公司员工持股计划和认股期权计划等外汇管理操作规程》，但迄今为止，对于获得境外母公司或集团公司股权激励的境内高管，国内并没有一部主体性法规对这部分股权激励进行完整的保护，而且境外激励主体与境内高管之间的股权激励协议通常明确约定发生纠纷由境外法院管辖、适用境外激励主体所在地法律，以至于境内高管在与其境内雇主发生雇佣纠纷后，保护自身股权激励权益的成功率很低。经不完全检索，在境内法院审理的此类案件中，境内高管的胜诉率甚至不到10%（仅以公开可查询的判例为准，胜诉是指诉请的全部或部分获得支持）。

在境内法院审理的此类案件中，境内高管最常见的维权障碍主要有以下几个：一是该类纠纷境内法院是否具有管辖权；二是授予激励标的的是境外主体，兑现激励标的利益的是境内代理，而雇佣纠纷往往是与境内雇主直接发生，适格被告应为

---

* 汤淡宁，北京炜衡（上海）律师事务所高级合伙人。2005年从事专职律师至今，兼具中国注册税务师资格、中国专利代理人资格，执业特点为擅长运用复合型的知识结构，为客户从法律、财税等多角度提供建设性的意见及综合性的问题解决方案，主要执业领域为法律顾问、公司风控及日常治理、境内投融资并购、知识产权。

** 施云倩，北京炜衡（上海）律师事务所律师，上海海事大学法学硕士，主要从事公司、证券法律业务，各类民商事的诉讼及为公司提供日常各类法律事务的咨询，擅长从事公司类和金融类法律业务，在公司ABS、企业债、境外贷款、私募基金等资管领域具有丰富的非诉和诉讼法律服务经验。

哪一方或哪几方，是否具备请求权基础；三是激励标的是否都能获得保护，尤其是“尚未归权”或“行权期限尚未届满”的部分。

本文中，笔者通过详解本团队代理胜诉的一起涉外股权激励计划纠纷，对上述几个常见的维权障碍如何成功解决提供一些粗浅的见解。

一、案情提要

A某于1996年进入X公司任职，并与X公司于2007年签订无固定期限劳动合同，为X公司的高级管理人员，在职期间因工作表现优异，被授予参与Y公司长期股权激励计划。Y公司系纽交所上市公司，为X公司的关联企业。

2020年2月，X公司以A某严重违纪为由，解除了与A某的劳动合同。彼时，A某的个人证券账户中尚有“已归权未行权”的股票增值权（SAR）共计20000股（分属2014—2019年陆续被授予且已届归权期满可行权的部分）、“已授予未归权”的股票增值权（SAR）共计4000股（分属2017—2019年陆续被授予且未届归权期满的部分）。

翌日，A某证券账户中原本所持有的“已授予未归权”的股票增值权份额，共计4000股，未经任何通知即被取消，证券账户中该部分“未归权”的股票增值权的状态变为“Cancelled”。

2020年5月，A某出售其个人证券账户中所持有的“已归权未行权”的股票增值权份额20000股，经纪公司根据A某的行权指令在公开股票交易市场出售股票，在扣除交易费用后，A某本次行权的股权激励收益净额为45万美元，相当于约人民币320万元。但不论经纪公司、X公司还是Y公司，都始终未向A某支付该笔款项。

针对劳动合同的解除，A某启动了劳动争议程序，经过仲裁、一审、二审，最终法院认定X公司的解除行为违法，确认双方劳动关系于2020年2月解除，并判决X公司向A某支付违法解除劳动合同赔偿金70余万元。

在劳动合同解除案件胜诉后，A某于2021年7月向劳动仲裁委员会再次申请仲裁，要求X公司支付上述“已行权”出售的股权激励收益320万元、“未归权”的股权激励收益40万元。劳动仲裁委员会经审理后认为，长期激励计划奖金属于A某参与的境外Y公司股权激励计划，不属于劳动仲裁处理范围，不予处理。

A某与Y公司订立的《股票增值权协议》及X公司在外管局备案的股权激励方案载明，Y公司仅委托X公司作为其境内代理机构，X公司仅根据Y公司的指示，负责处理股权激励收益的外汇登记、开立外汇账户、汇款和兑换等事宜，即 X 公司是境内雇主和代理机构，Y 公司是境外激励标的的授予主体，Y 公司与 A 某之间没有雇佣关系。

二、代理思路

2021 年 10 月，笔者团队律师代理 A 某以侵害财产权益为由将 X 公司、Y 公司共同诉至 X 公司住所地法院，要求：(1) X 公司、Y 公司向 A 某支付"已行权"出售部分的股权激励收益 320 万元以及已行权当日起至实际履行之日止的资金占用损失；(2) X 公司、Y 公司向 A 某支付"未归权"部分股权激励收益损失人民币 40 万元。

三、X 公司、Y 公司的抗辩

第一，《股票增值权协议》明确约定"因本次股票增值权授予、参加人参加计划或本协议产生的争议导致诉讼的，双方特此接受并同意由美国特拉华州管辖，同意在特拉华州衡平法院（该法院无管辖权的，在特拉华州境内任何联邦法院或其他特拉华法院）诉讼"。X 公司、Y 公司据此主张境内法院对本案无管辖权，并提出了管辖权异议。

第二，《股票增值权协议》约定，"参加人参加计划和本协议适用美国特拉华州法律，根据特拉华州法律解释，特拉华州法律的冲突法规范不适用"。Y 公司认为本案亦应适用美国特拉华州法律，不适用境内法律。

第三，根据《股票增值权协议》，A 某连续多年被授予 Y 公司的股票增值权（SAR）。每年度 X 公司通过 Y 公司授予 A 某的权益明确了股票增值权面值、对应股票数量和授予价格，根据 X 公司给予 A 某的书面股权激励方案，A 某每年度被授予的 Y 公司股票增值权每年归权 25% 份额，分四年授予完成，即自授予之日起满 1 年后，A 某即可以对 25% 的股票增值权行权，剩余部分将在随后的 3 年中，每年授予 25%，依次类推，在授予之日满 4 年后，A 某可对所授予的 100% 股票增值权行权。A 某在满足行权条件后可行权出售相应比例的股票，股权激励收益 =（出售增值权股数时每股市值 − 被授予的固定股票价格）× 授予增值权股数。在本案审理过程中，X 公司确认 A 某于 2020 年 5 月行权出售了 20000 股股票增值权，但同时表示未查到 A 某股权激励收益的入账记录，认为应由 A 某向经纪公司或 Y 公司主张支付相应款项。法院依 A 某申请调取了 X 公司在外管局备案的激励方案中载明的专用银行账户交易明细，仅查询到在 2020 年 5 月经纪公司曾向该账户汇入 200 余万美元，没有能够单独反映 A 某行权所得 45 万美元的相应记录。因此，X 公司的律师表示无法确认该 200 余万美元款项是否包括 A 某行权所得的 45 万美元，故 X 公司没有支付义务，A 某应当向 Y 公司及其经纪公司主张。

第四，《股票增值权协议》还约定，“参加人与公司集团的雇佣关系出于非有因的原因被公司集团成员非自愿解除、终止的，股票增值权将在解除、终止所在归权期内按月、成比例归权，如此，解除、终止所在归权期内，原本未归权部分将根据参加人在该归权期间内的受雇时间按比例归权，而剩余所有未归权股票增值权均将收回；参加人与公司集团的雇佣关系被有因解除、终止的，参加人尚未行使的股票增值权收回，在雇佣关系解除、终止后不可行使”。据此，Y 公司的代理律师主张，Y 公司作为境外激励主体，因 A 某与 X 公司雇佣关系的终结，Y 公司有权依据《股票增值权协议》取消“已授予尚未归权”的股票增值权，A 某无权向 X 公司、Y 公司主张“未归权”的股权激励收益。

四、法院观点和判决结果

法院认为，本案系涉外财产损害赔偿纠纷，争议焦点在于 X 公司、Y 公司是否存在侵权行为导致 A 某产生股权激励收益损失。

第一，关于 A 某“已行权”已出售的股权激励收益。对于 A 某已行权的 20000 股股票增值权收益，X 公司虽表示未找到相应的进账记录，但 X 公司亦承认与 A 某同日或相近日期行权的其他员工收益均已支付完毕，故结合 A 某证券账户的交易记录及 A 公司外汇专用账户银行流水中经纪公司的汇款记录，法院认定 X 公司已收到 A 某行权的 20000 股股票增值权收益，X 公司截至本案判决之日仍未将该收益支付给 A 某，显属过错，应承担相应民事责任。

至于 A 某已行权的 20000 股股票增值权收益金额，根据经纪公司系统内的 A 某证券账户交易记录，A 某卖出时的收益金额为 45 万美元，法院结合 X 公司自认的对于其他与 A 某同日行权的员工获得 X 公司付款的时间，酌定 X 公司应向 A 某支付收益的时间为 2020 年 7 月 13 日，并以此时点起计算相应资金占用利息。

第二，关于 A 某“未归权”被取消的股权激励收益损失。X 公司向 A 某提出解除劳动合同的行为已经生效判决认定为违法解除，故 A 公司存在过错。本案长期股权激励计划备案方案虽约定股票增值权在劳动关系解除后停止归权，但本案系因 X 公司违法解除劳动关系阻止了未到行权期限的 4000 股股票增值权归权条件成就，并导致 A 某行权不能。故 A 某未能取得被取消的 4000 股股票增值权收益，是由于X公司违法解除劳动合同，X公司应承担相应的侵权责任。对于A某被取消的4000股股票增值权收益损失，A某主张按本案立案之日的Y公司股票收盘价及汇率计算收益，得出收益损失为31万余元无误，应予以支持。

第三，在本案中，因A某未能举证证明Y公司存在过错，故法院对A某主张Y公司应承担连带责任的诉讼请求不予支持。

法院最终判决：(1)X公司于判决生效之日起10日内支付A某股权激励收益人民币320万元及自2020年7月14日起至实际清偿之日止的利息；(2)X公司于判决生效之日起10日内支付A某股权激励收益损失人民币31万余元；(3)驳回A某的其余诉讼请求。

五、律师分析

本案是国内第一例涉外股权激励计划中"已行权"和"已授予未归权"两部分同时得到支持的案例。遍查国内公开的裁判文书可见，涉外股权激励纠纷中，员工往往败诉率极高，败诉的原因有管辖权、请求权、适格被告等程序性问题，也有相当多的以实体理由遭到驳回的案例，如超过行权期限、归权条件不成就、没收未行权股票的行为并非境内雇主所为。从网络上查询此类涉外股权激励纠纷的报道、评述、研究、案例可见，涉及境外激励主体的股权激励纠纷中，之前仅有寥寥数起案例中原告获得了一部分"已行权"的股权激励收益，但从未有原告对"已行权"和"未归权"的股权激励收益同时获得胜诉的案例。在下文中，我们结合对以往案例中审判观点的研究，简析本案代理的胜诉要点。

1. 关于管辖权

涉外股权激励计划纠纷中，普遍存在境外公司授予的股权激励，而境外公司其本身注册地、住所地就在境外，并且在股权激励计划签署的文件中均直接约定了适用境外法律及发生纠纷由境外法院管辖。

虽然股权激励计划中约定了适用法律为境外法律，但判断境内法院是否有管辖权，仍然依据中国法律。《涉外民事关系法律适用法》第3条规定"当事人依照法律规定可以明示选择涉外民事关系适用的法律"；第41条规定"当事人可以协议选择合同适用的法律"[①]。此处的"适用法律"指的是解决争议所适用的实体法，

① 《涉外民事关系法律适用法》第3条规定，当事人依照法律规定可以明示选择涉外民事关系适用的法律。第41条规定，当事人可以协议选择合同适用的法律。当事人没有选择的，适用履行义务最能体现该合同特征的一方当事人经常居所地法律或者其他与该合同有最密切联系的法律。

而不包括冲突规范和程序法。根据《民事诉讼法》第4条“凡在中华人民共和国领域内进行民事诉讼，必须遵守本法”的规定，在中国境内进行民事诉讼，程序问题还是必须遵守《民事诉讼法》。也就是说，根据中国法律，当事人选择适用的外国法并不包括外国的程序法。因此，依据中国的法律规定，不能直接依据当事人约定的准据法来判断涉外管辖约定条款的效力，如果在境内试图起诉，应当依照中国的程序法进行判断是否具有管辖权，这一点在《民事诉讼法》第四编涉外民事诉讼程序的特别规定中第266条[①]的适用法院地法原则也可以体现。

同时，《民事诉讼法》第33条[②]专属管辖与第273条涉外民事诉讼专属管辖[③]均并未规定关于股权的合同专属管辖于中国法院，故涉及股权激励计划的案件可以依据《民事诉讼法》第35条[④]进行约定管辖。

虽然说按照《民事诉讼法》第34条的规定，境内雇员可以与境外公司约定纠纷处理的管辖权，但由于缔约地位实质上的不平等、境外公司激励方案通常面向全球多国和地区的雇员等商业上的原因，股权激励协议往往实质上就变成了雇主提供给雇员的格式条款，作为境内雇主雇佣的高管，对股权激励协议或类似法律文件的内容并没有进行内容调整的权力，只有签或不签的权利。

进一步来讲，从争议解决的层面，作为被授予主体的高管，虽然签署了股权激励协议的相关文件，仍然有可能主张管辖权条款的无效。《民事诉讼法》第34条明确了涉外合同可以书面协议选择与争议有实际联系地点的外国法院管辖，其实质是“实际联系原则”，即涉外合同的管辖法院应当与争议有实际联系。对此，最高人民法院《关于适用〈中华人民共和国民事诉讼法〉的解释》第529条第1款也规定，“涉外合同或者其他财产权益纠纷的当事人，可以书面协议选择被告住所地、合同履行地、合同签订地、原告住所地、标的物所在地、侵权行为地等与争议有实际联系地点的外国法院管辖”。因此，如果协议中约定的管辖地违背“实际联系原

---

① 《民事诉讼法》第266条规定，在中华人民共和国领域内进行涉外民事诉讼，适用本编规定。本编没有规定的，适用本法其他有关规定。

② 《民事诉讼法》第34条规定，下列案件，由本条规定的人民法院专属管辖：(1)因不动产纠纷提起的诉讼，由不动产所在地人民法院管辖；(2)因港口作业中发生纠纷提起的诉讼，由港口所在地人民法院管辖；(3)因继承遗产纠纷提起的诉讼，由被继承人死亡时住所地或者主要遗产所在地人民法院管辖。

③ 《民事诉讼法》第273条规定，因在中华人民共和国履行中外合资经营企业合同、中外合作经营企业合同、中外合作勘探开发自然资源合同发生纠纷提起的诉讼，由中华人民共和国人民法院管辖。

④ 《民事诉讼法》第35条规定，合同或者其他财产权益纠纷的当事人可以书面协议选择被告住所地、合同履行地、合同签订地、原告住所地、标的物所在地等与争议有实际联系的地点的人民法院管辖，但不得违反本法对级别管辖和专属管辖的规定。

则”，与争议没有实际联系，则该管辖约定还是无效的。然而，从境内的既往案例来看，尚无一例对涉外股权激励协议中的管辖权条款进行无效挑战且获得成功的案例。

因此，以合同纠纷确定管辖，在涉外股权激励纠纷中并非上策，在这类合同纠纷中，激励主体、股票标的通常都在境外，依境内准据法的实际联系原则，境内法院本就缺乏管辖的正当理由，而合同本身更是约定了境外法院。本案中，代理律师跳脱合同纠纷确定管辖的思路，依侵权纠纷确定管辖。首先，侵权纠纷双方不以合同为基础，无须受实际联系原则、双方约定的约束，只有法定联结点，其次，依国内法院地法，股权激励纠纷不属于特殊侵权纠纷，依一般侵权纠纷，仅有侵权行为地（发生地、结果地）、被告住所地作为联结点。在此基础上，无论被告如何选择，原告作为境内居民，也是股权激励收益遭受损害的一方，原告住所地即为侵权结果地。

2. 关于请求权基础

关于股权激励计划的请求权基础问题，在实践和理论上均有较大分歧，甚至目前境内各省高级人民法院对于涉外股权激励纠纷应依雇佣关系作为请求权基础还是按照合同纠纷作为请求权基础，亦有不同看法。主流观点有两类：一类观点认为股权激励计划是建立在劳动关系之上，是公司对员工的一种奖励、激励制度，因此适用劳动法律关系调整；另一类观点认为股权激励计划是建立在平等主体之间的法律关系，其应当以合同法律关系进行调整。经梳理近年裁判文书可知，前者为法院所支持之判例并不占多数。

刘晓倩、吴圣奎 2020 年在《中国人力资源开发》中刊登了《股权激励收益是否具有劳动报酬属性之法律认定：基于 149 个劳动关系相关股权激励判例的类案分析》一文[①]，该文就裁判文书网上收录的截至 2020 年 3 月的 553 个股权激励相关纠纷进行研究，553 个案件中大约有 1/4 案件在处理过程中提出股权激励与劳动关系密切相关，或在程序上提出应当以劳动争议处理纠纷，或在实体上提出应当以劳动法保护劳动者报酬权。同时，该学者就股权激励纠纷最终处理结果进行了归纳——第一类明确将股权激励争议视为劳动争议，并依据劳动相关法律和处理程序进行审理，这种情况占案例总体的 25%；第二类是明确认为股权激励争议不属于劳动争议，属于普通民事争议，这类争议占案例总体的 22.4%；第三类是在裁判要

---

① 刘晓倩、吴圣奎：《股权激励收益是否具有劳动报酬属性之法律认定：基于 149 个劳动关系相关股权激励判例的类案分析》，载《中国人力资源开发》2020 年第 9 期。

旨中没有对此问题性质进行评述，主要依据双方的约定进行判断；第四类是在裁判要旨中没有对此问题的性质进行评述，但在判决理由中主要依据劳动法律进行判断，这类占比为 5.2%。由该学者的数据可见，股权激励纠纷真正适用劳动争议程序或者劳动争议法律解决的，在所有案件中占比都不高。

笔者认为，股权激励计划究竟是合同纠纷还是劳动纠纷，应当依照具体情况，研究该股权激励计划与劳动关系的紧密程度来认定，例如在孟鸣与美的集团一案[①]中，广东省高级人民法院便认为“关于案由定性问题，本案的股权激励计划系基于孟鸣是美的制冷公司的高级管理人员的身份关系而将其纳入激励对象，且该股权激励方案与公司的管理制度、员工的绩效业绩等密切相关，一审法院将本案定性为劳动争议纠纷并无不当”。而在南玻集团与胡某一案[②]中，同样是广东省高级人民法院作出的判决，则作出如下判断：“本院再审认为，根据申请人的申请再审理由及本案案情，本案审理的焦点问题是，本案属于何种性质的民事纠纷以及是否应当劳动仲裁前置。人民法院应当根据法律规定和个案情况，具体判断纠纷性质并确定案由。根据《中华人民共和国劳动法》第一条‘为了保护劳动者的合法权益’的规定，法律在普通民事法律以外对劳动关系作出特殊规定的目的在于，对普通劳动者给予专门保护，以促进经济发展和社会进步。又据《劳动争议调解仲裁法》第二条，劳动争议纠纷主要涉及劳动关系的产生、变更、消灭、工作时间、休息休假、工资、社会保险、福利、工伤医疗费、经济补偿或者赔偿金等。据此，本院对本案纠纷的性质分析如下：第一，从《协议书》的签订目的看，南玻公司向胡某发售限制性股票，其目的在于留住和吸引对公司发展至关重要的中、高级管理人员和高端人才，提高公司在市场中的竞争力。胡某签订《协议书》，目的在于取得南玻公司的限制性股票。限制性股票及其收益高于劳动法确定的对普通劳动者的保护标准。所以，《协议书》的目的是规范公司和中、高级管理人员等不同于普通劳动者的特定员工之间基于限制性股票产生的权利义务，不同于《中华人民共和国劳动法》‘为了保护劳动者的合法权益’的规范目的。第二，从《协议书》签订主体的身份看，胡某时任东莞南玻公司财务部经理，2016 年离职前任南玻公司集团副总裁。胡某在限制性股权激励计划中更多是以公司高级管理人员和高端人才身份行使权利承担义务，其普通劳动者身份相对弱化。所以，在本案基于限制性股票产生的纠纷

---

① 参见（2018）粤民申 12375 号。

② 参见（2019）粤民再 227 号。

中，胡某并非《中华人民共和国劳动法》等劳动法律法规意义上的劳动者。第三，从《协议书》的内容看，其主要在于规范南玻公司和胡某之间基于限制性股权激励计划而产生的权利义务，并非约定劳动关系的产生、变更、消灭，也未约定工作时间、休息休假、社会保险、福利、培训、劳动保护、工伤医疗费、经济补偿或者赔偿金等关乎普通劳动者基本权利或生存条件的事项。所以，本案纠纷的审理焦点并不在于公司和股权激励对象之间的权利义务是否符合《中华人民共和国劳动法》等劳动法律法规的规定。第四，从《协议书》中竞业限制条款的性质看，由于《协议书》是南玻公司实施限制性股票激励计划和胡某参加限制性股票激励计划的产物，其关于胡某在 2 年内不得从事相同或相类似工作的约定，是胡某获得限制性股票及收益的对价，不是胡某作为普通劳动者获得工资、劳动条件等的对价。所以，本案关于竞业限制条款的约定不同于《中华人民共和国劳动合同法》第二十四条规定的竞业限制。基于上述分析，本案纠纷认定为合同纠纷而不是劳动争议纠纷，更符合法律规定和个案情况。又据《中华人民共和国劳动争议调解仲裁法》第二条，适用劳动仲裁前置的案件必须是劳动争议纠纷。所以，本案纠纷不需要劳动仲裁前置，当事人有权直接向人民法院起诉，人民法院应当依法审理。”

故对于股权激励纠纷究竟属于劳动纠纷还是合同纠纷，不能机械地理解，必须全面考察股权激励计划中双方的权利义务及权利义务与劳动关系紧密程度来综合判断，若股权激励计划中明确了股权激励与绩效、履职情况等有关，则应当认定该股权激励计划在实施中能体现类似于劳动报酬、奖金的本质特征，相关案件应当纳入劳动争议处理；反之，股权激励计划中双方权利义务更趋向于自愿、平等的关系，则相关案件应当纳入普通民事纠纷处理。

除劳动纠纷抑或合同纠纷之争外，司法实践中亦有以财产损害赔偿纠纷提起诉讼的极少数先例。试举一例：在戴某与威士伯（上海）有限公司（境内雇主）一案[①]中，法院认为：(1)本案讼争股票期权是原告就职于被告而获得的职位待遇，但该待遇并非被告授予，而是案外人威士伯公司（境外主体）授予，从原告获得股票期权以及 2011 年 2 月 10 日进行部分行权的过程来看，讼争股票期权由原告参与威士伯公司的股票激励计划，通过非现金认购一定数额的威士伯公司上市股票，但该股票不能上市流通，须在双方约定的一定期限届满后，原告才可以按市价出售，期权授予时的股票价格与交易日的股票价格之间的差价，即为原告的获利，故讼争

---

① 参见(2014)嘉民一(民)初字第 7490 号。

股票属于受限制的股票权利，并非完全物权，原告认为其已获得讼争股权所有权的主张不能成立。(2)讼争股票期权被没收是威士伯公司解除与原告之间的雇佣关系所致，原告主张被告没收了原告的股票期权，不能成立。国家外汇管理局对于境内个人参与境外上市公司股权激励计划相关问题作出规定，明确参与境外上市公司股权激励计划的个人，应通过境内公司委托的代理机构办理外汇登记、汇兑等事项，并应由一家境外机构办理个人行权、资金划转等事项，而本案被告并非讼争股权期权的所有人、授予人，无权直接取消已参与境外上市公司股权激励计划的个人名下股票期权。(3)主张法律关系存在的当事人，应当对产生该法律关系的基本事实承担举证责任，原告主张被告非法没收原告名下股票期权，应当就此举证，由于原告提供的证据对此部分事实不能予以证明，法院对原告主张难以采纳，对原告要求被告基于侵权行为而应承担相应赔偿责任的诉讼请求，不予支持，若原告认为名下股票期权不能因雇佣关系的解除而取消，应另主张相关权利。由于本案审理的是原告提起的财产损害赔偿纠纷，非讼争股票期权的权益纠纷，故被告认为本案应适用美国法的意见，法院不予采纳。最终，法院判决驳回戴某全部诉讼请求。

本案中，综合考虑案件情况、现有证据条件的基础上，代理律师同样选择了以财产损害赔偿纠纷作为案由，那为何同样是财产损害赔偿纠纷，但其案件结果与上述戴某与威士伯案大相径庭？原因在于，前述案例中存在两点偏差，一是从案情上可见，前述案例中戴某主张的是以合同关系作为请求权基础的财产损害赔偿纠纷，而本案中代理律师是明确以一般侵权关系作为请求权基础；二是前述案例中戴某主张的损害结果是“非法没收原告股权”，而本案中，原告主张的损害结果是“股权激励收益损失”。

3. 关于被告的选择

从以往大量的败诉案例中可知，涉外股权激励纠纷中，被告的选择对原告而言是个艰难的决定。例如，在张某与上海宝尊电子商务有限公司一案[①]中，法院认为，无论是从《限制性股票奖励协议》的内容还是从证人的陈述来看，《限制性股票奖励协议》均系证人代表宝尊开曼公司与张某签订，并非上海宝尊与张某签订，并且宝尊开曼公司的股权激励计划已经我国外汇管理机构登记，宝尊吴江分公司作为登记的境内代理机构实际支付了张某行权部分的股票收益款，故从实际履行方式来看也确实是按照国家外汇管理的相关规定操作。虽然张某并非宝尊开曼公司的

① 参见(2019)护 0106 民初 1777 号。

员工，但根据相关规定正是基于其系上海宝尊员工的身份以及宝尊开曼公司与上海宝尊之间的控股关系，张某才有资格参与宝尊开曼公司的股权激励计划并实际获取相应权益。因此，张某仅依据其并非宝尊开曼公司的员工即认为限制性股票系上海宝尊授予张某某并向上海宝尊主张限制性股票收益，理由尚不充分，亦无相关法律依据。据此，法院驳回张某的全部诉讼请求。

又如，在付某与淘宝（中国）软件有限公司、阿里巴巴集团控股有限公司纠纷一案[①]中，付某系淘宝中国的员工，而其股权激励计划涉及的股权是阿里巴巴集团控股有限公司。这种情形在股权激励计划纠纷里十分常见，子公司员工与母公司签订股权激励计划，此时便产生了纠纷适格被告究竟是子公司还是母公司的问题。在此案中，付某选择将子公司淘宝（中国）软件有限公司与母公司阿里巴巴集团控股有限公司一同起诉，而该案在审理过程中，法院认可了“阿里集团公司向付某提供股票期权激励的原因在于付某与旗下淘宝软件公司存在劳动关系，从股票期权激励构建模式角度，阿里集团公司取代了淘宝软件公司的用人单位地位”，但是法院却认为本案涉及股权激励计划系合同纠纷而非劳动纠纷，最终以合同纠纷处理。该案例中法院认为，虽然在股票期权授予合同的签订和履行过程中，淘宝软件公司予以执行或协助，但均以阿里集团公司的名义作出，相关合同内容也明确了阿里集团公司的合同主体地位，故淘宝软件公司并非股票期权授予合同的当事人，因此付某向淘宝软件公司主张合同权利，缺乏合同依据，不能得到支持。

本案中，在以侵权纠纷确定管辖、以一般侵权请求权为基础主张财产损害赔偿的基础上，代理律师根据在先处理的劳动合同纠纷案件生效判决中已经认定 X 公司违法解除与 A 某之间劳动关系这一事实，确定了以 X 公司、Y 公司作为共同侵权被告，主张 X 公司的违法解除行为与 Y 公司取消 A 某股权激励收益行为之间存在因果关系、Y 公司取消 A 某股权激励收益是侵权损害后果，并据此主张 X 公司、Y 公司共同赔偿“股权激励收益损失”，最终取得了较好的法律效果。*

---

① 参见（2016）浙民终 504 号。

* 北京大学法学院吴韵凯［曾实习于北京炜衡（上海）律师事务所］对本文亦有贡献。

数据合规治理体系分层级实施示例

汤淡宁 *　孙旭 **

大数据时代，现有法律框架对企业数据合规治理能力提出了系统的要求，以《网络安全法》《数据安全法》《个人信息保护法》为基础的法律法规体系逐步完善，如何构建完善的数据治理体系、保护数据和信息的资产权益、利用数据流转创造商业价值，成为企业必须深入思考的问题。

数据合规涵盖了数据分类基础上的结构化管理、数据跨境和信息安全为核心的全球数据治理、数据收集在内的全周期处理机制、数据资产确权及商业合规、隐私及个人信息保护、数据各项权能的归属论证、大数据和智能化应用产品的数据合规评估、信息内容治理和监督等多项互相交织的治理内容。对企业来说，数据治理是个体系化的管理实施，需要构建数据合规体系，从合规战略的设定、合规计划的制订、合规风险的管理、违规机制的履行、合规行为的监督、合规管理的深入、合规文化的建设等多个方面进行深入调查和实践，将数据合规纳入到企业整个合规系统建设中，并针对数据的自身特点和需求，定制化满足企业运营的需要。

数据合规的范围宽广，并不局限于几部相关法律法规和外部其他规范的要求，真正落实数据合规的治理，达到合规促进经营价值的目的，需要深入企业运营实践的基础上，提升企业的数据管理能力，而不是简单的法律义务的遵循。细节是合规治理能力的体现，本文以数据合规治理中个人身份认证为例，说明从义务识别、风险管理策略到落地执行三个层级的合规流程，希望见微知著，为数据合规项目的管

---

* 汤淡宁，北京炜衡（上海）律师事务所高级合伙人。2005 年从事专职律师至今，兼具中国注册税务师资格、中国专利代理人资格，执业特点为擅长运用复合型的知识结构，为客户从法律、财税等多角度提供建设性的意见及综合性的问题解决方案，主要执业领域为法律顾问、公司风控及日常治理、境内投融资并购、知识产权。

** 孙旭，北京炜衡（上海）律师事务所合伙人，执业领域为公司治理及股权架构、交易结构设计；合规管理体系及审查；企业风险管理及内部控制；网络、数据与个人信息保护；电子商务与新媒体等。著有《深度合规管理——体系、审查与实践》《进出口贸易合规法律实务》，发表了《区块链赋能贸易、供应链与金融的趋势及合规思考》等多篇文章。

理提供参考。

一、数据合规义务的识别

合规义务来源于企业面临的外部规则，从法律、司法解释、行政法规、部门规章、地方性法规、行业规定、强制性国家标准到行业管理规定、企业签署的合约及涉外规则。从个人身份实名认证的规则历史中可以梳理出相关的监管要求，从而明确实名认证的活动场景和认证方式。

（一）特定行业的监管要求

2000 年 4 月 1 日施行的《个人存款账户实名制规定》要求金融机构开立个人存款账户时应登记个人身份证件上的姓名和号码。不出示本人身份证件或者不使用本人身份证件上的姓名的，金融机构不得为其开立个人存款账户。这一规定拉开了身份认证的序幕，并首次规范了“实名”的定义，即指符合法律、行政法规和国家有关规定的身份证件上使用的姓名。

根据中国互联网络信息中心（CNNIC）发布的《中国互联网络发展状况统计报告》，截至 2014 年 12 月，我国网民规模达 6.49 亿人，互联网普及率为 47.9%。手机网民规模达 5.57 亿人。伴随着用户的扩大和商业规模的突飞猛进，假冒党政机关误导公众、假冒媒体发布虚假新闻、冒用他人身份、假冒名人、假冒企事业单位和社会组织发布虚假信息、名称和头像包含淫秽色情内容、在简介中传播暴恐、聚赌、涉毒等违法信息、违背社会公德，宣扬低俗文化、公然分裂国家、破坏民族团结、宣扬邪教和封建迷信等“十大”乱象层出不穷。

国家互联网信息办公室 2015 年 2 月 4 日发布的《互联网用户账号名称管理规定》，约束互联网信息服务提供者应当按照“后台实名、前台自愿”的原则，要求互联网信息服务使用者通过真实身份信息认证后注册账号。互联网信息服务使用者注册账号时，应当与互联网信息服务提供者签订协议，承诺遵守法律法规、社会主义制度、国家利益、公民合法权益、公共秩序、社会道德风尚和信息真实性等七条底线。

为了保障铁路旅客生命财产安全，维护旅客运输秩序，交通运输部从 2015 年开始实施《铁路旅客车票实名制管理办法》，购票人凭乘车人的有效身份证件购买车票，铁路运输企业对实行车票实名购买的车票记载的身份信息与乘车人及其有效身份证件原件（以下简称“票、人、证”）进行一致性核对。

针对网络支付过程中产生的由于客户身份识别机制不够完善导致的欺诈、套现、洗钱等风险，2016年7月1日施行的《非银行支付机构网络支付业务管理办法》规定，支付机构应当遵循“了解你的客户”原则，建立健全客户身份识别机制。支付机构为客户开立支付账户的，应当对客户实行实名制管理，登记并采取有效措施验证客户身份基本信息，按规定核对有效身份证件并留存有效身份证件复印件或者影印件，建立客户唯一识别编码，并在与客户业务关系存续期间采取持续的身份识别措施，确保有效核实客户身份及其真实意愿，不得开立匿名、假名支付账户。

（二）网络与信息产业的监管要求

自2017年6月1日起施行的《网络安全法》规定，网络运营者为用户办理网络接入、域名注册服务，办理固定电话、移动电话等入网手续，或者为用户提供信息发布、即时通信等服务，在与用户签订协议或者确认提供服务时，应当要求用户提供真实身份信息。用户不提供真实身份信息的，网络运营者不得为其提供相关服务。随着法律的实施，移动电话用户实名制的推进，利用移动电话对个人进行身份认证成为简单而有效的基本方式。

2018年10月22日交通运输部发布并施行的《邮件快件实名收寄管理办法》规定，寄件人交寄邮件、快件时，应当出示本人有效身份证件，如实填写邮件详情单、快递运单等寄递详情单。寄递企业应当使用符合国家有关要求的实名收寄信息系统，与国家实名收寄信息监管平台联网，及时收集、录入、报送实名收寄信息，并确保有关信息数据的真实、准确、完整。

2019年2月15日起施行的《区块链信息服务管理规定》规定，对区块链信息服务使用者进行基于组织机构代码、身份证件号码或者移动电话号码等方式的真实身份信息认证。用户不进行真实身份信息认证的，区块链信息服务提供者不得为其提供相关服务。

2019年4月26日发布的《国务院关于在线政务服务的若干规定》规定，国家政务服务平台基于自然人身份信息、法人单位信息等资源，建设全国统一身份认证系统，为各地区、各部门政务服务平台提供统一身份认证服务，实现一次认证、全网通办。这里的统一身份认证，与《进一步深化“互联网+政务服务”推进政务服务“一网、一门、一次”改革实施方案》一脉相承，应狭义理解为“实现全国网上政务服务统一实名身份认证”。

2021年9月13日工信部发布《关于加强车联网卡实名登记管理的通知》，对车联网卡从机动车辆生产企业、销售企业、车辆所有者过户手续等全流程进行实名登记管理，并可按照最小必要原则为符合实名登记要求的车联网卡开通用户所需的语音、短信、流量功能。

（三）信息保护的社会要求

《未成年人保护法》（2020年修订）规定，国家建立统一的未成年人网络游戏电子身份认证系统。网络游戏服务提供者应当要求未成年人以真实身份信息注册并登录网络游戏。网络游戏服务提供者应当按照国家有关规定和标准，对游戏产品进行分类，作出适龄提示，并采取技术措施，不得让未成年人接触不适宜的游戏或者游戏功能。2022年5月7日四部委发布《关于规范网络直播打赏 加强未成年人保护的意见》，严格落实实名制要求，加强主播账号注册审核管理，禁止为未成年人提供现金充值、“礼物”购买、在线支付等各类打赏服务。

2021年8月30日发布的国家新闻出版署《关于进一步严格管理切实防止未成年人沉迷网络游戏的通知》规定，所有网络游戏必须接入国家新闻出版署网络游戏防沉迷实名验证系统，所有网络游戏用户必须使用真实有效身份信息进行游戏账号注册并登录网络游戏，网络游戏企业不得以任何形式（含游客体验模式）向未实名注册和登录的用户提供游戏服务。

随着上述规范的出台，个人身份认证有效地提升了国家监管部门对相关网络行为的管理水平和效率，但也带来了个人信息泄露的隐忧，非法买卖个人信息的案例大量涌现。中国信息通信研究院发布的《新形势下电信网络诈骗治理研究报告（2020年）》指出：个人信息泄露成为精准诈骗实施的关键因素和重要推手。在互联网账号方面，账号买卖已经发展为一个较为成熟的产业链，涉及批量注册账号、实名认证、账号销售等模块。为了保护个人信息安全，2021年8月20日发布的《个人信息保护法》规定了以“告知同意”为基础的个人信息处理原则和规范。个人身份信息作为一种个人信息，受到明确的法律规制，也对平台提出了更多的监管约束和审查要求。

2022年8月1日起施行的《移动互联网应用程序信息服务管理规定》规定，应用程序提供者为用户提供信息发布、即时通信等服务时，应当对申请注册的用户进行基于移动电话号码、身份证件号码或者统一社会信用代码等方式的真实身份信息认证。

2022年12月15日实施的《互联网跟帖评论服务管理规定》规定了合规义务，即按照“后台实名、前台自愿”原则，对注册用户进行基于移动电话号码、身份证件号码或者统一社会信用代码等方式的真实身份信息认证，不得向未认证真实身份信息或者冒用组织机构、他人身份信息的用户提供跟帖评论服务。

梳理规则是第一步，往往更重要的是对于规则的解读，由于视角和目的的不同，导致对于合规义务的解读并不类同，也导致了相应的合规逻辑和决策大相径庭。从某种角度来看，评判合规决策的标准就在于其是否能够把合规风险局限在企业的风险留存范围之内，是否能够在风险可控的前提下促进企业的商业发展，是否能够在促进企业发展的过程中对行业或社会带来正向的反馈。合规义务只能为后续进行合规制度的构建提供合规管理的外部要求，企业需要结合企业运营实际"外规内化"为制度和流程，以便融入企业的运营管理体系中。

二、合规风险管理策略

风险管理策略是通过分析和评价合规风险的产生概率和违规后果，建立风险分析决策模型，按照风险偏好确定风险承担、风险转移、风险控制、风险控制等管理工具的方式方法。良好的管理决策意味着在投入的资源、采取的行动和预期的结果中进行选择、优化，以追求帕累托状态。仅仅针对平台企业在个人身份认证中需要考量的要素来说，就需要在结合义务识别的背景下设定好自身的角色定位，依据客观独立的战略原则，以取得各利益相关方的平衡。

（一）立足守门人角色主动加强管理

信息安全和内容规制的相关法律，赋予了互联网平台信息安全守门人的位置，规制了平台履行信息内容管理主体责任，建立健全信息内容安全管理、信息内容生态治理、网络数据安全、个人信息保护、未成年人保护等法定义务，随着监管口径的进一步收紧，相信日后平台的合规压力会陡增。《互联网信息服务管理办法》以及《网络信息内容生态治理规定》的内容审查将依靠平台的技术手段、事前规制和事后审查来处理海量的信息。而作为事前规制的重要手段，对注册用户依法进行身份认证将是平台风险控制的一种重要手段，也为违规追责提供了便利的证据支持。

个人身份认证过程中收集的手机号码、姓名、身份证号码、地址、照片等信息归属于个人信息。因个人信息保护的要求，平台对于个人身份认证是否应实名化认证一度有所分歧。2022 年 1 月 5 日，网信办发布《移动互联网应用程序信息服务管理规定（征求意见稿）》，明确规定应用程序为用户提供信息发布、即时通信等服务的，应当对申请注册的用户进行基于移动电话号码、身份证件号码或者统一社会信用代码等方式的真实身份信息认证。用户不提供真实身份信息，或者冒用组织机构、他人身份信息进行虚假注册的，不得为其提供相关服务。可以预测，对于真实身份信息认证的力度会不断加大，以净化网络，维护网络安全和信息安全。

从平台的风险角度考量，进行注册用户身份认证的过程，也排除了签署平台协议的用户法律主体适格的风险，即确认了用户是具有相应的民事权利能力和民事行为能力的主体，可以承担签署协议的法律后果。平台所担心的由于收集用户信息的过程导致平台产品使用不友好、流程烦琐、信息泄露的担忧等问题会随着第三方认证平台的加入和委托公信认证等技术措施而得到缓解，在用户形成了身份认证的意识和习惯后，长期来看，将增加那些进行身份认证的平台的信任，对于交易类平台更是如此，因为大家都希望在信任的环境中进行交易。平台用户间信任的累积将为平台治理提供良好的基石。

（二）知情同意和最小必要两项原则下处理个人信息

金融类、直播类、游戏类、在线基础设施类法律法规对个人身份认证有了明确的规定，但都需要平台在注册用户知情同意的基础上实施。一方面是《个人信息保护法》的法律效力高于行政法规、部门规章，另一方面平台和用户的关系是基于民事法律关系而存在的，若用户没有知情同意，出于权利和义务一致性原则，用户就失去了作为平台使用者的基础。例如，《非银行支付机构网络支付业务管理办法》规定：支付机构应当与客户签订服务协议，约定双方责任、权利和义务，至少明确业务规则（包括但不限于业务功能和流程、身份识别和交易验证方式、资金结算方式等），收费项目和标准，查询、差错争议及投诉等服务流程和规则，业务风险和非法活动防范及处置措施，客户损失责任划分和赔付规则等内容。支付机构应当确保协议内容清晰、易懂，并以显著方式提示客户注意与其有重大利害关系的事项。

《个人信息保护法》规定，处理个人信息应当具有明确、合理的目的，并应当与处理目的直接相关，采取对个人权益影响最小的方式。收集个人信息，应当限于实现处理目的的最小范围，不得过度收集个人信息。《GB/T 35273-2020 信息安全技术 个人信息安全规范》将收集个人信息的“最小必要”要求为收集的个人信息的类型应与实现产品或服务的业务功能有直接关联；直接关联是指没有上述个人信息的参与，产品或服务的功能无法实现。《常见类型移动互联网应用程序必要个人信息范围规定》规定必要个人信息，是指保障 App 基本功能服务正常运行所必需的个人信息，缺少该信息 App 即无法实现基本功能服务。最小必要原则同身份认证的方式相关，平台应设计和披露身份认证的不同方式和应用模块。

需要特别说明的是，网络平台不得因为用户不同意提供非必要个人信息，而拒绝用户使用其基本功能服务。2022 年开始实施的《深圳经济特区数据条例》就明确，数据处理者不得以自然人不同意处理个人数据为由，拒绝向其提供相关核心功能或者服务。但是，该个人数据为提供相关核心功能或者服务所必需的除外。实务中，应避免网络平台首页即引入身份认证页面，而不认证无法使用其他功能。也就是说，应允许游客模式，即默认的非注册用户可以了解和使用其功能。实际上，平台或 App 都会集成很多功能，常见的交易、支付、定位、信息发布等，此时，应在用户使用某个功能模块时另行提示用户更新身份认证方式。《网络安全标准实践指南—移动互联网应用程序（App）收集使用个人信息自评估指南》的评估要点：不应通过捆绑 App 多项业务功能的方式，要求用户一次性接受并授权同意多项业务功能收集个人信息的请求。根据用户主动填写、点击、勾选等自主行为，作为产品或服务的业务功能开启或开始收集个人信息的条件。

（三）通过协议平衡平台和用户意志

平台同用户签署的协议既是有关法律法规的要求，又是商业主体间设定权利义务的合意。常见的协议包括“平台用户使用协议”和“隐私及个人信息保护协议”。充分披露平台账户注册、登录、权限、注销的流程；用户开放性；身份认证；平台各模块功能及运行规则；平台数据及资产管理；平台服务说明；双方权利和义务；违约与处理罚则；个人信息保护范围和政策；软件安全许可使用声明；平台免责事项；知识产权；信息规则和投诉机制；争议解决办法等。因为平台协议是单方面披露的，所以协议的有效性受到版本更新的确认、存储手段的不可篡改和适时调用的便利性等多方面的挑战。实务中平台的关注重点在于平台各类协议的更新与修正的时间节点，一种有效的方式是对所有更新的合同版本进行公证留存。

平台用户协议是包括多种权利义务关系的一揽子合同，约定了双方物权、债权、知识产权、财产权、人身权在内的多项内容。这些内容都以格式条款的形式达成合意，对于平台需要更加关注《民法典》第 496 条第 2 款对于格式条款的规定：采用格式条款订立合同的，提供格式条款的一方应当遵循公平原则确定当事人之间的权利和义务，并采取合理的方式提示对方注意免除或者减轻其责任等与对方有重大利害关系的条款，按照对方的要求，对该条款予以说明。提供格式条款的一方未履行提示或者说明义务，致使对方没有注意或者理解与其有重大利害关系的条款的，对方可以主张该条款不成为合同的内容。实务中应仔细研究各项条款，对于需要明确的重要条款应进行加黑加粗、加下划线或者高亮处理，重点提示。在注册流程中，需要设置用户主动知情同意的工作流，如用户主动勾选、倒计时读秒、下拉滚动条等。提供用户可以便捷获取协议副本、本地存储、常态化公示等服务，保留对协议的解释权；对于处理包括身份认证相关的个人敏感信息应取得用户的单独同意。

从这些管理策略的细节可以看出，策略本身并不是空中楼阁、不是条条框框、不是高入云端，一个优秀的策略往往更加重视策略的实施，更加考虑落地的可行性。由于主客观环境的变化，策略也并非一成不变的，需要企业定期评估策略的实施效果，通过 PDCA 循环来优化策略，以达到合规风险管理的目标。

三、合规策略的落地实施

风险管理策略的执行重要性要大于制订策略本身，从个人身份认证来说，由于目前没有统一的身份认证方式，平台需要结合平台功能模块和业务的实际需要，设计符合平台管理义务和用户可接受的身份认证方式，即既要明确个人身份认证的要素，又要切实地了解个人身份认证的方式，以便企业通过客户便利性、成本区间、服务可获得、响应时间、信息安全等多个指标来综合判断其最适合企业的应用方式。

（一）个人身份认证要素

广义的身份认证包括以注册信息为基础的账号认证和以自然人身份信息为基础的实名认证。前者常见的认证要素主要包括虚拟的用户名称、密码、口令、知识、ID、动态口令卡、IC 卡、令牌或 USB KEY 等，后者包括可以指向具体自然人的签名、身份卡、SIM 卡、指纹、脸像、虹膜、声音、笔迹、DNA、地址、亲朋好友等。企业可以根据业务便利性进行上述身份认证的组合，以达到认证的需要。实务中，因为受限于信息质量和身份认证的公信力，主流的身份认证可以归纳为如下几种方式，可供平台企业斟酌，将几种身份认证方式综合使用。

（二）个人身份认证方式

1. 基于用户注册加密信息的账号认证

无论是否需要实名认证，对于注册用户，基于用户使用协议和账号安全的考虑，都需要在用户登录时进行基本的账号认证。常用的认证方式是通过创设的用户名和密码进行核验。由于域名欺骗、仿冒地址、路由控制等技术的采用，账号认证的技术和手段也在不断提高，比如限制登录次数、填写验证信息或图片识别等。常用在非纳入严格监管的信息网络，邮箱管理系统，浏览热搜、评论等。

2. 基于智能卡的加密账号认证

此类账号认证是借助智能卡、IC 卡、动态令牌、U 盾或数字证书等专门的不可复制的硬件设备辅助认证软件完成身份认证。数字证书认证需要可信赖的第三方发布数字证书，以保障用户身份认证的权威性和真实性。由于智能卡的使用大大增加了身份认证的安全性和可靠性，在管理系统的客户端有了广泛的应用。这种认证方式并没有改变平台的模块功能，其也相应地适用于非交易的、非面向公众披露信息的、非纳入严格监管的信息网络。

3. 基于生物识别技术的加密账号认证

生物识别技术主要是指通过可测量的身体或行为等唯一的可以测量或可自动识别和验证的生物特征进行身份认证的一种技术。采用生物识别技术的身份认证利用计算机的算法和网络技术进行图像处理和模式校验，具有更好的安全性、可靠性、有效性和便利性，被广泛应用到移动终端和网络设备的身份认证中。作为识别个人用户的独特生物特征，由于不依赖于集中化的数据校验，所以并没有成为可指向具体的自然人身份的手段。同理，仅限于虚拟账号的认证，适用于不需要实名认证的平台。

4. 基于第三方接口的实名认证

一种是基于手机号码实名制的基础上，引入第三方通信公司的短信验证码或免密登录作为间接的实名认证手段。因其简单方便，对用户友好，并符合基础的实名认证的监管要求，所以成为众多平台采用的认证方式。另一种是引入微信、支付宝等第三方接口登录，借以间接完成实名认证。后一种因为在法理上有争议，第三方认证的信息仅能为本企业所使用，并且实务中存在没有进行实名认证的第三方账户，平台的风险就会高于第一种。这类认证方式可以满足发帖、评论等基本的业务功能的需要。

5. 基于可信身份简项核查的实名认证

此种方式是将用户录入的信息，主要是用户的姓名及身份证号码，与公安数据库进行比对，验证一致说明为有效身份信息。公安部的数据中心不会直接对接企业，但有 NCIIC 和公安部第一研究所两个通道。如公安部第一研究所“互联网 +”可信身份认证平台（CTID 平台）会与取得数据运营的权限的公司，如数据宝进行对接。数据宝与平台签订无缓存承诺，保障用户认证信息的安全。NCIIC 将在一定规则下公开身份证校验接口，有望为中小平台提供更多的简项核查的便利。这类认证方式可以满足一些直播、打赏、创作者认证等监管力度较高的业务功能。

6. 基于可信身份非简项核查的实名认证

由于委托事务（如用户提供完整个人信息让他人代理抢火车票）和冒名现象（孩子用长辈身份证进行游戏认证、使用长辈账号购买游戏装备）的存在，在敏感的行业，监管对平台的身份认证提出更高层次的要求，增加了照片比对或人脸识别的手段进行身份认证，即反照核查和人像核查，以保证姓名、身份证号与持证本人活体一致。这类认证方式多用于金融机构（如支付宝）、直播主播（如快手）、政务机构（如随申办、交管 12123）、网络游戏未成年人防沉迷系统等。

（三）个人身份认证体系化

个人身份认证虽然是个很狭小的内容，但也需要融合到企业的数据合规治理体系中，需要结合平台和用户的需求、行业的特性、行业主流的认证方式，按照身份认证方面的监管、信息报送、信息留存、行业关于实名认证的特殊要求等法定义务进行系统规划。实际上，基础设施运营商也在不断加大对身份认证方面的投入和服务，为平台采用适合自身的身份认证模式提供更多的机遇和范例。例如，随着手机实名制的推进，各大通信运营商也推出了基于手机号的实名认证服务，用户通过提交手机号、姓名、身份证号与运营商系统数据进行真实性核验；银行通过银联的实名认证接口，对用户姓名、身份证号、银行卡号（三要素）或者姓名、身份证号、银行卡号、预留手机号（四要素）进行校验。厘清平台业务类型与模块功能，根据功能的不同选择适当的身份认证方式，收集满足监管要求最低限度的个人信息，在达成个人身份认证合规的同时，与企业的其他合规模块统一起来，聚沙成塔，丰富和完善整个数据治理体系。

数据合规的内容并不限于此，企业尚需通过环境分析和战略设计保证企业合规目标同经营目标的一致；通过制度、组织、流程的有机结合，保证企业重大合规风险管控的有效；通过合规管理与执行层的沟通，保证企业合规管理制度的落地；通过合规审查和培训，保证合规管理的文化认同。

数字经济的革命和数字化社会的推进为企业的数据合规管理带来了挑战和机遇。作为数据开发方，企业数据产权保护、个人信息保护、数据安全及其他合规方面需要综合推进，以调解技术先发和监管滞后的冲突。作为数据应用方，新的商业模式及应用场景，需要在现有法制的规范下，结合不断完善的管理程序进行合规审查。实际上，企业在应用新数据的场景和生态的过程中，也催生了新的监管制度，设置了新的合规义务。企业决策者需要更加具有宏观格局以及系统化思维去理解和预判企业所属环境的发展趋势，在政府出台政策时全面准确解读政策的导向，在发展中完善数据合规机制，防范风险，保护数据产权，打造核心能力，真正把数据作为企业可持续发展的重要资源，强化数据合规治理。

正值《数字中国建设整体布局规划》印发之际，按照“2522”的整体框架进行布局，即夯实数字基础设施和数据资源体系“两大基础”，推进数字技术与经济、政治、文化、社会、生态文明建设“五位一体”深度融合，强化数字技术创新体系和数字安全屏障“两大能力”，优化数字化发展国内国际“两个环境”。按照一体化推进格局，我国必将形成“数字基础设施高效联通，数据资源规模和质量加快提升，数据要素价值有效释放，数字经济发展质量效益大幅增强，政务数字化智能化水平明显提升，数字文化建设跃上新台阶，数字社会精准化普惠化便捷化取得显著成效，数字生态文明建设取得积极进展，数字技术创新实现重大突破，应用创新全球领先，数字安全保障能力全面提升，数字治理体系更加完善，数字领域国际合作打开新局面”的崭新局面，也同时意味着企业数据合规治理在即将到来的历史大潮中尽显风流。

此外，“将数字中国建设工作情况作为对有关党政领导干部考核评价的参考”这一要求将极大地提高各级政府相关部门对数字经济的积极性，同时也必将对数据治理提高标准和要求。在制度建设上，“释放商业数据价值潜能，加快建立数据产权制度，开展数据资产计价研究，建立数据要素按价值贡献参与分配机制”需要所有从业者，特别是法律工作者条分缕析、反复斟酌以形成意见，并进而推动相关立法的建设，为这些数据治理的内容提供行业规范和制度保障。虽然任重而道远，但我们已经在路上。

定向增发保底协议相关问题实务探究

郭俊[*]　范衡钰[**]

一、引言

随着我国资本市场的不断发展，上市公司再融资行为日益活跃，股票增发作为重要的再融资手段深受资本市场青睐。股票增发一般分为“公开发行”和“非公开发行”两种：公开发行，即向不特定对象公开募集股份，而不仅限于原有股东；非公开发行，是指上市公司采用非公开方式、向特定对象发行股票的行为，又被称为“定向增发”，简称“定增”。[①] 实践中，投资人为了降低风险和保证收益，往往会要求上市公司的主要股东或实际控制人以股份回购或差额补足等形式签订定增保底协议。

尽管中国证券监督管理委员会（以下简称证监会）在监管层面对定增保底协议一直持否定态度，但在司法实务中，对定增保底协议的效力认定始终存在争议。即使在最高人民法院印发《全国法院民商事审判工作会议纪要》（以下简称《九民纪要》）后，最高人民法院认为违反涉及金融安全、市场秩序、国家宏观政策等公序良俗相关规章的合同无效，我们检索相关判例发现，不少法院在说理部分仍坚持认为，影响协议效力的规范性文件的法律位阶必须是法律或行政法规，且是效力性强制性规定，但证监会的相关规定均不属于行政法规、规章的效力性强制性规定，因而认可了定增保底协议的效力。

但是，最高人民法院于 2022 年 6 月 23 日印发的《关于为深化新三板改革、设立北京证券交易所提供司法保障的若干意见》（以下简称《若干意见》），已在司法

---

* 郭俊，同济大学法学博士，北京炜衡（上海）律师事务所党总支书记、主任，高级合伙人，一级律师。长期致力于金融、跨境和国企法律服务领域的业务研究与实践，现任上海国际仲裁中心及上海、广州、南京、无锡、合肥、南昌、南通、镇江、泰州等地方仲裁委员会仲裁员，上海市长宁区人大代表。

** 范衡钰，华东政法大学经济法学士。现为北京炜衡（上海）律师事务所律师。主要执业领域为金融证券。先后为平安银行、东亚银行等十余家国内外大型金融机构提供金融法律服务，参与多起上市项目，为多家大型上市公司提供专业法律服务。

① 刑会强：《我国资本市场改革的逻辑转换与法律因应》，载《河北法学》2019 年第 5 期。

层面首次对定增保底协议的效力之争作出明确的界定。《若干意见》第 9 条中规定，“在上市公司定向增发等再融资过程中，对于投资方利用优势地位与上市公司及其控股股东、实际控制人或者主要股东订立的定增保底性质条款，因其赋予了投资方优越于其他同种类股东的保证收益特殊权利，变相推高了中小企业融资成本，违反了证券法公平原则和相关监管规定，人民法院应依法认定该条款无效”。并且最高人民法院于后续一系列裁判指引中对上述观点予以延续肯定。在此重磅背景下，笔者基于本律师团队已承办的数起同类诉讼、仲裁案件，主要结合《若干意见》的规定，对相关问题作实务探究。

二、定增保底协议的性质

定增保底协议，通常以上市公司及主要股东 / 实际控制人对投资人作出回购或差额补足承诺的形式进行约定。对于协议的性质，实务中主要有以下三种观点。

一是认定定增保底协议为保证。根据《民法典》第 681、682 条对保证合同的规定，保证的目的是保障债权的实现，保证的内容是代为履行债务或者承担债务不履行的责任，其具有从属性，保证行为应依附于主债务的成立而成立，保证人必须是主债务相对方之外的第三人。而在定增保底协议中，上市公司及主要股东 / 实际控制人通常是对投资人的本金及预期（潜在）收益作出“保证”，该“保证”并无对应主债务，仅为单方允诺的或有债务，非民法意义之保证。

二是认定定增保底协议为债务加入。债务加入，是指第三人加入原有债之关系，与原债务人共同对债务承担责任的法律行为。债务加入除应符合一般合同生效要件外，债之内容还需具有可加入性，且加入前后内容需保持统一。另外，第三人在代为履行、保证、债务加入、债务转移中的责任依次递增，当事人对上述行为约定不明时，实务中应以保护债权、维护合同相对性及考虑第三人可得利益等为原则，结合各方因素予以认定。[①] 如上市公司与主要股东 / 实际控制人分别与投资人签订了定增保底协议，且协议内容具有同一性，则有可能被认定为债务加入。

三是认定定增保底协议为类似对赌协议的当事人意思自治行为。如最高人民法院在其发布的 2021 年公司法十大典型案例之（2021）最高法民申 2922 号案件中，支持了该观点：“本院认为，双方当事人通过《差额补足协议》最终投资的股票为上市公司定向增发的股票，而非已经在二级市场上自由流通的股票。该定向增发的股票具有较长的交易锁定期，且锁定期满后上市交易还需遵守中国证券监督管理委员

---

① 韩延斌主编：《民间借贷案件裁判要点与观点》，法律出版社 2016 年版。

会以及证券交易所的相关规定，一般不会造成股价的大幅波动从而危害金融秩序。案涉《差额补足协议》系合同各方对股票未来价值做出商业判断后进行的风险以及收益的预先分配，《差额补足协议》中既有对投资人投资风险的保障承诺，也有超额分成的约定，该协议符合正常的商业逻辑，也不违反证券交易风险自负的原则。该《差额补足协议》系双方当事人的真实意思表示，虽然协议约定控股股东对投资人未能实现的收益或者产生的亏损承担担保责任，但该担保责任系控股股东一方的主要合同义务，并非合同法或者担保法所规定的具有从属性质的担保责任。”

三、规定沿革

《若干意见》认为定增保底行为“违反了证券法公平原则和相关监管规定”。其中，“证券法公平原则”较为明确，是指《证券法》第3条规定的“证券的发行、交易活动，必须遵循公开、公平、公正的原则”，而“相关监管规定”的表述较为模糊。笔者参考监管部门历年发布的规范文件，对其中与上市公司定增保底相关的规定作如下梳理，详见表1。

表1 证监会对上市公司定增保底的相关规定

发布主体	生效日期	文件名称	相关规定
证监会	2006.5.8	《上市公司证券发行管理办法》	第73条　上市公司和保荐机构、承销商向参与认购的投资者提供财务资助或补偿的，中国证监会可以责令改正；情节严重的，处以警告、罚款
证监会	2020.2.14	《上市公司证券发行管理办法（2020修订）》	第73条　上市公司和保荐机构、承销商向参与认购的投资者提供财务资助或补偿的，中国证监会可以责令改正；情节严重的，处以警告、罚款
证监会	2006.9.19	《证券发行与承销管理办法》	第64条　发行人及其承销商违反规定向参与认购的投资者提供财务资助或者补偿的，中国证监会可以责令改正；情节严重的，处以警告、罚款。
证监会	2013.12.13	《证券发行与承销管理办法（2013修订）》	第16条　发行人和承销商不得采取操纵发行定价、暗箱操作或其他有违公开、公平、公正原则的行为；不得劝诱网下投资者抬高报价，不得干扰网下投资者正常报价和申购；不得以提供透支、回扣或者中国证监会认定的其他不正当手段诱使他人申购股票；不得以代持、信托持股等方式谋取不正当利益或向其他相关利益主体输送利益；不得直接或通过其利益相关方向参与认购的投资者提供财务资助或者补偿；不得以自有资金或者变相通过自有资金参与网下配售

续表

发布主体	生效日期	文件名称	相关规定
证监会	2014.3.21	《证券发行与承销管理办法（2014 修订）》	第 16 条　发行人和承销商及相关人员不得泄露询价和定价信息；不得以任何方式操纵发行定价；不得劝诱网下投资者抬高报价，不得干扰网下投资者正常报价和申购；不得以提供透支、回扣或者中国证监会认定的其他不正当手段诱使他人申购股票；不得以代持、信托持股等方式谋取不正当利益或向其他相关利益主体输送利益；不得直接或通过其利益相关方向参与认购的投资者提供财务资助或者补偿；不得以自有资金或者变相通过自有资金参与网下配售；不得与网下投资者互相串通，协商报价和配售；不得收取网下投资者回扣或其他相关利益
证监会	2016.1.1	《证券发行与承销管理办法（2015 修订）》	第 17 条　发行人和承销商及相关人员不得泄露询价和定价信息；不得以任何方式操纵发行定价；不得劝诱网下投资者抬高报价，不得干扰网下投资者正常报价和申购；不得以提供透支、回扣或者中国证监会认定的其他不正当手段诱使他人申购股票；不得以代持、信托持股等方式谋取不正当利益或向其他相关利益主体输送利益；不得直接或通过其利益相关方向参与认购的投资者提供财务资助或者补偿；不得以自有资金或者变相通过自有资金参与网下配售；不得与网下投资者互相串通，协商报价和配售；不得收取网下投资者回扣或其他相关利益。 （相比 2015 年的管理办法，只是条文序号变动，内容无变动）
证监会	2018.6.15	《证券发行与承销管理办法（2018 修订）》	第 17 条　发行人和承销商及相关人员不得泄露询价和定价信息；不得以任何方式操纵发行定价；不得劝诱网下投资者抬高报价，不得干扰网下投资者正常报价和申购；不得以提供透支、回扣或者中国证监会认定的其他不正当手段诱使他人申购股票；不得以代持、信托持股等方式谋取不正当利益或向其他相关利益主体输送利益；不得直接或通过其利益相关方向参与认购的投资者提供财务资助或者补偿；不得以自有资金或者变相通过自有资金参与网下配售；不得与网下投资者互相串通，协商报价和配售；不得收取网下投资者回扣或其他相关利益
证监会	2020.2.14	《上市公司非公开发行股票实施细则（2020 修订）》	第 29 条　上市公司及其控股股东、实际控制人、主要股东不得向发行对象作出保底保收益或变相保底保收益承诺，且不得直接或通过利益相关方向发行对象提供财务资助或者补偿

证监会在 2006 年《上市公司证券发行管理办法》和《证券发行与承销管理办法》颁布伊始，即对上市公司和承销商向参与认购的投资者提供财务资助或补偿的行为予以明确禁止；而在 2014 年修订的《证券发行与承销管理办法》中，证监会又将禁止向投资者提供财务资助或补偿的对象拓展到发行人和承销商的相关人员。笔者认为，上市公司的控股股东、实际控制人、主要股东作为对上市公司的发展、运营和决策起重大影响和关键作用的人员，理应属于“相关人员”范畴。

因此，尽管证监会在 2020 年《上市公司非公开发行股票实施细则》（以下简称《实施细则》）中才首次明确对控股股东、实际控制人、主要股东的保底承诺作出否定，但此举并非对既往规定的突破，而是对证监会一贯否定定增保底协议效力观点的细化与补充。

四、《若干意见》适用问题

（一）适用范围

《若干意见》在其首节中规定“为充分发挥人民法院审判职能作用，保障深化新三板改革、设立北京证券交易所顺利推进，保护中小企业和投资者合法权益，现就人民法院正确审理新三板挂牌公司、北京证券交易所上市公司相关案件等问题，提出如下意见”。从字面理解，《若干意见》的适用对象似乎仅限于新三板挂牌公司和北京证券交易所上市公司。

但此次最高人民法院认定定增保底协议无效的理由为“其赋予了投资方优越于其他同种类股东的保证收益特殊权利，变相推高了中小企业融资成本，违反了证券法公平原则和相关监管规定”。其中提到的投资方利用其特殊地位要求保证收益的行为在市场中具有普遍性，而非局限在某一证券交易所或某一板块，该行为损害的是整体金融秩序。同时，结合本文前述内容，该行为违反的法律法规并非仅适用于新三板挂牌公司和北京证券交易所上市公司的特殊规定，各证券交易所及各板块作为股票交易的场所，在法律地位上实质也并无差异。因而，从司法一致性和确定性的角度出发，《若干意见》的裁判思路和审判逻辑亦应当扩展至上海证券交易所及深圳证券交易所的上市公司。

（二）溯及力

《若干意见》未对其溯及力作出明确规定，应结合其文件性质综合判断溯及力问题。

最高人民法院《关于司法解释工作的规定》第6条第1款规定:“司法解释的形式分为‘解释’、‘规定’、‘规则’、‘批复’和‘决定’五种。”司法解释的具体形式由最高人民法院明文规定,《若干意见》不属于其中任何一种,严格意义上并不属于司法解释。

《若干意见》从本质上看,并非创设新的规则,而是对“如何理解与适用既往已有规则”的指导性意见,更类似于最高人民法院印发的《九民纪要》,属于审判指引。参照《九民纪要》对溯及力的相关规定:“纪要不是司法解释,不能作为裁判依据进行援引。《会议纪要》发布后,人民法院尚未审结的一审、二审案件,在裁判文书‘本院认为’部分具体分析法律适用的理由时,可以根据《会议纪要》的相关规定进行说理。”《若干意见》认定定增保底协议无效的规定,同样应对其发布后人民法院尚未审结的一审、二审案件均适用。

但值得注意的是,《若干意见》并非在任何情况下始终具有溯及力。《若干意见》认定定增保底协议无效的法律原因为“违反了证券法公平原则和相关监管规定”,该规定受《证券法》和相关监管规定时效的限制。结合本文前述内容,《证券法》在1998年颁布之初即规定了公平原则相关条款,而证监会则是在2014年修订的《证券发行与承销管理办法》才首次明确禁止发行人的相关人员直接或通过其利益相关方向参与认购的投资者提供财务资助或者补偿。因而,笔者认为,对于在2014年修订的《证券发行与承销管理办法》实施后签订的定增保底协议,《若干意见》应具有溯及力。

五、实务观点

(一)《若干意见》颁布前

1. 无效情形

浙江大东南集团有限公司与沈利祥合同纠纷案是《若干意见》颁布前为数不多的被认定定增保底协议无效的案例。法院在(2014)浙杭商初字第46号判决书中认为:“案件的主要争议焦点为大东南公司于2011年6月14日向沈利祥出具的承诺函效力的认定问题。从该承诺函的内容来看,大东南公司要求沈利祥或通过第三人在2011年6月15日至2011年12月15日买入总数不超过1000万股的大东南股票,以稳定和维护大东南股份公司的股价。结合该承诺函的落款时间正处于大东南股份公司第一次定向增发限售期届满、第二次定向增发筹划期间,以及沈利祥关于大东南公司要求其持续买入大东南股票以拉升股价、从而使大东南股份公司能以较高的股价进行第二次定向增发的陈述，可以认定该承诺函的内容涉及操纵证券市场，扰乱证券市场秩序，侵害投资者的合法权益，应认定为无效。”①

虽然该案承诺函要求对方从二级市场买入公开发行的股票，与严格意义上的“定增”不尽相同，但该案认定“因扰乱证券市场秩序而导致合同无效”的裁判思路与后来2019年最高人民法院发布的《九民纪要》第31点观点一致，具有一定创新性和参考意义。

2. 有效情形

在《若干意见》颁布前，法院在多数情况下认定定增保底协议有效（详见表8-2），一般基于以下几点来阐述。

第一，签订于《实施细则》施行前的定增保底协议，因无被溯及力，故不适用《实施细则》第29条之新增规定，法院借此规避了对于该协议是否违反金融安全、市场秩序、国家宏观政策等公序良俗的认定，从而进一步规避了可能认定协议无效的风险。

第二，定增保底协议不针对不特定多数人，是各方当事人基于投资风险及投资收益的判断与分配作出的真实意思表示，且不违反法律、行政法规的强制性规定，合法有效，各方当事人均应依约履行义务。

第三，定增保底协议不损害公司及公司债权人的权益，没有明显增加证券市场风险、破坏证券市场稳定性，不违反《证券法》第77条第1款的规定，即“禁止任何人以下列手段操纵证券市场：（一）单独或者通过合谋，集中资金优势、持股优势或者利用信息优势联合或者连续买卖，操纵证券交易价格或者证券交易量；（二）与他人串通，以事先约定的时间、价格和方式相互进行证券交易，影响证券交易价格或者证券交易量；（三）在自己实际控制的账户之间进行证券交易，影响证券交易价格或者证券交易量；（四）以其他手段操纵证券市场”。

第四，影响定增保底协议效力的规范性文件的法律位阶必须是法律或行政法规，且是效力性强制性规定。而《中国银行业监督管理委员会关于加强信托公司结构化信托业务监管有关问题的通知》《信托公司集合资金信托计划管理办法》《上市公司非公开发行股票实施细则》等均不属于行政法规、规章的效力性强制性规定。

---

① 参见（2014）浙杭商初字第46号。

表 2　部分法院认定定增保底协议有效的情形

案件名称	案号	文书要点摘要
芒果传媒有限公司、中南红文化集团股份有限公司合同纠纷案	(2020)最高人民法院民终 1161 号	法院认为，尽管 2020 年 2 月 14 日修正的《实施细则》第 29 条规定了“上市公司及其控股股东、实际控制人、主要股东不得向发行对象作出保底保收益或变相保底收益承诺，且不得直接或通过利益相关方向发行对象提供财务资助或者补偿”等内容，但根据法不溯及既往的原则，该规定只能适用于实施后发生的法律事实，对此前发生的行为并无溯及力，而在案涉《补充协议》《补充协议二》签订时，国家法律、行政法规并未对差额补偿作出禁止性规定，故该规定亦不适用于本案。中南重工集团提出《补充协议》《补充协议二》应认定无效的辩解理由不能成立，原审法院不予采纳[①]
王冬雷等与华鑫国际信托有限公司证券交易合同纠纷案	(2020)京民终 251 号	法院认为，华鑫信托公司与德豪投资公司、王冬雷签订的《合作协议》是各方当事人真实意思表示，且不违反法律、行政法规的强制性规定，合法有效。各方当事人均应依约履行义务。《合作协议》约定德豪投资公司、王冬雷为华鑫信托公司的认购本金及收益提供增信措施，是华鑫信托公司与德豪投资公司、王冬雷之间的约定，不针对不特定多数人；增信的主体德豪投资公司、王冬雷是德豪润达公司的股东及实际控制人，该约定本质上是目标公司股东与投资者之间对投资风险及投资收益的判断与分配，属于当事人意思自治的范畴；目标公司股东对投资者的差额补足和追加增强信托资金的承诺并不损害公司及公司债权人的权益，没有明显增加证券市场风险、破坏证券市场稳定性，故德豪投资公司、王冬雷认为《合作协议》违反证券法规禁止保底承诺的规定，上市公司股东单独要求保底承诺违反公司法风险共担的规定，进而主张《合作协议》无效的上诉理由，不符合《合同法》第 52 条规定的合同无效的情形，法院不予支持[②]
杨振华、曹忻军合同纠纷二审案	(2020)最高人民法院民终 1295 号	法院认为，《证券发行与承销管理办法》属于部门规章，并非法律、行政法规，并且，本案亦无证据显示《信用增级协议》约定由上市公司股东对投资者作出补偿承诺，损害了金融安全和证券市场交易秩序，因此，杨某等 4 人以此为由主张《信用增级协议》无效，依据不足。杨某等 4 人上诉还主张《信用增级协议》因未对外公开披露，违反《证券法》第 78 条关于“信息披露义务人披露的信息，应当真实、准确、完整，简明清晰，通俗易懂，不得有虚假记载、误导性陈述或者重大遗漏”、《上市公司非公开发行股票实施细则》第 4 条关于“上市公司的控股股东、实际控制人和本次发行对象，应当按照有关规定及时向上市公司提供信息，配合上市公司真实、准确、完整地履行信息披露义务”的规定，损害社会公共利益而无效。对此，法院认为，即使存在违反信息披露义务的情况，也不必然导致《信用增级协议》无效。综上所述，本院对杨某等 4 人关于 A 信托公司未履行信息披露义务，《信用增级协议》无效的上诉主张不予支持[③]

① 参见(2020)最高法民终 1161 号。

② 参见(2020)京民终 251 号。

③ 参见(2020)最高法民终 1295 号。

续表

案件名称	案号	文书要点摘要
李春辉、袁建华合同纠纷再审案	(2021)最高人民法院民申2922号	法院认为,判断案涉《差额补足协议》是否有效,应衡量该《差额补足协议》内容是否违反了《证券法》的禁止性规定,构成了操纵、影响或者扰乱证券交易市场的情形。本案中,从双方当事人签订的《差额补足协议》内容看,协议中并无双方集中资金优势、持股优势或者利用信息优势联合或者连续买卖,或者以事先约定的时间、价格和方式相互进行证券交易及以其他手段操纵证券交易市场等操纵或者影响、扰乱证券交易价格或者证券交易量的约定。此外,双方当事人通过《差额补足协议》最终投资的股票为上市公司东方精工定向增发的股票,而非已经在二级市场上自由流通的股票。该定向增发的股票具有较长的交易锁定期,且锁定期满后上市交易还需遵守中国证券监督管理委员会以及证券交易所的相关规定,一般不会造成股价的大幅波动从而危害金融秩序。案涉《差额补足协议》系合同各方对东方精工股票未来价值做出商业判断后进行的风险以及收益的预先分配,《差额补足协议》中既有对袁建华投资风险的保障承诺,也有李春辉、董初升对超过年化10%部分的投资收益分得20%的约定,该协议符合正常的商业逻辑,并非含有博彩性质的赌博行为,也不违反证券交易风险自负的原则。该《差额补足协议》系双方当事人的真实意思表示,虽然协议约定李春辉、董初升以1亿元为限对袁建华未能实现的收益或者产生的亏损承担担保责任,但该担保责任系李春辉、董初升一方的主要合同义务,并非合同法或者担保法所规定的具有从属性质的担保责任,李春辉主张的因不存在主债权债务关系而应认定该担保责任为无效的申请理由不能成立。综上所述,案涉《差额补足协议》应认定为合法有效,合同当事人均应信守合同义务[①]
邹承慧与华鑫国际信托有限公司证券交易合同纠纷二审案	(2021)京民终97号	法院认为,关于案涉《合作协议》及其系列补充协议的效力认定。邹承慧上诉主张案涉《合作协议》及其补充协议因违反法律禁止性规定而无效,一审判决适用法律错误。对此,本院认为,《合同法》第52条规定:"有下列情形之一的,合同无效:(一)一方以欺诈、胁迫的手段订立合同,损害国家利益;(二)恶意串通,损害国家、集体或者第三人利益;(三)以合法形式掩盖非法目的;(四)损害社会公共利益;(五)违反法律、行政法规的强制性规定。"《合同法司法解释(二)》第14条规定:"合同法第五十二条第(五)项规定的'强制性规定',是指效力性强制性规定。"据此,影响合同效力的规范性文件的法律位阶必须是法律或行政法规,且是效力性强制性规定。《证券法》第27、86条并非效力性强制性规定;《中国银行业监督管理委员会关于加强信托公司结构化信托业务监管有关问题的通知》《信托公司集合资金信托计划管理办法》《上市公司非公开发行股票实施细则》亦不属于行政法规、规章的效力性强制性规定;且案涉《合作协议》及其系列补充协议的内容并无违反法律、法规、行政规章涉及金融安全、市场秩序、国家宏观政策等公序良俗的相关规定之处;《合作协议》及其系列补充协议均为华鑫信托公司与爱康集团、邹承慧自愿签订,系各方当事人的真实意思表示。因此,案涉《合作协议》及其系列补充协议应属合法有效。综上,邹承慧关于华鑫信托公司设立四个集合资金信托计划并嵌套四个资管计划的行为违法,进而应当认定《合作协议》及其系列补充协议无效的上诉理由,没有事实依据和法律依据,法院不予支持[②]

① 参见(2021)最高法民申2922号。

② 参见(2021)京民终97号。

（二）《若干意见》颁布后的司法实例

《若干意见》颁布后，笔者关注到苏州市中级人民法院立即于 2022 年 6 月底召开的新闻发布会，在其发布的“2019—2021 年度苏州法院公司类纠纷案件审判白皮书暨典型案例”中，“上市公司股票认购保底收益承诺无效——某机电公司诉某投资公司确认合同无效纠纷案”① 的裁判理由与《若干意见》的规定相契合（详见表3）。

表 3　某机电公司诉某投资公司确认合同无效纠纷案案例摘要

裁判观点	上市公司关联企业与投资者签订差额补足协议，承诺投资者认购上市公司股票所获收益低于最低年化收益的，由上市公司关联企业补足，不仅违反证券法及证券市场相关监管规定，实质上也影响其他投资者对上市公司股票价值的判断，对正常的证券交易秩序造成不良影响，由此该类投资保底协议违背公序良俗，损害社会公共利益，应属于无效
基本案情	2012 年，某机电股份公司在创业板上市。2016 年，机电股份公司增发股份。机电股份公司的股东某机电公司与某投资公司签署了《差额补足协议》，约定投资公司认购机电股份公司发行的股份，由机电公司承诺保底投资公司认购的股份年化收益率不低于 10%。协议签订后，投资公司认购机电股份公司 1 亿元的股票。其后，因机电股份公司股价长期低于认购价，各方就差额补足问题产生争议，机电公司诉至法院，请求确认《差额补足协议》的效力
裁判结果	一审判决经审理认为，《差额补足协议》对上市公司股票作出保底收益约定，违反了证券市场秩序管理的行政规章，损害了社会公共利益，应属无效。遂判决确认《差额补足协议》无效。 二审法院经审理认为，案涉《差额补足协议》保证投资公司无论股票涨跌都能获得收益，规避了投资公司的投资风险，违反了《证券法》关于证券发行、交易活动必须公开、公平、公正的原则及投资者风险自担的原则规定，也违反了证券市场的相关监管规定。该行为严重影响其他投资者对上市公司股票的判断，对正常的证券交易秩序造成不良影响。由此，一审法院判决确认《差额补足协议》无效，并无不当。故判决驳回上诉，维持原判
典型意义	本案涉及上市公司在增发股票过程中，由其关联公司与投资者签订具有保底属性的差额补足协议效力认定问题。本案属于《九民纪要》颁布后，结合第 31 条的精神，明确上市公司通过关联公司与投资者签订差额补足协议，违反了证券市场的监管规定，破坏资本市场秩序，实质上有损社会公共利益，因此应属无效的法律行为的典型案例。该案也提示上市公司的控股股东等相关方及投资方应加强企业合规意识，遵守证券市场监管规定，避免出现无效法律行为带来的后果

① 《护航企业发展 优化营商环境｜苏州中院发布公司类纠纷案件审判白皮书和典型案例》，载微信公众号“苏州市中级人民法院”，2022 年 6 月 30 日访问。

在《九民纪要》《若干意见》出台前的较多案例中，法院或以“影响定增保底协议效力的规范性文件的法律位阶必须是法律或行政法规，且是效力性强制性规定，而《实施细则》等均不属于行政法规、规章的效力性强制性规定”的理由不予否认协议效力，或以“签订于《实施细则》施行前的定增保底协议，因无被溯及力，故不适用《实施细则》第二十九条之新增规定规避了对于协议是否违反金融安全、市场秩序、国家宏观政策等公序良俗的认定”，规避了可能认定协议无效的情况。因此，法院对于定增保底协议是否属于违反《九民纪要》第 31 条的规定而无效尚无有力案例佐证。

而在前述苏州市中级人民法院颁布的案例（以下代称该案例）中，法院认为，“案涉《差额补足协议》保证投资公司无论股票涨跌都能获得收益，规避了投资公司的投资风险，违反了《证券法》关于证券发行、交易活动必须公开、公平、公正的原则及投资者风险自担的原则规定，也违反了证券市场的相关监管规定。该行为严重影响其他投资者对上市公司股票的判断，对正常的证券交易秩序造成不良影响”。在《若干意见》明确的观点基础上，法院认为定增保底行为不仅损害了参与定增的其他投资者的利益，而且损害了上市公司其他广大股东的利益，对金融市场秩序造成负面影响，应响应监管要求予以打击，因而参照《九民纪要》的审判指引对违反“涉及金融安全、市场秩序、国家宏观政策等公序良俗”规章的合同依法认定无效。

该案例在裁判理由中直接认定定增保底协议违反了《证券法》于 1998 年颁布之初便在第 3 条确立的“核心原则”，即“三公原则”，损害了金融市场秩序和社会公共利益。因为违反该法律规定，逻辑上，则该定增保底协议也符合其订立时应适用的《合同法》第 52 条关于合同无效的相关规定，即“有下列情形之一的，合同无效:（一）一方以欺诈、胁迫的手段订立合同，损害国家利益;（二）恶意串通，损害国家、集体或者第三人利益;（三）以合法形式掩盖非法目的;（四）损害社会公共利益;（五）违反法律、行政法规的强制性规定”。同时，定增保底协议也因违反证监会《上市公司证券发行管理办法》《证券发行与承销管理办法》《实施细则》等一系列部门规章而构成《九民纪要》第 31 条的适用条件。因此，在以上双重法律逻辑的加持之下，法院作出定增保底协议无效的判决结果是水到渠成的。

（三）《若干意见》颁布后的金融审判指引

笔者注意到，在《若干意见》发布后，最高人民法院也于各类场合进一步肯定了金融证券领域审判尺度的转向。

1. 全国法院金融审判工作会议讲话

2023 年 1 月，全国法院金融审判工作会议上刘贵祥《关于金融民商事审判工作中的理念、机制和法律适用问题》的讲话（以下简称金融审判工作会议讲话）在第三点就“关于金融监管规章在金融民商事审判中的适用问题”作详细阐述和明确指引：“金融规章一般不能作为认定金融合同无效的直接依据，但可以作为判断是否违背公序良俗的重要依据或裁判理由……在金融监管规章有关条款构成公序良俗的情况下，可以适用《民法典》第 153 条第 2 款的规定认定合同效力。”“一些金融监管规章的强制性规定是根据上位法的授权或者是为了落实法律、行政法规的强制性规定而制定的具体规定。也就是说，金融监管规章的强制性规定有上位法的明确依据，只不过该上位法的规定较为原则，其在结合实践经验的基础上，将该原则性的规定予以具体化，使其具有可操作性。在这种情况下，合同违反的是法律、行政法规的强制性规定，人民法院可依据《民法典》第 153 条第 1 款认定合同效力。”“虽然金融监管规章不能作为认定合同效力的直接依据，但可以作为认定民事权利义务及相应民事责任的重要参考或依据。金融法律、行政法规无法完全适应金融行业日新月异的快速变化，金融监管规章可以及时补位，填补监管制度漏洞。尤为重要的是，向社会公开发布的金融监管规章，是金融交易的行为规范，交易主体应当遵守，人民法院依此裁判符合社会，特别是金融市场交易主体的预期。”①

结合讲话观点，证监会规章要求发行人不得直接或通过其利益相关方向参与认购的投资者提供补偿，即禁止利益相关方通过“抽屉协议”向发行对象作出保底保收益的承诺，其上位法依据是《证券法》第 3 条中规定的“三公原则”，一系列禁止定增保底部门规章的制定就是为落实《证券法》，其最终目的是使市场投资者能够及时获得真实的信息，在公平的地位上进行交易，排除不当人为干预的供求关系，进而维护交易正常秩序。

上述向社会公开发布的金融证券监管规章是金融证券交易的基本行为规范，无论是肩负监管职责的证监会或交易所，还是作为市场交易主体的上市公司、控股股东或投资人，各方对金融证券监管要求都十分清楚，对“抽屉协议”交易行为是否违反部门规章禁止性规定及其后果都有明确认知，因此，法院应依法依规章认定

---

① 刘贵祥：《关于金融民商事审判工作中的理念、机制和法律适用问题》，载《法律适用》2023 年第 1 期。

定增保底无效。

2. 第六巡回法庭裁判规则

2023 年 1 月出版的《最高人民法院第六巡回法庭裁判规则》(以下简称《最高法六巡裁判规则》)旨在“通过这种解答法律适用疑难问题和提炼裁判规则的方式，为审判人员审理相同或相似案件时提供法律适用的参考和指引”，该书的“民商事审判实践疑难问题解答”部分“二、合同纠纷部分”之问题 3，就法院在审理合同纠纷案件时判断违反规章合同效力的标准作出了与金融审判工作会议讲话一致的明确答疑释明：“《民商审判会议纪要》(即《九民既要》)第 30 条明确，要在考量强制性规定所保护的法益类型、违法行为的法律后果及交易安全保护等因素的基础上认定其性质，并在裁判文书中充分说明理由……违反规章同时构成违背公序良俗的，如破坏金融安全、市场秩序、国家宏观政策等，应认定合同无效……法院因此作出否定合同效力的认定的，不得援引规章条文作为裁判的依据，应以《民法典》第 153 条第 2 款作为认定合同无效的法律依据，并在裁判文书中进行充分说理……”①

定增保底性质条款刻意规避的是证监会对于非公开发行中相关人员不得提供财务资助或者补偿的金融监管部门规章，其最终损害的是上述部门规章上位法《证券法》所要保护的证券市场“三公原则”的基本法益。因而定增保底违反的部门规章属于强制性规定。

六、结语

随着国家金融监管政策的日渐趋严，司法机关的司法裁量尺度与监管部门的金融监管要求亦逐步趋同。因定增保底行为本身存在破坏公平竞价、误导投资者等多重不利影响，其履行必然损害广大投资者的合法权益，从而损害资本市场基本交易秩序与基本交易安全，损害金融安全及社会公共利益。尽管，在此前多数司法实务中均认可了定增保底协议的效力，但并未完全体现监管层面对定增保底协议的否定态度，最高人民法院也正是因为看到了定增保底等这类违规行为造成的严重市场危害性以及司法与监管的“脱节”才颁布《若干意见》，将相关争议一锤定音。

---

① 《最高人民法院第六巡回法庭裁判规则》，人民法院出版社 2023 年版。

《若干意见》明确否认定增保底性质条款的效力，既是为了契合监管要求、降低金融风险、降低企业融资成本，也是为了平等保护各股东利益、规范金融市场秩序以及维护社会公共利益。伴随着金融改革的继续深化，类似《若干意见》性质的审判指引将继续涌现，为实现司法与监管对金融市场的协同治理搭建桥梁。

新三板视域中的操纵证券交易市场责任纠纷法律适用规则

——基于全国首例新三板操纵证券交易市场案

郑飞云* 戴思雅**

一、案情简介

自然人A曾系新三板挂牌公司B公司的实际控制人之一。由于所处行业需要大量的资本投入和技术积累，作为民营企业的B公司为了解决融资渠道受限的问题，开展了多次定向增发。合伙型私募基金C合伙企业与承销商沟通后，参与了B公司的20元/股的定向增发，并于2015年11月认购了相应份额（该次定向增发涉20余家机构，涉金额共5亿元）。2020年，中国证监会作出《行政处罚决定书》，认定A于2015年9月操纵了B公司股价。

2021年，C合伙企业以操纵证券交易市场责任纠纷将A和B公司诉至法院，认为A的操纵行为影响了其投资决策，操纵行为被查处后，B公司的股价迅即下降，C合伙企业遭受了巨大损失，故要求A、B公司赔偿其经济损失2200余万元。

本案代理过程中，代理律师邀请了金融行业领域内五位顶级专家就因果关系认定和损失认定等核心问题进行论证并出具《专家论证意见书》，同时申请出具《损失核定意见书》的中证法律服务中心核定人员出庭接受质询，最终，说服合议庭对B公司股权价值重新进行评估。评估公司对B公司出具了《股权价值追溯评估鉴证报告》。

一审法院判决依据《股权价值追溯评估鉴证报告》判令自然人A支付赔偿款

---

* 郑飞云，北京炜衡（上海）律师事务所高级合伙人，上海大学、美国埃默里大学法学硕士，曾在2017—2020年度被评为上海市长宁区优秀女律师，代理案件提名新时代推动法治进程2022年度十大案件。曾在检察院公诉科工作多年，转型后深耕于金融诉讼与强制执行、刑事辩护与合规领域。同时担任华东理工大学法学院校外导师、上海政法学院环境资源与能源法研究中心客座教授、兼职硕士导师、华东政法大学刑事司法学院大学生职业发展导师。

** 戴思雅，北京炜衡（上海）律师事务所律师，华东政法大学法律硕士，协办案件提名新时代推动法治进程2022年度十大案件。

318 万元，B 公司不承担责任。

二、操纵证券市场民事赔偿纠纷的立法和司法现状

1. 立法现状

过去，投资者提起操纵证券市场民事赔偿诉讼，存在诉讼门槛和前置程序两大客观障碍。囿于立法、司法条件的限制，2001 年最高人民法院发布的《关于涉证券民事赔偿案件暂不予受理的通知》切断了投资者提起证券民事赔偿诉讼的维权路径。之后，最高人民法院于 2002 年、2003 年分别下发了《关于受理证券市场因虚假陈述引发的民事侵权纠纷案件有关问题的通知》（以下简称《虚假陈述若干规定》）和《关于审理证券市场因虚假陈述引发的民事赔偿案件的若干规定》（以下简称《赔偿规定》），由此，虚假陈述引发的民事赔偿纠纷率先打开了诉讼通道。《虚假陈述若干规定》还确立了证券民事赔偿诉讼的前置程序。2007 年 5 月 30 日，最高人民法院在全国民商事审判工作会议上提出，对于内幕交易和操纵市场侵权行为类案件，人民法院应当参照虚假陈述司法解释前置程序的规定来确定案件的受理，并根据相关管辖的规定来确定案件的管辖。此后，最高人民法院又逐步废除证券民事诉讼前置程序以解决证券诉讼启动制度的困境。

此后，最高人民法院在 2022 年发布了新的赔偿规定，即《关于审理证券市场虚假陈述侵权民事赔偿案件的若干规定》（以下简称《虚假陈述侵权赔偿规定》），对 2003 年《赔偿规定》实施以来审判工作中面临的疑难问题进行了全面总结和更新，进一步细化和明确了证券市场虚假陈述侵权民事赔偿责任的构成要件及追究机制等各项主要内容。可惜对于操纵证券市场始终未出台专门的司法解释。

2. 司法现状

笔者整理了我国 2001 年至 2022 年 10 月的 152 份操纵证券市场行为行政处罚决定书，发现近年来操纵证券市场案件数量总体呈增长态势，尤其是 2015 年之后出现了井喷式的增长。从处罚结果来看，违法行为人通常面临没收违法所得并处以 1—5 倍罚款或在没有违法所得的情形下直接进行罚款的行政处罚，其中不乏需同时承担刑事责任的违法行为人，如汪建中、鲜言、北八道集团林庆丰等。

与针对违法行为人相对充分且不断完善的刑事、行政处罚机制相比，面向特定实际受损害投资者的操纵证券市场民事赔偿制度发展则稍显滞后，缓不济急，20 年来操纵证券市场民事赔偿案件历历可数，投资者胜诉判决更是寥寥无几，详见表 1。

表 1 部分操纵证券市场民事赔偿案件判决结果

案件名称	判决结果	裁判年份
18 名原告诉程文水、刘延泽操纵中核钛白民事赔偿案	一审驳回原告的诉讼请求，二审维持原判	2011 年、2012 年
王永强诉汪建中操纵中信银行 / 中国石化 / 万科 A 股价民事赔偿案	驳回原告的诉讼请求	2011 年
董洪勤、史丽华诉安徽省凤形耐磨材料股份有限公司操纵凤形股份股价民事赔偿案	一审驳回原告的诉讼请求。二审维持原判。最高人民法院驳回再审申请	2018 年、2019 年
杨绍辉诉阙文彬、蝶彩资产管理（上海）有限公司、谢家荣操纵恒康医疗股票价格民事赔偿案（以下简称“恒康医疗案”）	判决阙文彬与蝶彩资产管理（上海）有限公司分别承担赔偿责任并相互承担连带清偿责任。二审维持原判	2019 年、2021 年
（本案）原告投资者诉被告 A 公司及其实际控制人邵某操纵证券交易市场责任纠纷案	判令被告邵某承担赔偿责任	2022 年
13 名原告投资者诉被告鲜言操纵证券交易市场责任纠纷案（以下简称“鲜言操纵证券市场责任纠纷案”）	判令被告鲜言赔偿原告损失。犯罪处罚款优先赔付投资者损失	2022 年

以“恒康医疗案”为分界线，在此之前，法院通常认为操纵证券市场民事赔偿案件中，因果关系、赔偿责任范围、损失计算方法均无明文规定。除此以外，由于现行法律规定未对操纵证券市场案件的举证责任分配作出特殊规定，所以司法实践中仍按照“谁主张谁举证”的原则要求投资人全面承担操纵证券市场民事侵权的举证责任，否则就要承担举证不利的后果，尤其是所有原告驳回诉讼请求的判决几乎都特别提到了原告未完成因果关系的举证责任，但因果关系的举证对于普通个人投资者而言恰恰是一座难以逾越的大山。因此，审理标准的缺乏和举证困难分别成为横亘在法院和投资者面前的新难题。

三、原被告主体资格及管辖问题

1. 原告主体资格的确定

本案操纵证券交易市场行为发生于 2015 年，根据 2014 年《证券法》第 77 条第 2 款之规定，操纵证券市场行为给投资者造成损失的，行为人应当依法承担赔偿责任。故投资者可以成为本类纠纷的原告。

如果投资者交易股票时，该股票价格受到操纵影响且尚未结束，则该投资者具有原告资格；反之，若投资人在操纵影响消弭之后方才买入的，则不具备索赔资格。值得注意的是，操纵行为结束之日与影响消弭之日具有时间差，股价回归正常的日期需要进行拟制。

本案中，原告虽于操纵行为结束之后通过定增方式入股公司，但较为特殊的是，操纵行为结束后，B 公司经历了长时间的停牌，操纵的影响无法自然消弭，在原告买入股票一段时间后，公司方才复牌，因此，对于原告的索赔资格争议较小。

2. 被告资格的确定

根据 2014 年《证券法》第 77 条第 2 款的规定，操纵证券市场民事赔偿的适格被告是操纵证券市场的行为人。在实践中，如果操纵行为人系公司职工，原告往往会根据“职权范围”原则和“利益归属”原则认为操纵行为人所实施的行为属于职务行为，进而要求公司一并承担侵权责任，比如董洪勤、史丽华诉安徽省凤形耐磨材料股份有限公司操纵凤形股份股价民事赔偿案。该案中，原告同样认为自然人 A 是 B 公司的实际控制人之一，且被告 B 公司是定向增发的相对方，原告的投资款实际打入 B 公司账户，因此 B 公司应作为共同侵权方承担赔偿责任。

对此，司法实践所确认的判断规则是原告需要提供证据证明公司存在参与操纵证券市场的行为与意图。本案中，由于 B 公司并未受到行政处罚，同时原告亦未提供证据证明公司参与操纵，且尚无证据证明 B 公司实际控制人的个人行为等同于公司行为。因此，原告要求公司承担共同侵权责任缺乏依据，法院未予支持。

3. 管辖问题

《虚假陈述侵权赔偿规定》第 3 条第 1 款中规定，证券虚假陈述侵权民事赔偿案件，由发行人住所地的省、自治区、直辖市人民政府所在的市、计划单列市和经济特区中级人民法院或者专门人民法院管辖。根据 2007 年 5 月 30 日召开的全国民商事审判工作会议，操纵市场案件管辖参照虚假陈述案件关于管辖的规定。

四、因果关系认定问题

侵权行为与损害结果之间的因果关系，是判断侵权责任的核心要件。美国侵权行为法因果关系判定以“两分法”的思维模式为基础，将因果关系分为交易因果关系和损失因果关系。在判断交易因果关系时，主要采用大陆法系条件理论相似的必要条件规则，即依据“but for”为判断标准。为解决投资者举证难题，美国证券法率先发展出了以“欺诈市场理论”为基石的因果关系推定规则。根据投资者基于对操纵市场造成的市场假象的信赖而作出投资决定的逻辑链条，交易上的因果关系的证明本质上是对“信赖关系”的证明。

在“鲜言操纵证券市场责任纠纷案”中，上海金融法院指出，“因果关系两重分析框架已在近年来的证券虚假陈述责任纠纷审判实践中普遍使用，实践经验被相关司法解释吸收。证券操纵行为同为证券欺诈行为，在因果关系上亦应遵循交易因果关系与损失因果关系两重判断”。因此，交易及损失因果关系的两重判断，是相关案件中不可避免的争议焦点。在首单操纵证券市场民事赔偿支持诉讼案——“恒康医疗案”中，审理法院首次采纳欺诈市场理论，并依据信赖推定原则推定投资人损失与操纵市场行为之间的因果关系，此后的操纵证券市场民事赔偿案件中，各法院在因果关系的认定上也基本延续了“恒康医疗案”的思路，由此，投资者举证负担大大减轻。在“零容忍”“加强中小投资者保护”的政策趋势之下，被告想要通过抗辩推翻推定交易因果关系的难度实际上是较大的。

（一）交易因果关系的推定规则

在操纵证券市场案件中，因果关系链条一般表现为：行为人操纵证券市场，导致证券市场供求关系扭曲，从而导致投资者偏离真实价格进行交易，使得产生投资差额损失。理论上，原告应当依照“谁主张谁举证”的原则举证证明交易因果关系存在，即证明其对操纵产生的虚假证券价格信息产生信赖而作出相应投资决策。但对进行“非面对面交易”的投资者而言，这显然是不可能完成的任务。因为在操纵证券市场侵权领域，由于投资本身即存在风险，股票的涨跌受公司的经营状况、行业发展、大盘指数等系统性和非系统性因素影响，如需投资者论证如果没有行为人的操纵，投资者就不会作出相应决策，因果关系举证责任将成为受侵权人不可承受之重。并且，在集团诉讼的语境下，如果要求每一个投资者证明信赖关系的存在，显然成本巨大。另外，从双方当事人距离证据远近的角度分析，由于操纵行为人相比于普通投资者，在证券市场通常具备信息优势或资金优势或知识技术优势，其收集证据的能力也相对较高。以“欺诈市场理论”为核心的推定因果关系理论正是为了解决投资者的举证难题而产生的。

“欺诈市场理论”以经济学理论——“有效市场假说”为基石，有效市场假说将信息与证券价格相关联，认为有效市场的股票价格可以确切、完整地反映对证券价格有影响的信息，如果没有新信息的到来，证券价格应该保持稳定。正如美国最高法院在 Basic Inc. v. Levinson 案中所述，“市场充当着投资人的代理人，它告诉投资人，根据所有市场上已知的信息，股票的价值就是它的市价，是欺诈扭曲了价格”。

因此，在一个有效市场中，由于投资者信赖其证券交易价格的均衡和真实性，无论是虚假陈述行为还是操纵证券市场行为，只要被告实施的证券欺诈行为对股票的市场价格产生了影响，扭曲了真实的供求关系，就可以推定投资者受到了误导。

但是，从“有效市场假说”到“欺诈市场理论”的推导有严格的限制条件。“有效市场假说”将信息按公开程度分为历史信息、公开信息和内幕信息，并根据证券价格对信息的反应程度进一步界定了三种不同程度的有效市场，即弱式有效市场、半强式有效市场和强式有效市场。只有在股价能够反映所有公开信息的半强式有效市场，“欺诈市场理论”才有适用的空间。

还需要注意的是，旨在保护“非面对面”交易中的不特定中小投资者合法权益而确立的因果关系推定原则对定向增发投资者而言并不能当然地予以适用，参与定向增发的投资者必须举证证明其对于受操纵的股票交易价格产生了合理信赖。司法实践中，对于原告不会苛以过重的举证负担，通常只要提供证据证明受操纵的股价对其产生了影响即可。

（二）交易因果关系的抗辩

当然，基于“欺诈市场理论”的因果关系的推定属于“可辩驳的信赖推定”，允许被告举证推翻。结合司法实践及《虚假陈述侵权赔偿规定》第 12 条的规定，交易因果关系的抗辩主要可以分为以下几种。

1. 合理信赖并不存在的情形

《虚假陈述侵权赔偿规定》第 12 条第 1、2 项规定了两种原告不存在合理信赖的情形，即“原告的交易行为发生在虚假陈述实施前，或者是在揭露或更正之后”“原告在交易时知道或者应当知道存在虚假陈述，或者虚假陈述已经被证券市场广泛知悉”。

但通常提起相应诉讼的原告均满足时间段要求，也对操纵行为存在不明知。在本案中，为证明原告合理信赖并不存在，笔者主要综合原告的专业性、市场的非有效性、交易方式的特殊性几个方面着手论证。

第一，从原告身份着手，因为原告为专业投资者，被告可举证证明其未尽审慎注意义务，未产生“合理信赖”。对专业机构投资者而言，其本就从事投资业务，擅长对公司进行估值，其具备高于普通中小投资者不同的市场投资知识、技能和专业分析能力，比普通投资者更加了解证券行业内幕，也有着更高的注意义务和更严格的投资决策程序，难以成为被欺诈的对象。如果机构投资者未运用其专业知识和技能进行证券投资，未严格遵循其投资决策程序，而轻信普通投资人才可能信赖的因素，则难言其产生了合理信赖。若对专业机构投资人适用与普通中小投资者相同的标准，则可能在实质上使这些机构投资者规避了其本应承担的谨慎勤勉义务和证券市场投资风险。因此，在判断“合理信赖推定”是否成立的问题上，对于专业机构投资者，应当适用更为严格的标准，这一点，已被本案在内的多份判例予以认可。比如宁夏回族自治区高级人民法院（2007）宁民商终字第 74 号民事判决书认为机构投资者在投资购买银广夏股票的实际决策过程中并未按照基金契约的规定履行完全的证券投资决策程序，并据此否认投资与损失之间的交易因果关系。

第二，从市场特性看，新三板并非“有效市场”，也可以成为弱化原告合理信赖的事由之一。如果说我国 A 股市场经过数十年间的发展，可以认为其已趋成熟，踏入了半强势有效市场的门槛，新三板市场效率则显然难以望其项背，其市场即时性（市场的响应速度）、弹性（价格向真实价值收敛的速度）等均有所不足。从新三板服务对象来看，新三板挂牌公司主要为中小微企业，投资风险较高，客观上要求投资者必须具备较高的风险识别和承受能力，新三板客观上也是一个以高净值投资者和机构投资者为主的市场。从市场交易机制来看，竞价交易方式对投资者的规模及活跃度有较高的要求，需要大量活跃的买盘、卖盘以形成连续的价格曲线。新三板市场相比 A 股市场投资者规模较小、换手率低、流动性显著不足，市场价格发现功能尚不完善，挂牌公司价格难以反映其价值，不应该也不可能是专业机构投资者的重要参考指标。在“欺诈市场理论”的发源地——证券市场相对成熟的美国，法院仍将“案涉股票是在一个有效市场交易”作为原告必须举证证明的事项之一。因此，对于新三板领域内发生的操纵证券市场案件，投资者是否存在合理信赖是值得商榷的。

第三，从交易方式看，由于本案是定向增发交易，是一种以非公开方式向特定对象发行股票的行为，属于“面对面交易”。一方面，投资者在进行交易时，通过实地调研等方式获取并核实公司未公开信息，能够对照印证公开信息、评估投资可行性，因此投资者负有更高的注意义务；另一方面，交易价格也是由双方自主协商确定，对投资者而言，该价格系依据尽职调查对认购价格进行内心确认，其可获取的信息远远超过普通投资者，同时其亦具备更高的议价能力。

综合上述因素，笔者认为，即使没有操纵证券市场行为，也不影响原告买入标的股票和买入的价格，原告的交易行为与操纵证券市场行为之间不存在交易因果关系。

2. 存在其他原因的情形

《虚假陈述侵权赔偿规定》第 12 条第 3 项规定了原告交易是基于其他原因的情形，即“受到虚假陈述实施后发生的上市公司的收购、重大资产重组等其他重大事件的影响”。虽然该条款为重大事件切断交易因果关系打开了通道，但对于重大事件的定义和范围仍不够清晰，并且该条款在实践中的适用效果仍然是存在疑问的。由于投资者购买股票往往是多种因素交织的结果，即使在购买股票期间出现了重大事件，那么该等事件是否能够直接达到切断因果关系的效果呢？

尽管本案审理时，《虚假陈述侵权赔偿规定》尚未更新，但笔者已经按照其他原因的思路作出过抗辩。笔者将原告决定投资 B 公司股票期间，B 公司的所有利好消息公告进行了整理，其中最为重要的就是 B 公司公告接受上市辅导的利好消息。笔者指出，原告参与公司定增系基于公司即将转板上市的心理预期和公司经营向好的基本面。审理法院认为“未有证据证明原告在操纵行为开始前已经决定投资……股票市场价格会成为影响投资者协议定价的参考因素之一”，并未据此直接否定交易因果关系。

（三）损失因果关系的证明与抗辩

损失因果关系是限定侵权人责任的法律要件，即确定侵权人的“可归责范围”。《虚假陈述侵权赔偿规定》第 31 条第 2 款明确规定被告能够通过证明“由他人操纵市场、证券市场的风险、证券市场对特定事件的过度反应、上市公司内外部经营环境等其他因素”减轻或者免除责任，相较于 2003 年只有系统风险排除的规定，新《虚假陈述侵权赔偿规定》显然扩大了被告抗辩的事由，但如何准确识别出上述损失层面的“异常介入因素”，并且进行精确地剔除，不但需要定性分析，而且需要定量分析，因此往往需要由金融专家对价格影响进行测算。实践中，相比于损失因果关系的证明，更为关键的恐怕是真实价格的证明问题。

五、损失计算问题及定损报告的审查要点

虚假陈述与信息型操纵之外的操纵证券市场行为在行为方式、持续时间、影响范围等方面具有差异性。虚假陈述行为的被揭露日和影响消除日一般相隔较近，但信息型操纵之外操纵证券市场行为的影响消除通常与操纵行为被揭露日并不挂

钩，而是在操纵行为结束后的一定时期被市场消化。因此，在计算方法上，不宜直接照搬虚假陈述类审判实践，而需要考虑操纵行为的性质。

司法实践中，损失计算方法多种多样，包括“毛损益法”（gross income loss）、“净损差额法”（out-of-pocket method）等。净损差额法以投资者的实际成交价格与股票的真实市场价格之差计算投资差额，更加贴近证券欺诈的本质，因此为各国法院所广泛接受适用，如美国法院在 Green v. Occidental Pertoleum Corp 一案中，就采用了该种计算方法。该计算方法的核心关键和难点在于确定真实市场价格。一般而言，金融专家会运用两种方式进行计算：一种是指数比较法，即将真实价格拟制为某一固定的数字，比如信息揭露后数十个交易日内的平均收盘价；另一种是事件研究法，即股票真实价值与市场价格维持一定系数关系。

不同的损失核定机构所采取的估值方法有较大的差异。比如上海高级金融学院所主要采用多因子模型法和重大事件分析法①，通过前述方法，采用“收益率曲线同步对比法”，对影响股价的各种因素加以定量分析，基于对大盘因素、行业因素、个股风格因素的量化构建模型，模拟标的股票日收益率，进一步模拟标的股票真实市场价格。中证资本市场法律服务中心一般根据移动加权平均法计算买入均价，系统风险扣除采用法律服务中心研发的以“3+X”组合指数体系为基础的“同步指数对比法”。实践中，投服中心越来越多地参与到证券欺诈诉讼中，但投服中心以投资者利益为导向②，而第三方损失核定机构应当提供客观中立意见。投服中心作为投资者保护机构应当如何处理此种利益冲突值得深思。

尽管金融专家具备一定知识、技术优势，但亦有可能出现疏漏。通过抓住意见书中的漏洞从而推翻不利的《损失核定意见书》是有可能实现的，比如在方正科技集团证券虚假陈述责任纠纷案中，两位损失核定人员作出的《损失核定意见书》因为未考虑投资者持股权重情况而被否定。本案中，第一份《损失核定意见书》通过笔者的质证也成功被推翻。

在个案中，针对第三方专业机构出具的《损失核定意见书》，可以从实体、程序两方面进行审查和质证。具体而言，可以分为估值方法、样本选取、检验修正、损失核定人员专业性、程序问题几个方面。

---

① 参见（2018）沪 74 民初 1399 号。

② 按照中证法律服务中心的官网介绍，其主要职能包括：构建投资者服务平台；受投资者委托，提供调解等纠纷解决服务；为投资者自主维权提供法律服务等。

（一）估值方法的审查

第一，审查估值方法的数量。由于估值的不确定性，为严谨起见，一般需要选择多种估值方法结合使用。业内估值方法主要分为两种，即绝对估值法和相对估值法。绝对估值法，是指从公司自身特点出发，研究其未来现金流、发放股利、净资产价值等；相对估值法，是指从市场上可比对象出发，研究市场上可观测到的同行业可比公司、可比业务的股价，经过调整之后，形成对目标公司的估值。因为每一种方法都有其缺陷，所以需综合参考。对于股权的估值模型应当综合考虑公司的发展阶段、行业、财务信息等多维度信息，采用多种估值方法，并且需要结合公司的实际情况等进行结果校验。

第二，审查估值方法的准确度。在不同的市场环境下，估值方法应当存在差异。比如市值加权的估值方式以有效市场假说为理论基础，而新三板市场并非一个“高度发达和有效率”的市场①，不具备市值加权指数适用的空间。如果机械地适用市值加权收益率来计算关联指数收益率，其计算准确度是存在疑问的。考虑到新三板非活跃股票的特征和新三板的市场定位，对于新三板挂牌公司股价的估值应当采用非市值加权方式，如公司基本面加权、等权重加权、波动率优化加权、最大分散化加权、最高风险收益加权、等风险贡献加权等。

第三，审查估值计算方式的科学性。本案中，《损失核定意见书》在计算“真实定增价格”时使用的公式为：定增价格 ÷ 真实定增价格 =B 公司操纵期间收盘价平均值 ÷B 公司操纵期间“真实价格”平均值。该公式显然存在致命的逻辑问题。B 公司操纵期间收盘价平均值和操纵期间“真实价格”平均值的比例属于操纵行为导致市场价格偏离真实价格的程度，但市场价格因操纵行为产生的偏差率和定增价格的偏差率本身并不能直接等同，也不能以一个违法的价格偏离比率来比较计算真实定增价格。该公式实质上是认为市场价格和定增价格之间存在一个固定的比例关系，只要确定了市场价格，就能相应确定定增价格，该结论显然夸大了市场价格对定增价格的影响权重，缺乏理论和实证支持。因此，审理法院采纳了被告的质证意见，对该《损失核定意见书》的结论并未予以采纳。

（二）样本选取的审查

为避免行业风险影响，一般估值时会根据行业指数来拟制标的股票的日收益

---

① 刘忠、胡安韬、李波：《新三板市场指数编制理论与实践》，载谢庚、徐明主编：《多层次资本市场研究》（第 1 辑），中国金融出版社 2019 年版，第 58 页。

率。本案中，由于新三板并未有细分行业指数，专业机构选取了 B 公司细分行业的同类可比公司，根据其交易数据生成市值加权的拟制指数，作为收益率计算基础，因此会产生样本选取的审查问题。

第一，异常样本应当予以剔除。由于准入门槛的问题，新三板挂牌公司良莠不齐，不同公司之间体量、质地差距巨大。在拟制指数时，应当考虑选取公司的主营业务、体量是否与标的公司相似。本案中，标的公司为核电装备制造股票，而在《损失核定意见书》选取的 29 家样本公司中，有 16 家样本公司业务与核电无关，剩下几家核电概念样本公司在业务重心、产品的市场占有率、经营体量等方面也无法与作为核电第一股的 B 公司比肩。更为重要的是，交易量与价格有效性呈正相关，但《损失核定意见书》对可比公司的选取未进行流动性筛选，9 家公司同期根本无成交量，价格不具有参考价值，也根本不能反映相应概念的收益率。因此，即使要拟制收益率，也应比照主板核电设备制造公司进行估值。

第二，审查样本容量是否充裕。拟制行业指数需要纳入一定数量的样本，确保相关收益率能够尽可能地反映行业整体的情况。因此，在剔除异常数据后，还需要考虑剩余样本数量是否充裕，确保行业指数的真实性。

（三）检验修正的审查

无论采用何种评估方法，均需要充分考虑各种相关因素并经过合理的调整，使评估结果趋近于客观存在的公允价值。具体而言，可以考察估值过程中是否已经考虑了证券市场的风险、公司内外部经营环境的变化、公司盈利能力、行业前景、管理水平、竞争优势等综合情况。对于采用两种以上估值方法的，应当将估值结论进行比较，如果存在较大差异的，应当说明理由并选取更为合理的数值。比如在本案中，第二份股权价值评估报告采用了资产基础法和市场法进行估值，两种方法得出的结论差异巨大，评估人员指出，B 公司的经营资质、管理团队丰富的项目经验、业绩积累、行业声誉的经济价值无法通过资产基础法体现，而通过市场法评估可以反映其价值影响。由此，本次评估采用市场法评估值作为评估结论。

被评估单位股权全部权益对于拟制的真实价格合理性，最终可以与操纵行为开始前的标的股票收盘价格进行比较进行检验。

（四）损失核定人员专业性审查

资产定价作为案件审理过程中的重要核心问题，有赖于专业人员的研究计算结论。损失核定人员是否具备专门知识和技术，能够作出精确估值结论，也是诉讼双方可以抓住的突破口。损失核定人的身份、经验、知识技能如何，很难从纸面上得出结论，通常需要申请其出庭接受质询，通过发问予以明确。因此，诉讼双方对于损失核定意见有异议的，应当及时向审理法院提出异议，申请损失核定人员出庭作证。经法院通知，损失核定人员拒不出庭作证的，损失核定意见不得作为认定事实的根据。在发问时，一方面可以审查损失核定人员的知识储备，询问相关人员的学历、所修专业、从事业务方向、从事相关工作年限、从事相关业务经验等；另一方面可以详细询问《损失核定意见书》中所采用的具体计算参数、计算方法等专业问题，考察相关意见是否由相应人员作出，同时以发问的方式审查其是否具备相应的专业技能。

（五）程序问题的审查

《民事诉讼法》第 79 条规定，当事人可以就查明事实的专门性问题向人民法院申请鉴定。当事人申请鉴定的，由双方当事人协商确定具备资格的鉴定人；协商不成的，由人民法院指定。当事人未申请鉴定，人民法院对专门性问题认为需要鉴定的，应当委托具备资格的鉴定人进行鉴定。该规定与《上海金融法院关于证券纠纷示范判决机制的规定》关于损失核定启动程序的规定具有高度相似性。除此以外，二者在异议程序上同样具有相似性。虽然目前并无明文规定和判例明确《损失核定意见书》是否属于鉴定意见，但鉴于二者的相似性，在质证方向上可以进行一定的参考。尤其是在损失核定机构的选择上，当事人申请损失核定，法院予以准许的，应审查损失核定机构的选择是否经过双方当事人协商确定程序。除此以外，还可以审查：第一，委托程序是否合法、是否存在先鉴定后委托的情形；第二，审查意见书上是否具备机构及其指派的损失核定人员的公章及签名；第三，审查意见书是否详细阐述算法原理、计算过程，计算方法与委托书指定的计算方法要求是否吻合等。

六、结语

波斯纳法官曾在 Bastian v. Petren Resources Corp. 案中指出："欺诈者固然属于坏分子，应受惩罚，但 10b−5 规则并非令他们成为经济灾难的承保人。" 事实上，我国采用 "欺诈市场理论" 和 "推定信赖原则" 时，吸取了有利于保护投资人的推定规则，但对于投资者的限制却并未一道进行移植。我国证券市场目前存在高投机性的特征，投资者热衷于股票炒作，追求短线利益，在这种情况下将利益天平过于向投资者倾斜，可能鼓励投机者通过证券民事诉讼转移其投机风险，未必有利于我国证券市场的成熟。

虽然《证券法》已为投资者提起操纵证券市场侵权赔偿诉讼提供了法律依据，但此类案件数量的急剧增长与尚无标准化的裁判规则形成的矛盾亟待解决。在完备的操纵证券市场民事责任法律体系形成之前，笔者认为，对投资者施以“家长式”的过度保护既不利于证券市场的成熟，也容易造成破坏市场中应有的买者自负原则，因此司法实践中应根据个案情况，公平地考虑因果关系的认定规则，审慎地考量交易因果关系是否成立，在交易因果关系成立的情况下，还需结合操纵证券市场行为的特征确定投资者遭受的实际损失。

基于裁判视野的私募基金法律风险防范与争议解决研究

郭俊* 蒋文彬**

一、引言

近年来，私募基金行业快速发展，在推动直接融资、促进科创发展、丰富居民投资结构等方面发挥了重要作用。与此同时，私募基金行业也表现出法律风险逐步趋高的态势，诸如规避合格投资者要求、变相运作资金池、违规承诺"刚性兑付"、基金"爆雷"无法按期兑付等法律风险事件频发。根据相关数据统计，2018年至2021年，上海国际仲裁中心、上海仲裁委受理的私募基金投资案件均超过700件，涉案金额累计巨大。

本文基于争议解决机构裁判视野，通过分析生效裁判文书并结合笔者办理的数十件私募基金尽调以及诉讼、仲裁纠纷案件的实务经验，重点解构私募基金的常见法律风险并提出有关私募基金法律风险的事前防范措施及法律纠纷发生后的司法处置方式，为精准防控私募基金法律风险和高效解决私募基金法律纠纷提供建议与对策。

二、私募基金法律纠纷的主要起因

私募基金按照组织形式分类可分为契约型基金、合伙型基金、公司型基金；按照业务类型分类可分为私募证券投资基金、私募股权投资基金、创业投资基金、私募资产配置基金（FOF）等。不管私募基金适用何种组织形式、业务类型，其都具有高风险、高收益的特征，该等特征决定私募基金风险事件出现时，容易并发私募基

---

* 郭俊，同济大学法学博士，北京炜衡（上海）律师事务所党总支书记、主任，高级合伙人，一级律师。长期致力于金融、跨境和国企法律服务领域的业务研究与实践，现任上海国际仲裁中心及上海、广州、南京、无锡、合肥、南昌、南通、镇江、泰州等地方仲裁委员会仲裁员，上海市长宁区人大代表。

** 蒋文彬，华中科技大学法律硕士，现为北京炜衡（上海）律师事务所律师。主要执业领域为金融证券、建设工程，先后参与多起公司上市、重大资产重组项目，为多家大型上市公司提供专业法律服务。

金法律纠纷。

根据笔者从事私募基金尽职调查经验，结合司法实践经验进行分析，笔者认为私募基金法律纠纷的主要风险因素如下。

1. 基金管理的内生风险

根据中国证券投资基金业协会发布的《中国证券投资基金业年报（2020）》的数据显示①，截至 2019 年末，私募证券投资基金管理人在管资产低于 1000 万元的占比 45.51%，5000 万元以下的占比 71.68%，超过 75.58% 的私募证券投资基金全职员工数量小于 10 人，且有 13.56% 的私募基金从业人员不具有从业资格，平均管理基金数量约 5 支。私募股权、创业投资基金管理人在管资产低于 2000 万元的占比 38.86%，5000 万元以下的占比 50.44%，超过 80.63% 的私募证券投资基金全职员工数量不超过 10 人，且有 20.52% 的私募基金从业人员不具有从业资格，平均管理基金数量约 3 支。

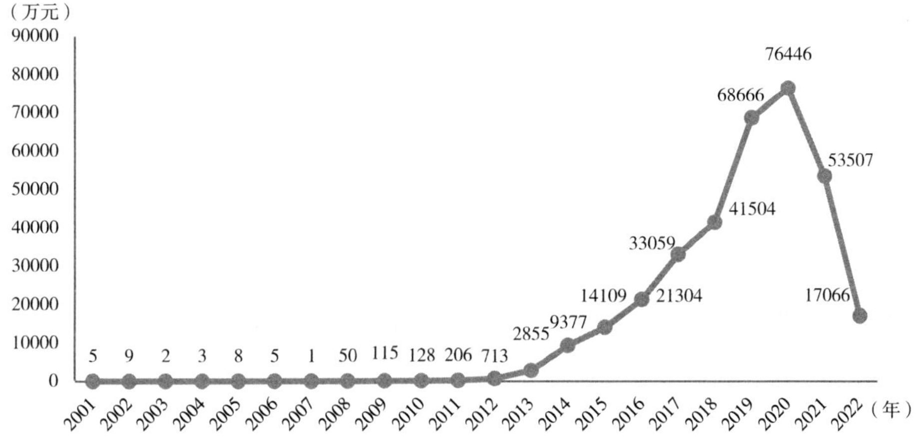

图 1　私募基金管理人规模布局

根据上海金融法院发布的《金融纠纷法律风险防范系列报告（2021）》② 数据显示，52.66% 的私募证券投资基金未配备或配备专职法律合规人员在 1 人以下，35.71% 的私募股权投资基金未配备或配备专职法律合规人员在 1 人以下。

---

① 中国证券基金业协会：《中国证券投资基金业年报（2020）》，载中国证券基金业协会网，https://www.amac.org.cn/researchstatistics/publication/zgzqtzjjynb/202104/t20210419_11390.html，2022 年 4 月 30 日访问。

② 上海金融法院：《金融纠纷法律风险防范系列报告（2021）》，载上海市高级人民法院网，http://snsfbh.hshfy.sh.cn/shfy/web/××nr.jsp?pa=aaWQ9MjAyNjM4MTEmeGg9MSZsbWRtPWxtMTcxz&zd=xwzx，2022 年 4 月 30 日访问。

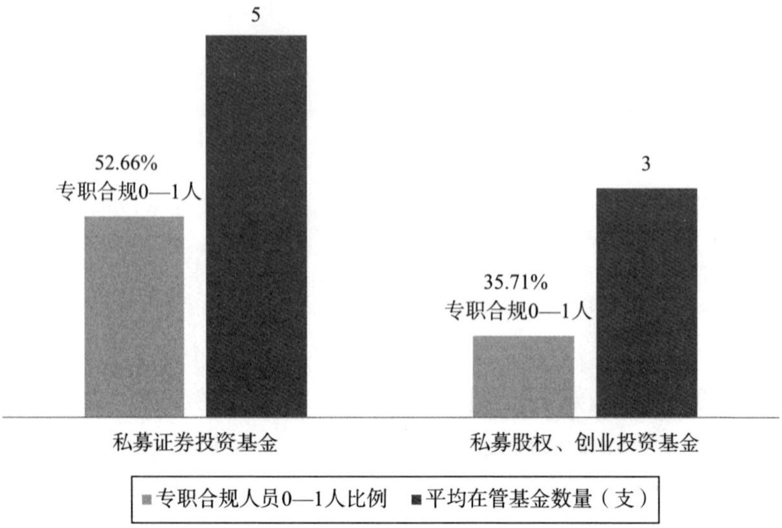

图 2　私募基金管理人专职合规配置

从私募基金管理人管理资产规模来看，小规模管理人数量较为集中。这些小规模管理人往往员工数量较少，人力资源配备上往往难以形成有效的前、中、后台职能划分，实务中常见前台投资人员、合规风控人员、后台管理人员混用的违规现象。当投资人员兼任合规风控人员时，投资人员基于自身业务利益考量容易忽视或低估项目风险，导致前置项目投资决策无法有效排除投资风险；当后台管理人员并非专人专职时，基金投资项目的信息披露、合规运营难以得到有效保障。基于上述，在基金风险事件出现后易伴生私募基金法律纠纷。

从私募基金管理人专职法律合规人员的配置情况来看，私募基金管理人的风控合规人数较少，合规风控资源配置不足，常见一名专职法律合规人员对多支在管备案基金投资的多个项目进行风险合规控制。因私募基金管理人风险合规资源配置不足，容易导致私募基金管理人对投资项目风险不能有效控制，在基金风险事件出现后易伴生私募基金法律纠纷。

从私募基金的代理机制来看，私募基金管理人一般收取固定管理费外加业绩提成费。因此，私募基金管理人有动机为其个人利益，追逐高风险项目以博取超额业绩提成，此时私募基金投资人便会承受更高的风险[①]。这种代理成本酝酿了私募基金的道德风险。

① 陈奇伟、胥杨洋：《我国私募基金风险控制的法律对策》，载《南昌大学学报（人文社会科学版）》2010年第6期。

另外，从笔者办理的多起私募基金合同纠纷的经验来看，部分基金合同在签约时本身就存在法律缺陷。常见情形如未全面约定管理人义务、清算环节约定不清、未设置回访制度等。例如，私募股权基金常在经营期限内随着项目退出而实施分配，并不一定执行基金期末一次性分配。在这种情形下，若基金合同未约定分配整体核算，可能在基金整体核算结果与累积分配结果之间存在差异时，无有效约定以调整分配结果；基金清算期间，基金持有的资产可能是流动性较低的企业股权，基金合同若未约定可对非现金资产分配，处置该等资产可能会影响基金清算效率、产生处置环节上的经济损失；基金清算期间，若基金合同未对清算期间是否收取管理费问题进行约定，当基金清算时间较长时，投资人可能不愿意承担漫长年限的管理费从而容易引起争议；基金合同若未设置回访制度，投资人后悔认购的权利就将无法得到有效保护。

从基金合同履行情况来看，份额持有人会议制度虚设，常出现基金重大事项未按基金合同规定召开份额持有人会议的情形。由于私募基金的私密性特点，投资人之间往往并不熟识，私募基金份额持有人大会依赖于基金管理人的主动召开。当基金管理不善或基金财产面临风险时，为避免遭受投资人压力或涉众型风险事件，基金管理人可能怠于召开份额持有人大会。

基于上述私募基金投资的内生风险，即基金管理人前、中、后台人员混用以及基金信息披露不及时、合规风控资源配置不足、基金投资代理成本、基金合同存在法律缺陷、基金合同不适当履行等情况，这些容易造成基金风险出现，继而引发私募基金法律纠纷。

2. 基金投资的外部风险

私募基金投资系风险较高的金融投资手段，私募基金的损益情况取决于投资标的的运行状况，投资标的本身的战略风险、业务运营风险、财务风险、法律风险属于固有风险，因此，私募基金投资存在不可避免的标的风险。

私募基金投资与宏观经济风险休戚相关。社会融资需求与宏观经济周期密切联系，当社会需求扩张时，企业基于扩大产能的动机，对于社会融资需求旺盛；当宏观经济周期下行时，社会需求下滑，企业资金链容易断裂。私募基金的投资时机选择具有明显的宏观经济风险。

实践中，因私募基金投资数额较大，不法分子常采用虚构底层资产、虚假设置投资标的、挪用产品资金等方式骗取私募基金财产，私募基金投资存在受到不法侵害的风险。

基于私募基金投资的标的风险、宏观经济风险、受不法侵害风险等外部风险，叠加部分私募基金在募集阶段虚假宣传夸大产品安全性、违规承诺“刚性兑付”等情形，基金风险出现后易引发私募基金法律纠纷。

三、私募基金法律纠纷的常见类型及防范与处置

根据相关统计，在私募基金法律纠纷中，高频出现下列争议焦点“明基实债、刚性兑付、赎回、清算、估值、适当性义务、基金投向、信息披露、合伙型基金、责任边界”等。围绕这些争议焦点，本文将私募基金法律纠纷的常见类型及防范处置方案归纳如下。

（一）金融机构适当性义务纠纷

1. 适当性义务的内涵

金融机构适当性义务源于美国证券市场，以美国法的信义义务理论为基础，强调金融机构与投资者之间的信赖关系，投资者容易相信金融机构的宣传介绍及投资建议。因此，金融机构应当负有适当推介产品或提供建议的义务[①]。我国关于金融机构适当性义务的规定主要包括《证券期货投资者适当性管理办法》[②]（2020修正）、2017年中国证券基金业协会发布的《基金募集机构投资者适当性管理实施指引（试行）》[③]、2019年最高人民法院发布的《全国法院民商事审判工作会议纪要》[④]（以下简称《九民纪要》）等。虽然目前各法律、法规、规范性意见对适当性义务内涵的表述稍有不同，但以实务裁判视野为中心来看，《九民纪要》对适当性义务的分类对于法律纠纷的争议解决更有参考价值。

《九民纪要》第72条规定：“适当性义务是指卖方机构在向金融消费者推介、销售银行理财产品、保险投资产品、信托理财产品、券商集合理财计划、杠杆基金份额、期权及其他场外衍生品等高风险等级金融产品，以及为金融消费者参与融资融券、新三板、创业板、科创板、期货等高风险等级投资活动提供服务的过程中，必须履行的了解客户、了解产品、将适当的产品（或者服务）销售（或者提供）给适合的金融消费者等义务……”第76条规定：“告知说明义务的履行是金融消费者能够真正了解各类高风险等级金融产品或者高风险等级投资活动的投资风险和收益的

① 任自力:《金融机构适当性义务的规范逻辑》，载《法律适用》2022年第2期。

② 参见《证券期货投资者适当性管理办法》第3条。

③ 参见《基金募集机构投资者适当性管理实施指引（试行）》第3条。

④ 参见《全国民商事审判工作会议纪要》第72—78条。

关键……”结合《九民纪要》的上述两条规定，适当性义务大体分为四种义务，即了解客户义务、了解产品义务、客户与产品匹配义务、告知说明义务。从仲裁庭裁判案件的角度来看，仲裁庭在个案中判断基金管理人是否履行了适当性义务，关注点常在于“风险揭示是否到位、宣传和实际投向是否相符、有无违规作出保本保收益的承诺、基金是否涉及虚假宣传”。

2. 适当性义务纠纷的常见情形

（1）未充分了解客户引发适当性义务纠纷

①投资人非合格投资者。常见情形包括私募基金明知投资人非合格投资者而向其出售金融产品、代销机构伪造资料认定投资人合格投资者身份等。当投资人非合格投资者时，私募基金若出现投资亏损，易引发投资人以其非合格投资者为由提起确认基金合同无效之诉，以达到其还本付息的目的。

典型案例如（2019）粤 0304 民初 26746 号，该案被选为 2020 年度深圳法院典型案例。该案中，法院认为私募基金风险更高，应依法向合格投资者募集，合格投资者制度是私募市场健康发展的基石。私募基金向非合格投资者募集资金违背公序良俗，依法认定为无效行为[①]。

同时，部分法院认为合格投资者制度的法律依据，即《证券投资基金法》第 87 条、第 91 条属于管理性强制性规定，并非效力性强制性规定，不支持投资人请求基金合同无效的主张。如在（2021）粤 03 民终 1460 号民事判决书中，深圳市中级人民法院认为，私募基金引入“合格投资者”制度，其目的在于保护投资人，在一定程度上起到风险提示与风险阻遏作用，是行政管理的需要，属于管理性强制性规定，并非效力性强制性规定。

②投资人风险承受能力评估评级不适当。常见情形包括私募基金管理人未对投资人进行风险承受能力评估评级、评估方式不合理、评估问题设置不全面等。当私募基金出现亏损时，易引发投资人以风险评估不适当为由，主张金融机构未尽到适当性义务，要求私募基金还本付息。

典型案例如（2020）辽 01 民终 14338 号。该案中，法院认为金融机构未能提供包含“客户年龄、财务状况、投资经验、投资目的、收益预期、风险偏好、流动性要求、风险认识以及风险损失承受程度等评估依据”的《客户风险承受能力调查表》，不能认定金融机构对投资人进行了有效的风险评估。最终法院判决酌定金融机构

---

① 参见（2019）粤 0304 民初 26746 号。

对其履行适当性义务下赔偿投资人65%的损失[①]。

（2）未充分了解投资产品引发适当性义务纠纷

①未对投资产品充分尽职调查。常见情形包括私募基金管理人未调查投资产品的重大债权债务情况、重大未决诉讼情况、底层资产真实情况等。当私募基金出现亏损时，易引发投资人以私募基金管理人未对投资产品充分尽职调查从而导致投资损失为由，主张金融机构未尽到适当性义务，要求私募基金管理人还本付息。

典型案例如（2019）浙0784民初2946号。该案中，法院认为金融机构应当充分履行尽职调查分析金融产品，金融机构未核实投资产品的重大未决诉讼情况违反了适当性义务，金融机构应赔偿投资者本金及利息损失。[②]

②未对产品的风险等级划分或划分不准确。常见情形包括私募基金管理人将高风险金融产品划分为风险等级较低的金融产品。从裁判机构对风险等级划分的方法论来看，高风险等级金融产品和高风险等级金融服务并非金融学意义的风险等级，而是特指将来发生不利益状态之可能性，主要以本金损失为判断基准。因此本条的适用范围实际上包括除存款外的所有具有本金损失可能性的金融产品服务，而非以金融机构依自己内部标准对金融产品划定的风险等级来决定适用范围[③]。

典型案例如（2020）沪74民终461号。该案中，法院认为金融机构未对基金产品进行过风险评级，违反适当性义务，金融机构应赔偿投资人本金及利息损失[④]。

（3）客户与产品不匹配引发适当性义务纠纷

金融消费者与金融机构之间存在显著的信息不对称，金融消费者面对掌握信息优势的金融机构，很难作出合理判断，从而加大了金融消费者蒙受损失的风险[⑤]。因此，金融机构向金融消费者推介产品时应当尽到客户与产品匹配的法定义务。实务中常见的是，私募基金在未对投资人的投资偏好和风险偏好充分了解的情况下向客户推介金融产品。当私募基金出现投资亏损时，易引发投资人以金融机构推介产品不适当而违反适当性义务为由，要求私募基金管理人还本付息。

---

① 参见（2020）辽01民终14338号。

② 参见（2019）浙0784民初2946号。

③ 最高人民法院民事审判第二庭编著：《〈全国法院民商事审判工作会议纪要〉理解与适用》，人民法院出版社2019年版，第228页。

④ 参见（2020）沪74民终461号。

⑤ 杨东、王伟：《我国金融产品销售法律规制研究——以说明义务和适合性原则为中心》，载《经济法论丛》2014年第1期。

典型案例如(2017)苏01民终10111号。该案中,法院认为金融机构超出投资人评估后的风险等级向其出售金融产品违反适当性义务,即便系投资人主动要求购买,仍不能免除金融机构应尽的适当性义务①。

(4)未充分告知说明产品信息及风险引发适当性义务纠纷

金融产品本身存在信息化特征,其内容难以简单物化形式出现,必须依靠金融机构对产品信息的说明与解释。② 告知说明义务的履行是金融消费者能够真正了解各类高风险等级金融产品或者高风险等级投资活动的投资风险和收益的关键,也是应对金融市场信息不对称的重要工具。当私募基金出现投资亏损时,易引发投资人以金融机构未对金融产品信息及风险进行解释说明违反适当性义务为由,要求私募基金管理人还本付息。

典型案例如(2020)京02民终908号。该案中,法院认为金融机构未提示投资人阅读产品销售文件,不能以投资人可自行上网阅读合同内容为由推卸自身适当推介的义务,金融机构违反适当性义务,应赔偿投资人本息损失③。

3. 风险防范与处置

(1)风险防范措施

从投资人视角来看金融机构适当性义务法律纠纷的事前防范,投资人可在投资前对私募基金反向尽调,查看私募基金是否在中国证券基金业协会备案、是否存在提示信息,查看私募基金是否发生过诉讼或受过行政处罚。投资人在提供自身财务情况、投资历史、风险认知调查、风险承受能力评估等资料时要如实陈述,切勿为购买基金产品而伪造证明材料、不实填写风险认知能力和承受能力评估文件。在投资前,投资人宜主动要求私募基金销售人员说明产品详细信息和产品风险并留痕。当然,对于金额和规模较大的基金投资行为,投资人亦可委托律师进行专业、全面的风险尽调及风险评估活动。

从私募基金管理人视角来看,对于金融机构适当性义务法律纠纷的事前防范,私募基金管理人宜选用有能力的律师事务所、会计师事务所等对投资标的进行充分尽调并留痕,从法律合规的角度认真审查基金产品的宣传介绍材料,建立并严格执行适当性管理体系,对基金产品合理评估风险等级,对投资者全面风险测试,以恰当方式主动告知产品信息及主要风险(书面、双录、避免概括性陈述),及时对投

① 参见(2017)苏01民终10111号。

② 王锐:《论金融机构的适当性义务——基于行为要件的分析》,载《北方法学》2014年第4期。

③ 参见(2020)京02民终908号。

资者进行回访确认，并保留好履行适当性义务的相关证据资料。

(2)争议解决处置

投资人因金融机构违反适当性义务造成私募基金投资损失的，提起诉讼或仲裁时应做好充分的诉前准备，包括审查基金宣介材料的合规性(是否如实说明产品信息、是否如实披露产品风险)、全面研读基金合同约定、查看是否存在金融监管机构对基金此次风险事件的监管处罚(监管机构的处罚文书往往会载明私募基金管理人管理基金存在的过错)、审查与基金销售人员的对话记录。

在诉讼策略的制订上，投资人需考虑争议解决方式和诉讼主体的选择。根据《九民纪要》第 74 条的规定，投资人以金融机构违反适当性义务为由提起诉讼的，可将金融产品的发行人和销售者一并起诉，金融产品的发行人和销售者承担不真正连带责任。但鉴于很多私募基金合同常约定争议解决方式为仲裁，对基金代销机构一般可前往法院诉讼，二者往往难以一并作为被告起诉至法院，法律实务中还需结合投资者自身禀赋及诉讼目的考虑争议解决方式及诉讼主体的选择。

诉讼、仲裁还需考虑其请求权基础。提起诉讼或仲裁可选择侵权之诉、违约之诉抑或是违反适当性义务的缔约过失责任。侵权之诉需证明对方具有过错，违约之诉需证明对方违反基金合同约定，而适当性义务的缔约过失责任的举证责任倒置为由卖方机构举证证明其履行了适当性义务，这点需由办案律师结合案件证据及当事人具体情况进行个案判断。

而当卖方机构因适当性义务纠纷被投资人提起诉讼、仲裁时，实务中，其多从四个维度提起抗辩。一是自证已尽到适当性义务，包括尽到了解客户、了解产品、客户与产品匹配、告知说明义务；二是寻找免责事由或投资人过错，如举证证明投资人为专业投资者而非一般合格投资者，投资者具有充足的金融投资经历和对金融产品的理解认知能力，投资人虚假陈述其财务状况、风险认知、风险承受能力等；三是以基金财产尚未清算，投资人损失并未实际发生进行抗辩；四是在程序上提出中止诉讼或仲裁。其中，三、四两种抗辩手段常用于私募基金遭遇刑事诈骗或民事欺诈的情形，相应的刑事司法程序和民事诉讼程序正在进行中，一般都提出需要以另一案件的审理结果为适当性义务纠纷的审理依据。

(二)违反基金合同义务纠纷

1. 违反基金合同义务纠纷的常见情形

投资人违反基金合同义务的情形主要在于未按基金合同约定支付基金投资款，该情形下的法律争议往往不复杂。本文主要讨论私募基金管理人违反基金合同义务的情形。

（1）一般违约情形

从公开可检索的司法判例来看，私募基金管理人违反基金合同义务主要集中在未严格按照募集流程进行募集、对投资标的的尽职调查不审慎、未按照基金合同约定投资特定标的以及进行信息披露等方面，但这些违约还不十分严重，不必然会导致合同解除。

（2）根本违约情形

对于根本违约情形，当基金管理人违反基金合同主要义务达到根本违约的情形时，易引发投资人以《民法典》第 563 条规定的“法定解除权”为由诉请解除基金合同，返还投资款及利息。

笔者基于既有裁判文书，将常见根本违约情形梳理并与司法裁判观点拟合，形成表 1。

表 1　根本违约情形梳理与裁判观点

	违约情形	案号	裁判观点
根本违约	私募基金未履行备案登记手续	（2019）沪 74 民终 123 号	投资人已履行出资义务，但投资基金产品并未备案，基金合同目的不能实现，投资人享有合同解除权
	私募基金管理人未按照私募基金合同约定的投资范围投资基金财产	（2019）鲁 01 民终 8544 号	基金管理人未按照约定投资范围投资运用基金财产，构成根本违约。投资人可以诉请法定解除权要求解除基金合同
	私募基金管理人未依照基金合同的约定支付投资人收益	（2019）黔 26 民终 1146 号	基金管理人未按照基金合同的约定履行支付基金收益分配义务，表明了不履行主要债务，构成根本违约，投资人可以诉请法定解除权要求解除基金合同
	私募基金管理人失联或停止运营	（2017）沪 0109 民初 21444 号	基金管理人的法定代表人被刑事拘留，私募基金被迫停止运营，投资人合同目的不能实现，有权解除合同

（3）私募基金管理人怠于清算

通常，私募基金在存续期限届满时进入清算环节，但当基金管理人构成根本违约导致基金无法继续运营的情况下，为保护投资人的利益，基金产品会采取措施提前清算。在基金退出阶段中，基金清算事宜也常出现“清算后怠于分配、未按期清算后净值大幅下跌、以底层资产不存在或难以清算为由不与清算或怠于清算”等清算相关纠纷。实务中，因清算涉及较多环节，一旦管理人怠于履行清算义务，就会导致清算无法进行，从而进一步导致投资人的损失无法确认。

司法实践中，“无正当理由迟延清算”是管理人违约的常见情形，一般认为，管理人的“不作为”亦属于“无正当理由迟延清算”。对于私募基金清算与投资人确定损失的关系，历来存在较多争议：有裁判观点认为私募基金未清算也不影响损失认定，如管理人存在过错应当对投资者承担赔偿责任，代表案例如（2020）鲁 71 民初 147 号、（2020）苏 01 民终 5949 号；同时，亦有裁判观点认为基金非经清算不能确定损失，代表案例如（2020）最高法民申 4151 号、（2021）京 02 民终 2502 号。

而在（2021）沪 74 民终 1478 号案中，上海金融法院进一步认为：“案涉资管计划尚未完成清算，投资人损失的具体金额尚未确定，但管理人违反适当性义务而应承担的赔偿责任范围已可确定，并先行判决管理人于清算完成后对投资人清算后的实际损失承担赔偿责任。”此案确定了全新的裁判理念，即“基金的清算结果是认定投资损失的重要依据而非唯一依据，有其他证据足以证明投资损失情况的，人民法院可以依法认定损失”。

2. 风险防范与处置

（1）风险防范措施

从投资人视角来看，投资人应定期查阅基金披露信息，当发现私募基金可能违约时，及时向中国证券基金业协会、地方金融监管局等监管机构投诉，避免投资损失的发生和扩大。

从私募基金管理人视角来看，私募基金管理人加强内部控制，建立健全基金各项制度并严格落实。在投资阶段，管理人应对投资项目进行充分调查，确保募集资金投资于基金合同约定的投资范围；在投后管理阶段应持续跟踪，如发现投资标的及关联企业的财务状况发生重大变化，在必要情况下应及时采取诉讼等手段保全基金资产，以尽到其作为管理人的审慎管理义务；基金到期后及时组织清算，无法及时清算的，应依法依约及时通知投资人。

（2）争议解决处置

从投资人视角来看，投资人应做好诉前准备。

对于一般违约情形，需结合基金合同中对违约责任约定进行处理。实务中比较常见的私募基金管理人违约责任主要是约定违约方的损害赔偿责任，而要求管理人承担违约损害赔偿责任的前提是证明管理人的违约行为造成投资方的损失，这对投资方的举证责任提出了较高要求。

对于根本违约情形，当基金管理人违反基金合同义务达到根本违约的情形时，如前文所述，投资人可请求解除基金合同、返还投资款及约定或预期收益。

从私募基金管理人视角来看，对于投资人主张管理人构成根本违约的，可结合案情论证违约事实不影响投资人的投资目的，私募基金各项工作一直正常运行，这种违约不必然导致合同解除的后果。

（三）刑民交叉处理

1. 私募基金与刑事犯罪牵连的主要情形

（1）基金管理人构成刑事犯罪

私募基金管理人刑事犯罪的主要情形包括非法吸收公众存款罪、集资诈骗罪、合同诈骗罪、挪用资金罪[①]等。这些犯罪案件多为群体性案件，属于涉众型融资案件，地方司法机关刑事司法政策考量更为复杂[②]。一般刑事犯罪风险导火索为私募基金到期无法兑付，私募基金管理人实际控制人跑路，引发投资人维权，侦查机关介入调查发现违法犯罪事实。该等犯罪手段较为隐秘，投资人维权取证相对困难，且当犯罪事实被发现时，损失已经造成，犯罪后果严重。

（2）基金管理人系刑事犯罪被害人

私募基金管理人遭受犯罪行为侵害的主要情形包括虚构投资标的进行非法吸收公众存款或进行合同诈骗犯罪、获得私募基金投资后挪用资金犯罪等。

2. 风险防范与处置

（1）风险防范措施

从刑事裁判大数据来看，涉嫌刑事犯罪的私募基金多数存在“保本保收益”的违法行为，也是非法集资犯罪的重要构成要件之一（利诱性）。投资人面对私募基金“保本保收益”承诺时，应当提高警惕，避免参与“盲池基金”。

从私募基金管理人角度来看，防范自身刑事犯罪风险应注意及时办理私募基金备案手续，坚持以非公开方式向特定对象募集资金，不做“保本保收益”承诺。同时，私募基金管理人防范遭遇刑事犯罪侵害的方法包括建立健全内部风控制度并严格执行、与标的公司开设共管账户和专门账户以控制资金流向、控制标的公司财务章及U-KEY防止投资款被挪用、加强主动投后管理密切联系标的公司、投前深入尽职调查、对供应链融资进行回款测试、对标的公司提供的财务票据进行商业

---

① 王文锋：《私募基金管理人刑事法律风险调查报告》，载《中国律师》2021年第2期。

② 齐晓丹：《私募基金涉刑民交叉若干法律适用问题辨析——以私募基金违法公开募集为视角》，载《法律适用》2021年第9期。

合理性分析。

（2）争议解决处置

当私募基金管理人被合同诈骗或挪用资金犯罪侵害时，投资人大规模维权可能造成大量诉讼或仲裁，要求私募基金管理人赔本付息。此时，除常规争议解决思路之外，刑民交叉的程序处理尤为重要。

从私募基金管理人视角来看，当基金遭受刑事犯罪侵害时，第一步应积极配合侦查机关调查，主动举报存在刑事犯罪可能的投资标的；同时快速启动民事诉讼、仲裁程序对标的公司进行追偿，争取尽可能多地查封、冻结标的公司财产，避免基金财产损失扩大。

第二步，对于投资人发起的民事诉讼、仲裁程序，私募基金管理人通常援引2017年《民事诉讼法》第150条第1款第5项“本案必须以另一案的审理结果为依据”的规定，以“刑事案件尚未结束，本案基本事实需等待刑事案件确认。且私募基金管理人向犯罪嫌疑人提起的民事诉讼、仲裁追偿程序正在进行中，基金损失需结合前述案件的审理结果方能确认”为由，请求裁判机构中止案件审理。

第三步，私募基金管理人以基金风险的发生系市场固有风险，其通常抗辩已尽到管理人忠实勤勉、恪尽职守的信义义务，不应对基金风险承担责任为由进行抗辩。

第四步，私募基金管理人还会主张“投资人所主张的损失并非必然发生，数额也尚未确定”，要求裁判机构驳回投资人的请求[①]。

从投资人视角来看，针对私募基金管理人提出中止案件审理的观点，投资人可依据最高人民法院《关于在审理经济纠纷案件中涉及经济犯罪嫌疑若干问题的规定》第10条及最高人民法院《关于当前商事审判工作中的若干具体问题》第10条的规定，从“本案与刑事案件并非同一法律事实，商事案件应当与刑事案件分别审理”[②]的角度进行辩论。

针对私募基金管理人提出的“损失尚未确定也非必然发生，应驳回诉讼请求”的观点，投资人可基于不同事实情形论证基金清算结果并非认定损失的唯一依据，现有证据足以证明无须等待基金清算即可确认损失，如“基金资产被挪用，不存在可以清算的资产，基金权益无实现可能，清算进度无法合理预计”[③]。

---

① 参见（2019）湘0103民初10113号。

② 参见（2020）粤03民特759号。

③ 参见（2021）沪74民终375号、（2020）苏01民终5949号。

四、结语

我国私募基金规模不断扩大，私募基金风险事件也显趋高态势。无论是私募基金管理人还是私募基金投资人，都需要对私募基金法律风险提高事前防范意识。对法律风险的事前防范既能够避免风险的发生，也能让当事人在法律风险引发法律纠纷后有更强的证据能力以及诉讼策略选择空间。在某些重点私募基金纠纷发生后的审理过程中，各大法院及仲裁机构的裁判结果也思路各异，发展到一个相对逐步达成共识的阶段，对于案涉各方当事人也有利于形成良好的预期，继而对化解风险和社会稳定具有间接作用。

私募基金管理人的罪与罚

庄晓鸣* 于文婷**

私募基金从诞生以来，即作为受托管理资产的一种集合，由经验丰富的管理人提供资产管理服务，为其他出资人谋取收益；在为出资人谋取到收益的同时，管理人从收益中获得一定比例的分配。管理人以自身的服务换取报酬，投资人利用管理人的经验和资源使得资产升值，管理人与投资人有钱出钱、有力出力，共同谋取利益最大化，听上去很美好，但这样的结构却存在天然的制度缺陷。

"资产升值时各方共同分享收益"这一设计貌似把双方利益进行了捆绑，使得双方目标一致，但实际上，私募基金在募投管退过程中的信息不透明为管理人腐败提供了温床。当管理人发现略施小计可以获得更大利益时，管理人与投资人的利益就出现了不一致，私募基金利益捆绑的设计初衷也就宣告名存实亡。

对管理人的放任就好比让狗单独守卫肉类仓库，管理人控制投资人的资产并独立作出投资决策，却由投资人来承担其决策和管理的结果，权责利的失衡使得投资人面临着巨大的风险。

面对基金管理人不诚信或者不尽责的可能，若放任上述制度漏洞而导致权责利失衡，不仅对投资人来说将面临巨大损失，而且将对商业规则造成严重的破坏。在此情况下，亟须法律干预以约束基金管理人的行为，实现投资者利益的保护，并保护商业规则的公平公正。

本文将从私募基金管理人法定义务的论述出发，结合实务罗列私募基金管理人违反法定义务的具体行为，并对违反该法定义务造成的刑事责任和民事责任进

* 庄晓鸣，北京炜衡（上海）律师事务所高级合伙人、内核委员会委员，上海市破产管理人协会首批个人预备会员，拥有20年律师及投资机构从业经验，主要从事私募基金、融资并购、破产重整、商事纠纷、公司合规等领域的法律事务。

** 于文婷，北京炜衡（上海）律师事务所律师，主要从事私募基金、民商事纠纷、公司合规等领域的法律事务。

行分别分析。

一、私募基金管理人的义务基础——信义义务

私募基金管理人的责任基于其信义义务，信义义务起源于罗马法，在英美法系中得到发展并诞生了信托制度，而大陆法系则在罗马法的基础上融合了英美法系中的信托制度，发展出了“诚实信用原则”等大陆法系概念的信义义务。

信义义务从最初的民事信托关系发展而来，在现代商事法律中得到了广泛应用。在资产管理、公司治理等领域，受托管理他人资产的受托人的信义义务已经成为一项基本法律原则。

信义义务作为一项内化的法律原则，在我国散见于各部门法律法规中，如《公司法》第 147 条第 1 款规定，“董事、监事、高级管理人员应当遵守法律、行政法规和公司章程，对公司负有忠实义务和勤勉义务”;《证券投资基金法》第 9 条第 1 款规定:“基金管理人、基金托管人管理、运用基金财产，基金服务机构从事基金服务活动，应当恪尽职守，履行诚实信用、谨慎勤勉的义务。”又如《信托法》第 25 条规定:“受托人应当遵守信托文件的规定，为受益人的最大利益处理信托事务。受托人管理信托财产，必须恪尽职守，履行诚实、信用、谨慎、有效管理的义务。”以上种种，汇聚成了我国信义义务的内涵。

目前我国法律中信义义务使用的场景主要在于“受托管理资产”时，而信义义务的诸多内涵被归纳为主要包括注意义务和忠实义务[①]。忠实义务，要求受托人忠于受托目的和受益人的利益，不得进行利益冲突行为，而注意义务则强调受托人为实现受托目的，需勤勉尽责地履行义务。

管理人的信义义务落在私募基金领域则衍生出一系列对于私募基金管理人的规范要求，贯穿募投管退全流程，同时对关联交易、侵占资产等行为进行禁止，以从正反两面约束私募基金管理人的行为，达到保护商事关系公平稳定的目的。

私募基金管理人的违法行为绝大部分都来自对其信义义务的违反，根据不同的行为表现和危害性分别落入不同的刑事犯罪和民事赔偿范畴。

---

① 王保树、杨继:《论股份公司控制股东的义务与责任》，载《法学》2002 年第 2 期。

二、私募基金管理人常见刑事犯罪

（一）非法集资类犯罪

与私募基金相关的非法集资类犯罪主要包括非法吸收公众存款罪和集资诈骗罪等，该类别犯罪的主要特征是“假私募基金”犯罪，即以“私募基金”之名行诈骗之实。该类犯罪行为均是单位犯罪，但直接负责的主管人员和其他直接责任人员也同样需要承担刑事责任。

1. 非法吸收公众存款罪

据统计，目前私募基金管理人刑事犯罪中约有 70% 为非法吸收公众存款罪，该条款打击的是利用私募基金的形式，许以高额回报，吸收公众存款的行为。

根据 2022 年最高人民法院《关于审理非法集资刑事案件具体应用法律若干问题的解释》第 1 条第 1 款“违反国家金融管理法律规定，向社会公众（包括单位和个人）吸收资金的行为，同时具备下列四个条件的，除刑法另有规定的以外，应当认定为刑法第一百七十六条规定的‘非法吸收公众存款或者变相吸收公众存款’：（一）未经有关部门依法许可或者借用合法经营的形式吸收资金；（二）通过网络、媒体、推介会、传单、手机信息等途径向社会公开宣传；（三）承诺在一定期限内以货币、实物、股权等方式还本付息或者给付回报；（四）向社会公众即社会不特定对象吸收资金”的规定，在私募基金投资领域，构成此罪相对应地需同时具备以下四个要件：未在基金业协会备案；公开宣传基金产品；承诺保本收益；向不特定对象募集资金。

2. 集资诈骗罪

根据 2022 年最高人民法院《关于审理非法集资刑事案件具体应用法律若干问题的解释》第 7 条的规定，集资诈骗罪与非法吸收公众存款罪同样具有上述四大特征要件，但区别在于前者主观上存在非法占有的目的。以下几种情形可以认定为“以非法占有为目的”：第一，集资后不用于生产经营活动或者用于生产经营活动与筹集资金规模明显不成比例，致使集资款不能返还的；第二，肆意挥霍集资款，致使集资款不能返还的；第三，携带集资款逃匿的；第四，将集资款用于违法犯罪活动的；第五，抽逃、转移资金、隐匿财产，逃避返还资金的；第六，隐匿、销毁账目，或者搞假破产、假倒闭，逃避返还资金的；第七，拒不交代资金去向，逃避返还资金的；第八，其他可以认定非法占有目的的情形。

3. 其他

在司法实践中，除了上述两项犯罪比较常见，还有诈骗罪、合同诈骗罪、组织、领导传销活动罪、非法经营罪等少量案例。

（二）私募基金从业人员的职务类犯罪

私募基金从业人员的职务类犯罪属于典型的私募基金管理人及其工作人员违反信义义务所导致的刑事犯罪，该类型犯罪的特点是，私募基金从业人员利用其对基金的决策权管理权，为自己谋取不正当利益，侵害投资人权益。

该类型犯罪在实务中大量存在，但由于具备一定的隐蔽性，故需要经验丰富的律师或司法人员进行证据搜集和侦查，投资人一旦有所怀疑即可展开调查。

2021 年 9 月 27 日开始施行的《中共广东省委办公厅、广东省人民政府办公厅印发〈关于依法从严打击证券违法活动的实施方案〉》中规定："（十四）依法加大基金监管力度。加强证券投资基金监管，强化信息披露和从业人员监管，做好风险处置工作，保护基金持有人合法利益。加大对私募投资基金监管力度，对创业投资企业和创业投资管理企业实行差异化监管和行业自律。加大对私募领域非法集资、私募基金管理人及其从业人员侵占或挪用基金财产等行为的刑事打击力度。"过去对该类行为的责任追究以民商事责任为主，但国家相关部门对该类行为的打击力度在近几年正在逐步加大。

1. 职务侵占罪

职务侵占罪规定于《刑法》第 271 条第 1 款中，即"公司、企业或者其他单位的工作人员，利用职务上的便利，将本单位财物非法占为己有，数额较大的，处三年以下有期徒刑或者拘役，并处罚金；数额巨大的，处三年以上十年以下有期徒刑，并处罚金；数额特别巨大的，处十年以上有期徒刑或者无期徒刑，并处罚金"。

职务侵占罪的犯罪主体是"公司、企业或者其他单位的工作人员"，私募基金一般不雇用员工，所有的管理职能在合伙协议或委托管理协议中约定委托私募基金管理人行使，那么管理人的工作人员还能否成为职务侵占罪的犯罪主体呢？答案是肯定的。

基金的执行事务合伙人代表与公司的法定代表人类似，属于工作人员的范畴，基金的执行事务合伙人代表往往是私募基金管理人的法定代表人或者实控人，常见的合伙协议中也多会约定"关键人士条款"，约定基金的执行事务合伙人代表必须是实控人。而且若发生管理人职务侵占的事实，则往往就是管理人的法定代表人或者实控人亲自授意或亲自实施的。所以在实务中，私募基金的执行事务合伙人代表即是职务侵占罪的犯罪主体。

实务中，执行事务合伙人代表的侵占行为可能不会那么直接，笔者从实践经验中总结得出，除了赤裸裸地挪用基金资金占为己有，如下几种行为均可作为侵占行为的变形。

（1）侵占私募基金的衍生权利，挪为己用

对股权投资私募基金而言，其在投资项目时签署的投资协议中往往会约定各类优先权利，包括反稀释权、对赌（估值调整）、回购、优先投资权、优先清算等。

上述优先权均是只有在投后的管理过程中才会被触发，而该等优先权是否被触发、触发后如何主张行使，均不属于法定的信息披露内容，管理人对如何行使优先权有着很大的自主权。同时，由于投资协议并不需要向投资人披露，所以投资人甚至压根儿不知道基金还有以上衍生权利。

这就造成了管理人在投后行使上述优先权时，有可能用其实控人个人控制的主体身份来享受优先权的衍生权利，形成对私募基金的财产性权利的侵占。比如，某基金投资的项目触发了反稀释权，即该项目的后续融资估值低于基金投资时的估值，根据合同项目创始人应当向基金无偿转让股权以作补偿，此时，管理人要求该等股权无偿转让给其控制的第三方主体，并将此事对基金投资人进行了隐瞒。管理人的此种行为无偿获得了本应属于基金所有的财产，亦属于对私募基金财产的侵占，符合职务侵占罪的各项要件。

（2）与被投项目方串通，在基金对项目进行投资后，由被投项目向管理人实控人转支付投资款

该行为中管理人实控人是以非法占有为目的，将股权投资作为侵占的具体手段，将基金资产据为己有。此种行为应与被投项目向管理人实控人支付“好处费”的商业贿赂行为区分开来。

例如，某基金向深圳某公司已投资 3000 万元，后该基金管理人的实控人自身资金紧张，便要求该公司配合自己从基金中抽笔钱出来用于个人周转，深圳公司同意后该基金即以可转债方式向其投资 1000 万元，公司收到款项后立即全额转付给管理人实控人的关联方。虽然后续该基金实控人遭到举报，马上将该 1000 万元可转债转为了对该深圳公司的真实投资，却无法抹去原侵占行为的痕迹。该种行为也是较为典型的职务侵占。

2. 挪用资金罪

挪用资金罪，是指公司、企业或者其他单位的工作人员利用职务上的便利，挪用本单位资金归个人使用或者借贷给他人，数额较大、超过 3 个月未还的，或者虽未超过 3 个月，但数额较大、进行营利活动的，或者进行非法活动的行为。

在(2018)皖01刑终477号案件中,被告人郭志利用其作为统元富邦投资中心执行事务合伙人代表的职位便利,将富邦I号募集的2735万元资金中的2435万元资金未履行投资决策程序,违反约定的资金用途,以资金托管名义间接地转至被告人个人账户和与合伙企业的无关的个人及单位银行账户超过3个月未还。法院终审判决被告人利用职务便利,挪用该中心募集资金中的2285.6万元归个人使用,数额巨大,其行为构成挪用资金罪。

3. 非国家工作人员受贿罪

私募股权基金管理人的实控人或相关负责人相对于被投项目来说,处于权力优势地位,他们拥有基金的投资决策权,有权决定被投项目是否能如期拿到投资款,在这种状况下,不免有被投项目方向管理人抛来糖衣炮弹,许以高额回扣或佣金,此等行为即构成非国家工作人员受贿罪。

4. 行贿罪/向国家工作人员行贿罪

在募集阶段,私募股权基金管理人相对于其投资人而言,又属于弱势地位,为了能募集到更多资金,以获得更多管理费和业绩报酬,部分管理人也愿意铤而走险向机构投资人行贿。按照行贿对象是否为国家工作人员,分为行贿罪和向国家工作人员行贿罪。行贿的手法既包括传统的回扣方式,也包括向机构投资人的关键人士的关联主体进行股权投资等隐晦的独特方式。

(三)背信运用受托财产罪

背信运用受托财产罪是2006年《刑法修正案(六)》增设的新罪名,见于《刑法》第185条之一规定,“商业银行、证券交易所、期货交易所、证券公司、期货经纪公司、保险公司或者其他金融机构,违背受托义务,擅自运用客户资金或者其他委托、信托的财产,情节严重的,对单位判处罚金,并对其直接负责的主管人员和其他直接责任人员,处三年以下有期徒刑或者拘役,并处三万元以上三十万元以下罚金;情节特别严重的,处三年以上十年以下有期徒刑,并处五万元以上五十万元以下罚金”。根据最高人民检察院、公安部《关于公安机关管辖的刑事案件立案追诉标准的规定(二)》第35条的规定,情节严重是指:(1)擅自运用客户资金或者其他委托、信托的财产数额在30万元以上的;(2)虽未达到上述数额标准,但多次擅自运用客户资金或者其他委托、信托的财产,或者擅自运用多个客户资金或者其他委托、信托的财产的;(3)其他情节严重的情形。

关于私募基金管理人是否属于金融机构,目前尚有较大争议,故该罪名暂未在私募基金领域有相关案例。但私募基金管理人属于典型的“拥有受托义务管理客户资金”的主体，而且私募基金产品和银行、证券交易所、期货交易所、证券公司、期货经纪公司、保险公司所发行的资管产品并无本质区别，所以从立法本意来看，私募基金管理人理应包含在本罪的主体范围之内，司法机关在该领域的实践突破值得期待。

（四）证券类犯罪

1. 内幕交易、泄露内幕信息罪

私募基金作为资本市场的重要参与主体，在私募基金持有证券过程中了解到的交易内幕信息有保密的义务，该保密义务包括其自身及其能接触到内幕信息的工作人员，若违反保密义务买入或者卖出该证券，或者泄露该信息，或者明示、暗示他人从事上述交易活动的，均构成内幕交易、泄露内幕信息罪。该犯罪可以是单位犯罪，也可以是个人犯罪；若是单位犯罪的，其直接负责的主管人员和其他直接责任人员也需承担刑事责任。

根据《刑法》第 180 条第 1、2 款的规定，证券、期货交易内幕信息的知情人员或者非法获取证券、期货交易内幕信息的人员，在涉及证券的发行，证券、期货交易或者其他对证券、期货交易价格有重大影响的信息尚未公开前，买入或者卖出该证券，或者从事与该内幕信息有关的期货交易，或者泄露该信息，或者明示、暗示他人从事上述交易活动，情节严重的，处 5 年以下有期徒刑或者拘役，并处或者单处违法所得 1 倍以上 5 倍以下罚金；情节特别严重的，处 5 年以上 10 年以下有期徒刑，并处违法所得 1 倍以上 5 倍以下罚金。单位犯前款罪的，对单位判处罚金，并对其直接负责的主管人员和其他直接责任人员，处 5 年以下有期徒刑或者拘役。

2. 利用非公开信息交易罪

对于内幕信息以外的其他未公开的信息，私募基金管理人及其工作人员同样负有保密义务，若有违反，将触犯利用非公开信息交易罪。

《刑法》第 180 条第 4 款规定：“证券交易所、期货交易所、证券公司、期货经纪公司、基金管理公司、商业银行、保险公司等金融机构的从业人员以及有关监管部门或者行业协会的工作人员，利用因职务便利获取的内幕信息以外的其他未公开的信息，违反规定，从事与该信息相关的证券、期货交易活动，或者明示、暗示他人从事相关交易活动，情节严重的，依照第一款的规定处罚。”

相关案例如（2015）渝一中法刑初字第 00162 号。2008 年 11 月至 2014 年 5 月，被告人王鹏担任华夏基金管理有限公司债券交易员，工作职责为银行间资金交易、存款交易、银行间债券交易、对交易指令的执行进行风险控制等。2009 年 1 月

15日至2011年8月9日期间，王鹏多次登录华夏基金交易管理部在恒生系统开设的公用查询账号，知悉华夏基金旗下所有股票类基金、年金和专户等产品的未公开信息。后王鹏分别让被告人王慧强、宋玲祥利用该信息，同期于华夏基金公司买入股票，累计趋同买入金额为87803.3564万元，并于2011年8月前将股票全部卖出，股票交易累计获利1773.666221万元。法院判决，被告人王鹏身为基金公司从业人员，利用其工作便利获取与证券交易相关的未公开信息，并将该信息告知被告人王慧强、宋玲祥，王慧强及宋玲祥利用该未公开信息从事证券交易，交易金额共计87803余万元，非法获利1773.6662余万元，三被告人均构成利用未公开信息交易罪，并构成共同犯罪，情节特别严重。

三、私募基金管理人常见民事责任

除了上述刑事责任，私募基金管理人违反信义义务更多的时候需要承担的是民事责任，违反合伙协议或者委托管理协议约定，需承担相应违约责任，而利用管理人身份侵犯投资人利益，则需承担侵权责任。

以下是笔者在实务中曾遇到的管理人需要承担民事责任的几种常见情形。

（一）募集阶段

未严格审查投资人合格投资者资格，违反私募基金募集要求中的适当性义务。《九民纪要》第72条中规定，适当性义务是指卖方机构在向金融消费者推介、销售银行理财产品、保险投资产品、信托理财产品、券商集合理财计划、杠杆基金份额、期权及其他场外衍生品等高风险等级金融产品，以及为金融消费者参与融资融券、新三板、创业板、科创板、期货等高风险等级投资活动提供服务的过程中，必须履行的了解客户、了解产品、将适当的产品（或者服务）销售（或者提供）给适合的金融消费者等义务。卖方机构承担适当性义务是为了确保金融消费者能够在充分了解相关金融产品、投资活动的性质及风险的基础上作出自主决定，并承受由此产生的收益和风险。在推介、销售高风险等级金融产品和提供高风险等级金融服务领域，适当性义务的履行是“卖者尽责”的主要内容，也是“买者自负”的前提和基础。

《九民纪要》第74条规定，金融产品发行人、销售者未尽适当性义务，导致金融消费者在购买金融产品过程中遭受损失的，金融消费者既可以请求金融产品的发行人承担赔偿责任，也可以请求金融产品的销售者承担赔偿责任，还可以根据原《民法总则》第167条的规定，请求金融产品的发行人、销售者共同承担连带赔偿责任。发行人、销售者请求人民法院明确各自的责任份额的，人民法院可以在判决发行人、销售者对金融消费者承担连带赔偿责任的同时，明确发行人、销售者在实际承担了赔偿责任后，有权向责任方追偿其应当承担的赔偿份额。金融服务提供者未尽适当性义务，导致金融消费者在接受金融服务后参与高风险等级投资活动遭受损失的，金融消费者可以请求金融服务提供者承担赔偿责任。

私募基金属于金融产品的范畴，管理人在自销过程中若未尽到适当性义务，导致投资人遭受损失的，投资人可以向管理人追加赔偿责任，若有代销三方机构的，则管理人与该代销三方机构应当共同承担连带赔偿责任。

（二）投资阶段

1. 不公平地对待不同的投资人

对管理人而言，其可能同时管理不同的多支产品，多支产品对应不同的投资人，若管理人没有公平的管理机制保障其公平对待所有投资人的话，很可能对某些投资人产生不公平，进而损害其利益。

比较典型的例子是管理人选择性分配投资额度：当某项目产生投资机会时，管理人对任意分配投资额度，甚至把部分投资额度分给管理人实控人个人进行投资。在这种情况下，若是一个优秀项目，则少分配了投资机会的投资人被侵害了权益，而若是一个失败项目，则多分配了投资机会的投资人被侵害了权益。故公平的管理保障机制对于管理人的规范管理来说是必须的，另外，对于每个项目一视同仁的跟投制度也是必需的，否则基金就变成了管理人自己投资的试验田，管理人通过基金管理不是在为投资人谋利，而是在这个管理过程中为自己筛选和检验优秀的投资机会，把最好的投资机会留给自己，这是对投资人利益更大的侵害。

2. 利益输送

某基金管理人的实控人为给自身谋取利益，与某被投资项目的创始人串通向该投资项目提供短期借款，由于基金的合伙协议禁止从事借款行为，管理人就以股权投资的名义将款项支付给该投资项目，在半年后以被投资项目触发回购为由，由被投项目以支付回购款的方式归还借款，经过了这一番操作后，被投项目向基金管理人实控人个人支付了400万元的“咨询服务费”。该种行为，是典型的利益输送，该实控人不仅应当向基金返还其所有谋取的不正当利益，而且可能涉及前述的刑事责任。

需要注意的是，在投资人向管理人以管理人未履行勤勉尽责、公平对待客户等为理由追究责任时，该等举证责任应当倒置，由管理人举证证明其已经充分履行了义务。见《九民纪要》第 94 条“资产管理产品的委托人以受托人未履行勤勉尽责、公平对待客户等义务损害其合法权益为由，请求受托人承担损害赔偿责任的，应当由受托人举证证明其已经履行了义务。受托人不能举证证明，委托人请求其承担相应赔偿责任的，人民法院依法予以支持”的规定。该举证责任导致的安排充分考虑到了私募基金管理不透明的特点，将是否履行职责的举证责任分配给了管理人，对投资人而言是符合实际和公平合理的安排。

（三）管理阶段

利用投后管理的决策权为自身谋利。

在刑事责任部分，我们提到了管理人将基金拥有的优先权据为已有涉嫌触犯职务侵占罪；此外，未经投资人允许，豁免被投企业的优先权义务，或以此等豁免为交换条件，谋取自身利益，该行为同样是未履行勤勉尽责义务，侵犯了投资人权益。

（四）退出阶段

未按期及时清算。

管理人在基金退出期有义务按期清算基金，并尽最大努力将基金资产全部变现，按投资比例分配给私募基金投资者。产品到期后，管理人无正当理由未按期清算的，是违反信义义务的违约行为。中国基金业协会对于管理人对已到期产品不进行延期也不进行清算的行为也已重点关注，若不改正将列为异常。

若管理人在基金产品到期后不履行清算义务，投资人可以提起诉讼或仲裁要求返还投资本金并赔偿损失，司法实践中，在要求清算返还投资本金并赔偿损失的诉讼中，可以一并对管理人的过错行为和过错程度进行清算。

私募基金管理人违反信义义务应当承担相应的后果，随着法律对该新兴商业领域的规则的细化，以及对该等商业规则的进一步理解，私募基金管理人将负有更高的披露义务和承担更严苛的违法责任。了解这一趋势一方面会要求私募基金管理人更勤勉尽责、谨言慎行，另一方面也能让众多投资人能更清楚如何维护自身权益。

卖方机构恰当履行金融消费者适当性义务之审判实务标准

赵文梅* 陈健**

自2019年底《九民纪要》"关于金融消费者权益保护纠纷案件的审理"专节就卖方机构金融消费者适当性义务进行较大篇幅的规定以来，适当性义务已然成了处理金融消费者权益保护纠纷案件中的"显学"。在"威科先行"网站仅简单以"适当性义务"为关键词进行案例全文检索，2019年涉"适当性义务"的案件仅百余件，2020年案件数量即上升到370件，2021年更是达到了500件，这已经足以看出"适当性义务"规则的愈发重要性。从诉讼策略的角度来看，主张卖方机构违反适当性义务，也成为金融消费者维权的优选方案。卖方机构被认定适当性义务履行不当的原因，不局限于其在金融产品推介、销售过程中的显性违法违规行为，还包括卖方机构已经按照相关规定及行业惯例进行操作但未满足法官心中的适当性履行标准。因此，除了相关法律规定以及监管要求，司法审判实务中对于金融消费者适当性义务的标准与要求也应当是卖方机构需要掌握的。

一、金融消费者适当性义务的内涵

卖方机构金融消费者适当性义务，简而言之，即卖方机构通过必要程序之履行将适当的金融产品销售给适当的金融消费者。其产生背景在于随着金融产品内容及结构的日益复杂，金融消费者受限于自身的知识与能力，无法全面了解金融产品的本质与风险，而不得不依赖于金融产品的提供者或销售者的推介和说明。为了能够保障金融消费者是在充分了解相关金融产品、投资活动的性质及风险的基础

---

* 赵文梅，中共党员，北京炜衡（上海）律师事务所高级合伙人、执委会主任，美国耶鲁大学访问学者、西南政法大学法律硕士。主要执业领域为银行与金融、公司与并购、政府法律服务以及重大金融、民商事、行政纠纷争议解决。

** 陈健，中共党员，北京炜衡（上海）律师事务所合伙人，华东政法大学法学硕士。主要执业领域为银行与金融、公司与并购、泛资产管理以及民商事纠纷争议解决。

上作出自主决定，因此有必要对卖方机构课以适当性义务。而当卖方机构恰当地履行适当性义务后，金融消费者即应当承担因自主决策而产生的风险与损失，是为“卖者尽责、买者自负”。金融消费者适当性义务的民法理论根基在于诚实信用原则，是该帝王原则在金融投资领域的具体化。

二、金融消费者适当性义务的法律渊源

适当性义务制度作为舶来品，于21世纪初方被引入我国，最早出现于2005年的原银监会《商业银行个人理财业务管理暂行办法》中。“一经引入，这一制度与我国立法体系产生难以言明的契合，以至于在短短十几年间，不但主要金融立法（或草案）基本都完成了法定义务设定，而且司法适用层面也形成了相对统一的政策与规则。”①

法律层面上，2012年《证券投资基金法》修订时新增第99条：“基金销售机构应当向投资人充分揭示投资风险，并根据投资人的风险承担能力销售不同风险等级的基金产品。”2019年《证券法》修订时也增加了适当性义务条款，即第88条规定：“证券公司向投资者销售证券、提供服务时，应当按照规定充分了解投资者的基本情况、财产状况、金融资产状况、投资知识和经验、专业能力等相关信息；如实说明证券、服务的重要内容，充分揭示投资风险；销售、提供与投资者上述状况相匹配的证券、服务。投资者在购买证券或者接受服务时，应当按照证券公司明示的要求提供前款所列真实信息。拒绝提供或者未按照要求提供信息的，证券公司应当告知其后果，并按照规定拒绝向其销售证券、提供服务。证券公司违反第一款规定导致投资者损失的，应当承担相应的赔偿责任。”

监管层面上，最重头的文件应属由“一行两会一局”在2018年联合出台的《关于规范金融机构资产管理业务的指导意见》（以下简称《资管新规》）。《资管新规》要求“金融机构发行和销售资产管理产品，应当坚持‘了解产品’和‘了解客户’的经营理念，加强投资者适当性管理，向投资者销售与其风险识别能力和风险承担能力相适应的资产管理产品。禁止欺诈或者误导投资者购买与其风险承担能力不匹配的资产管理产品。金融机构不得通过拆分资产管理产品的方式，向风险识别能力和风险承担能力低于产品风险等级的投资者销售资产管理产品。金融机构应当加强投资者教育，不断提高投资者的金融知识水平和风险意识，向投资者传递‘卖者尽责、买者自负’的理念，打破刚性兑付”。各监管部门、交易所以及行业协会针

① 王锐：《适当性义务责任主体范围演进的实证研究》，载《中国应用法学》2021年第4期。

对各自监管的不同种类的金融产品也相应出台了有关适当性义务的实施办法和具体规定。如银保监会针对商业银行理财产品销售制定了《商业银行理财业务监督管理办法》，证监会出台有《证券期货投资者适当性管理办法》，证券业协会、基金业协会、期货业协会均出台了各自的投资者适当性管理实施指引。

司法层面上，2019 年最高人民法院印发《全国法院民商事审判工作会议纪要》（以下简称《九民纪要》），系属目前对于适当性义务规定最为全面和重要的司法文件。《九民纪要》认为，在审理金融产品发行人、销售者以及金融服务提供者（以下简称卖方机构）与金融消费者之间因销售各类高风险等级金融产品和为金融消费者参与高风险等级投资活动提供服务而引发的民商事案件中，必须坚持“卖者尽责、买者自负”原则，将金融消费者是否充分了解相关金融产品、投资活动的性质及风险并在此基础上作出自主决定作为应当查明的案件基本事实，依法保护金融消费者的合法权益，规范卖方机构的经营行为，推动形成公开、公平、公正的市场环境和市场秩序。《九民纪要》设专节对于适当性义务的含义、法律适用规则、责任主体、举证责任分配、告知说明义务、损失赔偿数额以及免责事由均作了相应规定。

三、金融消费者适当义务主体及适用范围

金融产品的销售可以自销也可以委托他人销售。自销情况下，金融产品发行人本身就是销售机构。委托他人销售情形下，在发行人与销售机构之间成立委托代理法律关系。《九民纪要》将金融产品的发行人及销售机构均视为卖方机构[①]，均对金融消费者负有适当性义务。根据《民法典》第 167 条的规定，“代理人知道或者应当知道代理事项违法仍然实施代理行为，或者被代理人知道或者应当知道代理人的代理行为违法未作反对表示的，被代理人和代理人应当承担连带责任”。如果销售机构在代销时违反适当性义务，代理销售行为违法，同样负有适当性义务的发行人，对销售机构的代理行为推定为“应当知道”状态，发行人与销售机构承担连带责任。因此，金融消费者因卖方机构未尽适当性义务而受损，金融消费者既可以单独请求金融产品的发行人或代销机构承担赔偿责任，也可以请求发行人与代销机构承担连带责任。此外，需明确销售机构应与金融产品的发行人之间成立委托代理法律关系。否则，“销售机构”不承担适当性义务。在（2021）沪 01 民终

---

① 卖方机构包括金融服务提供者，特指为金融消费者参与融资融券、新三板、创业板、科创板、期货等投资活动提供服务的证券公司、期货公司，而不包括其他金融服务机构。

8987号案中，法院认为涉案基金产品系基金融资方委托宸瀚公司等销售基金，宸瀚公司等亦收取了佣金，故应认定宸瀚公司等为涉案基金产品的销售方。但金融投资领域中，要求管理人与销售者承担适应性义务以及连带赔偿责任是基于管理人与销售机构之间所形成的委托代理关系，本案并无证据显示宸瀚公司是受管理人的委托销售涉案基金，在此情形下，投资者要求宸瀚公司作为承担适应性义务的民事责任主体，缺乏法律依据。

对于需要履行适当性义务的金融产品范围，《九民纪要》采用了风险等级标准，即高风险等级金融产品。根据《〈全国法院民商事审判工作会议纪要〉理解与适用》一书的阐释，所谓的"高风险等级"并非金融学意义的风险等级，而是特指将来发生不利益状态之可能性，主要以本金损失为判断基准。并不是以卖方机构依据自己内部标准对金融产品划定的风险等级来决定适用范围。因此，适当性义务的适用范围实际上包括除存款外的所有具有本金损失可能性的金融产品和服务。在招行北京玉泉路支行与肖钰洁合同纠纷案［（2019）京0108民初41969号、（2020）京01民终8093号］中，一审法院认定招行北京玉泉路支行未尽适当性义务的情形下，二审法院认为"肖钰洁所购买的基金属于保本型基金，且肖钰洁本身也有获利，只是获利未达到其预期而已。因此，本案中肖钰洁所购买的两支基金产品并非高风险产品，这与基金合同本身对产品的定位是一致的。至于招行玉泉路支行将本案基金产品界定为R4等级，本院认为，该种界定有银行自身考量，但判断是否为高风险时，不应仅从其分类界定中判断，而应从该产品本身的风险类型中衡量……招行玉泉路支行在本案中不应承担缔约过失责任"。在刘慕华与人寿保险沭阳支公司保险纠纷案［（2020）苏1322民初1280号、（2020）苏13民终4459号］中，两审法院均认为国寿鑫缘宝年金保险（万能型）（乐享版）系万能型人身保险，具有投资属性，系保险投资产品。国寿鑫缘宝年金保险（万能型）（乐享版）虽存在收益的不确定性，但保险合同约定的标准保费为0元，且约定投保人可随时领取个人账户价值（个人账户价值不得低于当时保险公司规定的最低标准），并确定计算个人账户价值利息最低保证利率为年利率2.5%。该金融产品不存在本金损失的可能性，且现金价值与保费的差额不属于本金损失的范围。《保险法》第47条规定的投保人对保险合同享有法定解除权，保险人退还保险单的现金价值。该现金价值应理解为保费与被保险人已实际享有的保险权益价值的差额。因相关保险权益系已由被保险人实际享有，故该差额不应认定为本金损失。故可认定该金融产品不存在本金损失，为非高风险等级金融产品，沭阳人寿保险公司无须履行适当性义务。

四、金融消费者适当性义务的内容

适当性义务的内容，一般而言包括了解客户、了解产品、适当性推介以及告知说明义务。

(一)了解客户

这要求卖方机构在向金融消费者推介、销售金融产品之前，对客户情况进行充分了解，包括财务状况、专业能力、投资经验、投资目标与预期等[①]。了解客户的最终结果是确定金融消费者的风险承受能力等级[②]。实践中，卖方机构均是通过《风险评估问卷调查》《适当性评估问卷调查》等方式来实现了解客户，并综合得出金融消费者的风险承受能力等级。在了解客户这个层面，有几个问题需要进一步论述。

1. 合格投资者标准

简单而言，确定风险承受能力等级，是了解客户风险承受能力高与低的问题，而合格投资者标准，是确定客户对于特定金融产品风险承担能力有与无的问题。因此，履行适当性义务的第一步是确定客户是否满足相关合格投资者标准。如客户连最基本的合格投资者标准都无法满足，卖方机构应不得向其销售产品或是提供服务。[③]在阎善忠与北京西创投资管理有限公司合同纠纷案[(2021)京0101民初11953号]中，法院认为“依据查明的事实，阎善忠的收入水平并不符合合格投资者的标准，恒宇天泽公司将涉案私募基金向非合格投资者销售违反了监管部门的刚性要求，增加了阎善忠的投资风险”。在朱美群与中大期货有限公司财产损害赔偿纠纷案[(2019)浙0702民初4240号]中，法院认为“被告员工陈静伪造原告

---

① 《证券期货投资者适当性管理办法》第6条规定：“经营机构向投资者销售产品或者提供服务时，应当了解投资者的下列信息：(一)自然人的姓名、住址、职业、年龄、联系方式，法人或者其他组织的名称、注册地址、办公地址、性质、资质及经营范围等基本信息；(二)收入来源和数额、资产、债务等财务状况；(三)投资相关的学习、工作经历及投资经验；(四)投资期限、品种、期望收益等投资目标；(五)风险偏好及可承受的损失；(六)诚信记录；(七)实际控制投资者的自然人和交易的实际受益人；(八)法律法规、自律规则规定的投资者准入要求相关信息；(九)其他必要信息。”

② 《商业银行理财业务监督管理办法》第28条第1款规定：“商业银行应当对非机构投资者的风险承受能力进行评估，确定投资者风险承受能力等级，由低到高至少包括一级至五级，并可以根据实际情况进一步细分。”《证券期货投资者适当性管理办法》第10条规定：“专业投资者之外的投资者为普通投资者。经营机构应当按照有效维护投资者合法权益的要求，综合考虑收入来源、资产状况、债务、投资知识和经验、风险偏好、诚信状况等因素，确定普通投资者的风险承受能力，对其进行细化分类和管理。”

③ 《证券期货投资者适当性管理办法》第22条规定：“禁止经营机构进行下列销售产品或者提供服务的活动：(一)向不符合准入要求的投资者销售产品或者提供服务；(二)向投资者就不确定事项提供确定性的判断，或者告知投资者有可能使其误认为具有确定性的意见；(三)向普通投资者主动推介风险等级高于其风险承受能力的产品或者服务；(四)向普通投资者主动推介不符合其投资目标的产品或者服务；(五)向风险承受能力最低类别的投资者销售或者提供风险等级高于其风险承受能力的产品或者服务；(六)其他违背适当性要求，损害投资者合法权益的行为。”

收入证明，明知原告拼凑资金购买私募基金产品仍向其销售。两被告应将合适的产品销售给合适的投资者。就本案，原告收入、投资拼凑款来源，均存在不合适投资主体，应负有未适当推介义务”。

2. 风险承受能力等级与主观意愿

风险承受能力等级系对金融消费者的财产状况、投资经验、投资意愿以及风险偏好等指标进行综合评判的结果。以中国证券投资基金业协会发布的《基金募集机构投资者适当性管理实施指引（试行）》附件“基金投资者风险测评问卷参考模板（个人版）”为例，共有 12 道测评问题，均为选择题。其中 1—4 题与投资者财务状况相关，包括主要收入来源、家庭可支配年收入金额、家庭可支配收入中可用于金融投资（储蓄存款除外）的比例以及未清偿的大额债务情况；5—7 题与投资者投资经验相关，包括投资知识描述、投资经验描述、投资年限情况；8—9 题与投资者投资意愿相关，包括计划投资期限以及拟重点投资的投资品种；10—12 题与投资者风险偏好相关，包括投资态度描述、投资支配假设以及最大投资损失范围。测评后经综合打分，普通投资者的风险承受能力由低到高至少分为 C1（含风险承受能力最低类别）、C2、C3、C4、C5 五种类型。从中可以看出，风险承受能力的测评指标包括投资者客观能力（财产状况、投资经验）与主观意愿（投资意愿、风险偏好）两类。客观能力类问题数量显然多于主观意愿类问题，但所有题目的得分相对于总分的权重一致，由此导致风险等级结果可能存在与主观意愿偏离、失真的情况。比如说金融消费者财务实力雄厚、投资经验丰富，那么即使是其明确表明了极度风险厌恶的偏好，该金融消费者的风险承受能力等级也可能被划分至较高等级，被适配到风险等级高的金融产品。

司法实务中，法官对此项的审查一般多从形式上进行审查。只要在风险测评过程中，卖方机构不存在误导投资者或是代投资者操作的行为，而且投资者对测评结果进行了确认，法官即认可卖方机构履行了了解客户的要求以及风险承受能力等级，并认可基于风险测评结果进行的适当性推介。但有部分法院认为应当优先尊重投资者的主观意愿。在建行北京恩济支行与王翔财产损害赔偿纠纷案［（2018）京 0108 民初 21776 号、（2018）京 01 民终 8761 号、（2019）京民申 3178 号］中，投资者王翔对于《个人客户风险评估问卷》中的“以下哪项最符合您的投资态度”问题，选择了“保守投资，不希望本金损失，愿意承担一定幅度的收益波动”；对于“您的投资出现何种程度的波动时，您会呈现明显的焦虑”问题，王翔选择了“本金 10% 以内的损失”。最终建行恩济支行确定王翔的风险评估结果为“稳健型”，并向其推介了“中风险”的股票型基金。两审法院均认为，建行恩济支行推介的理财产品与王翔在风险评估问卷中表明的投资目的、投资态度等风险偏好明显不符，应属于不适宜王翔购买的理财产品。在工行日照开发区支行与周燕金融委托理财合同纠纷案［（2016）鲁1102民初6348号、（2018）鲁11民终426号］中，法院认为虽周燕的风险承受能力评估等级显示周燕可以购买诉争理财产品，但周燕在风险承受能力评估问卷中明确选择不能承受本金损失，该选项与周燕风险承受能力评估结果明显相悖。因此，虽该风险承受能力评估结果与诉争理财产品风险等级形式上呈现一致，但实质上并不匹配。

亦有法院旗帜鲜明地反对上述观点。在张青慧与中杏艺禾公司等财产损害赔偿纠纷案［（2019）苏0104民初7320号、（2020）苏01民终5949号］中，对风险承受能力问卷调查中的“以下哪项描述最符合您的投资态度”问题，张青慧选择项为“保守投资，不希望本金损失，愿意承担一定幅度的收益波动”。中杏艺禾公司对于张青慧的风险偏好认定为“积极型”，适合的基金产品评级为“高风险等级”。一审法院认为张青慧对其中两个问题的选项从直观判断上就可得出张青慧是保守投资倾向，而非一般人理解的高风险投资倾向，而中杏艺禾公司却在风险偏好结论中认定张青慧风险偏好系“积极型”，适合的产品为“高风险等级”，明显依据不足。中杏艺禾公司在明知张青慧投资风险偏好趋向为保守型的情况下，仍将属于高风险的案涉基金产品销售给张青慧，应认定为其未尽销售高风险金融产品应负有的适当性义务，存在重大过错。但二审法院推翻了一审观点，认为判断张青慧的风险识别能力和风险承受能力应当根据调查问卷的所有答案进行综合评价，而非针对某一特定问题的答案作出。中杏艺禾公司根据张青慧所选择的问题答案得分为88分，得出张青慧风险偏好为积极型、适合的基金产品评级为高风险等级的评估结果，并无不当。

对此，笔者认为，卖方机构承担适当性义务是为了保障金融消费者在充分了解相关金融产品、投资活动的性质及风险的基础上作出自主决定，并承受由此产生的收益和风险。自主决定，其内在含义理应包括符合其自主主观意愿的决定。也就是不管金融消费者的财力多么雄厚，如果其仅愿意投资低风险的金融产品，就应当予以尊重，而不应当出现“我不要你觉得，我要我觉得”的“霸总式”测评。在金融消费者风险测评中出现客观能力指标与主观意愿指标矛盾的情况下，建议可以遵循“二者孰弱”原则：如果说金融消费者客观能力强（财务实力雄厚），但主观意愿弱（风险意愿保守），应优先尊重主观意愿；而当投资者客观能力弱（财务实力欠佳),而主观意愿强(风险意愿激进),则应当以客观能力指标优先。进一步言之,卖方机构了解客户不应当流于形式,且单单依赖于风险测评这一单一方式;也不应仅看风险测评的结果,还应当关注其中的内容,对于明显可疑或不一致的信息,应当与投资者进行进一步沟通、确认。

(二)了解产品

了解产品要求卖方机构在向投资者推介、销售金融产品之前,必须对金融产品进行尽职调查,充分了解金融产品的情况,并对产品进行风险评级,进而方可能向客户进行适当推介[①]。

了解产品是卖方机构向客户进行适当推介、履行告知说明的前提。因此,卖方机构对于金融产品的了解应当是详尽、具体的。特别是对卖方机构的产品销售人员而言,不能仅仅是泛泛地知道金融产品的产品类型、收益率等表面信息。在深圳前海凯恩斯投资管理有限公司与徐建芬金融委托理财合同纠纷案[(2019)粤0391民初2634号、(2020)粤03民终26388号]中,法院认为“从徐建芬提交的案涉基金发生亏损后,其与凯恩斯公司基金推介人员雷艳媚的微信聊天记录的内容来看,对于案涉基金存在杠杆,雷艳媚称其也不知道。雷艳媚作为案涉基金的具体推介人员,其向原告推介产品的行为系职务行为,由此证实凯恩斯公司并未尽到了解产品的义务”。如系代销机构,则不仅要对代销的金融产品进行尽职调查,也需要对合作机构作必要的尽职调查,合作机构应是持有必要金融资质的机构。在湖南地区的博沣资产窝案[(2021)湘01民终12885号、(2021)湘0102民初20849号、(2021)湘05民终291号、(2022)湘05民终167号]中,博沣资产作为一家无任何资质的机构,将信托产品认购权拆分包装成理财产品并在湖南多地的工行、中行、农行等银行进行代销,多地法院均认为代销机构“未对其合作伙伴博沣公司的资信情况、经营状况等信息进行充分了解,未对产品风险进行充分的审查和评估”,构成违反适当性义务的情形。

(三)适当性推介

适当性推介,是指卖方机构在了解产品和了解客户的基础之上,将适当的产品

---

① 《商业银行理财业务监督管理办法》第27条规定:“商业银行应当采用科学合理的方法,根据理财产品的投资组合、同类产品过往业绩和风险水平等因素,对拟销售的理财产品进行风险评级。理财产品风险评级结果应当以风险等级体现,由低到高至少包括一级至五级,并可以根据实际情况进一步细分。”《证券期货投资者适当性管理办法》第15条规定:“经营机构应当了解所销售产品或者所提供服务的信息,根据风险特征和程度,对销售的产品或者提供的服务划分风险等级。”

推介给适当的投资者，不能将不适当的产品推介给投资者。卖方机构违反适当性义务最常见的表现就是向金融消费者推介、销售风险等级高于金融消费者自身风险承受能力等级的产品（“越级销售”）。对此，不同的监管体系有着不同的监管规定。以商业银行为例，原银监会《商业银行个人理财业务风险管理指引》（已废止）第 24 条规定，“客户评估报告认为某一客户不适宜购买某一产品或计划，但客户仍然要求购买的，商业银行应制定专门的文件，列明商业银行的意见、客户的意愿和其他的必要说明事项，双方签字认可”。取而代之的银保监会《商业银行理财业务监督管理办法》第 29 条第 1 款规定：“商业银行只能向投资者销售风险等级等于或低于其风险承受能力等级的理财产品，并在销售文件中明确提示产品适合销售的投资者范围，在销售系统中设置销售限制措施。”而证监会《证券期货投资者适当性管理办法》第 19 条规定：“经营机构告知投资者不适合购买相关产品或者接受相关服务后，投资者主动要求购买风险等级高于其风险承受能力的产品或者接受相关服务的，经营机构在确认其不属于风险承受能力最低类别的投资者后，应当就产品或者服务风险高于其承受能力进行特别的书面风险警示，投资者仍坚持购买的，可以向其销售相关产品或者提供相关服务。”因此，商业银行向金融消费者推介、销售银行发行的理财产品时，不得越级销售；在推销证券、基金、期货等金融产品时，可以越级销售，但是必须履行相关的警示程序。在王晓坤与招行东营胜利支行金融委托理财合同纠纷案［（2021）鲁 05 民初 35 号］中，法院认为招行向王晓坤越级销售时“仅要求王晓坤作出风险、损益自担的《声明》，并未向其进行特别书面风险警示”，构成对适当性义务的违反。而且书面警示应当为专门性的文件，列明产品与金融消费者风险错配情况、机构的意见、金融消费者的意愿、相关风险承担等内容，而不应以一般化、格式化的《风险揭示书》等文件代替。在前海开源资产管理有限公司、深圳市锦安基金销售有限公司委托理财合同纠纷案［（2020）粤 03 民终 19093、19097、19099 号］中，法院认为虽然投资者的《个人投资者风险承受能力调查问卷》中有“如本人所选择的基金和相关产品风险等级超过本调查问卷得出的风险承受等级时，本人确认此投资行为为本人意愿行为，自行承担此投资的风险”的表述，但该表述为上诉人锦安公司提供的《个人投资者风险承受能力调查问卷》中的格式条款，该条款既未作特别标识，也没有证据证明上诉人锦安公司已就该条款向三名被上诉人作出了特别的告知说明，故并不能因此而免除或减轻上诉人锦安公司的适当性义务。

（四）告知说明义务

卖方机构在向金融消费者推介、销售金融产品过程中，应当根据产品、投资活动的风险和投资人的实际情况，向投资人充分说明与金融产品相关的风险、合同的主要内容等重要事项，使得金融消费者对所要投资的金融产品有足够的认识来做出投资决定[①]。履行告知说明义务是金融消费者能够真正了解投资风险和收益的关键。《九民纪要》第76条就卖方机构履行告知说明义务提出了“主客观相结合原则”，也就是以大众均能够理解的客观标准为主，结合个案中特定金融消费者能够理解的主观标准来确定，并强调卖方机构不得简单地以金融消费者手写了诸如“本人明确知悉可能存在本金损失风险”等内容来抗辩已经履行了告知说明义务。对于告知说明义务的具体行为规则和边界，结合实务案例，可以抽象出如下行为规则，详见表1。

表1　告知说明义务的具体行为规则及相关案例

行为规则	相关案例
告知说明义务的履行必须是具体且实质性的，是针对推介的产品本身的	在（2019）京0105民初34200号案中，法院认为虽然周玉梅购买涉诉产品时在《代销业务申请表》上签字，载明已阅读并签署《风险揭示书》，但该表述系通用的格式性条款，依照我国金融监管要求，银行作为理财产品销售机构，对于投资风险的揭示应当是具体且实质性的。本案中，平安银行望京支行既未要求周玉梅单独签署《风险揭示书》，也未举证证明其实质向周玉梅进行了涉案理财产品风险揭示的事实，在此情况下，周玉梅仅在《代销业务申请表》上签字的行为，不能视为平安银行望京支行已经履行了涉案理财产品的风险揭示义务。 在（2021）沪74民终1012号案中，法院认为涉案《风险揭示书》已披露案涉基金的风险等级以及基金投资运作中可能存在的各类风险。上诉人认为《风险揭示书》中的内容并非针对涉案基金产品，但就《风险揭示书》所载内容来看，其中第7条第（3）（4）项亦有针对涉案基金产品的特有风险，故该项上诉理由缺乏事实依据，难以采纳

① 《商业银行理财业务监督管理办法》第26条第2款规定：“商业银行理财产品宣传销售文本应当全面、如实、客观地反映理财产品的重要特性，充分披露理财产品类型、投资组合、估值方法、托管安排、风险和收费等重要信息，所使用的语言表述必须真实、准确和清晰。”《证券期货投资者适当性管理办法》第23条规定：“经营机构向普通投资者销售产品或者提供服务前，应当告知下列信息：（一）可能直接导致本金亏损的事项；（二）可能直接导致超过原始本金损失的事项；（三）因经营机构的业务或者财产状况变化，可能导致本金或者原始本金亏损的事项；（四）因经营机构的业务或者财产状况变化，影响客户判断的重要事由；（五）限制销售对象权利行使期限或者可解除合同期限等全部限制内容；（六）本办法第二十九条规定的适当性匹配意见。”

续表

行为规则	相关案例
卖方机构应当将金融产品投资本金和收益可能发生的最大损失风险向金融消费者作出特别说明	在（2019）京 0105 民初 67552 号案中，法院认为本案产品为高风险产品，但除合同里签署的风险告知书及合同条款中的风险条款外，九州公司未提交任何证据证明其向钟岐繁推介案涉基金时将投资本金和收益可能发生的最大损失风险作出了特别说明，故本院认定其并未尽到风险告知义务
卖方机构应当将产品的价款、费用构成及去向、资金使用方式、履行期限、实际收益的计算方法、售后服务以及各方的权利义务与责任等足以影响金融消费者投资决策的信息进行明确充分说明，并就合同的主要条款作出说明	在（2019）京 0105 民初 34200 号案中，法院认为平安银行望京支行作为涉案理财产品的代销机构，应当就其代销的理财产品的价款、费用构成及资金使用方式、履行期限、实际收益等足以影响金融消费者投资决策的信息进行明确充分说明，本案中，虽然平安银行望京支行主张其向周玉梅提交了涉案理财产品的《产品说明书》，但对此未提交相应的证据证明，故本院对平安银行望京支行的该项意见不予采信。 在（2021）京 0101 民初 11953 号案中，法院认为虽然恒宇天泽公司的销售人员与阎善忠录制了双录视频，但该视频中并未向阎善忠详细介绍合同条款，虽然阎善忠在该视频中作出知道合同条款、风险承受能力等表述，结合王文生向阎善忠发送的短信，也只能证明阎善忠知悉投资的方向、投资的产品，对于基金的赎回、清算等影响基金份额持有人的重要内容，不能视为西创公司已向阎善忠进行了充分说明
卖方机构应当提供金融产品的产品合同、计划说明书等文件供金融消费者查阅，进行专门的风险提示	在（2018）鲁 02 民终 3417 号案中，法院认为青岛平安银行提交的涉案《开放式基金代销业务申请表》中虽有“基金有风险，投资须谨慎”的字样，但此仅能证明青岛平安银行系泛泛说明风险；而青岛平安银行未提供有效证据证明其在梁立玮购买涉案平安汇通理成转子 13 号理财产品前曾向梁立玮出示《平安汇通理成转子 13 号特定客户资产管理计划资产管理合同》供梁立玮查阅、了解，也未尽到明确的提示说明义务。因此，本院认定青岛平安银行向梁立玮推介涉案平安汇通理成转子 13 号理财产品时并未充分尽到风险揭示义务。 在（2021）豫 09 民终 926 号案中，法院认为中行濮阳分行在向舒新华推介并代购理财产品时，并未向舒新华明确说明其所购买的产品系风险较高的基金型理财产品，也未向舒新华出示《基金合同》及《招募说明书》等资料供舒新华查阅、了解，并由其本人签字确认，中行濮阳分行对此显然未尽到合理的风险告知义务
卖方机构现场推介、销售时应对提供的书面文件以口头、言语的方式进行告知和说明	在（2019）辽 01 民终 14338 号案中，法院认为因平安银行沈阳分行所提供的上述材料均是文字内容繁多、专业语言较强，且是其制式的文件，非进行翔实地告知和说明，一般常人是无法理解或全部理解的。 在（2020）京 02 民终 908 号案中，法院认为交行未能提交证据证明其向裴建华告知说明 16012 号融通计划产品的风险内容，仅以裴建华签署电子风险提示书抗辩其已履行告知说明义务，本院不予支持。 在（2020）吉 05 民终 1345 号案中，法院认为虽然在回单上标有网站和客服电话，但长达 48 页的合同，大量的专业术语和条款内容，让一个缺乏基金购买经验及专业知识的“一般人”无法真正了解产品或服务的投资风险和收益的关键。且建行通化分行、建行集安支行均未提交证据证明其针对推介的基金产品在综合该基金的类型、评级等风险因素的情况下，向王晓光以“一般人”能够理解的客观标准和王晓光能够理解的主观标准，适当地履行告知说明义务

续表

行为规则	相关案例
在卖方机构的实体场所，金融消费者虽然是以线上方式购买产品，但也不能免除卖方机构的告知说明义务	在(2019)苏01民终7576号案中，法院认为民生银行鼓楼支行系案涉基金的代理销售机构，苏峻在该支行的推介下购买了案涉基金产品，且购买行为系在该支行营业场所工作人员的电脑上完成，因此，即便案涉基金产品系苏峻使用个人网银购买，也不能免除民生银行鼓楼支行的告知说明义务。民生银行鼓楼支行认为苏峻通过网银购买基金时已经知悉产品风险，无须其告知说明的上诉理由不能成立
风险揭示文件中的风险揭示内容应当使用足以引起金融消费者注意的字体、字号、颜色、符号、标识等显著方式以起到警示作用	在(2018)鲁11民终426号案中，法院认为虽然上诉人在协议及产品说明书中均对理财产品的风险进行了书面提示，但该风险提示与协议及说明书的其他内容采用完全相同的字体和颜色，不能起到醒目的警示作用；上诉人在一、二审诉讼中也一直未能提供协议签订过程录像等第一手证据资料以证明其工作人员确实履行了风险提示义务
在金融消费者明确表明不清楚产品情况时，卖方机构应当主动进一步进行说明	在(2020)浙0203民初9080号案中，法院认为在产品现场购买过程中，根据被告中信银行东城支行提交的2020年2月21日录音录像来看，被告中信银行东城支行员工虽然向原告陈述了案涉理财产品系高风险产品，但在原告回答“事实我不太清楚，只能回答清楚”的情况下，未见其对产品内容、风险和关键信息等作进一步释明，也未见取得客户进一步确认和反馈
卖方机构推介、销售高风险产品时应当履行特别告知义务	在(2020)京02民终908号案中，法院认为招行虽然在涉案《业务协议书》中加黑的内容履行提示告知义务提示业务风险，工作人员也向投资者确认了相关信息，并告知产品的风险等级。但是招行胜利支行的上述行为尚不足以证明其已全面尽到了告知说明义务，根据《证券期货投资者适当性管理办法》第20条的规定：“经营机构向普通投资者销售高风险产品或者提供相关服务，应当履行特别的注意义务，包括制定专门的工作程序，追加了解相关信息，告知特别的风险点，给予普通投资者更多的考虑时间，或者增加回访频次等。”招行胜利支行为王晓坤购买了最高风险等级的金融产品，但未提交证据证明其已按规定履行了有关特别注意义务
卖方机构在推介、销售金融产品过程中不能出现虚假陈述、违规承诺及误导性销售行为	在(2019)京0105民初34200号案中，法院认为从银行工作人员与投资者的微信聊天记录，工作人员曾明确表示“本金一定安全，收益绝对不会低于百分之十，绝对不会低于这个数”“如果市场会好，那上不封顶，我觉得百分之三十都是完全有可能的”，上述聊天内容足以构成一定形式上的保本承诺，且××从未向谭蓓蓓揭示过涉案产品可能存在本金亏损的风险，××该种夸大收益及产品安全性、淡化甚至回避风险的误导销售行为足以影响谭蓓蓓对涉案理财产品的风险判断。在(2020)辽01民终14338号案中，法院认为平安银行沈阳分行在星石7号发行通知上载明“该产品亮点为稳健获取绝对回报，超额收益，星石1号自2014年9月成立以来年收益率88%，在2015年4月发生了星石2、3、4号特定客户资产管理计划，业绩非常理想”。在结构类理财说明书产品概述上载明“该产品收益率测算：根据当期可投资资产收益率，本期理财产品预期收益率为0—12%”，即均具有高额回报之诱导

续表

行为规则	相关案例
当金融产品存在违规情形时，卖方机构也应当向金融消费者告知	在（2021）沪0101民初4625号案中，法院认为涉案两基金担保方国本控股有限公司，对基金管理人国釜公司、基金原债务人国本公司均100%持股。而担保方国本控股有限公司、国釜二号基金的融资方国商公司均由国誉一号基金融资方中商公司100%持股。由此，可以认定涉案基金存在自融情形，违反上述规定。该事实亦应属于适当性义务中对金融产品及投资活动风险的告知说明事项
卖方机构销售人员应当具备相应的行业资质资格	在（2018）浙0226民初8137号案中，法院认为赵敏霞代表被告从事理财产品销售工作，被告未能举证证明其具备相关行业资格。赵敏霞在微信中对原告所作的收益测算，未提供测算依据，在原告告知某产品已亏损的情形下，仍盲目坚持该产品会盈利，进一步证明赵敏霞对产品的性质、风险收益状况及市场发展的情况不了解，缺乏相关专业知识能力和必要资质。被告作为银行业金融机构，应当对本机构从业人员行为管理承担主体责任。 在（2021）湘0406民初788号案中，法院认为广发银行衡阳分行工作人员罗云华在销售涉案理财产品时也尚未取得基金从业资格证书

五、金融消费者适当性义务损害赔偿责任分配

卖方机构未尽适当性义务导致金融消费者损失的，应当赔偿金融消费者所受到的实际损失。实际损失为损失的本金和利息，利息按照同期同类存款基准利率或LPR计算。

《九民纪要》虽规定如果卖方机构能够举证证明根据金融消费者的既往投资经验、受教育程度等事实，适当性义务的违反并未影响金融消费者作出自主决定的，对其关于应当由金融消费者自负投资风险的抗辩理由，人民法院依法予以支持。但实务中，在卖方机构已经确定违反适当性义务的情形下，法院不会将既往投资经验、受教育程度等作为卖方机构的免责事由，而更多的是认为金融消费者没有尽自身之注意义务、存在过错而适用过错相抵原则，并在卖方机构与金融消费者之间进行责任分配。具体分配比例，则属于法官自由裁量的范围。（参见表2）

表 2 部分案例中的金融消费者适当性义务损害赔偿责任分配

案号	法院认为	判决结果
(2019)京0105民初34200号	平安银行望京支行以周玉梅购买过众多理财产品且具有多年投资经验，对涉案理财产品的风险应当知晓为由要求周玉梅自担损失，但本院认为，周玉梅本身并非金融行业从业人员，亦非专业性投资者，其之前购买其他理财产品的投资经验，不足以推论出其必然充分了解包括涉案产品在内的各类理财产品的相关风险，亦不能作为其必然知晓本案理财产品风险等级，且愿意承受相应风险的证据，平安银行望京支行不能据此减轻或者免除其告知说明义务，亦不能证明其违反适当性义务的行为没有影响周玉梅作出购买案涉理财产品的自主决定，故本院对平安银行望京支行要求周玉梅自行承担损失的答辩意见不予采信	卖方机构承担100%的责任
(2020)吉05民终1345号	王晓光有存款经验和购买保险产品的经验，其应当知道建行集安支行和建行通化分行工作人员承诺的6%和10%的利息，远远高于市场普通存款利率，甚至大额存款利率。此外，王晓光对自身的财务状况、投资能力及风险承受能力均应有相应的认知，但在购买产品时只注重收益，没有对银行人员推介的产品进行细致地了解，轻易地选择购买诉争的理财产品，对相应的损失发生也存在一定的过错，故应依照其过错程度相应减轻侵权人的责任	卖方机构承担本金损失的100%，不承担利息损失
(2019)京0105民初70915号	既有投资经验应当促使才达已具备了一定风险识别能力，其在投资后未被告知合同详细信息时仍未及时维护自己的权利，对风险的发生存在放任态度，自身亦存在过错，应自行承担相应的责任	
(2018)鲁11民终426号	周燕作为具备一定理财投资经验的完全民事行为能力人，其对自身的财务状况、投资能力及风险承受能力亦有相应的认识。从诉争理财产品名称看，其中明确载明“股票精选主题”。在此情形下，周燕应当知晓该理财产品结构中包括了股票。而其未尽合理注意义务，径行根据银行方的推介选择购买，对其损失发生亦有一定过错	卖方机构承担80%的责任
(2020)辽01民终4184号	于亚坤是具有完全民事行为能力的自然人，且办理过理财产品。但是单方听信齐刚的言辞，在开通网上银行、领取U盾过程中，缺乏审慎意识，不安全管理个人银行账户交易密码，未尽到相应的、合理的、谨慎的注意义务，亦具有一定过错，应当承担一定的责任	卖方机构承担70%的责任
(2020)辽01民终14338号	原告已投资理财产品多年，具有既往投资经验，理应对基金等理财产品的类型、风险有一定的认识，其所从事的是高风险投资行为，其亦应当承担较一般民事主体更高的谨慎注意义务，谨慎投资并合理预见相应的投资风险，从而根据自己的风险承受能力及预判合理选择理财产品，并对理财产品的购买拥有最终的决定权	卖方机构承担65%的责任

续表

案号	法院认为	判决结果
(2020)浙0203民初9080号	原告姚静飞曾担任公司财务，购买过各类基金产品和股票，其与施宁的交流中也显示其具有一定的投资理财经验，案涉产品的持有与赎回亦由其独立决策完成，故对产品赎回的损失原告应承担主要责任。	卖方机构承担20%的责任
(2019)苏0106民初4842号、(2019)苏01民终7576号	一审认为，苏峻系完全民事行为能力人，具有较高的文化知识水平，其作为大额资金的控制者，多次进行理财投资，具有一定的投资理财经验，购买案涉的两支基金系其自行决定、选择的结果，对其损失苏峻应当承担主要责任	卖方机构承担30%的责任
	二审认为，虽然苏峻系金融专业大学毕业，目前担任一家公司的财务总监，也购买过基金产品，但其并非证券公司、基金公司的从业人员，也没有相关的从业经历，其之前购买其他基金产品的投资经验，并不足以使其充分了解案涉基金的相关风险，不能据此减轻或者免除民生银行鼓楼支行的告知说明义务。民生银行鼓楼支行未能举证证明适当性义务的违反没有影响苏峻作出购买案涉基金的自主决定，其应当对苏峻的全部损失承担赔偿责任	卖方机构承担100%的责任

六、结语

“卖者尽责，买者自负。”适当性义务的履行是“卖者尽责”的主要内容，也是“买者自负”的前提和基础。从审判实务案例中我们不难看出，司法实务对于卖方机构适当性义务的恰当履行，并非以监管要求为唯一衡量标准，反而体现了将监管要求作为最低的底线，并对卖方机构提出更高的要求和标准的趋势。而司法实务观点与理念本身是处于变动不居的状态，因此，卖方机构也不得不对司法实务的变动保持高度的敏感，及时修正、完善适当性义务履行之规范。

城市更新专项 REITs 模式

——上海城市更新与投融资模式研究

马永健[*] 吴伏曦[**]

一、引言

2021 年 6 月 2 日，上海市 800 亿元城市更新基金设立；2021 年 9 月 1 日，《上海市城市更新条例》的实施，标志着上海正式进入城市更新时代。[①]

上海非常重视城市更新工作，市领导多次强调加快上海城市更新步伐。2022 年 6 月 14 日，时任市委书记李强就加快推进城市更新工作进行调研时指出：要进一步增强抓好城市更新工作的紧迫感，多算大账、政治账、民心账、长远账，以更大决心再提速、再扩容、再加力。要把城市更新作为回应群众关切的实际行动，作为促进经济恢复重振的重大举措，作为提升城市功能品质的重要载体。

随着吴淞创新城 26 万平方公里城市更新规划蓝图、大豫园片区 100 万平方米城市更新规划蓝图的相继出台，上海城市更新拉开大幕。城市更新将"拆、改、留"转变为"留、改、拆"，模式的转变、主体的众多，资金需求量大、建设周期长，兼以城市更新强调城市更新主体持有运营，无疑对投融资模式有了更高的要求。《上海市城市更新条例》第 37 条规定，"鼓励金融机构依法开展多样化金融产品和服务创新，满足城市更新融资需求。支持符合条件的企业在多层次资本市场开展融资活动，发挥金融对城市更新的促进作用"。对于如何开展多样化金融产品和服务创新，迫切需要进行研究。

笔者与银行、证券、信托、公募基金、私募基金等业务领域的专业人士交流，结

---

* 马永健，北京炜衡（上海）律师事务所高级合伙人，城市更新与征收业务部主任，现任上海律协不动产征收业务研究委员会主任、最高检民事行政案咨询专家、上海市委市政府信访和法律事项志愿团律师、上海律协城市更新和城市治理研究中心服务团副团长。

** 吴伏曦，北京炜衡（上海）律师事务所律师，擅长城市更新、不动产征收、房地产、商事争议解决等领域的业务，对城市更新投融资模式有较深研究。

合自身专业经验，借鉴国际、国内城市更新金融模式，对城市更新投融资模式展开专题研究，形成本研究报告，试图为上海市城市更新提供一种可借鉴、可复制的城市更新投融资模式选择。

二、城市更新投融资发展背景

习近平总书记在2015年中央城市工作会议上曾指出："城市发展是一个自然历史过程，有其自身规律。"近十年来，加快城镇化建设是我国在城市发展上实施的重要举措。截至2021年年底，我国城镇化率达到64.72%，对推动经济发展与社会进步起到至关重要的作用。城镇化建设在取得巨大成就之后，意味着我国城市特别是北上广深等城镇化率较高的一线城市将从"增量扩张"进入"存量优化"时代，这是城市发展所遵循的自然规律。同时，城市转型发展的基本方向是持续完善城市空间形态和功能，满足居民对品质生活的需要，这就注定了当前大拆大建、整体开发的房地产业发展模式亟须转型，未来的城市发展即将步入城市更新时代。

全球城市更新起步较早的国家有美国、英国、日本等，从20世纪50年代起，国外各经济体就陆续在当地探索城市更新投融资的可行之道。其中，以美国税收增量融资模式为代表的财税支持类模式，对当前国内城市更新项目享受税收优惠政策的具体操作路径上具有参考意义。

税收增量融资（TIF）模式，是指利用存量土地的增量收益为公共项目提供融资支持的模式。TIF模式共分为三个阶段：第一阶段，制订开发特定区域的计划，划定TIF区，设立管理机构和专用账户并规划开发计划；第二阶段，核定征税基准，确定TIF区内征收财产税的基准值并冻结该部分存量税收，该部分产生的新增税收纳入TIF区专用账户，被冻结部分归原有征税主体；第三阶段，推进TIF区开发，持续时间在20年左右，并在项目后期发行税收增量支持债券作为融资支持，以未来增量税收来偿付债券本息。完成开发计划后，TIF区自行撤销，此前调整的征税安排回归正常秩序。

TIF模式的逻辑在于"政府—社会—市场"三者实现良性的有机运转，即政府的公共投资改善提升社会发展环境，吸引更多社会资本和市场主体参与并提升区域的房产价值，从而引致更多新增的税收，反过来可以补偿初始的公共投资支出。[①]

---

① 参见徐文舸：《城市更新投融资的国际经验与启示》，载《中国经贸导刊》2020年第22期。

2019 年以前，在国内较为成功的城市更新投融资案例中，以北京劲松模式、广州永庆坊模式与上海发展规划导向中所强调的“加速推进旧改、有机有序更新”理念较为典型，具有一定的参考价值。

北京劲松模式是针对城镇老旧小区的更新改造，属于住宅类小区旧改项目，主要通过业主表决，引入专业化物业管理公司持续深度运营的方式进行更新改造。其特色在于前期深入开展入户调研、意见征集等工作，成立由政府、企业、业主多方参与的工作平台，整合现有资源保障后期的运营管理。投融资方式上，北京劲松模式采用的是市、区两级财政资金负担基础类改造费用；社会资本前期对自选类改造项目一次性投入 3000 余万元，获得服务和闲置资源运营权，通过后续物业服务、停车管理费、经营项目以及计划落地的养老、托幼等业态获得收益。

广州永庆坊模式是针对历史文化街区的微改造，主要是维持现有格局基本不变，通过局部拆建、功能置换、保留修缮、完善基础设施等办法实施更新，属于商业旧改项目。投融资模式上，当地政府通过 BOT 模式引入社会资本，通过公开招商引入广州万科房地产公司建设运营该项目，在项目建成完工后的运营期内，其经营所得作为项目投资收益，运营期结束后公司将项目移交给政府，降低政府财政负担的同时还可提高项目的运作效率。

2019 年以后，城市更新领域所涉及的相关政策法规层出不穷，“城市更新”一词的热度被提升到了前所未有的高度。目前，各省市在城市更新投融资领域也已经展开了新的实践探索，并积累了一定经验。相对来说，上海市对城市更新的实践探索处于全国领先位置，包括 2019 年至今相继成立了 60 余家城市更新相关的投资、管理、建设发展等公司；2020 年 7 月成立了上海市城市更新中心；2021 年 6 月成立 800 亿元城市更新基金，同年 12 月成立城市更新引导私募基金；2021 年 9 月国内首单城市更新商业不动产抵押贷款支持证券（CMBS）发行等。

随着国内政策法规的逐步完善和投融资模式的不断探索，城市更新领域的项目实践也日渐走向成熟。众所周知，城市更新涉及的领域范围非常广泛，包括房地产开发、投融资、旧城改造、城市治理、历史风貌保护等。而城市更新项目本身建设周期长、环节多，从而所需投入资金量大的特点，导致如何有效开展城市更新领域的投融资，成为当前涉及城市更新项目落地的有关课题研究里不可回避的问题。

对上海市未来城市更新投融资模式的研究，也成为上海今后在金融领域实施城市更新活动的理论前提与实践基础。

三、城市更新投资规模现状及未来增长潜力

在研究上海市未来城市更新投融资可行模式之前，我们应当了解在全国范围内，城市更新的总投资规模现状以及未来的增长潜力。

根据中国宏观经济研究院在2021年发表的《我国城市更新投融资模式研究》一文中相关数据的显示：2016—2019年，我国城市更新年投资规模依次为30506亿元、30529亿元、32783亿元、35225亿元，城市更新投资规模在房地产业总投资规模的占比依次为22.5%、21.8%、21.6%、21.3%。（详见图1）

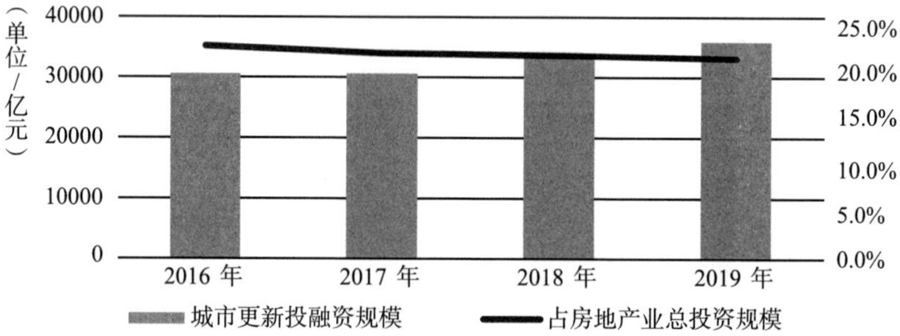

图1　2016—2019年城市更新投融资规模变化及其在房地产总投资规模中的占比变化

可以看出，在"十三五"期间，我国城市更新年投资规模均总体增长平缓，城市更新投资规模占房地产业总投资规模的比例每年基本稳定。

在城市更新投资规模的未来增长潜力上，中国宏观经济研究院对2030年国内城市更新投资规模作出了预测：2021—2030年，城市更新投资年均增速约为11%。2030年，城市更新投资规模预计将达到9.2万亿元，约为当前规模的2.8倍，其在房地产业总投资规模占比约40%。（详见图2）

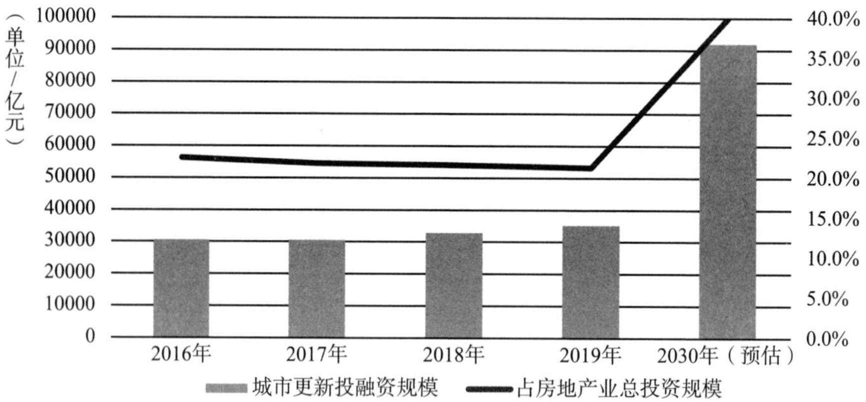

图2　2016—2030年（预估）城市更新投融资规模变化及其在房地产总投资规模中的占比变化

预估结果一方面基于三个基本预测:(1)“十四五”与“十五五”时期的 GDP 年均增速将分别回落至 5.1%、4.4%;(2)未来投资率将从 2020 年的 42% 将依次降至 2025 年的 40%、2030 年的 37%;(3)未来房地产业投资将呈现低速增长态势,“十四五”与“十五五”时期的实际增速分别约为 3.25%、2.45%。“十三五”以来,随着我国经济逐步从投资驱动转向创新驱动,经济增长从高速转向中高速,固定资产投资增速也开始低于 GDP 增速。因此,未来我国 GDP 增速趋缓、投资率下行、房地产业投资趋势性下降将是大概率事件,以上假定符合发展逻辑。

另一方面,从加拿大、英国等经济体已披露的统计数据看,自 2000 年以来各经济体的城市更新投资规模占比基本都维持在 30%—60%,且逐步收敛至 40% 左右。相比而言,当前我国的城市更新投资规模占比总体稳定在 30% 以下,但随着今后城市发展由“增量扩张”向“存量优化”转型,我国未来的城市更新投资规模将持续扩大。①

2022 年 2 月,住建部相关负责人在新闻发布会上指出:据不完全统计,截至 2021 年年底,全国 411 个城市共实施 2.3 万个城市更新项目,总投资达 5.3 万亿元。可见,当前城市更新投资规模在两年间就增速 50% 左右,城市更新产业急速扩大。因此,2030 年我国城市更新投资规模在房地产业总投资规模的占比预计提升至 40%,是符合市场经济规律的。这就意味着,2021—2030 年这十年间,尽管国内 GDP 增速趋缓、房地产业投资趋势性下降,但城市更新领域的投资规模仍有巨大增长空间。

四、城市更新投融资国家政策导向

(一)《中华人民共和国国民经济和社会发展第十四个五年规划和 2035 年远景目标纲要》(以下简称“十四五”规划)

“十四五”规划在 2021 年 3 月发布实施,城市更新首次出现在国民经济和社会发展五年规划里,并上升到了国家战略地位。其中,针对在城市更新领域开展的投融资活动,“十四五”规划中指明了应当遵循的发展方向。

基础设施与新型城市建设领域的投融资活动,要发挥市场主导作用,拓展城市建设资金来源渠道,建立期限匹配、渠道多元、财务可持续的融资机制。具体表现在以下四个方面。

---

① 参见徐文舸:《我国城市更新投融资模式研究》,载《贵州财经大学学报》2021 年第 4 期。

（1）发挥政府投资撬动作用，激发民间投资活力，形成市场主导的投资内生增长机制。

（2）健全项目谋划、储备、推进机制，加大资金、用地等要素保障力度，加快投资项目落地见效。

（3）规范有序推进政府和社会资本合作（PPP），推动基础设施领域不动产投资信托基金（REITs）健康发展，有效盘活存量资产，形成存量资产和新增投资的良性循环。

（4）增强多层次资上海市场融资功能。大力发展机构投资者，提高直接融资特别是股权融资比重。

（二）时任总理李克强代表国务院在十三届全国人大五次会议上作《政府工作报告》（以下简称《政府工作报告》）

2022 年 3 月，城市更新被首次列入国务院 2022 年政府工作任务中，体现了中央在推动开展城市更新工作上的决心与重视程度。《政府工作报告》中指明：要用好政府投资资金，带动扩大有效投资。今年拟安排地方政府专项债券 3.65 万亿元。强化绩效导向，坚持“资金、要素跟着项目走”，合理扩大使用范围，支持在建项目后续融资，开工一批具备条件的重大工程、新型基础设施、老旧公用设施改造等建设项目。要发挥重大项目牵引和政府投资撬动作用，完善相关支持政策，充分调动民间投资积极性。

从国家“十四五”规划与《政府工作报告》所释放的信号可以看出，在城市更新项目中，政府投资主要起引导与撬动资本的作用，关键在于适用可行的投融资模式，吸引社会资本的参与。另外，城市更新领域的投融资活动应当打通多元化投资渠道，利用好 PPP、基础设施领域不动产投资信托基金（以下简称基础设施 REITs）等模式推动盘活存量资产。

（三）《住房和城乡建设部关于在实施城市更新行动中防止大拆大建问题的通知》（以下简称 63 号文）

2021 年 8 月住建部发布实施了 63 号文，主要对城市更新活动的实施作出了底线性质的禁止规定，例如防止城市更新变形走样的“四道红线”：严格控制大规模拆除，拆除建筑面积不应大于现状的 20%；严格控制大规模增建，拆建比不应大于 2；严格控制大规模搬迁，就地、就近安置率不宜低于 50%；确保住房租赁市场供需平稳，住房租金年度涨幅不超过 5%。在投融资方面，63 号文也作出了相应的禁止性规定：城市更新活动应当有效防范地方政府债务风险，坚决遏制新增隐性债务。

除上述规定外，国家“十四五”规划中也明确规定了“建立健全规范的政府举债融资机制”，《政府工作报告》中也已明确“牢牢守住不发生系统性风险的底线”的精神。可见，未来城市更新的投融资模式应当注意在打通多元化投融资渠道、建立可持续资金支持机制的同时，不为当地政府增加隐性债务的负担与金融系统的风险。

（四）城市更新融资有利因素："三道红线"收窄房企融资渠道，城市更新融资环境相对宽松[①]

“三道红线”，是指央行和住建部于 2021 年 1 月 1 日起全行业推行的限制开发商融资的政策，包括剔除预收款后的资产负债率大于 70%；净负债率大于 100%；现金短债比小于 1 倍三个方面的限制。

传统的房企开发模式主要依靠银行贷款、房地产信托、债券融资三种主要融资方式，房地产信托当前已经呈现收紧态势，债券融资市场压力也逐步增大，而此次“三道红线”意味着银行信贷融资也即将面临监管。在“三道红线”融资监管背景下，房地产开发融资倍受挤压，由此便突显了城市更新的融资环境的相对宽松。城市更新项目可充分利用在融资渠道、融资成本上的多元化优势，比如以财政专项资金、地方政府专项债、城市更新基金、基础设施 REITs 等融资方式进行融资，加快推进房地产企业参与主导城市更新。

五、城市更新专项 REITs 模式是上海城市更新投融资可行之道

各地方城市有着不同的政策指导方向、区域发展重点和投融资环境。除了考虑全国城市更新整体投资规模、增长空间以及国家政策导向，上海市未来行之有效的城市更新投融资模式，还应当结合上海市相关政策与发展规划导向以及各阶段不同的资金需求等方面去做研究，因地、因时制宜地探索出适应上海市自身城市更新的发展理念、建设重点以及区域特色的投融资可行之道，以丰富上海乃至国内多样化的金融模式，为后续的城市更新项目提供更多可参考、可复制的方案选择。

本研究报告认为，基础设施 REITs 受到上海城市更新政策与发展规划的青睐，结合上海城市更新的区域特色，以基础设施 REITs “公募基金 + 资产支持证券（ABS）”的交易结构为基础，推出“城市更新基金 + 公募基金 + 城市更新 ABS+

---

① 参见中国城市与区域治理研究院：《中国城市更新白皮书（2021）》，第 42 页。

再投资”的城市更新专项 REITs 产品模式是上海城市更新投融资模式中的可行之道。

(一)政策导向

综合上海市出台的城市更新相关投融资政策来看,除财政补贴性质的市级专项补助资金以及金融政策性质的地方政府专项债券外,上海市鼓励民间资本投资城市更新项目,并且在多份高级别政策文件中提到:支持上海市不同区域积极推进基础设施 REITs 试点。显而易见,基础设施 REITs 作为资产证券化的金融创新工具,符合上海城市更新相关政策的要求。

1.《上海市国民经济和社会发展第十四个五年规划和二〇三五年远景目标纲要》(以下简称上海市“十四五”规划)

上海市“十四五”规划中多次提到投融资制度创新与体制改革,作为国际金融中心,上海已成为公认的全球金融市场门类最完备的城市之一。针对上海市未来的城市更新投融资模式,应当遵循的发展方向主要包括以下两方面内容。

金融创新上,加大资产证券化产品创新力度,依托上海证券交易所打造全国基础设施(REITs)产品发行交易首选地。推动基础设施投融资模式创新,稳妥推进基础设施 REITs 试点,优化资源配置,盘活存量资产。

民间投资上,支持民间资本进入法律法规未明确禁止的领域,更多参与政府主导的基础设施、公用事业、科技创新等重大项目建设和运营。鼓励民营资本参与国有企业混合所有制改革。

2.《上海市城市更新条例》(以下简称《上海条例》)与《上海市城市更新指引》(以下简称《上海指引》)

(1)《上海条例》于 2021 年 9 月 1 日实施,是上海首部也是国内较早出台的有关城市更新的地方性法规。其中涉及金融政策部分的法规导向为:鼓励金融机构依法开展多样化金融产品和服务创新,满足城市更新融资需求。支持符合条件的企业在多层次资本市场开展融资活动,发挥金融对城市更新的促进作用。城市更新项目,依法享受行政事业性收费减免和税收优惠政策。

(2)《上海指引》于 2022 年 11 月 21 日实施,其中涉及金融部分的政策导向为:鼓励设立城市更新基金,支持各类城市更新活动开展。鼓励政策性、商业性银行通过产品创新、专项运维、专项管理等,加大对城市更新的信贷支持。鼓励国有银行、社会资本等创新低效用地盘活投融资机制。城市更新项目可以依法享受行政事业性收费减免和税收优惠政策。

3.2022 年上海市部分涉及城市更新金融支持的政策性文件

(1)《上海市产业结构调整专项补助办法》于 2022 年 5 月 5 日实施，其中涉及城市更新的专项补助办法为：市级专项补助资金对于国家下达的调整任务或经市政府同意的调整专项或城市更新项目予以支持。

(2)《上海市加快经济恢复和重振行动方案》于 2022 年 6 月 1 日实施，其中涉及城市更新的投融资支持方案和政策导向为：①积极拓宽融资渠道，支持发行地方政府专项债券用于城市更新项目。②进一步发挥基础设施不动产投资信托基金(REITs)作用，落实好《关于上海加快打造具有国际竞争力的不动产投资信托基金(REITs)发展新高地的实施意见》(以下简称“上海 REITs20 条”)支持政策，推动更多符合条件的存量基础设施项目发行 REITs。

(3)《关于加快推进南北转型发展的实施意见》于 2022 年 6 月 13 日实施，其中涉及城市更新的投融资支持方案和政策导向为：①推进城区更新，符合条件的由市级给予资金补助支持。②支持工业用地转型创新适用《上海市城市更新条例》的有关规定，简化审批流程，优化实施路径和操作细则。支持宝山区、金山区申报开展基础设施领域 REITs 试点并优先享受专项资金支持。

(4)《关于支持中国(上海)自由贸易试验区临港新片区加快建设独立综合性节点滨海城市的若干政策措施》于 2022 年 6 月 13 日实施，其中涉及城市更新的投融资政策导向为：鼓励金融机构为临港新片区开发和重大项目建设提供融资支持，探索创新融资模式。支持临港新片区符合条件的项目优先申报发行基础设施 REITs。

(二)发展规划导向

除投融资政策导向外，推行以基础设施 REITs 结构为基础的城市更新专项 REITs 模式也匹配上海市未来城市更新“加速推进旧改、有机有序更新”的发展规划。

一方面，为建设成具有世界影响力的社会主义现代化国际大都市，践行“人民城市”的重要理念，上海市在城市更新项目中期建设阶段的主要工作，是坚持“留、改、拆”并举、以保留保护为主的房屋改造工作，城市更新的建设重点应当聚焦在基础设施建设、区域空间布局、市民居住品质、历史文化风貌保护等方面，这与上海市本身“中国式现代化”的城市特点有关。而加快旧区改造、城中村改造和旧住房更新改造等旧改工作，是实现这一城市特点的基本前提。2022 年 1 月，龚正市长在作政府工作报告中指出，2022 年上海市的城市更新应当坚持留改拆并举、以保留保护为主，深化城市有机更新，完成中心城区成片二级旧里以下房屋改造，实施 1000 万平方米旧住房更新改造。

事实上，上海800亿元城市更新基金正是为匹配这一发展规划而产生的。2021年6月2日，为广泛吸引社会力量参与上海旧改，共同推进城市可持续更新和发展，上海城市更新基金正式成立，基金总规模约为800亿元，是目前全国落地规模最大的城市更新基金。上海地产集团是主要发起方，参与者还包括招商蛇口、中交集团、万科集团、国寿投资、保利发展、中国太保、中保投资等国资背景的房企和保险资金。该基金定向用于投资旧区改造和城市更新项目，促进上海城市功能优化、民生保障、品质提升和风貌保护。上海城市更新基金的首要任务便是支持上海市政府在工作计划期限内全面完成成片二级以下旧里改造。

2021年12月，上海城市更新引导私募基金合伙企业（有限合伙）注册成立并完成备案，注册资本为100.02亿元人民币。此基金为800亿元城市更新基金中的引导基金。该基金采用“引导基金+项目载体”模式，投资领域聚焦于上海市城区的旧城改造、历史风貌保护、租赁住房等城市更新项目。设立的目的是参与片区统筹的投资，发挥“引导”功能，在存在具体的投资项目时，该基金可能通过跟投部分比例的方式（如10%、20%或者更少的比例，通过FOF方式）再去撬动更多的资本进行具体项目的投资。

随着2022年7月上海市中心城区成片二级旧里以下房屋改造工作的收官，上海城市更新基金完成了其加快旧改资金平衡的首个目标。上海市还计划在“十四五”期间完成中心城区零星二级旧里以下房屋改造约48.4万平方米，受益居民约1.7万户。相信未来几年，上海城市更新基金依然会在旧改工作中发挥重要的引导与加速投资的作用。

另外，从2022年上海市多次高级别会议与文件中传达的精神里可以看出，2022年上海市的发展重点主要集中在：中心城区上，推进外滩历史文化风貌区城市更新和功能提升，加快北外滩建设；新城区上，加快宝山、金山“南北转型”，推进吴淞创新城市更新建设，聚焦自贸试验区临港新片区、虹桥国际开放枢纽、五个新城建设等重大战略任务。

随着全市成片旧改工作的收尾，接下来的零星旧改工作将持续推进，城市更新作为未来衔接旧改工作的主要模式，要求在项目形成与前期筹资阶段做好融资规划，有序筹划推行REITs等的资产证券化金融产品，为项目后期的存量资产运营阶段提供可行的融资方案选择。

目前，上海在城市更新领域已经成功发行了一类资产支持证券（以下简称ABS，是指受托机构以信托财产为限向投资机构支付收益，收益来源于该证券资产池产生的现金流)——城市更新 CMBS,迈出了国内城市更新领域资产证券化的重要一步。2021 年 9 月 28 日,国内首单城市更新 CMBS——百联资控城市更新 1 号资产支持专项计划在上海证券交易所成功发行,储架 50 亿元,首期发行规模 6.5 亿元,信用评级为 AAA,一期的入池基础资产共计 5 个改造提升后的存量资产,都位于上海市内环内,地理位置优越,其中 4 个项目为历史保护建筑。

CMBS,是指商业不动产抵押贷款支持证券,属于以商业不动产为抵押,以相关物业资产未来收入为偿债本息来源的 ABS 产品。由于 CMBS 的主要偿付来源为其底层物业资产的租金收益,城市更新 CMBS 是城市更新领域 ABS 的一种,主要应用于城市更新项目的中后期运营阶段,以存量资产作为基础,利用资产证券化的手段使不动产投资实现金融化、小额化、动产化,通过投资组合管理分散风险,对存量资产的改造、再开发、招商运营,充分挖掘及提升物业价值,为盘活商业不动产存量、推动行业向轻资产转型提供融资渠道。同时,城市更新 CMBS 的成功发行也彰显了上海为推行城市更新专项 REITs 等创新型资产证券化模式提供良好的市场环境基础。

(三)推行城市更新专项 REITs 模式的可行性研究

城市更新专项 REITs 模式的结构核心是 REITs,是向投资者发行收益凭证,使投资者获取不动产项目的租金、收费等稳定的现金流。国内对于 REITs 产品的探索历史并不久远,2014 年,我国首单类 REITs 产品——中信启航 REITs 成功发行并在深交所综合协议交易平台挂牌转让。而我国基础设施 REITs 市场的起步,则源于 2020 年 4 月由中国证监会、国家发改委联合发布的《关于推进基础设施领域不动产投资信托基金(REITs)试点相关工作的通知》。最近两年相关政策也陆续出台,标志着我国基础设施 REITs 迎来了快速发展期。

2021 年 6 月 18 日,上海出台“上海 REITs 20 条”,提出了一系列创新专项支持政策,为支持上海市基础设施 REITs 发展进行了“量身定制”。

2022 年 5 月 19 日,国务院办公厅发布的《关于进一步盘活存量资产扩大有效投资的意见》(以下简称《意见》)表明:有效盘活存量资产,形成存量资产和新增投资的良性循环,对于提升基础设施运营管理水平、拓宽社会投资渠道、合理扩大有效投资以及降低政府债务风险、降低企业负债水平等具有重要意义。

由此可见,基础设施领域 REITs 作为有效盘活存量资产的主要金融手段,在国家战略发展方向中具有不可替代的作用,这也是社会资本参与热情持续高涨的原因之一。从数据上看,自 2021 年 6 月 21 日首批产品上市至今,我国已上市 22 只基础设施 REITs 产品，发行规模为 757.48 亿元，整体溢价率约为 16%①，投资者参与度整体持续性偏高。

以 2022 年下半年发行的首单公共租赁住房基础设施公募 REITs——华夏北京保障房中心租赁住房封闭式基础设施证券投资基金（以下简称华夏北京保障房 REIT）为例，面市后获投资者热捧，发行基金总份额为 5 亿份，战略配售发售份额为 3 亿份，网下发售的基金份额为 1.4 亿份，公众投资者的基金份额为 0.6 亿份。累计吸金超 631 亿元。比例配售结果参考：截至 2022 年 8 月 17 日，14 家战略投资者已全部缴款，69 家网下投资者管理的 209 个有效报价配售已全部进行了网下认购并全额缴纳，对应的有效认购基金份额数量为 157.2 亿份。基金网下投资者有效认购申请确认比例为 0.89058524%。截至 2022 年 8 月 16 日，公众投资者的有效认购基金份额数量为 94.42961721 亿份，有效认购申请实际确认比例为 0.63539387%。

可以看到，华夏北京保障房 REIT 网下投资者与公众投资者的认配比均不到 1%，认购金额超过发行金额百倍以上。华夏北京保障房 REIT 的成功发行说明机构投资者非常踊跃，也体现了社会公众参与投资的潜力巨大。

另外，《意见》还明确：支持银行、信托、保险、金融资产管理、股权投资基金等机构，充分发挥各自优势，按照市场化原则积极参与盘活存量资产。鼓励符合条件的金融资产管理公司、金融资产投资公司通过发行债券融资，解决负债久期与资产久期错配等问题。加强投融资合作对接，积极向有关金融机构推介盘活存量资产项目。

以基础设施公募 REITs 作为基础，城市更新专项 REITs 模式就可以支持多元化资金的共同参与，在上海未来的城市更新活动中就可以极大程度上丰富社会资本的参与程度。例如保险资金，有金融领域专家就表示："险资出于长线资金的特性，以长期价值投资为主，投资风格偏谨慎，偏好布局行业景气度高、市值较大、业绩优良、未来成长性较好的上市公司，同时持仓的公司经过险资前期考察与调研，整体风险较小。一方面险资作为市场'风向标'之一，能够引导资金向其重点持仓的板块集中，助力资本市场发挥资源配置功能；另一方面，险资投资风格相对稳健，持股周期相对较长，保险资金发挥长期资金优势，有助于存量资产的盘活，形成存量资产和新增投资的良性循环。"②

---

① 转引自《「新华财经独家」兼顾"质"与"效"我国基础设施 REITs 市场稳步发展》，https://baijiahao.baidu.com/s?id=1751464713007485091&wfr=spider&for=pc，载新华财经客户端，2022 年 12 月 30 日访问。

② 转引自《基础设施 REITs 再迎政策利好险资参与热情持续高涨》，载中国金融新闻网，2023 年 1 月访问。

基础设施 REITs 还有一个实践优势在于，其投资标的为基础设施项目 ABS，主要应用于项目后期的存量资产运营阶段，底层资产为成熟优质、运营稳定的基础设施项目。我国基础设施 REITs 的重点投资行业包括仓储物流、收费公路、机场港口等交通设施，水电气热等市政工程，城镇污水垃圾处理、固废危废处理等污染治理项目，信息网络等新型基础设施，以及国家战略性新兴产业集群、高科技产业园区、特色产业园区等园区项目，目前还不包含商业地产。随着华夏北京保障房 REIT 在 2022 年 8 月的成功发行，国内基础设施 REITs 试点的领域范围有了新的突破，相信未来还会逐步实现底层基础资产范围的扩大。

目前，城市更新领域的基础设施 REITs 产品还未有实践落地，上海城市更新领域可以依据政策与发展规划导向，借鉴国内 REITs 的成功经验，以基础设施公募 REITs“公募基金 + 城市更新 ABS”的交易结构为基础，推出“城市更新基金 + 公募基金 + 城市更新 ABS+ 再投资”架构的城市更新专项 REITs 模式。根据当前的发展状态，城市更新专项 REITs 产品的基础资产可以聚焦在房地产业类基础设施的投资，例如仓储物流、产业园区、租赁住宅等，未来随着公募 REITs 试点的不断扩大，其基础资产的投资可以伺机向历史风貌保护类、城市治理类、智慧城市建设类项目倾斜靠拢，逐步形成城市更新领域的专项基础资产投资池，对接以城市更新基金为主的项目顶层资金。

1. 城市更新专项 REITs 模式相比类 REITs 的优势

公募 REITs 与类 REITs 形成了国内庞大的 REITs 领域市场，为资本市场提供了多样化的选择，类 REITs 的产品模式对以公募 REITs 为核心的城市更新专项 REITs 模式具有一定的借鉴意义。国内类 REITs 产品一般的交易步骤为：管理人发起设立资产支持专项计划，向投资者募集资金；由基金管理公司发起设立私募股权投资基金，并作为管理人管理该私募基金；资产支持专项计划以其募集的资金认购私募基金的基金份额；由私募基金持有项目公司股权；项目公司持有商业物业。其中，由于专项资产管理计划并不能直接收购物业公司股权，所以在此一般通过私募基金收购物业公司股权。

在当前的国内类 REITs 案例中，“中信华夏苏宁云创资产支持专项计划”颇有一定的代表性，可以用于对比理解城市更新专项 REITs 模式的特点与优势。

中信证券推出的中信华夏苏宁云创资产支持专项计划（以下简称苏宁云创类 REITs 产品）的独特之处在于，以苏宁 11 家门店为基础，但又并非直接持有苏宁云商的门店物业等资产，而是通过私募基金持有这些物业后，把私募基金的份额以及苏宁云商享有对项目公司的优先债受益权作为基础资产来设立资产支持证券。通过这样的交易机制可盘活沉淀优质资产，实现资产出表。苏宁云创类 REITs 产品交易结构图如图 3 所示。

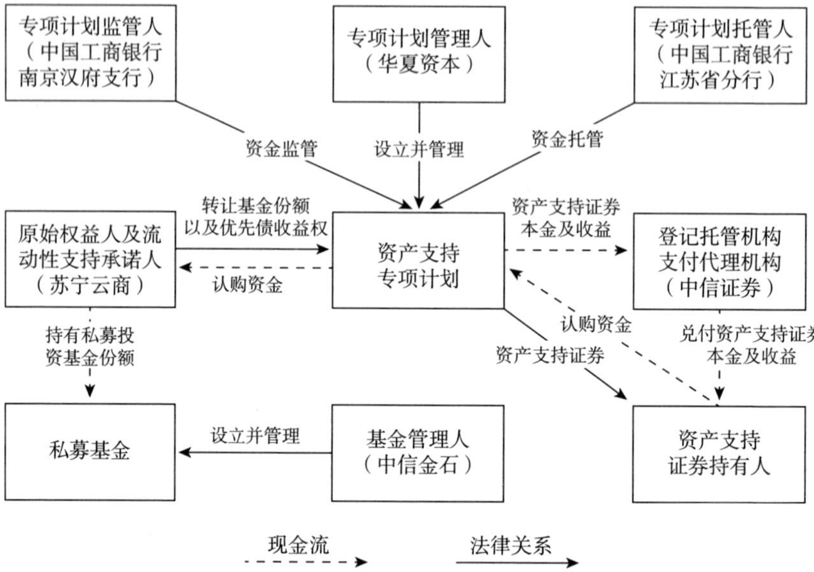

图 3　苏宁云创类 REITs 产品交易结构

如图 3 所示，苏宁云创类 REITs 产品具体的交易步骤包括：（1）认购人通过与计划管理人签订《认购协议》，将认购资金委托给计划管理人管理，计划管理人设立并管理专项计划，认购人取得资产支持证券，成为资产支持证券持有人。（2）专项计划设立后，计划管理人应根据专项计划文件的约定，在《优先债收益权转让协议》约定的付款前提条件满足后 5 个工作日内指示专项计划托管人根据《优先债收益权转让协议》的约定，将等额于《优先债收益权转让协议》项下转让对价的认购资金划拨至苏宁云商的账户，以向苏宁云商收购优先债收益权。（3）专项计划设立后，计划管理人应根据专项计划文件的约定，按照《基金份额转让协议》约定的支付进度，将等额于《基金份额转让协议》项下转让对价的认购资金划拨至苏宁云商的账户，以向苏宁云商收购其持有的全部私募投资基金份额。[①]

国内类 REITs 市场通常采用信托型 / 基金型的契约型 REITs 架构，通过发行专项资产管理计划做成有期限的、可上市交易的封闭式基金，用于减少 REITs 设立

① 转引自《REITs 全景解读：历史、现状、机遇》，载百家号“达人学 REITs”，2022 年 12 月 30 日访问。

的法律程序以及相应税负问题，容易为管理层和投资者所接受。

尽管如此，以公募 REITs 为设计核心的城市更新专项 REITs 模式比类 REITs 产品模式有着产品架构设计上的优越之处：

公募 REITs 是“公募基金 + 城市更新 ABS”，最顶层是公募基金；类 REITs 是“ABS+ 私募基金”，最顶层是 ABS。公募基金规则透明健全，比照公开发行证券要求建立上市审查制度，制订了完备的发售、上市、交易、收购、信息披露、退市等具体业务规则。另外，两者性质也不同，公募 REITs 偏股性，类 REITs 偏债性，因此产品呈现较大差异，例如类 REITs 产品具有分级、差额补足、流动性支持、外部担保等内外部增信措施，公募 REITs 均不涉及，无须评级和增信。公募 REITs 基金封闭式运作，在交易所市场流通，也不存在类 REITs 中常见的投资者回售、开放退出等条款设置。

两种模式之间的区别还在于公募 REITs 通过引入公众投资者，退出方式以二级市场证券交易为主，但流动性较强。类 REITs 投资者范围较小，且私募发行，投资者一般只能在开放期选择回售，到期通过主体回购或物业处置退出，通过二级市场交易退出时流动性弱，导致产品近几年数量和规模增速缓慢。城市更新专项 REITs 模式可以充分利用公募 REITs 的产品特点，结合上海城市更新基金的融资窗口功能，为上海市城市更新投融资模式提供可行有效的选择方案。

2. 城市更新专项 REITs 的融资窗口——上海城市更新基金

城市更新是一项复杂且漫长的系统工程，在城市更新项目的前期筹划阶段，应当提前确立政府与企业合作模式，注意做好融资阶段规划，例如城市更新专项补助资金的申请、地方专项债的协助申报等，逐步落实项目后续政府专项资金的投入。更重要的是，城市更新项目占用资金量大，需要政府发挥撬动作用，只有引导足量、优质的增量资金投入，才能保证项目全生命周期的平稳落地。

依据《上海市城市更新条例》的规定以及相关政策的精神，上海城市更新活动的主要实施模式为“政府引导 + 市场运作 + 公众参与”。其内涵是，政府及有关部门完善城市更新相关政策法规，引导城市更新活动的开展；市场主体作为城市更新统筹主体参与项目主要运作；公众在城市更新活动中享有知情权、参与权、表达权和监督权。在此基础上理解投融资模式里政府和社会资本的角色定位，便可发现，政府资金在城市更新项目中并非占据主导地位，仅起到引导、推动社会资本投资的作用。在上海区域的实践中，2021 年年中上海地产集团推动成立的上海城市更新基金，至今一直承担着吸引社会资本参与和加速资金投入的双重功能。也就是说，上海未来的城市更新领域并不会过度沿用传统的 PPP 模式进行投融资筹划，而是以上海城市更新基金为主要投融资窗口，吸引和加速资本参与，有序开展城市更新项目。

此外，国家和上海市有“建立健全规范的政府举债融资机制”的要求，住建部63号文也有“坚决遏制新增隐性债务”的规定。PPP 模式尽管本身在城市治理方面具备有效提升公共服务供给质量、效率，树立政府公共部门良好形象的优势，但在投融资方面目前仍持续面临着监管收紧的局面。2017 年下半年以后，国家对央企 PPP 业务规模从严设定上限，以防止杠杆率过高，并明确提出对 PPP 业务重大决策实施终身责任追究制度。究其原因，就在于 PPP 模式实际是转移了杠杆而非消灭杠杆。PPP 模式一般是由政府和企业通过签订项目合同共同出资组成项目公司，通过社会资本方或政府的增信取得金融机构的资金支持，之后负责 PPP 项目的建设和一定时期的运营，通过项目运营收益（含部分政府补贴）偿还债务并获得相应利润。项目公司通过政府和企业的增信获得数倍于资本金的贷款，为政府和企业加了表外杠杆，但其真实的杠杆率水平及风险被低估，后续债务资金到位情况也可能不及预期。另外，PPP 项目持续时间通常在 10 年以上，而在公募 REITs 之前，项目公司股权没有市场化的退出渠道，从而导致资产的流动性不足，加剧了债务风险①。

3. 城市更新专项 REITs 产品模式

城市更新专项 REITs“城市更新基金 + 公募基金 + 城市更新 ABS+ 再投资”的产品模式就可以避免这一问题。城市更新专项 REITs 的产品模式主要包含三个部分。

（1）城市更新基金发挥融资窗口作用

除政府方面提供的专项资金补助、政府专项债以及税收优惠政策等财税支持外，城市更新专项 REITs 模式主要依靠城市更新基金发挥融资窗口作用，主要包括加速增量资金投资与吸引投资者参与的双重作用。

城市更新基金可以为支持旧改加速提供资金平衡，为城市更新项目后续的运营打下基础。在升级优化存量资产上，城市更新专项 REITs 模式通过“公募基金 + 城市更新 ABS”的公募 REITs 结构模式实现资产证券化，为市场主体提供稳妥的退出机制，从而吸引原始权益人及战略投资者、网下投资者及公众投资者参与城市更新中期建设与后期运营两大阶段。

---

① 转引自《公募基建 REITs 专题研究：REITs 与 PPP，相似的节奏，不同的结局》，载百家号“未来智库”，2022 年 12 月 30 日访问。

具体来说，吸引原始权益人及战略投资者的参与，是为城市更新项目建设阶段拓宽融资渠道，主要原因在于，城市更新专项 REITs 模式的核心是公募 REITs 产品，受公募 REITs 相关政策法规的规制，原始权益人及战略投资者在城市更新专项 REITs 模式下享有不低于 REITs 发售总规模 20% 的份额，以用于享有后续稳定现金流的回报收益，这是发挥城市更新基金的指引性以及“公募基金 + 城市更新 ABS”结构设计本身优越性后的体现。吸引网下投资者及公众投资者的参与，主要包括证券公司、基金管理公司、信托公司、财务公司、保险公司、合格境外机构投资者、商业银行及其理财子公司、符合规定的私募基金管理人以及其他中国证监会认可的专业机构投资者，还包括全国社会保障基金、基本养老保险基金、年金基金以及其他公众投资者等，主要是为盘活成熟优质、运营稳定的城市更新领域存量资产拓宽融资渠道。投资人的资金不需要全程参与复杂的规划、选址、环评、安评、能评、稳评等一系列项目前期工作，而是直接参与到已经建好的城市更新优质项目运营中，大大缩短了投资的时间成本。

(2)“公募基金 + 城市更新 ABS”交易结构实现资产证券化

城市更新专项 REITs 模式的核心是“公募基金 + 城市更新 ABS”交易结构，它是公募 REITs“公募基金 + 城市更新 ABS”交易结构在城市更新领域应用后的变形。城市更新 ABS，是指以基础资产未来所产生的现金流为偿付支持，在此基础上发行的城市更新类资产支持证券，主要的基础资产投资领域包括现阶段已经存在的仓储物流、产业园区、租赁住宅等项目领域，以及未来可能推出的历史风貌保护类、城市治理类、智慧城市建设类及其他城市更新项目领域。

“公募基金 + 城市更新 ABS”结构主要参考基础设施公募 REITs 的设计。基础结构第一层为公募基金，公募基金向 REITs 投资者募集资金，将募集资金用于购买资产支持证券（ABS）的份额，投资者主要包含城市更新基金以及城市更新基金吸引而来的原始权益人及战略投资者、网下投资者及公众投资者等；基础结构第二层为 ABS，资产支持证券持有项目公司全部股权，从而间接持有基础资产完全所有权或经营权。

结合《公开募集基础设施证券投资基金指引（试行）》中“本指引所称基础设施基金，是指同时符合下列特征的基金产品：（一）80% 以上基金资产投资于基础设施资产支持证券，并持有其全部份额；基金通过基础设施资产支持证券持有基础设施项目公司全部股权；（二）基金通过资产支持证券和项目公司等载体（以下统称特殊目的载体）取得基础设施项目完全所有权或经营权利；（三）基金管理人主动运营管理基础设施项目，以获取基础设施项目租金、收费等稳定现金流为主要目的；（四）采取封闭式运作，收益分配比例不低于合并后基金年度可供分配金额的90%”以及“基础设施基金是指基金通过特殊目的载体持有基础设施项目的整体架构”的规定，可以总结出“公募基金 + 城市更新 ABS”的基础结构如图 4 所示。

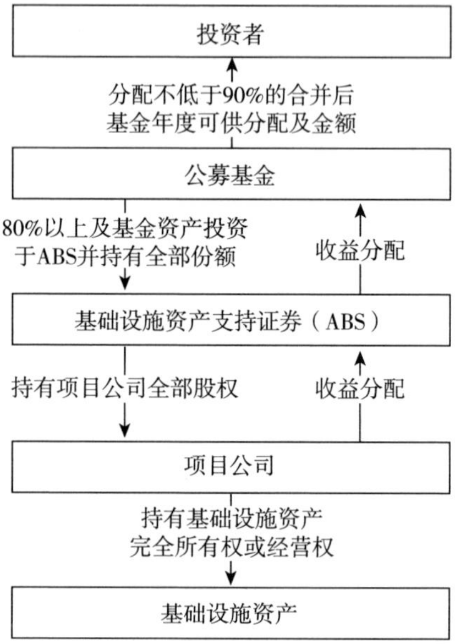

图 4 “公募基金 + 城市更新 ABS”的基础结构

“公募基金 + 城市更新 ABS”的交易结构设计在中国现行法律体系下是可以运行落地的。首先，在《证券法》《公司法》《证券投资基金法》《公开募集证券投资基金运作管理办法》《证券公司及基金管理公司子公司资产证券化业务管理规定》等法律体系下，中国基础设施 REITs 产品可以采用公司型模式或基金型模式。城市更新专项 REITs 模式中的“公募基金 + 城市更新 ABS”结构采用的是基金型 REITs 架构，也符合国内公募 REITs 领域的通常架构模式。

其次，根据《证券投资基金法》第 72 条的规定，公募基金财产应当投资上市交易的股票、债券，以及国务院证券监督管理机构规定的其他证券及其衍生品种，即不能直接投资于非上市公司股权，“公募基金 + 城市更新 ABS”的设计借鉴了国内诸多类 REITs 项目中的双特殊目的载体（以下简称 SPV）架构，通过城市更新领域 ABS 持有项目公司股权，从而间接持有基础资产的完全所有权或经营权。该模式规避了公募基金不能直接投资于非上市公司股权的限制，同时反向搭建了不动产项目的上市流通机制。

在目前首批发行的基础设施 REITs 项目里，也采用了“公募基金 + 城市更新 ABS”这一基础架构。具体涉及六类参与主体：原始权益人（基础设施项目的原发起人）、基金管理人（设立公募基金产品，对基础资产进行尽职调查以及运营管理）、资产支持证券管理人（设立资产支持专项计划）、托管人、运营管理机构（基金管理人或委托专门的运营管理公司）以及中介机构（财务顾问、会所、律所、评估等）。需要注意的是，公募基金和资产支持证券的管理人必须为同一控制方下的具有公募牌照的基金公司和证券公司，托管人须为同一家机构，运营管理机构由管理人负责。实际上，首批 9 个公募 REITs 的运营管理机构均为原始权益人或其关联方，此举是确保基础设施项目运营管理的稳定。

参考已经发行成功的基础设施 REITs 产品，再引入城市更新基金的窗口功能，城市更新专项 REITs 模式的“公募基金 + 城市更新 ABS”交易流程大致如下。

第一步：投资者认购公募基金产品。其中，对原始权益人及战略投资者、网下投资者及公众投资者进行分别配售，原始权益人及战略投资者包括城市更新基金以及其吸引过来的社会资本，需要锁定一定的份额（不低于 20%）；网下投资者及公众投资者不用锁定份额，可以公开上市流通。网下投资者份额不得低于总发售额的 56%，公众投资者则不得高于 24%。

第二步：80% 以上的公募基金产品投资于城市更新领域资产支持专项计划，其余基金资产应当依法投资于利率债、AAA 级信用债或货币市场工具。城市更新领域资产支持专项计划是通过城市更新 ABS 募集资金，交由投资管理公司或证券公司来管理城市更新项目，以获取资金回报的过程，是资产证券化手段与专项资产管理计划的结合。

第三步：公募基金产品通过控股资产支持专项计划而控制城市更新项目公司，从而间接控制城市更新项目底层资产的所有权或者收益权。城市更新项目产生稳定的现金流，使投资者获取产品收益。需要说明的是，关于资产专项计划持有项目公司股权方面主要借鉴类 REITs 产品的部分结构模式，目前有两种做法：一是“资产专项计划 + 项目公司”，直接持有，考验股东的资金实力，资金不占用；二是“资产专项计划 +SPV+ 项目公司”，SPV 先间接持有项目公司，然后反向吸收合并达到资产专项计划最终穿透持有项目公司的目的，省去了资产专项计划前期出资，但 SPV 的出资可能产生借款等资金成本。具体结构如图 5 所示。

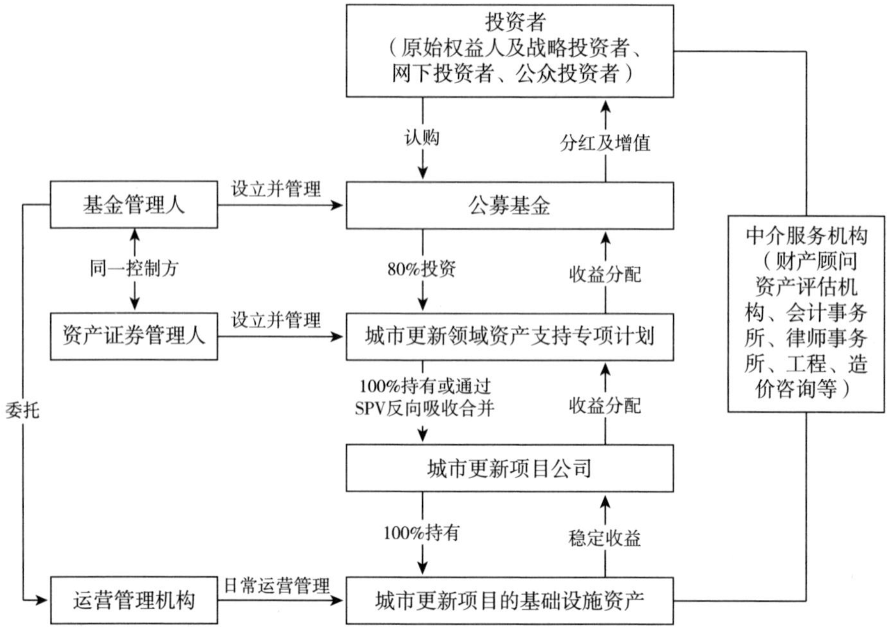

图 5 "公募基金 + 城市更新 ABS"的交易流程

（3）回报资金再投资

城市更新专项 REITs 模式的本质是公募 REITs，具有流动性较高、收益相对稳定、安全性较强等特点，能有效盘活存量资产，丰富当前的金融产品种类，拓宽社会资本投资渠道，提升直接融资比重，增强资本市场服务实体经济质效。长期看有利于完善储蓄转化投资机制，降低实体经济杠杆，推动基础设施投融资市场化、规范化健康发展。短期内，城市更新专项 REITs 模式可以使投资者通过参与已建项目实现稳定的现金流收益回报，而后将回笼资金用于再投入，广泛筹集项目资本金的同时降低债务风险。

从城市更新专项 REITs 产品设计角度思考，其募集的是权益型资金，并以募集资金对存量债务进行置换。市场主体通过城市更新专项 REITs 模式实现资金回报，形成"城市更新基金及其他资本投资→城市更新资产 REITs 化→回笼资金→再投资"的项目模式，实现"存量资产和新增投资的良性循环"，减轻政府和社会对主体信用及刚兑的过度依赖，降低杠杆风险。

这点与 PPP 模式不同，REITs 不会转移杠杆，而是最终大幅降低杠杆，并将资产运营、融资等风险与原始权益人、政府部门实现隔离。此一点对于上海未来推进城市更新专项 REITs 模式具有深远意义。

4. 推行城市更新专项 REITs 模式的优势总结与未来展望

上海市未来推行城市更新专项 REITs 模式，契合上海市“人民城市”的城市发展理念以及“盘活存量资产、有机有序更新”的城市更新理念。城市更新专项 REITs“城市更新基金 + 公募基金 + 城市更新 ABS+ 再投资”的模式关键在于政府完善城市更新相关政策法规，引导城市更新活动的开展，上海城市更新基金充分发挥窗口作用，加速增量资金投资与吸引投资者参与城市更新活动，通过“公募基金 + 城市更新 ABS”的交易结构实现城市更新基础资产证券化，打通市场主体退出渠道，增强资产流动性、收益回报率以及金融产品安全性。城市更新项目市场主体通过城市更新专项 REITs 模式实现资金回报，并以此回报的资金进行城市更新项目再投资，进一步资产证券化，以此实现投资的良性循环。

在交易结构上的突出优势在于：（1）投资集中，80% 以上基金资产投资于城市更新 ABS，并持有其全部份额；（2）公募基金穿透持有城市更新基础资产核心权益；（3）现金流稳定，主要投资的基础资产是成熟优质、运营稳定的城市更新项目，以获取项目租金、收费等稳定现金流为主要目的；（4）高比例分红。城市更新专项 REITs 中的公募基金采取封闭式运作，收益分配比例不低于合并后基金年度可供分配金额的 90%。

在吸引社会资本上的优势在于：该模式除提供新的融资渠道外，还可以帮助社会资本实现从重资产建设到轻资产运营，同时继续享有城市更新项目部分的分红收益和增值收益，可以提升上市公司估值。另外，其借助公募 REITs 模式也使得信息披露要求更加严格，可以促进企业提升对城市更新项目的专业化运营管理能力，提升城市更新底层资产价值，企业也可以获得长期稳定的管理费收入。

在政府工作开展方面的优势在于：城市更新专项 REITs 模式可以帮助地方政府缓解债务压力，拓展项目建设融资的新渠道，完成既定的城市更新项目建设目标。同时，该模式有助于政府应对社会经济下行的现状，带动社会投资热情，维持社会经济的平稳运行，帮助政府在经济新常态下实现经济增长速度的平稳换挡，争取宝贵时间调整经济结构、推动产业转型升级。

对于金融系统和实体经济的意义在于：城市更新专项 REITs 模式作为推动基础设施 REITs 试点工作之一，是金融系统贯彻落实党中央、国务院关于防风险、去杠杆、稳投资、补短板决策部署的重要体现，是推动金融供给侧结构性改革的重要工作抓手之一。另外，该模式为基础设施建设提供了新思路和新渠道，城市更新专项 REITs 模式是一种比例分红、高收益风险长期投资产品，填补了资管市场空白，满足了国内各类投资机构和公众投资者关于基础设施和中等风险、中等收益产品的投资需求。是由“资金在金融系统内空转”向“金融服务实体经济”转型的有效举措。

最后从长远发展上看，城市更新专项 REITs 模式在未来可能有以下两个问题仍需关注。

一是管理人问题。城市更新专项 REITs 模式下，投资者收益回报的主要来源是租金、收费权收益、不动产增值或者再投资收益。“城市更新基金 + 公募基金 + 城市更新 ABS+ 再投资”产品模式中，城市更新底层基础资产的实体运营是该模式长期有效运转的重中之重，因此城市更新专项 REITs 管理人的城市更新项目专业运营能力是未来需要考虑的问题之一。

根据《公开募集基础设施证券投资基金指引（试行）》，公募基金将作为基础设施项目的管理人，应配备不少于 3 名具有 5 年以上基础设施项目投资管理或运营经验的主要负责人员。但目前我国公募基金的主业是证券投资，缺乏基础设施项目运营和投资的能力。因而短期来看，基础设施项目的管理归属原始权益人，可能更有利于 REITs 的收益。长期来看，随着 REITs 的发展，国内在城市更新领域可能培育出兼具融资和项目管理能力的另类资产管理人，从而形成管运一体。

二是城市更新专项 REITs 的供需匹配问题。如果未来推行城市更新专项 REITs 模式，试点大概率首选原始权益人信用稳健、现金流稳定且投资回报良好的城市更新相关项目。有金融领域专家表示，该种情况下，可能由于原始权益人认为 REITs 融资成本较高而投资人认为 REITs 投资收益较低，导致供给和需求的不匹配①。

从可能的匹配来看，供给方面，REITs 对降负债率需求较强的原始权益人吸引力相对较大，对拥有好项目的原始权益人而言，REITs 融资成本不一定低于银行借款，但能够实现项目所有权或收益权转让，从而降低公司负债率。投资方面，REITs 的收益和风险介于股票和债券之间，且期限较长，与银行、保险、社保基金等长期资金追求稳健收益的目标较为匹配。

① 转引自刘郁、姜丹：《政策指引，公募基础设施 REITs 如何发展？》，载微信公众号“郁言债市”，2022 年 12 月 30 日访问。

六、结语

《上海市城市更新条例》鼓励金融机构依法开展多样化金融产品和服务创新，支持符合条件的企业在多层次资本市场开展融资活动。传统的银行贷款、房地产信托、债券融资满足不了城市更新的投融资需求，城市更新金融投资模式在财政专项资金、地方政府专项债、城市更新基金之外，应大力推行城市更新专项 REITs 模式，支持多元化资金共同参与，在上海未来的城市更新活动中极大程度上丰富社会资本的参与程度，有效盘活存量资产，形成存量资产和新增投资的良性循环，有序有机开展城市更新。

上海作为国际金融中心，应当在城市更新领域加大投融资模式的研究，探索出一条行之有效的城市更新金融创新模式，加快上海城市更新之路，加快现代化国际大都市建设之路。

保险公司股权代持法律风险防范与控制(一)

——股权监管视角

向福斌* 石国送**

一、引言

股权代持又被称为委托持股或者隐名投资，是指实际出资人由于各类情形无法或者不愿登记为公司股东，而约定以他人名义登记为公司股东或继续持有公司股份，但实际出资人实际享有投资收益的一种股权处置安排。

实践中，出资人安排股权代持常见于以下几种情形：一是出资人本身不具备法律规定的资质要求，如《保险公司股权管理办法》对保险公司股东规定了较高的资格门槛，《公务员法》规定公务员不得从事营利性活动等；二是实际出资者人数超过《公司法》规定的股东人数上限，多见于员工持股的情况；三是出资人为对外融资，通过设立股权质押、股权让与担保等方式成立担保型的股权代持；四是出资人出于个人隐私、隐匿财产等目的设立股权代持。

股权代持作为一种隐去出资人身份的间接持股方式，不仅突破了出资人、股东身份与所持股权之间的特定联系，而且规避了相关法律和监管规定对投资人股东资格的限制条件，从而可能影响到公司内部治理结构的稳定性，并存在侵犯公司其他股东及外部债权人利益的隐患。特别是，如果代持行为涉及的目标公司为上市公司或金融机构，还将对国家金融监管秩序和公众利益造成影响。

自 2016 年年底中央经济工作会议以来，"金融严监管"已成为金融监管共识。因涉及金融公司的股权代持行为使得真正的投资人作为"影子股东"游离于国家

---

* 向福斌，北京炜衡（上海）律师事务所高级合伙人，保险部主任，执业领域包括保险再保险、民商事争议解决，曾获评钱伯斯 2022、2023 年度《大中华区法律指南》上榜律师及《2022 年度 LEGALBAND 客户首选：保险多面手 15 强》上榜律师。

** 石国送，复旦大学法学硕士，北京炜衡（上海）律师事务所资深律师，执业领域包括保险、再保险、金融争议解决。

有关职能部门的监管之外，影响金融行业的经营稳定和健康有序发展，在一定情况下还将危及金融秩序和社会稳定。在这一背景下，相关保险监管规范也显现了对保险公司股权代持进行从严监管的态势。

基于以上，本文将从保险公司股权监管合规视角，探讨保险公司股权代持相关的金融监管法律问题，供交流参考。

二、保险公司股权代持监管规范沿革

(一)《保险法》对保险公司股权监管的规定

《保险法》第68条第1项仅原则性要求保险公司“主要股东具有持续盈利能力，信誉良好，最近三年内无重大违法、违规记录，净资产不低于人民币二亿元”，未对保险公司股权代持作出直接规定。

但是,《保险法》第134条规定“国务院保险监督管理机构依照法律、行政法规制定并发布有关保险业监督管理的规章”。特别是,《保险法》第68、84条均明确授权国务院保险监督管理机构对保险公司设立和股权变更阶段的股东资格条件进行审查批准。

基于上述规定，我们认为，虽然《保险法》未直接对保险公司股权管理作出规定，但是，根据《保险法》的授权，国务院保险监督管理机构有权按在本部门的职责权限范围内，根据加强保险业监督管理的实际需要，且在不与更高层级的相关法律、行政法规的规定相抵触的前提下，按照法定程序制定和发布部门规章对保险公司股权进行监管。

(二)1999年《向保险公司投资入股暂行规定》的规定

早期保险公司股权监管相关规定，并不禁止股权代持行为，并在某种程度上认可保险公司股权代持行为。

具体而言，原中国保险监督管理委员会(以下简称原保监会)制定的《向保险公司投资入股暂行规定》(1999年)第14条规定，单个股东直接投资，或以其他股东名义投资，或通过关联公司投资，持有股份超过保险公司总股本10%的，应当报经中国保监会批准。

此后，原保监会于2000年4月1日发布的修改后的《向保险公司投资入股暂行规定》也未对第14条进行修改。

按照上述规定，在经原保监会批准的情况下，保险公司股东可以其他股东或者关联公司的名义持有保险公司股份。

（三）2010年《保险公司股权管理办法》的规定

根据2004年原保监会发布的《保险公司管理办法》第43条的规定，“除中国保监会批准的保险控股公司或者保险公司外，单个企业法人或者其他组织（包括其关联方）投资保险公司的，持有的股份不得超过保险公司股份总额的20%”。

上述单一股东持股上限规定初衷是通过股权分散方式规范保险公司治理结构，防止保险公司经营中发生一股独大现象。然而，部分单一股东为获得保险公司控制权，试图通过股权代持行为实现对保险公司的控制。

鉴于保险公司股权代持、通过代持超比例持股现象及伴随的风险日益显现，原保监会于2007年发布的《保险公司股权管理办法（送审稿）》第23条首次明确，禁止投资人为其他机构代持保险公司股权。

此后，原保监会在针对《保险公司股权管理办法》历次修改中对上述规定不断完善。最终，原保监会2010年正式发布《保险公司股权管理办法》，其第8条规定，“任何单位或者个人不得委托他人或者接受他人委托持有保险公司的股权，中国保监会另有规定的除外”。

原保监会2013年4月9日在《关于〈保险公司股权管理办法〉第四条有关问题的通知》中将保险公司单个股东（包括关联方）出资或者持股比例上限放宽至51%。2010年《保险公司股权管理办法》禁止保险公司股权代持的做法，也为后续2014年修改的《保险公司股权管理办法》所保留和坚持，并在2018年全面修订的《保险公司股权管理办法》中得到进一步的完善和加强。

（四）2018年《保险公司股权管理办法》的规定

2016年中央经济工作会议正式提出“要把防控金融风险放到更加重要的位置，下决心处置一批风险点，着力防控资产泡沫，提高和改进监管能力，确保不发生系统性金融风险”。自此，我国进入“金融严监管”时代。

为贯彻“金融严监管”，2017年7月，全国金融工作会议召开，在明确金融管理部门监管职责的同时，还设立金融监管协调机构——国务院金融稳定发展委员会。

2017年中央经济工作会议再次提出：“打好防范化解重大风险攻坚战，重点是防控金融风险，要服务于供给侧结构性改革这条主线，促进形成金融和实体经济、金融和房地产、金融体系内部的良性循环，做好重点领域风险防范和处置，坚决打击违法违规金融活动，加强薄弱环节监管制度。”

在前述“金融严监管”政策背景下，为切实加强股权监管，弥补监管短板，整治市场乱，在以往针对保险公司股权监管经验及监管技术的基础上，《保险公司股权管理办法》经反复多次修订并征求意见。2018 年 4 月 18 日,原保监会发布修订后的《保险公司股权管理办法》,进一步完善了保险公司股权代持相关监管规定,并建立了系统性的监管原则、监管手段、监管措施以及处置措施。具体如下。

1. 从监管原则方面,明确对保险公司股权实行穿透监管原则

根据 2018 年《保险公司股权管理办法》第 3 条的规定,中国保险监督管理委员会(以下简称中国保监会)按照实质重于形式的原则,依法对保险公司股权实施穿透式监管和分类监管。股权监管贯穿于以下环节:(1)投资设立保险公司;(2)变更保险公司注册资本;(3)变更保险公司股权……

上述规定不仅明确了穿透式监管的原则,而且将该原则贯彻实施于保险公司设立阶段的股权取得以及保险公司股权转让取得,这将有利于防范违规代持、超比例持股。

2. 从股东资格准入方面,将违规代持行为记录等股权违法行为纳入负面清单

为进一步规范保险公司股权投资行为,2018 年《保险公司股权管理办法》设立了保险公司股东资格准入负面清单制度,明确规定股权结构不清晰或存在纠纷的、有过代持记录的、提供虚假资料或不实声明的投资人,不得成为保险公司的股东。

3. 从股东行为方面,明确禁止变相转移保险公司股权

2018 年《保险公司股权管理办法》第 31 条规定:"投资人不得委托他人或者接受他人委托持有保险公司股权。"

相较于 2010 年和 2014 年《保险公司股权管理办法》的规定,2018 年《保险公司股权管理办法》在措辞上更为明确精简,且删除了"中国保监会另有规定的除外"这一股权代持的例外情形,更加彰显了监管对于保险公司股权代持的全面否定态度。

此外,除在股权取得阶段直接禁止保险公司股权代持外,2018 年《保险公司股权管理办法》还按照"实质重于形式"的原则,对包括表决权委托、关联持股等各类变相转移保险公司股权的行为予以禁止。

具体而言,2018 年《保险公司股权管理办法》第 39 条规定:"保险公司应当在章程中约定,股东有下列情形之一的,不得行使股东(大)会参会权、表决权、提案权等股东权利,并承诺接受中国保监会的处置措施:……(三)委托他人或者接受他人委托持有保险公司股权;(四)通过接受表决权委托、收益权转让等方式变相控制股权……"。第 49 条第 2、3 款明确规定,"保险公司股东不得利用股权质押形式,代持保险公司股权、违规关联持股以及变相转移股权。保险公司股东质押股权时,

不得与质权人约定债务人不履行到期债务时被质押的保险公司股权归债权人所有，不得约定由质权人或者其关联方行使表决权等股东权利，也不得采取股权收益权转让等其他方式转移保险公司股权的控制权”。

4. 从监管范围上，明确将保险公司股东财务及经营情况等纳入审查范畴

更为明显的一处变化是，与2010年《保险公司股权管理办法》及2014年《保险公司股权管理办法》相比，2018年《保险公司股权管理办法》新增“监督管理”一章，并明确将保险公司股东的财务及经营等情况均纳入监管范畴。

具体而言，2018年《保险公司股权管理办法》第73条第2款规定：“中国保监会采取以下措施对保险公司股权实施监管：……（六）对股东涉及保险公司股权的行为进行调查或者公开质询；（七）要求股东报送审计报告、经营管理信息、股权信息等材料；（八）查询、复制股东及相关单位和人员的财务会计报表等文件、资料……”。第75条规定：“中国保监会对保险公司股权取得或者变更实施行政许可，可以采取以下方式进行审查：……（三）对保险公司或者相关股东进行监管谈话、公开问询；（四）要求相关股东逐级披露其股东或者实际控制人；（五）根据审慎监管的需要，要求相关股东逐级向上声明关联关系和资金来源；（六）向相关机构查阅有关账户或者了解相关信息；（七）实地走访股东或者调查股东经营情况等……”

综上所述，在金融严监管背景下，2018年《保险公司股权管理办法》不仅将各种类型的直接和变相代持保险公司股东行为均纳入禁止之列，而且从监管进一步升级，规定原保监会有权对保险公司股东的财务、经营等情况进行调查，有利于从根本上防止和发现各种隐匿的违规代持行为。

三、2018年《保险公司股权管理办法》针对股权代持的监管措施

对保险公司股权代持行为，《保险法》未作规定，更不曾有具体监管措施。

对不符合保险公司股东资质的投资人，《保险公司股权管理办法》（2010年）和《保险公司股权管理办法》（2014年）均在第17条原则性规定，“中国保监会有权要求不符合本办法规定资格条件的投资人转让所持有的股份”。

但是，对不符合保险公司股东资格条件的投资人究竟应按何种程序、何种期限、何种方式、何种价格、何种条件等转让其所持有的股份，以及投资人拒绝转让的法律后果或行政处罚措施等，前述办法均未作出任何规定。

因此，虽然禁止保险公司股权代持行为自2007年《保险公司股权管理办法

（送审稿）》即成为重要的监管共识，但是，由于缺乏具体的行政程序，其并未能有效遏制保险公司股权代持行为的出现。

鉴于以上情况，2018 年《保险公司股权管理办法》设立“监督管理”专章对保险公司股权违规行为进行规制，丰富了股东监管手段的同时，明确了违规股东的退出机制。具体如下。

（一）实施股东承诺制

1. 股权代持已成为股东承诺的主要内容

2018 年《保险公司股权管理办法》首次建立股东承诺监管制度，并于第 77 条规定，“在实施行政许可或者履行其他监管职责时，中国保监会可以要求保险公司或者股东就其提供的有关资质、关联关系或者入股资金等信息的真实性作出声明，并就提供虚假信息或者不实声明所应当承担的后果作出承诺”。

基于上述规定，银保监会在对保险公司股权代持等违法违规行为保持主动审查监管的基础上，还有权要求股东就入股资质、关联关系或者入股资金等信息的真实性作出承诺。

与 2018 年《保险公司股权管理办法》上述规定相配套的是，银保监会在 2021 年 9 月 10 日发布的《关于进一步加强银行保险机构股东承诺管理有关事项的通知》（以下简称《股东承诺管理通知》），进一步细化了保险公司股东承诺制的管理实施和违反承诺的后果。

特别是，《股东承诺管理通知》附件还专门就不存在股权代持的承诺提供了模板（具体承诺措辞如图 1 所示），以保障股东承诺制度的规范运行，也足见不存在代持业已成为保险公司股东承诺管理制度的重要内容。

（五）本公司（或本人）不存在委托他人或者接受他人委托持有某保险公司股权的情形，也不存在通过其他方式控制某保险公司股份或表决权的行为。

图 1 股东不存在股权代持的承诺措辞模板

2. 股东承诺应同时对股权代持的违法后果作出承诺

如股东违反承诺进行股权代持的，或者虽存在股权代持行为，但进行隐瞒骗取行政许可的，《股东承诺管理通知》和 2018 年《保险公司股权管理办法》均规定了相应的惩戒措施。

其中，《股东承诺管理通知》第 14 条规定，银行保险机构主要股东违反声明类、合规类承诺的，银保监会或其派出机构可根据《商业银行股权管理暂行办法》《保险公司股权管理办法》等有关规定，视情况对其采取责令改正、限制股东权利、行业警示通报、公开谴责、禁止一定期限直至终身投资入股银行保险机构等措施，相关情况应记入商业银行和保险公司股权管理不良记录。第 3 款规定，如果银行保险机构主要股东违反承诺，且同时存在其他违反法律或监管规定情形的，银保监会或其派出机构可按照相关法律法规对其一并采取行政处罚、监管措施或撤销行政许可等措施。

特别是，《股东承诺管理通知》在“承诺模板”中还要求保险公司股东自行就股权代持应承担的后果进行承诺，包括“不行使股东（大）会参会权、表决权、提案权等股东权利，并接受中国银保监会或其派出机构的处置措施”。（具体承诺措辞如图 2 所示）

（七）本公司（或本人）承诺如有下列情形之一，将按照监管规定和保险公司章程，不行使股东（大）会参会权、表决权、提案权等股东权利，并接受中国银保监会或其派出机构的处置措施：股东变更未经中国银保监会或其派出机构批准或者备案；股东的实际控制人变更未经中国银保监会或其派出机构备案；委托他人或者接受他人委托持有保险公司股权；通过接

图 2　保险公司股东自行就股权代持应承担的后果进行承诺

3.2018 年《保险公司股权管理办法》对虚假承诺的处罚措施

2018 年《保险公司股权管理办法》进一步对保险公司股权代持行为作出更明确的处罚措施，包括撤销行政许可并责令违规投资人按入股价格和每股净资产价格的孰低者退股。

具体而言，2018 年《保险公司股权管理办法》第 78 条规定，“保险公司或者股东提供虚假材料或者不实声明，情节严重的，中国保监会将依法撤销行政许可。被撤销行政许可的投资人，应当按照入股价格和每股净资产价格的孰低者退出，承接的机构应当符合中国保监会的相关要求”。

因此，如果投资人提供虚假材料或者不实声明隐瞒股权代持关系，并骗取银保监会股东资格审批和增资认购的，银保监会有权撤销相关许可。许可撤销后，投资人应按照入股价格和每股净资产价格的孰低者退出。考虑到投资人的资金成本，无论最终是按照入股价格还是每股净资产价格处置，违规投资人都将遭受较大

损失。

可见,上述规定充分体现了对保险公司股权代持违规行为的惩戒效应。

(二)2018年《保险公司股权管理办法》对违规转移保险公司股权控制权的监管措施

2018年《保险公司股权管理办法》第82条规定,“保险公司股东或者相关当事人违反本办法规定的,中国保监会可以采取以下监管措施:(一)通报批评并责令改正;(二)公开谴责并向社会披露;(三)限制其在保险公司的有关权利;(四)依法责令其转让或者拍卖其所持股权。股权转让完成前,限制其股东权利。限期未完成转让的,由符合中国保监会相关要求的投资人按照评估价格受让股权;(五)限制其在保险业的投资活动,并向其他金融监管机构通报;(六)依法限制保险公司分红、发债、上市等行为;(七)中国保监会可以依法采取的其他措施”。

如前所述,相较于2010年和2014年《保险公司股权管理办法》,2018年《保险公司股权管理办法》新增禁止变相转移保险公司股权的规定。因此,通过第82条,银保监会将有权对通过股权收益权、股权质押等方式违规转移保险公司股权控制权的行为进行监管并作出处罚,有效弥补了监管缺漏。具体如下。

就处罚主体而言,第82条将处罚对象进一步扩展至相关当事人,这给对违规股权代持中不具备股东身份的实际出资人进行处罚留下了执法依据。

就处罚事由而言,任何违反《保险公司股权管理办法》的违法行为,均将按第82条规定采取相应的监管措施。由此,第82条将有效涵盖包括通过股权收益权、股权质押等方式违规转移保险公司股权的违法行为,实现对各类违规行为的全面监管。

就具体的处罚措施而言,不仅包括限制股东权利、强制违规当事方转让股权,还进一步对违规当事方实行行业禁入。按照第82条的规定,保险公司股权代持的当事方,将不仅无法享受违规代持股权的股东权利(包括股东表决权、分红权),而且会受到责令转让拍卖涉案股权的监管措施。考虑到股权的拍卖转让价格不可控,极易导致较大经济损失,有利于对违规当事方产生经济惩戒。最后,除上述经济惩戒外,第82条还规定银保监会有权对违规当事方采取保险业禁入的资格惩戒,对违法违规行为保持高压态势,以维护行业健康发展。

四、《金融稳定法》对金融股权代持的监管展望

2022年4月6日,中国人民银行会同发展改革委、司法部、财政部、银保监会、

证监会、外汇局等有关部门发布《金融稳定法（草案征求意见稿）》[以下简称《金融稳定法（草案）》]，并向社会公开征求意见。

《金融稳定法（草案）》从金融机构风险防范的角度，规定“金融机构的实际控制人不得以股权代持、隐匿关联交易等方式掩盖实际控制权”。虽然上述规定仅针对金融机构的实际控制人而非全部股东，但是，《金融稳定法（草案）》从法律的角度首次明确禁止代持金融机构股权，即表明股权代持行为不利于金融秩序稳定。随着金融严监管趋势的延续和金融监管改革的深入，不排除后续“金融稳定法”将全部金融机构股权代持行为均纳入禁止之列的可能。

此外，《金融稳定法（草案）》从金融机构风险防范角度明确了对主要股东、实际控制人的市场准入和监管要求；同时，进一步从风险处置阶段的角度，压实被处置机构及其主要股东、实际控制人的主体责任，要求被处置机构积极自救化险，主要股东和实际控制人按照恢复与处置计划或者监管承诺补充资本，对金融风险负有责任的股东、实际控制人依法履行自救义务。考虑到包括保险公司在内的金融机构主要股东将在金融机构风险防范和风险处置中履行至关重要的职责，加强对股权代持、变相转移股权等违规行为的监管，无疑成为金融机构风险防范、风险处置及风险化解的重要内容和配套监管措施。

随着后续“金融稳定法”的正式出台，将从加强金融稳定法律制度顶层设计和统筹协调的高度，为包括保险公司在内的金融机构股权监管提供法律依据。同时，这必将推动保险公司等金融机构进入健康规范发展的新时期。

保险公司股权代持法律风险防范与控制（二）

——司法实践视角

向福斌[*]　石国送[**]

一、股权代持行为效力并未为《公司法》及司法解释所否定

（一）《公司法司法解释（三）》对股权代持协议内部效力的规定

《公司法》没有直接对股权代持的效力及股权归属作出明文规定。①

最高人民法院（以下简称最高法）《关于适用〈中华人民共和国公司法〉若干问题的规定（三）》[以下简称《公司法司法解释（三）》]第24条第1、2款规定，"有限责任公司的实际出资人与名义出资人订立合同，约定由实际出资人出资并享有投资权益，以名义出资人为名义股东，实际出资人与名义股东对该合同效力发生争议的，如无法律规定的无效情形，人民法院应当认定该合同有效。前款规定的实际出资人与名义股东因投资权益的归属发生争议，实际出资人以其实际履行了出资义务为由向名义股东主张权利的，人民法院应予支持。名义股东以公司股东名册记载、公司登记机关登记为由否认实际出资人权利的，人民法院不予支持"。

上述规定表明，《公司法司法解释（三）》并未对股权代持协议增设新的效力限制负担，代持协议是否有效应根据法律规定的合同无效情形进行判定。

考虑到无论是根据《公司法司法解释（三）》出台时适用的原《合同法》（第52条）还是现行《民法典》（第146条、第153条、第154条），对于合同无效的判断标准均非常严苛，且司法实践中出于对契约自由的尊重和当事人意思自治的保护，对合同无效的认定也较为审慎。因此，通过法律规定的合同无效事由（如恶意串通、

---

* 向福斌，北京炜衡（上海）律师事务所高级合伙人，保险部主任，执业领域包括保险再保险、民商事争议解决，曾获评钱伯斯2022、2023年度《大中华区法律指南》上榜律师及《2022年度LEGALBAND客户首选：保险多面手15强》上榜律师。

** 石国送，复旦大学法学硕士，北京炜衡（上海）律师事务所资深律师，执业领域包括保险、再保险、金融争议解决。

违反强制性规定等）排除股权代持协议效力的范围较为有限。这反过来表明，不存在违反强制性规定或者恶意串通损害他人合法权益的股权代持协议会受到《公司法司法解释（三）》的保护，其效力应得到人民法院的认可。

实际上，最高人民法院在“《公司法司法解释（三）》答记者问”中进一步释明认为：“如果名义股东与实际出资人约定由名义股东出面行使股权，但由实际出资人享受投资权益时，这属于双方间的自由约定，根据缔约自由的精神，如无其他违法情形，该约定应有效，实际出资人可依照合同约定向名义股东主张相关权益。”

基于以上，我们认为，《公司法司法解释（三）》的规定原则上并不限制股权代持行为，并认可股权代持协议在当事方之间的效力。

（二）《公司法司法解释（三）》对股权代持协议外部效力的规定

（1）股权代持协议对公司其他股东产生效力的情形

《公司法司法解释（三）》第 24 条第 3 款规定：“实际出资人未经公司其他股东半数以上同意，请求公司变更股东、签发出资证明书、记载于股东名册、记载于公司章程并办理公司登记机关登记的，人民法院不予支持。”

表面上看，《公司法司法解释（三）》排斥实际出资人与名义股东之间代持协议对标的公司及其他股东的外部效力。但是，最高人民法院在《全国法院民商事审判工作会议纪要》（以下简称《九民纪要》）第 28 条“实际出资人显名的条件”中规定，“实际出资人能够提供证据证明有限责任公司过半数的其他股东知道其实际出资的事实，且对其实际行使股东权利未曾提出异议的，对实际出资人提出的登记为公司股东的请求，人民法院依法予以支持。公司以实际出资人的请求不符合公司法司法解释（三）第 24 条的规定为由抗辩的，人民法院不予支持”。

因此，在满足目标公司过半数的其他股东知道实际出资人实际出资的事实，且未曾提出异议的条件下，实际出资人与名义股东之间代持协议能够取得对外部股东的效力。

（2）股权代持协议对第三人产生效力的情形

《公司法司法解释（三）》第 25 条第 1 款规定，“名义股东将登记于其名下的股权转让、质押或者以其他方式处分，实际出资人以其对于股权享有实际权利为由，请求认定处分股权行为无效的，人民法院可以参照民法典第三百一十一条的规定处理”。也就是说，名义股东向第三人处分代持股权的效力应参照《民法典》物权编善意取得的规定处理，即如果第三人在受让代持股权或取得代持股权质押时，知道或应当知道名义股东系代他人持有标的股权，或者非以合理价格受让，处分行为无效。

因此，按照《公司法司法解释（三）》第25条之规定，实际出资人与名义股东之间代持协议能够扩展至非善意的第三人。

二、司法实践视角下的保险公司股权代持效力裁判观点演变

如前所述，在公司法层面，股权代持协议的效力并不为司法实践所否认。但是，笔者在《保险公司股权代持法律风险防范与控制（一）——股权监管视角》一文中已经介绍，在监管层面，早在2010年《保险公司股权管理办法》中，保险公司股权代持已为监管部门所明文禁止。基于此，有必要讨论司法实践对保险公司股权代持效力的观点。

（一）保险公司股权代持协议有效，且应得到完全履行

（1）长安保险股权代持案

在泰山金建担保有限公司与天津中方荣信实业有限公司股权转让纠纷案［（2016）京民终270号］（以下称为长安保险股权代持案）中，一审北京市第二中级人民法院认为："……并非效力性强制规定，并未限制当事人之间依据契约自由签订相关股权转让协议。同时，金建公司并非国有企业，其转让相关股权投资并未受相关国有资产转让限制。因此，一审法院认定金建公司与荣信公司所签订《股权收益权转让协议》及《股权收益权转让补充协议》有效。从现有证据看，结合《中华人民共和国保险法》、《保险公司股权管理办法》等规定，一审法院认为涉案合同并不存在法律或事实上履行不能的情形。"

二审北京市高级人民法院维持了一审判决的观点。

在长安保险股权代持案中，虽然当事人转让保险公司股权收益权实际上会导致变相转移股权控制权的后果，从而违反《保险公司股权管理办法》禁止代持的规定，但两审均从合同缔约自由角度对其效力予以认可，并认为当事方应继续履行。

（2）君康人寿股权代持案（一审）

在福建伟杰投资有限公司、福州天策实业有限公司营业信托纠纷案［（2015）闽民初字第129号］（以下称为君康人寿股权代持案）中，一审福建省高级人民法院（以下简称福建高院）认为："《信托持股协议》系当事人真实意思表示，且天策公司和伟杰公司在其后的往来函件中，均确认了该协议的存在且未对该协议的真实性提出异议。其次，《信托持股协议》未违反法律法规禁止性规定。从《信托持股协议》约定的内容上看，受托人伟杰公司接受委托人天策公司的委托，代持正德人寿保险股份有限公司2亿股的股份（占20%），该约定内容，并未违反法律禁止性规

定，应为有效合同。”

在作出代持协议有效的基础上，福建高院进一步认为：“2014 年 10 月 30 日，天策公司已向伟杰公司发出《关于终止信托的通知》，依约要求伟杰公司终止信托，将信托股份过户到天策公司名下。另一方面，作为君康人寿公司大股东（2016 年度其持股比例 50.88%）的宁波市鄞州鸿发实业有限公司，在向天策公司发出的《关于对信托持股事项的确认及同意显名的函》中亦同意本案讼争的受托股份的显名，故讼争的股权过户有合同依据和法律依据。”

综上所述，在君康人寿股权代持案中，一审福建高院不仅认可股权代持协议在当事方之间的效力，并进一步认为实际股东有权要求名义股东配合办理股权过户登记。

（二）保险公司股权代持协议仅在相对人之间有效，但不具备外部效力

（1）利安人寿股权代持案

在上海保培投资有限公司与雨润控股集团有限公司与公司有关的纠纷案［（2017）苏民终 66 号］（以下称为利安人寿股权代持案）中，一审南京市中级人民法院认为：“保监会颁布的《股权管理办法》第八条规定，任何单位或者个人不得委托他人或者接受他人委托持有保险公司的股权，中国保监会另有规定的除外。该规定明确了除保监会另有规定的，保险公司的股权不得委托他人代持，保险公司股东也不得接受他人委托持有保险公司股权。案涉股权代持协议明显违反了保监会依据保险法授权制定规章中的上述规定，也有违保险法关于维护社会经济秩序及社会公共利益的立法目的，应属无效。”

二审江苏省高级人民法院（以下简称江苏高院）则认为：“关于股权代持问题，目前仅《股权管理办法》第八条明确规定‘任何单位或者个人不得委托他人或者接受他人委托持有保险公司的股权’，该办法系为保持保险公司经营稳定，保护投资人和被保险人的合法权益，加强保险公司股权监管，根据保险法、公司法等法律所制订，若有违反相关规定的，保监会根据有关规定可予处罚，由于该规定尚不属于立法法所规定的授权立法范畴，故雨润公司以此主张 2015 年 9 月 18 日协议违反国家强制性法律规定而无效不符合合同法及其司法解释的规定。至于协议约定是否有损社会公共利益的问题，由于保险法及股权管理办法对保险公司持股比例在 5% 以上的股东有较严格的要求，本案所争议股权尚达不到此比例，故雨润公司以社会公共利益否认协议效力也缺乏依据。原审法院以《股权管理办法》系授权立法，案涉协议违法且有违公共利益而无效的观点法律依据

并不充分，本院予以纠正。”但是，江苏高院同时认为：“虽然《股权管理办法》系管理性部门规章，雨润公司据此主张协议无效缺乏依据，但雨润公司与保培公司签订的委托代持股协议明显违反了该管理性规定，保培公司以违反该管理性规定的股权代持协议要求办理转让手续并不为监管部门认可，存在法律上的不能履行。”

综上所述，在利安人寿股权代持案中，江苏高院不认为案涉代持协议违反《保险公司股权管理办法》禁止代持保险公司股权的规定会导致合同无效，即代持协议对于合同双方仍有效。但是，因当事方主张通过代持协议办理变更股权登记违反《保险公司股权管理办法》的规定，无法获得支持。换言之，法院认可保险公司股权代持的内部效力，但以股权代持违反《保险公司股权管理办法》为由否认其外部效力。

（2）新华人寿股权代持案

在博智资本基金公司与鸿元控股集团有限公司其他合同纠纷案［（2013）民四终字第 20 号］中（以下称为新华人寿股权代持案），二审最高人民法院认为：“股权归属关系与委托投资关系是两个层面的法律关系，前者因合法的投资行为而形成，后者则因当事人之间的合同行为形成，保监会的上述规章仅仅是对外资股东持股比例所作的限制，而非对当事人之间的委托合同关系进行规制，因此，实际出资人不能以存在合法的委托投资关系为由主张股东地位，受托人也不能以存在持股比例限制为由否定委托投资协议的效力。本案中，博智公司与鸿元公司签订的《委托投资及托管协议》、《协议书》，不仅包括双方当事人关于委托投资的约定，还包括当事人之间关于股权归属以及股权托管的约定。根据双方当事人关于股权归属以及股权托管的约定，鸿元公司的前身亚创公司系代博智公司持有股权而非自己享有股权。虽然上述协议均系双方当事人真实意思表示，但由于股权归属关系应根据合法的投资行为依法律确定，不能由当事人自由约定，因此，尽管当事人约定双方之间的关系是股权代持关系，也不能据此认定双方之间的关系属股权代持关系，而应认定双方之间系委托投资合同关系……”

最高人民法院在该案再审判决［（2015）民申字第 136 号］中维持了上述观点。

综上所述，在新华人寿股权代持案中，最高人民法院认可当事人之间股权代持协议中关于委托投资部分的效力，但是认为股权代持协议中关于股权归属及托管的约定无效，即该案同样仅认可股权代持协议。

（三）保险公司股权代持协议无效

在前述君康人寿股权代持案二审判决［（2017）最高法民终 529 号］中，最高人民法院完全推翻了一审福建高院的判决，认为案涉《信托持股协议》的内容，明显违反 2014 年原保监会制定的《保险公司股权管理办法》第 8 条关于“任何单位或者个人不得委托他人或者接受他人委托持有保险公司的股权”的规定，损害公共利益应属无效。具体而言，最高人民法院认为：“允许隐名持有保险公司股权，将使得真正的保险公司投资人游离于国家有关职能部门的监管之外，如此势必加大保险公司的经营风险，妨害保险行业的健康有序发展。加之由于保险行业涉及众多不特定被保险人的切身利益，保险公司这种潜在的经营风险在一定情况下还将危及金融秩序和社会稳定，进而直接损害社会公共利益。综上可见，违反中国保险监督管理委员会《保险公司股权管理办法》有关禁止代持保险公司股权规定的行为，在一定程度上具有与直接违反《中华人民共和国保险法》等法律、行政法规一样的法律后果，同时还将出现破坏国家金融管理秩序、损害包括众多保险法律关系主体在内的社会公共利益的危害后果。”

基于此，最高人民法院认为依照原《合同法》第 52 条第 4 项（损害社会公共利益）等规定，本案天策公司、伟杰公司之间签订的《信托持股协议》应认定为无效。天策公司依据该《信托持股协议》要求将讼争 4 亿股股份过户至其名下的诉讼请求依法不能得到支持。

综上所述，在君康人寿股权代持案中，最高人民法院从金融秩序和社会公共利益角度，全面否认了代持保险公司股权行为的效力，实际股东不仅无权要求办理股权过户，实际股东与名义股东之间内部的代持协议关系也属于无效。

三、不是尾声的尾声——股权代持无效协议之后的利益清算问题

（一）《保险公司股权管理办法》未对股权处置后的利益清算问题作出规定

笔者在《保险公司股权代持法律风险防范与控制（一）——股权监管视角》一文中同样已经介绍，根据《保险公司股权管理办法》，对于提供虚假材料或者不实声明且情节严重的股权代持行为，银保监会有权撤销对违规代持股东的行政许可，并责令投资人按照入股价格和每股净资产价格的孰低者退股；对于其他类型的股权代持违规行为，银保监会依法责令其转让或者拍卖其所持股权。

实践中，原保监会曾于 2018 年 2 月 5 日向君康人寿发布《撤销行政许可决定书》［保监许可（2018）153 号］，“撤销福建伟杰投资有限公司增资你公司 2 亿股的

许可,自本决定下发之日起3个月内,你公司应抓紧引入合规股东,确保公司偿付能力充足,在引资完成前不得向违规股东退还入股资金,期间限制违规股东参会权、提案权、表决权等相关股东权利。逾期未完成的,监管部门将视情况采取进一步监管措施";"你公司股东福州天策实业有限公司委托他人代持股份,超比例持股,违反……不具备成为保险公司股东的诚信条件,责令其1年内转出所持有的你公司2亿股股份。逾期未完成的,监管部门将限制其股东权利"。

参考《保险公司股权管理办法》以及行政监管实践,在取得保险公司股权的行政许可被撤销后,保险公司将在重新引入合资格股东后,再由保险公司向名义股东返还入股资金;对于其他类型股权代持行为,则强制违规股东限期转让股权,限期未完成转让的,按评估价格转让。但是,对于代持股权被处置后各方利益清算问题,《保险公司股权管理办法》没有涉及。

(二)被撤销行政许可而退出的股权的利益清算问题

如前所述,在撤销行政许可的情形下,《保险公司股权管理办法》已明确规定按照入股价格和每股净资产价格的孰低者退股。

但是,实践中,代持股权的评估价格可能已高于当初入股价格或净资产价格。相应地,保险公司引入的新投资人的收购价格,可能也高于入股价格或净资产价格。因此,会产生股权实际转让价格与退股价格的差额应如何分配的问题。

我们理解,《保险公司股权管理办法》规定按照入股价格和每股净资产价格的孰低者退股的监管目的在于惩戒违规股东,防止违规股东因违法行为获益,从而在根本上起到打击保险公司股权代持的作用。因此,违规股东自然无法取得代持股权实际转让价格与退股价格的差额收益。但是,对于该部分差额,应由保险公司享有还是由银保监会罚没,目前司法层面和监管层面均未有明确规定。

对于保险公司按入股价格和每股净资产价格的孰低者向名义股东退股后名义股东与实际出资人之间的利益清算,我们认为,因实际出资人与名义股东之间的股权代持协议属于无效,名义股东失去了受领退股款的法律上的原因,构成不当得利,实际出资人有权要求返还。

但是,如果实际退股款系按净资产价格清退,就还可能出现实际退股款低于入股资金的情形。由于名义股东与实际出资人对于股权代持均具有过错,我们认为可以参照最高人民法院《关于审理外商投资企业纠纷案件若干问题的规定(一)》第19条第2款"实际投资者请求名义股东赔偿损失的,人民法院应当根据名义股东对合同无效是否存在过错及过错大小认定其是否承担赔偿责任及具体赔偿数额”之规定，由名义股东与实际出资人按双方过错大小分摊损失。

当然，目前尚无司法判例直接涉及上述争议，故对于实际退股款与入股资金之间的差额损失分摊问题，仍有待进一步观察。

（三）被责令转让的股权的利益清算问题

根据《保险公司股权管理办法》第82条的规定，虽然银保监会有权依法责令违规股东转让或者拍卖其所持股权，但此种情形下，关于保险公司股权的行政许可并未被撤销，仍是由保险公司名义股东自行在规定期限内转让或拍卖代持股权。只有当限期未完成转让的，才由符合中国银保监会相关要求的投资人按照评估价格受让股权。

与前述情形相同，因实际出资人与名义股东之间的股权代持协议属于无效，名义股东失去了受领股权转让款的法律上的原因，构成不当得利，实际出资人有权要求返还。

但是，由此代持股权此时仍在名义股东名下，并由名义股东在规定期限内自行转让或拍卖。因此，名义股东实际上掌握了代持股权的设定转让时间、转让价格等交易条件主动权，而实际出资人作为股权转让款的利益相关方却无权参与这一程序，极可能由于名义股东不当转让从而出现损害实际出资人利益的情形。例如，名义股东自行以低于市场价值的方式转让代持股权，或者怠于及时转让股权导致代持股权按评估价格转让，从而使得最终转让价格低于代持股权的实际市场价格。

对于上述损失应如何分摊的问题，目前司法实践中同样未有相关判例出现，我们将继续对此保持关注。

四、结语

随着保险市场的快速发展，不少社会资本跨界进入保险业。但是，随着监管政策的日趋严格，近年来银保监会对保险公司保险牌照审批收紧，获批筹建的保险机构非常稀缺。因此，通过收购保险公司股权成为快速入局保险业的便捷途径。在此过程中，也有少数社会资本通过股权代持等隐蔽手段投资入股保险公司，导致保险公司的股权收益权与股东资格相分离，给保险公司持续稳定经营带来一定风险隐患。

为避免保险公司股权违规代持导致社会资本风险向金融领域蔓延，《保险公司股权管理办法》不断修订完善了股权代持的监管规定，逐步将保险公司股权代持及通过股权质押、收益权转让等变相代持行为均纳入禁止之列，同时通过穿透式监管加强对股权违规行为的审查，与近年来国家在金融领域严监管的政策趋势保持一致。

在上述金融严监管背景下，最高人民法院在君康人寿股权代持案二审判决的裁判观点，则体现了我国涉金融纠纷审判正经历从放到收的司法理念转变。这一审判趋势也与前述金融领域严监管政策趋势相契合。

随着国家对金融风险的统筹防范及金融稳定的长效机制逐步建立，特别是后续“金融稳定法”的制定，关系到社会公众利益及国家金融秩序的金融机构股权代持问题，将更多地受到金融监管法律的制约，保险公司股权代持协议的效力认定将进一步保持从严趋势。

在这一趋势下，相关市场主体应意识到一般商事领域股权代持和金融领域股权代持不同的监管理念与司法审判倾向，并对保险公司股权代持行为的法律风险保持充分警惕，不断提高金融合规经营的意识。

破产重整法律价值研究

王楠[*]　隋江龙[**]　周子钰[***]

一、概念

破产重整，是指针对可能或已经具备破产原因但又有维持价值和再生希望的企业，经由利害关系人的申请，在法院的主持下，通过对各方的利害关系人的利益协调，进行业务上的重组和债务调整等活动，以使企业避免破产、获得新生的法律制度[①]。根据公开数据显示，全国近几年破产案件数量激增，除中小微企业外，大型民营企业、中小型金融机构和上市公司进入破产程序的数量也增幅明显。2022 年 7 月 14 日，最高人民法院发布了《关于为加快建设全国统一大市场提供司法服务和保障的意见》，提出对有挽救价值企业积极适用破产重整，让企业重新焕发生机活力。基于此，笔者提出应该进一步摒弃"谈破色变"的思维，积极关注困境企业潜在的重整价值，充分认识破产重整制度的法律意义。此外，笔者结合自身职业，进一步详谈律师在破产重整中起到了哪些特殊作用。

二、困境企业的重整价值

（一）何为重整价值

重整价值在现行的《企业破产法》及司法解释中都没有进行明确定义，结合

---

* 王楠，北京炜衡（上海）律师事务所高级合伙人，从事破产业务多年，累计办理了多起境内外破产案件。曾主办多家公司境内外上市、并购重组、发行债券、融资等；曾代理过多起证券类、股权类诉讼仲裁案件和各类知识产权侵权及不正当竞争的大型案件。

** 隋江龙，北京炜衡（上海）律师事务所律师，从业以来参与办理了多个资本市场法律服务项目及企业境内外破产项目，包括科创板上市专项、企业债券发行、投融资诉讼仲裁、不正当竞争纠纷等多项法律事务。拥有较为丰富的专业服务能力和项目经验。

** 周子钰，北京炜衡（上海）律师事务所律师，从业以来参与了科创板上市专项、并购前尽职调查、发行境外美元债券、多家企业强制清算等多项法律服务，同时参与办理了多起股权投资诉讼仲裁及不正当竞争诉讼纠纷等。

① 参见王欣新：《破产法》(第四版)，中国人民大学出版社 2019 年版。

《全国法院破产审判工作会议纪要》第14条及相关司法实践，我们认为企业的重整价值指的是在综合评估企业经营状况、资产质量、债务负担、清偿能力、产业政策、技术工艺、行业前景、职工就业等因素的基础上，企业具有挽救可能的价值，既是企业进行重整的收益大于投入的价值，也是企业继续经营的价值大于清算的价值。

（二）如何判断重整价值

参考地方法院发布的破产审判指引性文件以及学界相关观点，本文仅尝试从营运价值角度和社会价值角度出发作一个简单的梳理总结，以便更进一步理解重整价值。

1. 营运价值

（1）清算价值：通常是对债务人所有账面资产在实施破产清算的假设下按照《企业破产法》规定的清偿顺序在优先清偿有财产担保债权、破产费用、共益债权、职工债权和税款债权后计算普通债权的清偿比例。在重整程序中，债权人特别是大债权人对于重整程序的顺利推进会产生较大影响①。

（2）企业自身能力：债务人的行业地位和行业前景，包括债务人的市场认可度、产能先进性等；债务人的经营情况，包括债务人经营模式的成熟程度、经营团队的稳定性和经营管理的运行情况等；债务人的资质价值，包括债务人的资本价值、特许经营权或者生产资质等；债务人的品牌价值，包括债务人的营销网络、客户关系、品牌效应及其商誉等；债务人陷入债务危机的原因及债务结构。

（3）意向投资人：对于破产重整企业，新投资人的引入往往最有利于重整成功。

2. 社会价值

对于具有一定影响力的企业，如国企或上市公司等，往往伴随着大量的供应商欠款、职工内部集资以及未妥善安置等问题，一旦企业进行清算，就可能更容易造成社会资源的浪费，其存续的价值远超企业表面资产所具有的价值，在社会维稳的现实下，其具备重整价值显而易见。特别是疫情以来，导致了很多企业经营不善而濒临倒闭，根据各地法院公布的破产拯救案例来看，不少企业涉及医药经营及医疗设备生产等民生保障，因此破产重整企业及时扩大产能，为维护社会稳定、保障生活秩序稳定作出了贡献，凸显了破产重整的社会价值。

---

① 成都市青白江区人民法院课题组：《疫情背景下破产企业重整价值识别机制研究》，首届“破产法治·天府论坛”的参会文章。

（三）重整价值判断的各地规定

1. 深圳市中级人民法院

深圳市中级人民法院于2019年3月14日发布的《审理企业重整案件的工作指引（试行）》第22条对债务人具有重整价值作出了具体的定义及判断："债务人具有重整价值是指，债务人的继续经营价值大于清算价值。判断债务人的重整价值，应当综合考虑下列因素：（一）债务人的行业地位和行业前景，包括债务人的市场认可度、产能先进性等；（二）债务人的经营情况，包括债务人经营模式的成熟程度、经营团队的稳定性和经营管理的运行情况等；（三）债务人的资质价值，包括债务人的资本价值、特许经营权或者生产资质等；（四）债务人的品牌价值，包括债务人的营销网络、客户关系、品牌效应及其商誉等；（五）债务人的社会公共价值，包括债务人对国计民生及公共利益的重大影响等；（六）能够体现债务人重整价值的其他情形。社会中介机构、预重整管理人出具的报告可以作为判断债务人重整价值的参考。"

2. 四川省高级人民法院

根据四川省高级人民法院于2019年3月20日发布的《关于审理破产案件若干问题的解答》，关于如何判断及查明企业是否具有重整价值，提出："重整程序社会代价大、成本高，在重整申请审查阶段即应对企业是否具有重整价值进行审查判断。人民法院在审查重整申请时，可根据债务人的资产及债务状况、股权结构状况、内部治理、技术工艺、生产销售、行业前景及在行业中的地位等因素，综合内外部情况对其是否具有重整价值进行判断。涉及重整价值的商业判断和市场判断问题，人民法院可以召集申请人、债务人、出资人、政府及有关部门、专业中介机构举行听证会，或是商请相关专业机构、专业人员提出专业意见，也可以向债务人所在地的政府及行业主管、发改、国资、税务等部门征询意见。"

3. 南京市中级人民法院

南京市中级人民法院于2020年1月20日发布的《关于规范重整程序适用 提升企业挽救效能的审判指引》，关于重整价值提出："债务人具有重整价值是指，债务人的营运价值大于清算价值。判断债务人的重整价值，应当在综合评估企业经营状况、资产质量、债务负担、清偿能力、产业政策、技术工艺、行业前景、职工就业等因素的基础上，分别对企业在重整状态下与清算状态下的经济收益与社会收益进行测算和比较。"

4. 重庆市第五中级人民法院

重庆市第五中级人民法院于2021年12月28日发布的《重整案件审理指引（试行）》第18条规定："债务人具有重整价值是指债务人的继续经营价值大于清算价值。判断债务人的重整价值，可以综合考虑下列因素：（一）债务人的行业地位和行业前景，包括债务人的市场认可度、产能先进性等；（二）债务人的经营情况，包括债务人经营模式的成熟程度、经营团队的稳定性和经营管理的运行情况等；（三）债务人的资质价值，包括债务人的资本价值、特许经营权或者生产资质等；（四）债务人的品牌价值，包括债务人的营销网络、客户关系、品牌效应及其商誉等；（五）债务人的社会公共价值，包括债务人对国计民生及公共利益的影响等；（六）能够体现债务人重整价值的其他情形。"此外，第19条亦提出不具有重整价值的情形："债务人具有下列情形之一的，可以认定其不具有重整价值：（一）从市场、资源、社会功能等考虑，可以合理判断债务人已经丧失经营价值或者继续经营价值极低；（二）重整成本明显过高；（三）所属行业属于根据国家产业政策等应当淘汰的产业；（四）其他不具有重整价值的情形。"

此外，其他各地法院都出台了如何判断企业重整价值的指引，指引相关各方如何判断企业是否具备重整价值，虽然规定各不相同但其实质基本相同，即具有足够的挽救价值。

（四）天海防务破产重整

以上海破产法庭受理的天海融合防务装备技术股份有限公司破产重整案为例，天海融合防务装备技术股份有限公司（以下简称天海防务）是一家成立于2001年的民营企业，于2009年成为上海市第一家创业板上市公司，也是船舶科技类首家A股上市公司。公司注册资本9.6亿元，具备船舶和海洋工程研发设计、总装制造和工程监理完整的生产链，在国内船舶和海洋工程设计领域拥有着较高知名度。

1. 重整价值分析

自2018年以来，由于各种情形天海防务陷入巨额亏损，出现流动性危机，无法清偿到期债务，债权人纷纷提起诉讼或仲裁，公司债务危机全面爆发，核心资产陆续被查封，面临被分割出售的危机。债务人也曾尝试自行庭外重组等自救措施，但均失败。

从清算价值来看：在破产清算状态下，根据天海防务重整计划中公布的资产评估报告结果，在假定天海防务全部有效财产能够按快速变现值变现的情况下，普通债权的受偿率约为79.54%。但鉴于天海防务资产流动性较弱，多为变现周期较长的房屋建筑物、实际价值较低的股权等，该比例仍存在很大不确定性，在破产清算状态下普通债权的实际清偿比例可能远低于该估值。如果选择破产重整，则有财产担保债权优先受偿部分将全额以现金清偿；职工债权组和税收类债权组债权不作调整，以现金方式全额清偿；普通债权在人民币 5000 万元及以下部分将全额以现金清偿；超过人民币 5000 万元部分将按照 85% 的比例以现金清偿。因此，普通债权根据本重整计划所能获得的实际清偿率高于其在债务人破产清算条件下所能获得的清偿率。

从企业自身能力来看，其作为国内老牌的民营船舶与海洋工程研发制造龙头，长期重视研发，技术实力雄厚，在船海工程、防务装备与新能源领域深耕多年、优势明显。此外，天海防务之所以陷入债务危机，直接原因在于其连续遭遇重要在建项目买方违约、前期收购项目业绩大幅下滑等诸多不利事件，因此天海防务主要问题出在内部管理不善。然而，通过借助重整投资人的优势和资源，可以彻底化解公司债务危机，改善公司的财务结构，进一步提升公司治理水平，增强外部客户信心，恢复公司融资能力及市场拓展能力，促使原来各板块业务重回健康发展的轨道。也可以通过整合重整投资人的品牌、市场及资源，实现企业间的高效协同，发挥合作后的战略互补优势，争取更广阔的发展空间，扩大营收规模，提升经营业绩并实现利润稳步增长。因此，天海防务仍具备极强竞争力。

从天海防务所处的市场环境来看，自 2020 年以来，受新冠疫情的影响全球经济下行，得益于国内疫情防控政策的良好实施，我国宏观经济增长速度较全球而言更为稳定。此外，由于我国产业升级转型的需要，国家政策不断向新兴制造业和清洁能源领域倾斜，该趋势刚好与天海防务的主营业务（包括船舶与海洋工程设计与建造、防务装备研制与开发、清洁能源应用等）具有较大重合，由此可以看出，天海防务所处的市场环境较为乐观。

从天海防务面临的风险来看，主要涉及其所在行业的整体风险和重整计划具体实施中的各类风险。就其行业整体风险而言，首先，在经历疫情重创后，全球航运业在 2021 年实现飙升，创下整个行业 13 年来的最高收益，我国三大造船指标全面增长，国际市场份额处于领先，产业链和供应链体现出了十足的韧性；其次，受益于军工行业高景气，海洋防务装备快速发展，外部形势严峻复杂，我国综合国力不断提升，作为维护国家主权安全和发展利益的主体，海军是国防力量不可或缺的部分，从各类舰艇建造下水数量看我国海军已进入快速发展期；最后，全球和我国天然气消费逐年增加，我国天然气对外依存度较高，同时，船舶行业碳中和政策将推动存量市场的更新换代。因此，天海防务所在行业整体风险较小。就其重整计划具体实施中的各类风险而言，重整投资人厦门隆海投资管理有限公司为国有民营“混合所有制”公司，其股东厦门国贸船舶进出口有限公司为行业内知名企业，拥有丰富的海内外市场资源，与天海防务现有主营业务有较强的互补性及协同效应。在重整以后，将发挥各自优势，共同整合国内外市场有利资源，在各自领域内发挥积极的联动和协同效应，更加有利于将国际先进的理念和技术与中国船舶工业的实际紧密结合，促进共同的业务发展。同时，有混合所有制企业背景支撑的投资主体成为控股股东，将进一步注入行业资源，提供业务支持，改善融资环境，进一步理顺公司管理，将原来“一体两翼”业务架构进一步完善和拓展，形成“一总部三大业务平台”的新的业务架构，实现营业规模及经营业绩的双增长，保持更加持续的发展后劲。因此，天海防务在重整计划具体实施中的各类风险也较小。

从社会价值来看，主要涉及债权人、投资人、债务人、重整计划执行人利益以及社会效益。第一，就债权人利益而言，进入重整程序后其受偿率能够得到提升。第二，就投资人利益而言，重整可以帮助其进行业务和资源的整合，获取更大收益。第三，就债务人而言，重整可以帮助其走出危机，恢复甚至提高主营业务的生产经营能力，从而继续获取收益。第四，就重整计划执行人而言，其可以通过勤勉高效地执行重整计划获得投资人承诺的高额奖励。第五，就社会效益而言，重整可以保障职工就业、维护社会稳定、实现资源整合，避免失业人员再次挤入人才市场平添社会压力，避免债权人因利益受损造成群体事件，避免因破产造成资源浪费。

2. 重整效果

最终，在高出席率的债权人会议表决情况下，重整计划获得普通债权组人数的100%、债权额的99.99%和出资人表决组99.99%的比例高票通过，使得5000万元以下的债权获得全额现金清偿、5000万元以上的债权获得85%的现金清偿。在进入重整后，天海防务管理层及核心技术团队保持稳定并正常履职，主营业务有序恢复，重获客户及债权人的信任，可谓是一起非常成功的上市公司重整案例。天海防务2020年上半年即取得了扭亏为盈的良好势头。重整的成功，为天海防务纾困解难，使得企业主营业务完整保留并具有良好发展前景；有效解决了债权人以及上下游供应链产业链等相关主体的债权债务困境；保住了职工就业；保护了社会公众股股东的权益。最终实现了各方利益最大化和社会效果最优的目的。

三、重整制度的法律价值

破产重整是我国《企业破产法》规定的与破产清算、破产和解并行的三大制度之一，其对我国社会经济发展的重要性不言而喻。破产重整制度通过业务重构、股权重构等方式，为企业生存和发展争取时间与空间，使有复苏希望的企业避免进入破产清算程序，防止因企业破产造成职工失业、资源浪费，给社会经济带来损失[①]。破产重整制度具有十分重要的法律价值，本文将对破产重整制度的法律价值作简单梳理。

（一）实现债务清理，挽救企业重生

破产重整制度的理念之一是挽救债务人，为企业提供了一个有利其发展、再生、退出的合理、公平环境。破产重整作为企业再生、债务清理的一个重要手段，在企业挽救、债务化解实践中发挥着非常重要的作用，债务人通过破产重整，保留企业主体资格，清理了对外债务，摆脱历史遗留问题对未来发展的束缚，获得了重生。

（二）最大化保护债权人利益

一方面破产重整如果成功，可以极大地提高债权人的清偿比例；但从另一方面考虑，一旦重整失败，破产重整程序高昂的成本可能使债权人获得的清偿大大低于破产清算，所造成的损失均要由债权人承担，同时债权人还会丧失各种机会成本与期限利益。另外，对有担保的债权人而言，在破产重整程序中，其担保债权的形式受到限制，利益受到损害，因此，有担保的债权人会阻碍重整计划的通过。若不加识别地、直接地允许困境企业进入重整程序，允许本身不具有重整价值的企业直接进行重整，其重整成功的可能性自然极低，最终导致重整失败，走向清算，使债权人蒙受更大的损失。

（三）均衡保护社会整体利益

破产重整的参与主体主要包括人民法院、管理人、出资人、债权人、债务、职工、重组方和国家政府等，其重整的过程也是利益相关者相互博弈的过程。公司不仅是股东谋求自身利益最大化的工具，还应最大限度地顾及包括股东在内的公司所有利益相关者利益的组织体系或制度安排。对于具有一定影响力的企

① 李冠颖、吴磊：《高质量发展视域下破产重整制度的检视与重构——以司法权在重整制度中的作用发挥为视角》，江苏省法学会审判理论研究会 2020 年年会论文。

业，如国企或上市公司等，直接后果是工人失业、生产力浪费，维权频发，引发社会维稳问题，对经济和社会都会造成严重冲击。因此，破产重整在关注债务人和债权人利益的同时，也将关爱的视野扩大到各方利益主体和社会整体利益，从而维护社会安定稳定，这也是判断企业是否具备重整价值的社会价值方面的判断因素。

（四）实现社会资源的优化配置，避免资源浪费

与破产清算制度相比，破产重整好似一把“双刃剑”，若重整成功，皆大欢喜；若不成功，则会造成社会资源的浪费。破产清算就是为了满足竞争失败的企业退出市场的需要而产生的。但是破产清算不能直接改变资源的利用方式，具有被动性、间接性，而且是最具破坏性、最耗费资源的一种方式。破产重整能弥补破产清算自身难以克服的种种弊端，重整制度在为困境企业引入投资人、导入竞争机制、活跃资本交易、盘活存量资源、实现再就业等方面起到了十分积极的作用，进而通过企业内部经营机制的调整、内部法人治理机构的分工与合作，提高资源利用率，实现资源的优化配置，维持企业的就业和资产，避免企业营业价值的落空[①]。

（五）服务社会市场经济，改善营商环境

经过改革开放 40 多年的努力，我国已经基本建立起社会主义市场经济制度。在新冠疫情、俄乌战争、中美贸易争端对我国经济产生影响的背景下，通过破产重整制度稳住市场主体，对于建立国内统一大市场十分重要。同时，通过重整等方式让新的技术、新的管理模式与旧的生产要素重新组合，催生代表新产业的企业，并让从事传统产业的企业提档升级、更新换代，保证我国在新的产业革命中能够跟上时代步伐，加速我国社会主义现代化经济的发展[②]。

四、律师在破产重整中的特殊作用

（一）律师在破产重整中的角色与一般作用

律师在破产重整中可以担任多个角色，既可以担任管理人角色，也可以出任非管理人角色，其中出任非管理人角色的主要有担任破产管理人的律师、担任债权人的律师、担任债务人的律师、担任投资人的律师，从而起到不同的作用。

---

① 王琛：《重整制度的功能：从债务清理到综合治理》，第四届长白破产法论坛获奖论文。

② 杜万华：《正确认识破产制度在市场经济中的作用》，载微信公众号“上海破产法庭”，2022 年 7 月 19 日访问。

1. 担任管理人

根据《企业破产法》第 25 条之规定，管理人主要有如下职责："（一）接管债务人的财产、印章和账簿、文书等资料；（二）调查债务人财产状况，制作财产状况报告；（三）决定债务人的内部管理事务；（四）决定债务人的日常开支和其他必要开支；（五）在第一次债权人会议召开之前，决定继续或者停止债务人的营业；（六）管理和处分债务人的财产；（七）代表债务人参加诉讼、仲裁或者其他法律程序；（八）提议召开债权人会议；（九）人民法院认为管理人应当履行的其他职责。本法对管理人的职责另有规定的，适用其规定。"

2. 担任管理人律师

法律事务是破产重整案件的核心事务，清算组、会计师事务所、破产清算事务所担任管理人时，为保证破产程序正常进行，通常需要另外聘请专业律师处理相关法律事务，帮助其履行管理人职责。如涉及国企破产时，清算组成员主要由政府有关职能部门的工作人员组成，这时往往需要律师提供破产重整的专业知识和实务经验。

3. 担任债权人律师

在破产重整案件中，律师通常为债权人提供如下服务，以最大化保证债权人利益：代为申请破产清算、代为申报债权、代理债权人与管理人及法院进行沟通、代理债权人参与相关诉讼或仲裁、代理债权人申请财产保全、为债权人提供相关法律咨询等。

4. 担任债务人的律师

在司法实践中，"谈破色变"屡见不鲜，许多困境企业依赖自我救济，最终导致企业价值逐渐丧失，然而律师可以担任困境企业的法律顾问，为企业提供破产重整服务，助力企业了解破产重整。破产重整是困境企业合法的法律救济手段，可以平衡保护多方利益；帮助企业进入破产重整程序，以比较小的成本获得法院支持；帮助企业通过合法途径获得政策支持，提高重整成功性等。

5. 担任投资人的律师

企业破产重整成功的关键是重整投资人。在破产重整案件中，往往会引入投资人对债务人进行重组，律师可以提供包括但不限于对企业的尽职调查、与债务人或管理人的谈判、重整方案的设计、重整投资相关法律文件的起草、与法院和政府的沟通等服务，帮助重整投资人防范和控制风险。

（二）律师在破产重整中的特殊作用

1. 平衡各方利益，设计最合适的重整方案

破产重整大抵涉及债权人、债务人、法院、政府、重整方、中介机构这六类主体，各方的立场及利益均不相同，如何在各方利益博弈中选取最合适的方法令各方满意尤为重要，只有在平衡各方利益的前提下，重整方案才有实施的可能性，否则只会沦为一场空谈。第一，对于债权人，律师需要平衡不同类型债权人的利益冲突，如优先债权与普通债权、群体性债权与非群体性债权、小额债权与大额债权的分段等。律师充分、合理地梳理上述存在冲突的债权，在不违反法律规定的情况下，尽可能地对清偿比例、清偿顺序等作出合理的配置，如海航破产案件中，对于5万元以下的小额债权全额清偿。第二，债务人是破产重整的中心。发现并判断债务人的重整价值是重整成功的一个关键因素。需要站在全局的角度来保护债务人的利益，这不仅要求维系企业的价值及合法利益，还要求根据法律要求合理划分管控的边界，既要保证债务人合法的自主经营空间，也要保证律师作为管理人时对债务人的有效把控，避免出现不可避免的法律风险。第三，律师应当理性判断债务人挽救可能性，与法院及时沟通，了解法院对重整的看法与思路，实现法院利用重整制度帮助困境企业重生以维护其社会价值的目标，化解冲突，实现司法的社会作用。第四，厘清政府定位，化解社会矛盾。针对某些影响力比较大的企业，在进行破产重整时，往往要取得当地政府的支持，与政府进行密切的沟通，及时将工作进度与计划向政府汇报，从而推进重整的发展。第五，重整的价值取决于投资方，重整的可行性取决于债务状况，律师无论是作为管理人还是作为投资人法律顾问均需要进行全方位的考量，在法律范围内进行法律利益的处置。第六，明确各中介职能，合理利用不同中介的能力，形成合力，促进破产重整制度的顺利推进。

从破产重整实务经验来看，重整方案的设计应当遵循“一企一策”的原则，即根据不同企业的不同情况量身设计重整方案，因此，只有在平衡各方利益，厘清各方关系的前提下，律师才能综合考虑企业的资产状况和价值、债务金额和结构、重整投资人、债权人和出资人的利益诉求，设计重整方案，具有落地的可能性。特别是各方当事人对法律的理解程度可能并不像专业的法律人士那样深刻，因此需要律师对整个重整方案进行法律上的翻译、解释，进而实现重整方案为各方所满意。

2. 整合资源，高度实现重整目的

如前所述，律师在作为管理人时可以平衡各方利益，而平衡各方利益的过程也

是整合各方资源的一个过程。具体来说，律师可以整合中介机构资源、整合债权人资源、整合投资人资源、整合政府与法院资源。

首先，整合中介机构资源。破产重整过程的专业性与复杂性往往需要律师根据不同的需要聘请相对熟悉或水平较高的专业团队，从而全面地为破产重整服务。律师根据实际需要可以聘请审计、评估、造价咨询等专业机构形成服务团队，提供相应的专业服务，例如，审计机构在进行全面审计后出具相应的专项审计报告，如评估机构对企业的资产进行全面评估，评估企业现存的资产价值；造价咨询机构为相关工程出具工程造价咨询报告等。从而为破产重整形成有力的基础。

其次，整合债权人资源。债权人始终是破产重整案件中最主要的组成部分，其债权人表决结果直接影响到重整草案是否能成功通过，在兼顾债权人权益的前提下，在法律范围内合理处置债权促使债权人满意尤为重要。此外，律师在与债权人沟通过程中还可以了解到债权人对重整案件的看法及提供律师可能无法掌握的财产线索，或者债权人还可以介绍重整投资方，从而更好地保证重整的成功。

再次，整合投资人资源。重整程序重要的是找到合适的重整投资人，在司法实践中，如果重整没有引入投资人，那么重整程序最后几乎都是无法成功的，进而导致企业进入破产清算。虽然招募投资人通常是以公开形式选任，但受制于公开范围、公开时间等因素限制，可能并不能选择到合适的投资人，由于律师职业的特殊性，律师可就手中的客户资源进行筛选和沟通谈判，使其成为重整投资人。

最后，整合政府与法院资源。对于影响力比较大的企业，破产重整的成功往往离不开府院联动，但目前府院联动在部分东部沿海省份出台了相关政策，已经有了相对成熟的经验，但中西部地区目前还不是十分完善，府院联动机制建设和运转或处于空白，或停留于文件，无法落地。而律师则可以利用自身职业优势积极建言献策，推动府院联动机制尽快落地，做到有法可依，更好地实施破产重整。

五、结语

重整制度不仅是我国现行企业破产法的一项重要制度创新，也是完善我国破产法体系，推动市场经济规范发展的重要举措[①]。在大量困境企业亟须拯救及规范市场营商环境的背景下，我们需要认识到破产重整制度意欲给予企业第二次再生

---

① 郁琳：《破产重整制度的实施与保障》，载《人民司法》2021 年第 8 期。

机会，该制度也是破产制度演进过程中的重要成果。我们一方面要认识到破产重整的法律价值，另一方面要关注企业的重整价值，明确进入破产程序的标准，既要作出法律上的判断，也要作出商业性、社会性的判断，在保护各方利益的情形下作出最优的选择。最后要认识到律师在破产重整业务中起到的特殊作用，不论是担任管理人角色还是非管理人角色，律师均足以发挥重要作用。

试论中国建立破产预重整制度之路

郑国凡[*]　柏羿辰[**]　徐蓓[***]

世间无路，行者往复则道且达。中国建立破产预重整制度之道路亦如是，寥寥数载，此间却精彩纷呈，值得一番玩味，本文将此中一二与读者分享。本文将阐述中国破产预重整制度的起源、形成、现状与展望，通过逐项拆解分析制度的特点与优势，论述制度引入的合理性、必要性，探讨制度建立背后更深层次的意义，分析制度发展的困境，并对制度的未来进行展望。

一、溯源

（一）自由谈判的土壤孕育预重整制度

预重整制度和很多中国现代法律制度一样，也是舶来品。依据联合国国际贸易法委员会《UNGITRAL 破产法立法指南》中"解决债务人财务困境的机制"[①]的规定，对困境企业的拯救包括法庭外重组（自愿重组谈判）和法庭内重整两大基本机制，两种机制适用于不同情形，同时也存在各自不同的壁垒。为了充分发挥法庭外重组和法庭内重整双重优势，提高对困境企业的重整效率和效力，预重整制度作为搭建两种方式实现衔接的有效链条横空出世。

考究预重整制度之起源，可以追溯到 19 世纪的美国。美国确实称得上现代法律制度先行者，也是最早建立预重整制度的国家。抛开复杂的国际关系不谈，我们

---

* 郑国凡，长期专注于破产业务领域的深耕和研究，具有丰富的破产类、公司清算、不良资产、并购重组等非诉讼案件及诉讼案件的主办经验，曾主办过上百起破产案件及强制清算案件，曾主办数十起境内外投资、并购重组项目，在破产重整投资领域富有经验。

** 柏羿辰，精通破产领域相关政策法规，致力于破产清算、破产和解、破产重整业务领域，拥有丰富、多元的办案经验。曾获上海市破产管理人协会破产管理人"优秀专业文章"获奖。

*** 徐蓓，具有律所和公司综合性法律实务背景及经验，熟悉企业破产清算、不良资产处置、合同纠纷等领域的法律事务，曾参与诸多破产清算类案件的办理，具有丰富的公司清算实务经验。

① 联合国贸易法委员会《破产法立法指南》(2006 年中文版)。

仅以法律工具主义来评价，其提出的重组思维极具现代实用性，也广泛影响世界对于破产程序中重整的价值判断。其肥沃的商业谈判土壤也孕育了现代预重整制度这一极具实用价值的特殊制度，以便能够更好地解决庭外重组如何向程序内重整过渡的问题。

（二）现代破产法确立现代预重整制度雏形

1898年的《美国破产法》被认为是现代美国破产法的开端。早在1934年，美国破产法就允许当事人在提起破产程序之前制订重整计划并就该计划进行表决[①]。在Campbell v. Alleghany Corp. 案中，巡回法院法官认为债务人提交给法院的重整计划和申请破产前得到债权人同意的计划相同，因此破产申请前对该计划所投的同意票仍然有效，可以认为这些人对破产申请后的重整计划也投同意票。1978年，美国制定了《联邦破产法》，该法典确立了现行的制度架构，其中也首次以立法形式确立了现代预重整制度的雏形，即允许在企业进入破产重整程序前对自愿协商制订的重整方案进行表决的规则。此后，美国经历的多次修法始终秉持着现代破产注重重组而非清算的理念，鼓励债务人在申请破产时递交重整计划代替简单的清算申请。

英国的预重整制度发展亦比较成熟，主要体现在1986年《破产法》《破产规则》等相关法律和修正案中。英国现行的破产立法包括1986年《破产法》（Insolvency Act of 1986）、1986年《破产规则》（Insolvencyrules 1986）和有关破产法的一些修正案，其中最重要的是2002年颁布的《企业法》（Enterprise Act 2002）。《企业法》中关于公司的条款于2003年9月15日在英国生效，其主要目的是推动对陷入困境的公司的救助和增加债权人的回报。根据现行破产立法的规定，目前在英国的破产体制中主要有四种程序，分别为公司自愿整理程序、管理程序、接管程序和清算程序[②]。其中，“管理程序”类似于重整程序，而“公司自愿整理程序”则相当类似于预重整制度。

德国的预重整制度（pre-pack administration）与英美的预重整制度存在诸多不同之处，其中一个显著的不同在于，德国法上对重整计划方案的表决并不发生在进入破产程序之前，而是发生在向法院申请破产时或者进入程序后。法院对于在预重整阶段经过协商形成的重整计划方案亦非直接确定，而是有条件地对该方案作

① 熊玉菲：《美国预重整制度研究及其对我国的借鉴》，中国政法大学2012年硕士学位论文。
② ［英］费奥娜·托米：《英国公司和个人破产法》（第2版），汤维建、刘静译，北京大学出版社2010年版。

出承认或者拒绝。另外，德国破产法还有“保护盾牌”规定，这一规定给予债务人在申请破产后和破产程序正式开始前准备“预先重整计划”的机会[①]。

二、预重整于中国的诞生

（一）中国吸收预重整制度的契机

中国的古法素来有与万物相生相息的宇宙观，中国虽与国外商业谈判土壤不同，但中国法律制度依旧能吸收并且根据自身特点发展出一套适合自己的法律制度体系，中国对于破产法律制度的建立亦是如此。

我国于2007年颁布了《企业破产法》，其中引入的较为成熟的破产重整制度在企业挽救方面可谓颇具成效。破产重整制度对于挽救“久病缠身”的困境企业已然成为一剂良方。

但事无巨细，传统的程序内重整在实践中也暴露了一些与生俱来的局限性与弊端，有学者将其表述为“重整制度的内源性缺陷”，这种内源性缺陷表现为：程序的期限限制、不可逆性不符合商业谈判周期性规律；法院和中介机构过度介入剥夺当事人自主性，过于强调程序刚性忽视商业谈判弹性，程序法定性要求与谈判样态多样性之间无法调和的矛盾；中介机构等无法把握法律规定内核过分强调自身风险，刻板理解程序规定缺乏面对重整模式设计灵活性诉求的能力；非当事人的第三方权力扩大化对当事人权利的挤压，以及可能催生的道德风险等。

程序内的重整制度因其程序严格在稳定性和秩序性方面具有优势，但市场的内在商业属性决定了其可能需要一种更为灵活、更具自由度的方式。这便是我们所说的程序内重整制度内源性缺陷，成为其无法涵盖预重整功能的先天性的不足之处。故我们可以将重整制度的内源性缺陷引发的后期乏力，理解为预重整的制度设立的诱因。重整制度在经历了十余年的实践后，人们开始体会到这种制度缺陷带来的许多不利后果。最重要的是其降低了重整的成功率，这种不确定性也日益消磨了法院对于重整案件的办理的积极性。

于是乎，预重整制度的建立迎来了契机。预重整制度一时间在学界成为热议的焦点，具有敏锐嗅觉的学者纷纷开始研究国际上的预重整做法，此时我国的预重整制度呼之欲出。

---

① 张婷、胡利玲编著：《预重整制度理论与实践》，法律出版社2020年版。

（二）中国式预重整的提出

2013 年 6 月 28 日，浙江省高级人民法院发布《关于企业破产案件简易审若干问题的纪要》，规定企业可以进行企业破产预登记。这可以视为国内预重整制度雏形，成为第一个“吃螃蟹的人”。

2017 年 8 月 16 日，最高人民法院在《关于为改善营商环境提供司法保障的若干意见》中提出：“积极推动构建庭外兼并重组与庭内破产程序的相互衔接机制，加强对预重整制度的探索研究”，这是我国预重整制度的首次正式提出。

2018 年 3 月 4 日，最高人民法院在发布的《全国法院破产审判工作会议纪要》中再次提出“探索推行庭外重组与庭内重整制度的衔接”，明确了我国预重整制度的功能与定位。

似乎预重整制度成为解决重整困境的一剂良方，庭外重组的自由与无序在历经预重整制度的梳理和归正下变得可以接入重整程序，给人们指明了一条切实可行的道路。

三、预重整的国内的发展时期

（一）国内发展时期发布的预重整标准性文件

一石激起千层浪。实务界和理论界相继开启了对预重整制度的积极探索，都试图寻找到一条新路。自 2019 年起，中国预重整制度进入加速发展时期。

2019 年 3 月 14 日，深圳市中级人民法院发布《深圳审理企业重整案件的工作指引（试行）》，对“预重整”程序进行较为详尽的制度设计，成为自浙江省之后又一预重整先行者。

2019 年 6 月 22 日，发改委等部门联合发布的《加快完善市场主体退出制度改革方案》中提出要研究建立预重整制度，实现庭外重组制度、预重整制度与破产重整制度的有效衔接，强化庭外重组的公信力和约束力，明确预重整的法律地位和制度内容。又一次于中央层面提出研究建立预重整制度。

2019 年 11 月 8 日，最高人民法院发布《全国法院民商事审判工作会议纪要》，提出要“人民法院受理重整申请前，债务人和部分债权人已经达成的有关协议与重整程序中制作的重整计划草案内容一致的，有关债权人对该协议的同意视为对该重整计划草案表决的同意”。正式确认了预重整阶段形成庭外重组协议对相关当事人具有法律约束力。

（二）国内各地区的预重整探索

嗣后几年间，温州、北京、南京、厦门、广州、淄博、宿迁、北海、成都、眉山、苏州等各地法院纷纷出台了预重整指引。截至2022年，各地预重整相关文件指引多达40余部。虽然截至目前，《企业破产法》中未有关于预重整制度的条文，我国也未有正式法律确立预重整制度，但实际上各地通过地方法院工作指引方式已从实质上确立起了中国的预重整制度。这种制度的特点表现为类似联邦法的多轨模式，不完全同一但存在一定的相似性。我国的预重整相关规定皆是以地方法院工作指引或规程形式呈现，尚没有以法典形式进行统一规制，故各地根据其探索经验与实际情况相结合作出的规定并不完全相同。

虽然时逢《企业破产法》修订之际，人们对于预重整制度能否在本次修订确立充满了想象，但坦率来说现有破产法体系在理论上是否存在预重整制度融入的窗口或者间隙目前学术界还是处于意见不一的状态。客观来说，预重整制度直接引入破产法典作为单独的一项制度似乎还需静待时机。

（三）恰逢时势发挥纾困功能

近年来世界经济受到多种因素的影响，加之许多企业本身原因抑或产业结构调整，使其经营亮起了红灯。2020年5月15日，最高人民法院印发的《关于依法妥善审理涉新冠肺炎疫情民事案件若干问题的指导意见（二）》也将预重整作为化解债务危机，实现对企业尽早挽救的手段之一。

预重整这项新制度在中国正逐步被认真审视，将极有希望发展成为困境企业再生的一条新途径。

四、预重整于上海之发展

（一）上海预重整的探索

笔者身处上海实务界，自然格外关注上海预重整制度的发展情况，因此在本文中特别提到上海关于预重整制度的探索及现有成果。

为响应国务院号召，上海法院也积极展开预重整制度建立之探索。2019年11月，上海市第三中级人民法院受理了上海首例预重整案件，债务人中科建设开发总公司负债近800亿元，类型复杂，且集团内部关联交易和债权债务关系错综，在充分评估企业重整价值和可行性之后，根据《全国法院破产审判工作会议纪要》《全国法院民商事审判工作会议纪要》，以及最高人民法院和国家发改委等十三部委联合制定的《加快完善市场主体退出制度改革方案》中有关预重整制度的意见精神，上海法院对预重整案件开始了首次尝试。

（二）上海预重整规则的确立

上海市高级人民法院于2021年8月出版了系列丛书《上海法院类案办案要件指南》，在该丛书第三册，即《破产案件办案指南》中，上海市高级人民法院就上海预重整制度进行了较为详尽的阐述，其中不乏探索与尝试。

2022年5月27日，上海破产法庭发布了《上海破产法庭预重整案件办理规程（试行）》（以下简称《上海预重整办理规程》）。此举具有里程碑的意义，昭示了预重整正式登上了主流舞台。上海破产法庭《上海预重整办理规程》的制定出台，为企业在上海进行预重整指出了更为明晰的路径。

在实践已有探索的预重整模式中，有些是较强的司法主导的职权模式，比如规定预重整由法院启动、赋予预重整以中止执行的效力等，基本上是把预重整完全当作司法重整程序，以公权力来推动预重整进程；也有观点认为，预重整应完全实行市场化，所有事务工作应完全由当事人意思自治进行。然而，前者模式司法过度介入，一来缺乏司法干预的程序依据，二来不利于发挥市场主体作用；而后者则无异于企业自主进行的庭外重组，且司法过于谦抑不利于提振各方主体的拯救信心，也因缺乏司法指引而不利于工作推进①。

上海对预重整制度采取了兼顾司法指引和当事人自治并举的模式，旨在充分发挥市场对资源配置的决定性作用，鼓励市场主体自主盘活不良资产，专业中介机构积极参与资产重组，有效发挥政府服务和司法指引功能，保障庭外重组与司法重整顺利对接，节约司法资源，提高破产重整效率。后文也将以《上海预重整办理规程》为基础，详细分析预重整与重整之间的关系、预重整的优势与预重整的基本模式。

五、建立预重整制度的意义

（一）与程序内重整之比较

人们很容易将预重整曲解为重整制度的附庸和补充，顾名思义地将预重整简单地理解为程序内重整前的准备工作，这种认识和理解是十分片面的。预重整作为一项制度，虽然从成功转化角度有赖于程序内重整的实现，但从其内容的重要性

---

① 上海破产法庭起草小组解读：《上海破产法庭预重整案件办理规程（试行）》，载微信公众号“上海破产法庭”，2022年5月31日访问。

和丰富性角度来看，几乎涵盖了商业谈判的全部内核。从某种角度来说，反而程序内重整只是简单地转化预重整的成果。因此，我们必须清楚地认识预重整的本质，要清楚地知道两种制度的区别。

从定义上来说，预重整，是指债务人企业在发生经济困境时与债权人就债务清理与企业复苏的方案进行商谈，在获得大部分债权人的同意后，经由一定的司法程序，使得该重组计划产生约束所有债权人的法律效果，进而实现债务人企业的再建[①]。重整，则是指不对无偿付能力债务人的财产进行立即清算，而是在法院主持下由债务人与债权人达成协议，制订重组计划，规定在一定期限内债务人按一定方式全部或部分清偿债务，同时债务人可以继续经营其业务的制度[②]。

预重整制度建立的必要性，即其制度较之传统意义上程序内重整的特点，这些不同之处能够恰如其分地突破破产重整程序中的一些制度限制和掣肘，这使得我们对预重整制度充满了期待和想象。因此，很有必要将两者进行一番比较，更便于理解预重整制度的特点。

本文依托《上海预重整办理规程》结合《企业破产法》的相关规定，将预重整与重整的区别整理如下。

1. 司法介入程度的不同

预重整的债务人在专业中介机构引导和辅助下开展各项事务，与相关利益主体开展自主谈判。法院给予相应指导、监督和必要司法协调，推动各相关利益主体积极协商形成重整计划草案，保障庭外重组与重整程序顺利衔接。重整由人民法院主导。

2. 灵活性的不同

预重整注重当事人意思自治原则，可以自行向法院提名临时管理人，预重整适用于破申阶段，若预重整失败的，法院裁定预重整程序终止，不再转入破产程序。但债务人仍存在重整可能性且符合《企业破产法》规定的重整申请条件，有申请人提出正式重整申请的，法院应依法裁定受理重整案件。

重整严格依照《企业破产法》的规定进行，存在对公司治理、债权人权利行使、企业负面信息公开等方面的约束，只能由法院指定管理人，若重整失败，法院将宣告债务人破产，必须转入破产清算程序。

---

① 季奎明：《论困境企业的预先重整》，载《上海财经大学学报》2013 年第 4 期。

② 关涵之：《困境企业启动破产重整程序的原因分析——基于与庭外重组、破产清算的比较》，载《金融法苑》2012 年第 1 期。

3. 时间期限的不同

在审理期限方面，因预重整纳入“破申”案号管理，《上海预重整办理规程》第19条明确按照《上海市高级人民法院破产审判工作规范指引（2021）》的相关指导意见计算预重整期限，即最长不超过97日。

重整程序中，债务人或者管理人应当自人民法院裁定债务人重整之日起6个月内，同时向人民法院和债权人会议提交重整计划草案。期限届满，经债务人或者管理人请求，有正当理由的，人民法院可以裁定延期3个月。债务人或者管理人未按期提出重整计划草案的，人民法院应当裁定终止重整程序，并宣告债务人破产。

4. 法律效力的不同

预重整期间已经表决通过的重整计划草案，与重整程序中的重整计划草案一致的，已同意的债权人和出资人表决意见为重整程序中重整计划草案的同意意见。重整程序中重整计划草案进行了修改且对相关债权人利益有影响的，受到影响的债权人有依法重新表决权；对出资人权益调整事项进行了修改且对出资人利益有影响的，受到影响的出资人有依法重新表决权。重整程序中，重整计划被人民法院批准的，企业要严格执行，对重整计划的变更也要受到严格限制，重整后往往还会涉及修复企业信用记录、依法获取税收优惠等事项。

很多人将预重整和程序内重整联系起来，将预重整理解为压缩程序内重整期限的工具，正式重整期间的变相延长，这种理解完全是对预重整概念的一种异化和曲解，在实践中必须警惕这种异化的趋势。我们必须明确，预重整具有独立的角色地位，其能尽早识别债务人企业是否具有重整价值，从而提高重整可行性，并非重整的前置条件或是必经程序。

（二）预重整的特点与优势

预重整的优势概括来说就是：低成本、意思自治、稳定性强、成功率高。通过预重整制度，可以把债务人在重整程序中的部分工作前置，既可以利用法定重整程序的优势从根本上解决债务危机，也争取到了与投资人和债权人谈判的空间，极大地提高了重整的成功率。现将预重整的特点和优势概括如下。

1. 启动方式简便，启动成本低

《上海预重整办理规程》中规定预重整程序依申请启动，债权人或债务人皆可申请，法院审查一般采用书面审查方式，启动的程序简便，成本低。

2. 以债务人自行开展为主

《上海预重整办理规程》中规定债务人应完成的事务，包括“维持经营管理，维护企业重整价值”“积极与出资人、债权人、意向投资人协商并制作重整计划草案”等。明确了预重整期间这些工作完成的主体是债务人，给予了债务人自行拯救企业的空间。

3. 影响最小化

鉴于预重整发生在“破申”阶段，多为债务人积极挽救企业而申请预重整，较之直接进入破产重整，能够及时、有效地避免债务进一步扩大，保护债务人企业的商业信誉。此时债务人还运作正常且具有基本谈判能力，能够向债权人释放有利的信号，避免加深矛盾。

4. 预重整期间重整计划草案通过的可能性更高

在预重整期间，与投资人、债权人之间的协商谈判是由债务人自行开展的，债务人作为企业的经营人员，在和投资人协商时可以更清晰地描述公司的情况，有利于洽谈。同时，能够自行组织谈判的债务人企业自身情况还不至于太糟糕，具有挽救价值，债权人也不会抱有太大的抵触心理，大大提高重整计划草案通过性。

（三）预重整的功能和价值

预重整制度可以称为联结庭外重组和重整的桥梁，将庭外重组制度的灵活性与重整制度的刚性有机结合，有助于提高重整成功率，在提高破产企业重整效率和节约司法资源方面有着突出的作用。

对债务人而言，预重整是挽救困境企业的新路径，尤其是在当下疫情对经济的影响下，在正式重整程序前先行开展预重整，可以尽早对困境企业予以拯救，尽力保住市场主体，但债务人一定要在最大程度上发挥主观积极性，所谓“自救者，人恒救之”，只有债务人企业有自救意识，才能顺利展开预重整。对债权人而言，尽早在预重整阶段完成债权申报，可以有效避免债务的进一步扩大，及时挽回损失，在债务人企业治理结构完备、运作正常，仍具有自主谈判能力的时候，债权人更容易和债务人的有关人员进行沟通，避免人去楼空而无法清算，清偿率也能得到提高。对投资人而言，预重整阶段招募投资人的债务人企业较之正式重整阶段招募投资人的企业保留了更多的企业活力，从运营情况和资产状况来看，投资价值更高，同时因为有临时管理人作为中介机构在预重整阶段起到引导、辅助的作用，投资人更容易准确、全面地了解目标公司情况，可以减少隐形债务的风险，投资成本也比较低。对管理人而言，相较《企业破产法》规定的正式重整程序中管理人需履行接管、决定债务人内部管理事务等职责，临时管理人更侧重中介机构的辅助职责，目的是避免债务人的自主性被排除，以保障预重整在市场化方式下进行。在这种情况下，市场化主导的预重整，实际上对担任临时管理人的中介机构提出了更高的专业能力要求，临时管理人需成为各方形成重整方案的重要协调者，以令人信服的专业水平和职业信誉，促成预重整达到预期效果。

自2007年《企业破产法》颁布实施以来，我们试图运用重整制度实现企业债务和资产重组，可以说卓有成效，但程序内重整在实践中也暴露了程序性要求过于刚性的问题，有些案件也受制于此最终导致没能成功实现重整。一个成熟的预重整制度的价值也正在于其具有的开放的商业谈判模式和灵活性，在谈判成果的确定性和稳定性方面也具有传统重整不具备的优势，这些要素在商业实践中往往构成了一件重整式收购案例是否能最终完成的关键。预重整制度恰如其分地满足了这些商业属性，同时因其不属于程序内制度，需要通过重整制度转化成果的特点也满足了法院审理案件刚性的需求。

预重整程序就像是将庭外重组谈判与庭内破产程序连接起来的桥梁，可以成为将自由开放、灵活多样的谈判与严谨规范的审判程序两个完全风格迥异但必须协同发挥的两个阶段完美黏合起来的“神奇的黏合剂”。

六、国内预重整的操作模式

（一）基本模式和步骤

预重整可以分为以下两类[①]。

第一类是整体预重整，即债务人在预重整期间已经制订了重整计划草案并进行了表决，在提出重整申请的同时提交重整计划、信息披露声明、符合条件的表决证明。法院在启动重整程序后，审查并裁定是否批准重整计划。

第二类是部分预重整，即在预重整期间，债务人已向部分债权人组就重整计划草案中的内容进行谈判，等进入重整程序之后再进行表决。

实务中为了保证重整可行性最大化，更多选择的是第一类整体预重整，基本步骤如下。

1. 预重整前的准备工作

（1）梳理资产负债、规范财务管理

债务人自行对资产负债情况进行梳理，并对会计核算、财务管理中存在的问题进行纠正和规范。

---

① 张艳丽、陈俊清：《预重整：法庭外重组与法庭内重整的衔接》，载《河北法学》2021年第2期。

（2）法律尽职调查

债务人和债权人协商选定中介机构担任临时管理人，先行对债务人企业的基本信息、历史变更、股权结构、资产负债、关联方、经营情况、诉讼执行案件、未履行完毕合同、职工、税务等情况进行尽职调查。

（3）向法院申请预重整

起草预重整申请书，准备相关申请材料，向法院提出预重整申请。

2. 法院受理预重整

（1）法院受理债务人企业预重整

第一，法院立“破申”案号，出具《受理预重整通知书》。

第二，法院对确定的临时管理人出具《预重整临时管理人确定书》。

（2）通知和公告

临时管理人经法院确定后，应就法院受理预重整事项予以公告，并及时通知已知债权人。

（3）选聘第三方专业机构

调查债务人是否有影响重整价值和重整可行性的情形，临时管理人必要时可选聘第三方专业机构开展工作。

3. 申报债权、召开债权人会议

（1）临时管理人接受债权申报

第一，法院受理预重整后，债权人向临时管理人申报债权的期限一般在受理预重整公告发布之日起 1 个月内。

第二，申报的债权经临时管理人审核，提交预重整期间债权人会议核查。债务人、债权人对债权表记载的债权有异议的，应当说明理由和依据，由临时管理人进行复核。

第三，预重整期间的债权审查确认规则中应声明：本次申报及审查的债权为预重整决定日前一日之前发生的债权，利息计算截止至预重整决定日之前一日。法院正式受理重整的，债权利息自动延续计算至受理重整日之前一日。届时管理人仅对延续期间的利息进行审查确认。

（2）债务人企业维持经营管理，自行管理财产，临时管理人对其进行引导和辅助

第一，债务人企业自行管理企业的公章、财务印章、法人印章、营业执照等，自行管理财产和营业事务，自主决定生产经营管理和财务管理事项。

第二，临时管理人有权了解债务人企业财产状况、经营合同及履行情况、职工

情况等。

(3)召开债权人会议

第一,预重整期间的债权人会议由临时管理人召集,自债权申报期限届满之日起15日内召开。

第二,债权人会议上对重整计划草案进行表决。

第三,债权人会议可以决定设立债权人委员会,代表债权人会议参与、监督、推动预重整程序。债权人委员会由债权人会议选举的债权人代表和职工代表组成,人数为单数。

4. 完成对债务人企业财务审计、资产评估

(1)对债务人企业进行财务审计和资产评估

第一,会计师事务所对债务人企业以预重整决定日为基准日开展审计工作,并出具审计报告。

第二,资产评估机构对债务人企业以预重整决定日为基准日开展资产评估工作,并出具资产评估报告。

(2)专项审计或核查

若有必要,可以对债务人企业的注册资本、对外投资等进行专项审计或核查。

(3)税费测算

如果对债务人企业采取出售式预重整,对部分或整体资产进行处置,由会计师事务所、资产评估机构对可能产生的税费项目及金额进行测算。

(4)偿债能力分析

会计师事务所、资产评估机构在债务人企业财务审计和资产评估基础上,对债务人企业假设破产清算条件下偿债能力进行分析,并出具偿债能力分析报告。

5. 投资人招募

(1)债务人自行寻找投资人或发布投资人招募公告

债务人自行私下寻找意向投资人,并自主与其开展协商洽谈,或制作并发布投资人招募公告。

(2)与意向投资人办理投资手续

第一,意向投资人出具投资意向书。

第二,意向投资人交纳投资保证金。

第三,意向投资人与临时管理人签订保密协议,临时管理人向意向投资人提供与预重整相关的材料和情况。

第四，意向重整投资人向临时管理人出具意向投资方案。

6. 制订、提交、表决重整计划草案

（1）准备工作

第一，投资人提交投资确认书，明确投资主体、投资路径、投资金额、未来债务人企业注册资本、组织机构、法定代表人、董事监事高级管理人员名单等。

第二，投资人提供预重整后债务人企业的经营方案。

第三，投资人作出与预重整后债务人企业职工继续保留劳动关系的承诺。

第四，投资人与债务人企业及股东签订投资协议。

第五，境外投资人准备中国政府相关部门审批备案所需要的材料。

（2）起草重整计划草案

第一，债务人起草重整计划草案（征求意见稿）。

第二，临时管理人将重整计划草案（征求意见稿）发给债权人征求意见。

第三，临时管理人根据债权人的意见修改、完善重整计划草案。

第四，临时管理人将重整计划草案（表决稿）提交给法院和债权人会议。

（3）召开临时债权人会议，审议、表决重整计划草案

预重整期间，临时管理人组织召开债权人会议，参考《企业破产法》中关于表决重整计划草案的规定，分组对重整计划草案进行表决。

7. 终止预重整程序

（1）临时管理人向法院提交预重整工作报告

临时管理人向法院提交预重整工作报告，并申请法院终止预重整程序。预重整工作报告包括如下内容：债务人的基本情况；债务人陷入困境的原因；债务人预重整期间持续经营与管理的情况；债务人重整价值和可行性分析意见；重整计划草案的内容以及协商、表决情况。

（2）终止预重整程序，决定是否受理重整

重整计划草案根据相关规定表决通过，债务人或债权人提出正式重整申请的，法院应依法裁定受理重整案件，终止预重整程序。

（3）重整与预重整工作衔接

第一，预重整期间已经表决通过的重整计划草案，与重整程序中的重整计划草案一致的，已同意的债权人和出资人表决意见为重整程序中重整计划草案的同意意见。重整程序中重整计划草案进行了修改且对相关债权人利益有影响的，受到影响的债权人有依法重新表决权；对出资人权益调整事项进行了修改且对出资人

利益有影响的，受到影响的出资人享有依法重新表决权。

第二，预重整期间未有重整计划草案提交债权人会议，或提交的重整计划草案未能按照《上海预重整办理规程》第 17 条表决通过的，法院裁定预重整程序终止，不再转入破产程序。但债务人仍存在重整可能性、且符合《企业破产法》规定的重整申请条件，有申请人提出正式重整申请的，法院应依法裁定受理重整案件。

（二）预重整的衔接和效力延伸问题

预重整就本质而言是各方当事人的自由磋商谈判形成重整结果的过程，最终的成果还是需要在庭内重整程序的进行中得以实现。这里就会存在一个如何转化的问题，必然涉及预重整与重整的衔接问题。

预重整中各方如果已拟订方案并达成了初步一致，其效力如何、最终又如何过渡到正式的重整程序中，也是各方主体较为关心的问题，各方对于商业谈判的确定性都有着极高的期待，以下笔者将就预重整和重整程序衔接问题进行阐述。

根据《上海预重整办理规程》，其对于预重整的主要目的定位为“促进重整可行性”，故在相关规定的设计上规避了过于冗长的程序转换，且明确了“保障庭外重组与重整程序顺利衔接”是预重整程序的重要功能之一。

关于预重整与重整的程序衔接的几点表现，总结如下：

第一，若经过债权人会议表决同意，在不与《企业破产法》等相关规定冲突的前提下，临时管理人一般会在重整程序中继续担任管理人，在预重整阶段为债务人企业提供专业服务的中介机构一般也会在重整程序中继续提供专业服务。

第二，在预重整期间债权人会议上选定的债权人会议主席和债权人委员会，若无特殊情况，可以在重整程序中保持不变。

第三，在预重整阶段已经公告申报债权，重整阶段虽然仍需要公告申报债权，但是，已经申报债权的债权人在重整阶段不需要重复申报，管理人仅对补充申报的债权进行审查、确认，对预重整阶段已经审查确认的债权，管理人仅需将债权利息计算至受理重整日的前一日。

第四，预重整期间对于重整计划草案表决的效力能够延伸到重整程序之中，已经在预重整时对重整计划草案表决同意，该表决效力直接带入重整程序，而不能在重整程序中作出与预重整表决时相反的意思表示。除非重整计划草案作出了修改，并且实际影响了相关债权人的利益或投资人的权益。

此时，临时管理人对各方而言，是推进预重整程序顺利进行的重要协调者，如果债务人和债权人能够共同协商选择一位专业能力强、工作经验足的临时管理人，在临时管理人的引导与辅助之下，预重整期间由债务人制作的重整计划草案就是重整程序中提交法院裁定认可的重整计划的蓝本，预重整中的表决效力可以顺利带入重整程序，此时经过了一轮预重整之后，重整的可行性将大幅提升。因此，对于确定性的担忧大可不必，鉴于预重整对于程序衔接上已经作出了较为妥善的安排，完全可以排除不确定因素。相反，对于谈判成果的保护和转化从一定程度上来说是重整程序不具备的，也是预重整制度的一大特色，是其核心价值所在。

七、对中国预重整制度的思考

（一）发展的困境

1. 预重整与传统破产程序兼容性之困

预重整作为一种长期游离于正式破产法程序之外的准司法程序概念，学界对于预重整是否存在植入正式破产制度的理论间隙争论不断。学者对于引入预重整并赋予其司法效力将冲击现有的破产法功能表示担忧。担心滥用预重整程序，催生借预重整逃废债或恶意消减利息的道德风险，使预重整程序背负其无法承受之重。这种观点也并非不无道理，既然赋予预重整更大的自由度和较为宽泛的受理口径，那么同时赋予其中断其他程序的"超级程序优先权"就有可能引发一定的道德风险，这是一对平衡的两极，如何化解需要更多的智慧。

2. 警惕预重整制度异化倾向

事物的发展总以一种螺旋上升的姿态进行，预重整发展过程中也不可避免地出现一些问题，存在异化预重整功能的情形。预重整的定位目前尚不明确，个体理解预重整的水平层次不相同，异化现象层出不穷，具体表现如：受理过程中限制适用范围；过分强调司法权的介入干扰自由磋商；过度监管干扰债务人正常经营；信息披露规则要求过高，侵犯债务人商业秘密；指引制定或没有指引情况下直接照搬援引重整规则等。这些错误的核心本质是将预重整曲解为重整的简单前置和向前延伸，将预重整异化为压缩程序的工具或作为正常重整受理的缓冲手段。这种异化都无一例外地忽略了预重整自由磋商谈判的核心价值。

长此以往重整程序必将遭到反噬，造成两程序的功能完全重叠，界限被彻底打破，各自的特色和功能将混沌不清，那么各自的价值也无从体现。因此，我们必须警惕这种异化倾向。

（二）关于预重整司法效力的思考

关于是否应该赋予预重整制度更强的司法效力的问题上仍存在较大的争议，

目前实践中并没有太多突破正式程序内效力，然而如果想进一步推行该制度的广泛运用，我们很难回避对一些敏感而尖锐问题的思考，如在立法没有明确规定的前提下，预重整能否像正式重整一样产生破产撤销权；产生中止诉讼、执行程序的效力；产生停止计息等效力；产生股东出资义务加速到期的效力；援引共益债务或破产费用制度；重整类融资是否具有优先分配的权利等。这些问题也是目前阻碍预重整运用的一些障碍和风险点。

解决上述问题的关键，要求我们直面预重整作为准司法程序性质的植入正式破产程序程度问题的思考，如何把握好平衡可能需要进一步实践与思考。但毋庸置疑的是，我国应尽快建立预重整制度运行的规则体系，在研究建立预重整制度过程中，应结合我国国情，完善相关立法，使得预重整真正作为一种特殊制度为困境企业带来福音。

八、结语

《企业破产法》自 2007 年颁布以来已经实施十余年，迈出了重要的第一步已实属不易，必然需要一段时间的实践获得宝贵经验，从而重新审视破产制度，并进行逐步完善。目前《企业破产法》的修订工作也提上了日程，将来一段时间内必然成为法律界关注的焦点，相信本次修法就人们关注的重整乃至预重整制度都会有所涉及。

预重整的运用已成为未来重整实务的一大趋势，其对挽救困境企业来说有着极大的价值，必然肩负起更多的使命。当然目前其仍存在缺乏社会广泛认知度，传统资产处置模式仍然大行其道，处置方和投资人仍对传统模式存在依赖，而对新生的预重整模式缺处置或投资缺乏经验和自信等问题，也成为目前预重整制度推行的一些掣肘。但预重整的魅力在于其充分的自由度能最大程度满足市场主体的需求，使得债务人、债权人、投资人都能各得其所，从而更好地服务和保障优化法治化营商环境建设的目标。

相信随着时间的洗礼和实践的验证，预重整的优势必将为人所了解，其必定将成为重整实务中披荆斩棘的一柄利器。

建设工程价款优先受偿权在破产程序中的理解和适用

周一鸣 *

一、引言

当发包人进入破产程序且未支付建设工程价款时，根据最高人民法院《关于适用〈中华人民共和国企业破产法〉若干问题的规定（二）》[以下简称《破产法解释（二）》]第 3 条第 1 款的规定，债务人已依法设定担保物权的特定财产，人民法院应当认定为债务人财产。作为担保性财产，建设工程当然属于发包人之破产财产。管理人在办理相关破产案件时，若管理人对其工程价款优先受偿权及金额予以确认，势必会影响其他债权人的债权清偿率；反之，如果不予确认，可能会导致承包人的权益受到影响，农民工等建筑工人的工资清偿进而也会受到影响。

因此，当发包人企业进入破产程序时，管理人应当审慎判定承包人是否享有优先受偿权。管理人在判定申报债权人是否享有建设工程价款优先受偿权时应当注意如下问题：第一，建设工程价款优先受偿权主体有哪些？第二，发包人何时应当给付建设工程价款？第三，在实现建设工程价款优先受偿权的过程中，承包人应如何行使建设工程价款优先受偿权？优先受偿权的行使范围以及承包人行使建设工程价款优先受偿权的顺位冲突应如何解决？本文即从上述问题出发，梳理现有学界观点和裁判观点，对上述问题进行分析论证，提出个人观点，以求抛砖引玉，供读者讨论和研究。

* 周一鸣，北京炜衡（上海）律师事务所高级合伙人，青年律师工作委员会主任，先后担任公司综合业务部负责人、不良资产及破产重整业务部负责人。曾获得“上海市长宁区优秀诉讼律师”“上海市长宁区优秀律师”等称号。执业以来，主要办理公司法、建设工程、股权并购以及破产重整等仲裁、诉讼及非诉业务。同时，担任数十家企事业单位常年法律顾问。拥有处理公司日常法律问题、专项法律事务和代理重大复杂诉讼案件的经验。

二、建设工程价款优先受偿权的行使主体

（一）建设工程价款优先受偿权之行使主体认定

1. 勘察、设计工程合同承包人是否可为行使主体

《民法典》第807条规定，承包人可行使建设工程价款优先受偿权，其第788条第2款又规定，建设工程合同包括工程勘察、设计、施工合同。在建设工程领域，承包人可为施工工程合同、勘察工程合同以及设计工程合同的承包人。最高人民法院《关于审理建设工程施工合同纠纷案件适用法律问题的解释（一）》[以下简称《建设工程司法解释（一）》]是否将建设工程价款优先受偿权的行使主体限定为施工合同的承包人，而其他承包人无此权利？针对该问题，存在不同观点。

肯定观点认为，只有施工合同的承包人可行使建设工程价款优先受偿权。理由在于：施工合同的承包人将工人劳务和建筑材料附着于建设工程，确保建设工程的价值与可用性。但勘察人、设计人的工作成果只是勘察、设计文件，并未将劳务、材料等附着于建设工程；并且勘察人、设计人可以在发包人不支付报酬时，对劳动成果行使留置权，有此等保护已足，不应再享有优先受偿权。[①] 也有反对观点认为，除了施工合同的承包人，勘察合同与设计合同的承包人也可享有建设工程价款优先受偿权。理由在于：勘察人、设计人的报酬费用也是建设工程价款，应该同等对待；并且勘察人、设计人的劳动对于整个建设工程也是必不可少的贡献。[②]

本文认为，可行使建设工程价款优先受偿权应为《建设工程司法解释（一）》中规定的施工合同的承包人和装饰装修合同的承包人。从形式上看，尽管建设工程价款优先受偿权的性质在学界存在争议，但意义不大，应准确把握建设工程价款优先受偿权的权利特点，即优先性、法定性和担保性。其中，法定性体现在是否有明确的法律规定。虽然《民法典》第807条并未明确规定承包人的范围，但是《建设工程司法解释（一）》第35条和第37条专门规定行使优先受偿权的主体，而未对勘察合同承包人与设计合同承包人是否可行使优先受偿权进行规定。这表明勘察合同与设计合同的承包人并不在行使优先受偿权的主体范围之内。

就实质理由而言，建设工程价款优先受偿权保护施工合同承包人与装饰装修合同承包人的正当性在于，承包人一方付出了大量工人劳动和建筑材料，并物化在建设工程中；若无施工人的劳动，勘察成果与设计成果也无法在建设工程中体现

---

① 李建星：《〈民法典〉第807条（建工价款的优先受偿权）评注》，载《南京大学学报（哲学·人文科学·社会科学）》2021年第4期。

② 崔建远：《论建设工程价款优先受偿权》，载《法商研究》2022年第6期。

出来。并且勘察人和设计人也未付出建筑材料，相较于施工人而言，实际成本更低。在审判实践中，基本上法院不会支持勘察人和设计人的建设工程价款优先受偿权。[①]

若施工人、勘察人和设计人同属于一个承包方，勘察、设计工作成果也不会因此被纳入优先受偿权的对象。勘察、设计、施工属于不同阶段的工作，工作成果并不会混同，勘察、设计工作与施工工作是可分的，承包人仍然只就施工工作成果享有优先受偿权。

2. 实际施工人可否为行使主体

实际施工人，是指建设工程施工合同被认定无效后，具体实施工程施工的建设单位和个人，一般指转承包方、违法分包方、挂靠承包方、不具有建筑资质的承包方等。[②]《民法典》第 807 条规定，承包人对折价或拍卖的工程价款具有优先受偿权，但没有明确违法承包人是否享有优先受偿权。《建设工程司法解释（一）》第 43、44 条虽然赋予了实际施工人的诉讼主体地位，但并未明确其是否具有优先受偿权。在审判实践中也同样存在争议。

最高人民法院有裁定书指出挂靠关系中的实际施工人作为实际承包人有优先受偿权的可能性。[③] 最高人民法院的另一份裁定书则认为，实际施工人非建设工程合同相对人，行使工程价款优先受偿权无法律依据。[④]

实际施工人并非一概而论，有观点认为实际施工人分为两类：一类是借用有资质的建筑施工企业名义与发包人签订合同的实际施工人；另一类是转包或违法分包合同中的承包人。[⑤] 区别为前者与发包人签订合同，后者未与发包人建立合同关系。不同类型的实际施工人所为行为对应的法律效果并不相同。

若发包人明知挂靠人为借用他人名义而订立合同，此时双方均有受各自意思表示拘束之意，就不应适用《民法典》第 146 条第 1 款关于通谋虚伪行为无效的规则，因为在通谋虚伪中双方并无法律拘束意思。而应根据借名行为理论认为合同

---

① （2022）闽 0702 民初 4214 号、（2022）琼 02 民初 84 号、（2021）苏 1282 民初 199 号、（2020）粤 0705 民初 5882 号。

② 最高人民法院民一庭编著：《最高人民法院建设工程施工合同司法解释（二）的理解与适用》，人民法院出版社 2019 年版，第 369—370 页。

③ （2019）最高法民申 2755 号。

④ （2019）最高法民申 2755 号。

⑤ 杨劭禹：《实际施工人的优先受偿权之证成——以〈建工司法解释一〉第 35 条为中心》，载《中国不动产研究》2021 年第 1 期。

直接在发包方和借名人之间成立，挂靠人可以解释为《建设工程司法解释（一）》第35条规定中的“与发包人订立建设工程合同的承包人”。

若发包人不知挂靠人系借用他人名义，并且只愿意与有资质的出名人订立合同，由于出名人事先同意挂靠人使用其名义，此时根据借名行为理论可类推适用《民法典》第172条关于表见代理的规定，合同在发包人与出名人之间成立生效。

在违法转包和分包情形中，存在三方关系，即发包人与承包人之间的合同关系以及承包人与违法转包、分包中的承包人之间的合同关系。发包人与承包人之间的合同仍然是有效的，但是根据《建设工程司法解释（一）》第1条第2款的规定，承包人违法转包、分包的合同无效。也就是说违法转包、分包中的承包人与发包人并无直接的合同关系。

因此，与知情的发包人订立建设工程合同的挂靠人可以直接行使优先受偿权，至于其他实际施工人因未与发包人有直接的合同关系，不可行使优先受偿权。

（二）小结

综上所述，只有与发包人建立建设施工合同关系的承包人以及与知情的发包人订立建设工程合同的挂靠人是享有建设工程价款优先受偿权之适格主体，可作为债权申报的主体参与破产程序。管理人应当从上述标准判断优先受偿权主体适格性。

三、“应当给付工程价款之日”的认定

建设工程价款优先受偿权的实现要件之一，是建设工程价款已到期但未支付。因此《建设工程司法解释（一）》第41条规定，承包人自发包人应当给付建设工程价款之日起18个月内行使建设工程价款优先受偿权。实践中，建设工程具有资金投入量大、技术含量高、工程复杂的特点。[①]发包人何时应给付建设工程价款不易确定，这导致建设工程价款债权可实现时间与优先受偿权的起算时间难以判断，从而引发纷争。本部分将讨论不同情形下的应付价款之日。

（一）合同明确约定付款日期

发包人与承包人明确在建设施工合同中约定付款之日或一定期限，该时期为确定的应付价款之日。但是，一般而言，在确切的日期支付工程价款的对应的前提条件是承包人在合同规定的具体日期前竣工验收或交付。倘若承包人未按期竣

① 黄薇主编：《中华人民共和国民法典合同编释义》，法律出版社2020年版，第156页。

工、验收或交付，即使支付期间经过，发包人也可行使先履行抗辩权，给付价款的义务因承包人原因致使发包人不产生迟延责任。何时承包人完全履行完毕自己的义务，发包人支付价款的义务才产生。

（二）合同明确约定付款条件

实践中，由于工程量随着实际施工的进展而增减，导致工程价款一开始并不能确定，因此建设施工合同中往往不约定明确的付款时间，而是由发包人与承包人约定，工程完成结算后，发包人根据结算数额支付工程价款。结算的过程包括承包人向发包人提交竣工工程结算文件以及结算审查。并非结算文件提交后，发包人的付款义务立即产生。在整个结算审查的程序中，发包人须参与。结算审查涉及发包人与承包人的共同利益，通过双方甚至多方审查，实事求是地按照实际完成的工程量付款。

（三）合同未明确约定付款日期或条件

当建设施工合同中未明确约定工程价款支付日期或条件的，双方当事人首先可以约定补充协议，不能达成补充协议的，可以按照交易习惯来确定。在实务中存在两种观点。[①] 第一种观点认为发包人与承包人对于何时支付工程款约定不明或没有约定的，承包人可随时主张，应当给付建设工程款之日应为承包人主张工程款之日。[②] 此种观点援引了《民法典》第 511 条第 4 项的规定，即履行期限不明确的，债务人可以随时履行，债权人也可以随时请求履行，但是应当给对方必要的准备时间。此种做法是对合同漏洞用一般任意性规定进行填补，但忽略了建工行业的特殊性。建工行业存在大量的交易习惯，应优先适用。若承包人在工程还未竣工时，即可向发包人主张工程价款债权，如此做法绝非合理。第二种观点表示，应参照《建设工程司法解释（一）》第 27 条的规定来处理，即建设工程已交付的，为交付之日；建设工程未交付的，为提交竣工结算文件之日；未交付且未结算的，为当事人起诉之日。[③] 可见，第 27 条属于对建工行业关于支付工程价款在交易习惯上的细化。尽管实务中部分人认为第 27 条是利息计付的起算点，不应适用工程价款，但这种观点实属僵化理解司法解释。第 27 条已明确规定利息是从应付价款之日起计付，利息计付日与工程价款给付日是同一时间点，第 27 条就是对合同无约定情形下应付工程价款之日的解释。

---

① 宋会谱:《建设工程价款优先受偿权疑难问题研究》，载《法律适用》2021 年第 6 期。
② 参见（2022）辽 01 民终 16083 号。
③ 参见（2022）辽 04 民终 997 号。

因此，当发包人与承包人未在合同中约定付款日期或条件时，首先应当看双方是否达成补充协议，若无法达成一致，则适用《建设工程司法解释（一）》第27条确定应付价款之日。

（四）合同解除后的应付价款之日

若是发包人原因导致建设施工合同解除的，实务中仍承认承包人对建设工程价款享有优先受偿权。[①] 合同解除后的法律效果是双方互相产生恢复原状义务，承包人已投入的劳务和建筑材料已无法恢复原状，因此发包人须对承包人返还不当得利，实质上转换为工程价款。并且承包人就建设工程折价、拍卖所获得的价款仍然在工程价款范围内享有优先受偿权。此为优先受偿权担保性之体现，继续担保合同解除后的返还责任。因此，确定合同解除后的应付价款之日有其价值。

因建设工程价款请求权已转为不当得利返还请求权，则应按照不当得利请求权可行使之日确定返还之债的履行日期。无论原合同是否约定建设工程价款支付日期或条件，合同解除后双方并不受原合同关于支付日期或条件的条款约束，合同解除之日应为返还之债的具体履行之日。但合同解除之日非承包人向发包人发出解除通知之日，还须待通知之日后的合理期限届满。

（五）小结

在破产程序中，管理人在审查申报债权人是否享有建设工程价款优先受偿权时，应当核实建设工程价款债权是否金额明确且已届期。首先看建设工程合同是否有明确约定的工程价款及付款日期；若合同中未约定明确的工程价款和付款日期，只约定了付款条件，则根据具体个案判断付款条件是否已成就；若合同中未约定相关事项，则根据《建设工程司法解释（一）》第27条确定付款之日；若合同解除的，合同解除通知之日后合理期限届满之日为不当得利返还之日。若管理人核实工程价款还未到期，根据《企业破产法》第46条的规定，申报时视为到期。

四、建设工程价款优先受偿权的实现

（一）承包人行使优先受偿权之方式

价款优先受偿权虽具有法定性，但需要权利人积极行使，否则法定期间经过，优先受偿权消灭。根据《民法典》第807条的规定，承包人可以通过人民法院行使优先受偿权。通过法院实现的途径既包括提供证明优先受偿权存在的证据和具备

---

① 参见（2014）皖民四终字第00200号、（2011）浙绍民终字第1288号。

行使条件的证据，直接向法院申请拍卖；也包括向法院提起确认之诉，并通过强制执行程序执行拍卖。此外，承包人还可与发包人协商以工程折价抵偿价款、承包人单方发函要求折价、在债权申报中主张优先受偿权等。其中，关于承包人单方发函和债权申报的效力尚不明确。

1. 承包人单方发函之效力

承包人单方面向发包人主张折价是否为有效行使优先受偿权在实践中存在争议。

在司法实务中，最高人民法院曾认为法律并未规定建设工程价款优先受偿权必须以何种方式行使，只要承包人在法定期间内向发包人主张过优先受偿的权利，即可认定其已经行使了优先权。[①] 但是在另一个案件中，最高人民法院指出：承包人直接向发包人主张工程款优先受偿权，应当以达成工程折价协议为必要，否则，承包人的单方主张并不能视为正确的行权方式，不能起到催告优先受偿权的法律效果。[②]

本文认为，承包人单方面向发包人无论是以发函方式还是以其他任何方式主张优先受偿权的行为，都是与发包人就折价进行协商的程序。是否符合优先受偿权的行使要件，还需发包人予以确认。若发包人认为承包人不享有优先受偿权，拒绝折价，或者发包人拖延不达成折价协议，承包人应意识到无法通过直接与发包人协商的方式行使优先受偿权，应及时通过法院途径解决。

2. 债权申报之效力

当发包人进入破产程序后，承包人首先应向管理人进行申报建设工程价款优先受偿权。实践中，债权申报并非与管理人进行协商折价，此过程也无法院参与。那么该如何认定承包人进行债权申报的效力？首先需要解决的问题是管理人的地位如何定性。

学界关于破产管理人的地位主要有以下几种学说。一是准司法机构说。原因在于法院指定管理人，性质上可看作是司法委任，并且管理人一旦被指定就产生了对法院服从的义务。二是破产财团代表说。因为管理人独立于债权人和破产人，独立管理破产财产。三是代理说。管理人只是代理债权人进行清算，本质上还是在处理破产人和债权人之间的关系，并不涉及管理人自身。[③] 本文认为准司法机构

① 参见（2021）最高法民申 2026 号；（2020）最高法民申 5386 号。

② 参见（2022）最高法民再 114 号。

③ 冯兵、朱俊伟：《论我国破产管理人制度的构建》，载《西南政法大学学报》2004 年第 5 期。

说更接近我国破产管理人的性质，管理人是法院通过一定程序选择出来，代替法院完成破产前置事项的主体，同时向法院报告工作。并且我国目前并未承认财团法人制度，管理人也并非接受债务人委托进行代理行为。

因此，承包人向管理人进行申报时，管理人经过审查最终认定承包人是否享有优先受偿权应当具有准司法效力。同时根据我国《企业破产法》第58条及《破产法解释（三）》第8条的规定，当管理人还未进行确认时，承包人不得再向法院提起确认之诉。这样债权申报便与单方发函区分开来。承包人在法定期间内向管理人进行申报，可认定为有效行使优先受偿权。

（二）建设工程价款优先受偿权行使范围

当法院对建设工程进行拍卖时，根据“房地一体”原则，土地使用权往往会一并拍卖。但是对于拍卖后的价款应如何分配存有疑问。上海第二中级人民法院曾将建筑物与土地使用权理解为同一财产，承包人就全部拍卖价款可行使优先受偿权。[①] 但最高人民法院指出，劳动者投入到建设工程中的价值及材料成本并未转化到该工程占用范围内的土地使用权中，承包人的优先受偿权不及于土地使用权。[②] 上述观点值得赞同，但在实践中应如何区分土地使用权与建设工程的价值？例如建设工程为商品房，建成竣工后或者取得房屋所有权后，使得土地使用权一并增值，此时该如何区分土地使用权与建设工程的价值？

本文认为，土地使用权与建设工程相互依附，若无建设工程，土地使用权就无法发挥其效用；若无土地，建设工程就无从建起。况且增值的原因并不单一，城市建设规划、经济政策等相关因素皆有影响，不应认为土地使用权价值因建设工程增值而不区分二者的价值，此种原因无正当性。关于价值区分的实际操作，评估机构应当发挥其专业功能。承包人主张优先受偿权时，评估机构可按照建设工程与土地使用权当时的市场价值计算二者的比例，再根据拍卖后的总价款得出建设工程的价值和土地使用权的价值。如此一来，既考虑了土地使用权和建设工程在当时的市场价格的比例，又兼顾了实际拍卖价款，结果上较为公平。

（三）建设工程价款优先受偿权在破产程序中实现顺位的冲突及化解

1. 与管理人撤销权冲突

根据《破产法解释（二）》第14条的规定，管理人无权撤销债务人以自有财产

---

① 参见（2019）沪02执异5号。

② 参见（2019）最高法执监470号；（2021）最高法民终456号。

设定担保物权的债权进行的个别清偿。对于以建设工程法定担保的工程价款，若发包人在法院受理破产申请前6个月内向承包人清偿，管理人不可行使撤销权。但是，若建设工程在发包人清偿时的价值低于工程价款，管理人则有行使撤销权的可能性。有观点认为，在发包人与承包人都无恶意串通的主观动机时，法官不宜同意撤销此类还款行为。理由是双方遵循债务人应当履行到期债务的基本制度理念，可保护正当的交易秩序，且建设工程价款优先受偿权有法定优先性，即使清偿行为被撤销，承包人在破产财产中仍然优先受偿，法官无须多此一举。①

上述观点有一定的道理，但无法论证法院不应同意撤销的正当性。因为破产申请受理前6个月，发包人向任何债权人履行都可保护交易秩序，都符合应履行到期债务的一般理念，但此时发包人已经陷入危急状态，向任何债权人履行都会有损其他债权人的利益。例如，当存在其他更优先或同等优先债权时，发包人径直向承包人履行，会损害这些处于更优先或同等地位的债权。因此，管理人向法院申请撤销发包人之清偿行为并无不妥。

同时，管理人虽然可以撤销发包人的清偿行为，但是需要考虑是否符合债权人利益最大化原则。首先，管理人通过诉讼程序行使撤销权，产生的诉讼费属于破产费用；其次，若管理人成功行使了撤销权，承包人再次进行申报时，管理人的相应报酬也会增加。无论是诉讼费，还是管理人报酬，都会影响最终债权人的清偿率。因此，管理人需要综合多方面因素，审慎决定是否行使该撤销权。权衡利益状况后，管理人依然行使撤销权，应该注意的是，不同于一般抵押权的争议，具有法定性的优先受偿权应随承包人的工程价款债权一并“复活”，承包人可再进行申报。此时，管理人应尽其职责，审查承包人是否符合优先受偿权行使要件。

2. 与购房者债权冲突

在破产程序中，承包人的优先受偿权是否一律劣后于购房者的债权，由于我国法律并无明确规定，实践中多有争议。当购房合同继续履行时，购房者债权与承包人的优先受偿权产生冲突的可能性较低，因此，本部分主要讨论管理人解除购房合同后的权利冲突该如何化解。

（1）管理人行使解除权标准

除了在购房者支付全部或一定比例房屋价款的情况下，购房者可主张继续履

① 熊吉华、李家维：《破产程序中建设工程价款优先受偿权的权利实现》，载《安徽理工大学学报（社会科学版）》2022年第5期。

行，法律及司法解释并未明确管理人选择行使解除权的标准。比较法上的一些做法可供参考，例如美国破产判例中根据商业判断规则[①]来判断管理人选择继续履行或解除的标准，商业判断规则指该商业判断是善意且合理的，并明显有利于债权人。《俄罗斯破产法》第102(2)条规定，如果继续履行该合同会影响破产债务人的支付能力的恢复，破产债务人可以申请拒绝履行。不难看出，比较法上限制管理人行使解除权的依据主要是利益衡量后的结果。若管理人行使解除权可以提高债权清偿率，管理人便可选择解除合同。我国实务中也可进行借鉴。同时，如因购房者根本违约等原因导致合同无法继续履行，管理人也可行使法定解除权。

(2)解除后购房者债权性质

当房屋买卖合同解除后，购房者可请求债务人返还购房款。关于购房款性质，存在共益债权和普通债权之争。认为购房款是共益债权的原因在于管理人选择继续履行和解除合同的情形下，购房者理应得到平等对待，否则管理人选择权正当性不足。[②]《山东高院请示答复》曾表示，建设工程价款优先受偿权不得对抗买受人在房屋未建成情况下的购房款。本文认为首先应区分所购房屋是商品房还是工业厂房，再进行讨论。

最高人民法院《关于商品房消费者权利保护问题的批复》第3条表示房屋不能交付且无实际交付可能的情况下，价款返还请求权优先于建设工程价款优先受偿权、抵押权和其他债权。可以看出法政策上更倾向于保护商品房消费者。本条适用于房屋买卖合同因履行不能而解除的情形，但此处的商品房消费者须满足两个要件：一是所购商品房以居住为目的；二是已支付全部价款。另外，若购房者非自然人消费者，而是法人或非法人组织，即使满足以上要件，也不适用该条批复。若消费者不符合以上要件，或者消费者存在根本违约行为，从而管理人选择解除房屋买卖合同时，此时消费者的价款返还请求权应为普通债权。

我国法律和司法解释并未涉及工业厂房等生产性房屋解除后的价款返还请求权。相较于商品房消费者，购买生产性房屋的买受人的生存利益并不体现在工业厂房上，而且承受商业风险的能力较一般消费者而言更强。因此，当管理人选择解除此类房屋买卖合同，买受人的价款返还请求权应为普通债权。

(3)购房者债权与建设工程价款优先受偿权顺位冲突化解

---

① [美]大卫·G.爱泼斯坦、史蒂夫·H.尼克勒斯、詹姆斯·J.怀特：《美国破产法》，韩长印等译，中国政法大学出版社2003年版，第245页。

② 金春：《论房地产企业破产中购房消费者的权利保护》，载《法律适用》2016年第4期。

如果房屋无法交付或无实际交付可能，当房屋性质是商品房时，并且自然人消费者购买商品房是为了居住并且已经支付全部价款的，消费者的价款返还请求权应优先于建设工程价款优先受偿权、抵押权和其他债权；当房屋性质是工业厂房等生产性房屋时，买受人的价款返还请求权应与其他普通债权处于同等地位，劣后于建设工程价款优先受偿权。

3. 与破产费用冲突

根据《破产法解释（二）》第 3 条第 2 款的规定，对债务人的特定财产在担保物权消灭或者实现担保物权后的剩余部分，在破产程序中可用于清偿破产费用、共益债务和其他破产债权，即承包人的工程价款优先受偿权应优先于破产费用、共益债务和其他破产债权。有疑问的是，工程价款优先受偿权优先于破产费用是否包括为实现工程价款优先受偿权的破产费用？

从上述规定中似乎可以直接得出答案，既然实现优先受偿权的费用也是破产费用，那么优先受偿权优先于破产费用属于当然之理。但是，当建设工程拍卖所得款不足以覆盖二者时，若发包人无任何其他财产清偿破产费用，根据《企业破产法》第 43 条第 4 款的规定，管理人应当提请人民法院终结破产程序。此时又陷入新的僵局。表面上看建设工程价款优先受偿权优先于破产费用有利于保护承包人，但是终结破产程序后优先受偿权仍然无法实现，最终损害的还是承包人的利益。因此本文认为，当建设工程拍卖所得款不足以清偿破产费用和优先受偿权时，为实现建设工程价款优先受偿权的破产费用应当优先于优先受偿权，其他无关的破产费用仍然劣后于优先受偿权。

（四）小结

承包人应积极行使建设工程价款优先受偿权，在发包人尚未进入破程序时，单方发函不足以认定为有效行使，而应当与发包人达成折价协议，或者通过司法途径主张；当发包人进入破产程序时，承包人向管理人进行申报，系有效行使优先受偿权。经管理人确认承包人享有优先受偿权后，若一并拍卖土地使用权和建设工程，应当由专业评估机构区分二者价值分别处置。

若发包人在进入破产程序前 6 个月清偿工程价款，管理人应当综合考量债权人利益，审慎决定是否行使撤销权。同样需要经过利益衡量后行使权利的还有购房合同解除权，当可行使解除权的房屋合同后解除有利于全体债权人，管理人可以选择解除合同。应注意的是，个人消费者以居住为目的且支付全部价款的商品房买卖合同，因房屋不能交付导致解除后的价款返还之债优先于建设工程价款优先受偿权等债权；工业厂房等生产性用房价款返还之债为普通债权，劣后于优先受偿权。

为了实现优先受偿权的破产费用应优先于优先受偿权，其余破产费用仍劣后于优先受偿权。

五、结语

本文对在破产程序中工程价款优先受偿权相关问题进行了梳理和解答。首先，管理人在行使优先受偿权的申报主体认定上，应根据优先受偿权的立法目的，认为只有对建设工程投入了劳务工作和建筑材料的承包人才可行使该权利，其中包括发包人明知承包人挂靠并仍然愿意发包的实际施工人。勘察人和设计人并不在此范围内。

其次，管理人在审查工程价款和给付时间是否确定时，若发包人与承包人有明确约定的从其约定；若无约定的，根据《建设工程司法解释（一）》第 27 条的规定进行处理。合同因发包人原因解除的，为合同解除之日；若未到期，则申报之日到期。

最后，承包人仅有单方发函行为但未达成折价协议的不属于有效行使优先受偿权，承包人应及时通过法院解决。承包人向管理人申报属于有效行使优先受偿权。拍卖建设工程和土地使用权时，承包人只能就建设工程拍卖部分行使权利。管理人应以债权人利益最大化原则为出发点，当可选择行使撤销权、解除权时，应在进行利益权衡后，决定是否行使撤销权或解除权；同理，为了保证承包人利益得到最大程度满足，实现优先受偿权之破产费用应优先于优先受偿权。

破产背景下的实际施工人辨析与处理问题之初探

李益*

一、前言

随着国家不断推动深化多元化市场主体退出机制，法院受理的破产案件数量激增，随之而来的是各式各样的涉破产企业进入到破产程序中来。破产企业的不同对破产管理人提出了更高要求，需要破产管理人不断提升依据企业的不同业务种类有针对性地去处置各种特殊法律关系的能力。因房地产行业的产业结构调整导致的建设工程企业破产频发已逐渐发展成为比较具有代表性的一类破产案件类型，其中对于实际施工人的保护与其他债权人的关系的处理存在一定的探讨空间。本文中笔者将就在破产清算背景下建设工程领域中工程总包破产情况下，实际施工人辨析与处理问题进行探讨。

二、建设工程领域中实际施工人的概念与发展

（一）实际施工人的概念的提出

建设工程领域内实际施工人的概念首次出现于2004年最高人民法院《关于审理建设工程施工合同纠纷案件适用法律问题的解释》（已废止）中，该解释第1条规定："建设工程施工合同具有下列情形之一的，应当根据合同法第五十二条第（五）项的规定，认定无效：（一）承包人未取得建筑施工企业资质或者超越资质等级的；（二）没有资质的实际施工人借用有资质的建筑施工企业名义的；（三）建设工程必须进行招标而未招标或者中标无效的。"第4条规定："承包人非法转包、违法分包建设工程或者没有资质的实际施工人借用有资质的建筑施工企业名义与他人签

---

* 李益，北京炜衡（上海）律师事务所不良资产处置及企业破产重整业务部主任，具备20余年破产领域研究与实践经验，理论功底深厚，熟悉破产清算的运作规律，对该领域中的法律问题有深刻的见解。曾主办多起大型国有企业及外资企业的破产清算及重整案件，其中不乏人数众多、资产较大、具有一定影响力的案件，在业内享有很高的声誉。

订建设工程施工合同的行为无效。人民法院可以根据民法通则第一百三十四条规定，收缴当事人已经取得的非法所得。”第26条规定：“实际施工人以转包人、违法分包人为被告起诉的，人民法院应当依法受理。实际施工人以发包人为被告主张权利的，人民法院可以追加转包人或者违法分包人为本案当事人。发包人只在欠付工程价款范围内对实际施工人承担责任。”[①] 根据上述司法解释，法律赋予了实际施工人突破合同相对性原则向发包人主张的权利，但司法解释并没有明确实际施工人的内涵与外延。

（二）实际施工人定义的内涵与外延

司法解释提出了“实际施工人”的概念，但由于未对“实际施工人”的内涵与外延作出具体的界定。实践中对于实际施工人的认定条件理解不一，因法律赋予了实际施工人特殊的权利保障机制，也出现大量突破司法解释原意从而滥用此条规定的情形，导致损害发包人、总承包人合法权益的情形频出。

为此，在2011年最高人民法院《全国民事审判工作会议纪要》即法办〔2011〕442号第28条中提出：“人民法院在受理建设工程施工合同纠纷时，不能随意扩大《关于审理建设工程施工合同纠纷案件适用法律问题的解释》第二十六条第二款的适用范围，要严格控制实际施工人向与其没有合同关系的转包人、违法分包人、总承包人、发包人提起的民事诉讼，且发包人只在欠付工程价款范围内对实际施工人承担责任。”第29条规定：“因违法分包、转包等导致建设工程合同无效的，实际施工人请求依据合同法第二百八十六条规定对建设工程行使优先受偿权的，不予支持。”此举体现了最高人民法院关注到了实践中存在的对实际施工人保护及发包人责任扩大化趋势并据此作出限制。只要在违法分包、转包导致建设工程合同无效的情形下，就可以适用实际施工人的特殊保护机制。

在佟××与沈阳××建设集团有限公司、沈阳××建设集团华鹏建筑工程有限公司等建设工程施工合同纠纷案［（2014）民申字第737号］中法院认为，实际施工人首先应当举证证明其实际施工人地位，即其与承包人之间存在违法分包、非法转包或者挂靠等情形，其次实际施工人应证明其对案涉工程价款享有排他性的权利[②]。

最高人民法院认为，首先，原《合同法》《建筑法》《建设工程质量管理条例》中

---

① 最高人民法院《关于审理建设工程施工合同纠纷案件适用法律问题的解释》于2004年9月29日由最高人民法院审判委员会第1327次会议通过，自2005年1月1日起施行，现已失效。

② 参见（2014）民申字第737号。

表述承包人时通常使用承包人、建筑施工企业、施工人、承包建筑工程的单位等述语。“实际施工人”出现于最高人民法院《关于审理建设工程施工合同纠纷案件适用法律问题的解释》第1、4、25、26条中。“实际施工人”旨在描述无效施工合同中实际承揽工程的低于法定资质的施工企业、非法人单位、农民工个人等。建设工程施工过程中，一个建设工程由多家施工队伍完成也较为普遍。对每一个参与施工的施工队伍而言，其很容易提供例如租赁机械设备协议、材料买卖协议、人工费等证据用于证明其实际参与工程的施工。但并不能得出其中的某一个施工队伍是全部工程的实际施工人。就本案而言，佟××并无证据证明其对案涉工程价款享有排他性的权利，所以，原审法院没有支持其诉讼请求并无不当。在该案中，最高人民法院认为实际施工人应当是对工程款享有排他性权利的权利人。

在王××与合肥市××建筑安装工程有限公司与××置业有限公司的建设工程施工合同纠纷案[（2014）民申字第1575号]中[①]，法院认为，实际施工人向发包人主张权利，不等于代位权诉讼，不能简单地理解为是对承包人权利的承继。

最高人民法院认为，最高人民法院《关于审理建设工程施工合同纠纷案件适用法律问题的解释》第26条第2款规定，实际施工人在一定条件下可以向与其没有合同关系的发包人主张权利。该规定是一定时期及背景下为解决拖欠农民工工资问题的一种特殊制度安排，其不等同于代位权诉讼，不具有代位请求的性质。

在2015年第八次全国法院民事商事审判工作会议上，最高人民法院再次强调：“要根据《解释》第二十六条第一款规定严守合同相对性原则，不能随意扩大该条第二款规定的适用范围，只有在欠付劳务分包工程款导致无法支付劳务分包关系中农民工工资时，才可以要求发包人在欠付工程价款范围内对实际施工人承担责任，不能随意扩大发包人责任范围。”

在2016年8月24日《对十二届全国人大四次会议第9594号建议的答复》中，最高人民法院对于实际施工人进一步作出了定义，“‘实际施工人’是指依照法律规定被认定为无效的施工合同中实际完成工程建设的主体，包括施工企业、施工企业分支机构、工头等法人、非法人团体、公民个人等，是《最高人民法院关于审理建设工程施工合同纠纷案件适用法律问题的解释》（以下简称《解释》）确定的概念，是区分有效施工合同的承包人、施工人、建筑施工企业等法定概念。为保障农

① 参见（2014）民申字第1575号。

民工合法权益和维护社会大局稳定，该司法解释第二十六条第二款规定，在欠付劳务分包工程款，进而欠付农民工工资情形下，实际施工人可突破合同相对性向与其没有合同关系的发包人、总承包人提起偿还劳务分包工程欠款的诉讼；该条第一款同时规定，原则不能突破合同相对性，应当按照合同顺位主张权利”。

在答复的最后，最高人民法院也提到，“目前，保护农民工合法权益仍事关大局。建筑市场竞争秩序逐步规范，劳动用工法律制度不断完善，行政监管力度加大，农民工维权的救济途径不断拓宽。目前最高人民法院正在起草建设工程施工合同司法解释（二），二十六条第二款存废与否也是讨论重点之一，拟在征询国家有关保护农民工权益部门、地方法院、建筑市场承发包经营主体等各方意见基础上，权衡利弊，再行决定该条存废”。

于 2019 年 2 月 1 日生效的最高人民法院《关于审理建设工程施工合同纠纷案件适用法律问题的解释（二）》第 24 条中规定：“实际施工人以发包人为被告主张权利的，人民法院应当追加转包人或者违法分包人为本案第三人，在查明发包人欠付转包人或者违法分包人建设工程价款的数额后，判决发包人在欠付建设工程价款范围内对实际施工人承担责任。”第 25 条中规定：“实际施工人根据合同法第七十三条规定，以转包人或者违法分包人怠于向发包人行使到期债权，对其造成损害为由，提起代位权诉讼的，人民法院应予支持。”

《民法典》生效后，最高人民法院出台了《关于审理建设工程施工合同纠纷案件适用法律问题的解释（一）》[以下简称《建工解释（一）》，法释〔2020〕25 号] 对最高人民法院《关于审理建设工程施工合同纠纷案件适用法律问题的解释》（法释〔2004〕14 号）、最高人民法院《关于审理建设工程施工合同纠纷案件适用法律问题的解释（二）》（法释〔2018〕20 号）、最高人民法院《关于建设工程价款优先受偿权问题的批复》（以下简称《批复》）进行继承、修改。

《建工解释（一）》第 43 条规定：“实际施工人以转包人、违法分包人为被告起诉的，人民法院应当依法受理。实际施工人以发包人为被告主张权利的，人民法院应当追加转包人或者违法分包人为本案第三人，在查明发包人欠付转包人或者违法分包人建设工程价款的数额后，判决发包人在欠付建设工程价款范围内对实际施工人承担责任。”第 44 条规定：“实际施工人依据民法典第五百三十五条规定，以转包人或者违法分包人怠于向发包人行使到期债权或者与该债权有关的从权利，影响其到期债权实现，提起代位权诉讼的，人民法院应予支持。”该解释对于实际施工人诉权和代位权进一步进行了肯定。

最新观点认为，实际施工人不包括借用资质及多层转包和违法分包关系。最高人民法院民一庭法官会议讨论认为，可以依据《建工解释（一）》第43条的规定突破合同相对性原则请求发包人在欠付工程款范围内承担责任的实际施工人不包括借用资质及多层转包和违法分包关系中的实际施工人，即《建工解释（一）》第43条规定的实际施工人不包含借用资质及多层转包和违法分包关系中的实际施工人。

主要理由是本条解释涉及三方当事人、两个法律关系。一是发包人与承包人之间的建设工程施工合同关系；二是承包人与实际施工人之间的转包或者违法分包关系。原则上，当事人应当依据各自的法律关系，请求各自的债务人承担责任。本条解释为保护农民工等建筑工人的利益，突破合同相对性原则，允许实际施工人请求发包人在欠付工程款范围内承担责任。对该条解释的适用应当从严把握。

该条解释只规范转包和违法分包两种关系，未规定借用资质的实际施工人以及多层转包和违法分包关系中的实际施工人有权请求发包人在欠付工程款范围内承担责任。因此，可以依据《建工解释（一）》第43条的规定突破合同相对性原则请求发包人在欠付工程款范围内承担责任的实际施工人不包括借用资质及多层转包和违法分包关系中的实际施工人。①

实际施工人的概念完全突破了合同相对性的原则，其主旨是保护农民工的利益。在建工领域层层转包工程项目比比皆是，不断压榨底层农民工的利益，甚至少发、不发农民工工资。在此背景下，最高人民法院有针对性地推出实际施工人的概念，以此在诉讼和社会引导下发挥作用，保护农民工的权益。纵观实际施工人概念的发展经历了先宽后严的思路变化，其间也一直与社会经济发展的现实情况相协调不断作出调整，逐渐走向合理。

三、破产背景下实际施工人的辨别

（一）实际施工人外在表现形式

根据《建筑法》的规定，建筑承包分为总承包、独立承包和联合承包；当前我国主流承包方式为总承包模式。在总承包模式下，却出现了不同形式非法合作模式，

---

① 最高人民法院民一庭：《〈建工解释（一）〉第四十三条规定的实际施工人不包含借用资质及多层转包和违法分包关系中的实际施工人》，载微信公众号“最高人民法院民一庭”，2022年1月7日访问。

如违法分包、内包承包、外部转包、借用资质的挂靠、多层转包等。在法律上仅规定违法分包与转包中存在实际施工人，但实践中各地法院也对其他形式的实际施工人地位进行认可。但随着《民法典》颁布及其新司法解释的适用与最高人民法院的意见，法院将不断严格控制实际施工人的外延，并将其限制在违法分包和转包范围内，对于借用资质挂靠等表现形式不再认可其实际施工人地位。

（二）实际施工人特质

实际施工人具备特质之一是完成工程建设主体施工，但被法律认定为无效合同的个人及企业或者没有相关资质的个人或企业。违法分包、转包等非法形式所签订合同在法律上属于无效合同，但实际施工人仍可以根据其完成工程量请求获取相应工程款，也对发包方未付款部分享受优先权。

实际施工人另一具备特质是其相关企业或个人实际投入了资金、人力和材料。多数情况下，实际施工人需要垫付所有工程资金，是指购买工程材料及安排劳动力施工并对工程享有支配权的前提下，完成全部工程的企业与个人。

在（2020）最高法民终 628 号[①] 案件中，法院认为，关于唐 × 是否为案涉工程实际施工人的问题，唐 × 认为其提交的证据能够证明自己系案涉工程的实际施工人。能够证明其与 × × 公司之间系转承包合同关系，唐 × 系合同当事人。该组证据中的《资金托管协议》进一步证明其有按照协议约定提供劳务工资表等支付单据的义务，及收取工程款的权利；能够证明其缴纳工程保证金等情况；能够证明其为履行与佳成公司的转承包合同，积极组织施工人员队伍以及参与后期合同解除之后的结算协商等情况。× × 公司的委托代理人宋 × × 与唐 × 签订有《补偿协议》，在协议首部明确表述“由原甲方（唐 ×）与 × × 公司委托代理人宋 × × 签订的某矿山剥离工程爆破项目补偿赔付”。唐 × 在前期组织民工、机械进行了施工，并产生停工损失的事实。唐 × 提交《结算商谈记录》显示“唐 × 对其承包的工程项目，以承包价每立方米 28.8 元进行清算结算，并在其范围内结算工程价款，对其施工班组进行结算，费用由唐 × 承担”。唐 × 提交的《某矿山剥离南露天实际完成总工程量及公路施工结算清单》中的计算人为宋 × ×、结算人为任 ×、审核人为唐 ×。以上三份证据可以证明唐 × 有组织人员、班组、机械进行施工及参与具体赔偿、结算商谈的具体行为。唐 × 与 × × 公司签订的是《内部施工合同》及补充协议，合同签订后又及时向 × × 公司缴纳了 70% 的工程施工保证金。

---

① 参见（2020）最高法民终 628 号。

结合本案在案涉工程基础合同签订、合同履行、停工赔偿及结算商谈等全过程的相关证据。可以认定唐 × 系案涉工程的具体施工人，但只能认定唐 × 系案涉工程中部分工程的实际施工人。故唐 × × 有权向佳成公司主张相应的工程款及其他款项。

（三）管理人如何处理实际施工人

总承包破产后，破产管理人是否可以在相关施工人未起诉时候，要求施工人在提供相应材料的基础上来确认其实际施工人的地位呢？答案存在争议。法律上赋予管理人接管债务人财产并赋予其处置的权利。在建设施工领域内，不仅存在简单的违法转包、分包行为，而且存在层层合法分包下违法转包行为，在各类司法解释中又明确了要坚持合同相对性基本原则，这就让管理人认定实际施工人存在法律上和现实上的问题。

从法律层面分析，根据破产法规定，债务财产为破产申请受理时属于债务人的全部财产，以及破产受理后至破产程序终结前债务人取得的财产。发包人未付款部分实际上应属于债务人在破产程序终结前可取得的财产。据此，上述财产根据顺位优先清偿债权，破产财产不足以清偿同一顺序的清偿要求的，按照比例分配。破产法并未确认实际施工人对欠付工程款享有优先受偿权。本身实际施工人的规定来源于建工司法解释。根据特别法优于普通法原则，实际施工人包括其优先权不应适用于已进入破产程序的债务人。然而，在上海市高级人民法院的会议纪要中，却认为总包破产前提下，实际施工人仍可以向发包人主张相关权利，不受总包破产的影响。

同时，建工领域涉及层层转包工程的情况下，管理人认定实际施工人会侵犯各转包人的权利。虽然转包行为存在非法与合法两种情况，但是在违法转包合同被认定为无效情况下，其商业条款也应当遵守履行，更何况还存在合法有效的分包行为。从这一点来说，管理人认定实际施工人即存在争议与困难。

从事实方面来看，破产管理人在接管债务人后，是否能完全了解每个债务人项目的真实分包、转包情况呢？据笔者了解，实践中建工项目层层转包现象比较普遍，债务人的实际控制人或者项目人也并不一定能了解项目全貌，更何况有些项目经年累月，工程周期 10 多年。管理人在不通过法院诉讼的情况下，独自确认实际施工人的权益风险也较高，容易对项目情况产生误判。由此，管理人在自行认定实际施工人时，应当审慎审查每一个项目综合情况，具体项目具体分析处置，否则认定实际施工人的风险就极高，容易引起债权人的激烈矛盾。管理人不通过诉讼，而通过突破合同相对性的认定行为，一定会造成债权人纸面上的损失，且会进一步造成债权确认之诉的产生。

综上所述，破产清算背景下，管理人既可以通过法院诉讼途径来明确实际施工人的地位，也可以通过管理人自行认定实际施工人的地位。笔者认为，破产管理人需要综合考虑并仔细判断每个项目真实情况，审慎作出判断。笔者更倾向于通过法院查明相关事实作出判决来回避相应的认定风险。

（四）实际施工人的优先权

根据《民法典》第 807 条的规定，承包人对工程款享有优先受偿权。建工司法解释仅规定了请求发包人在欠付工程款范围内承担责任，并未规定实际施工人优先权的问题。实践中司法判例对实际施工人是否具有优先权的认定也存在不一。

最高人民法院民事审判第一庭曾在 2016 年出版的《民事审判指导与参考》中就分包人或者实际施工人是否享有优先受偿权问题作出答复："建设工程施工合同纠纷司法解释第 26 条规定了分包人和实际施工人完成了其与总包人或转包人之间合同约定的施工义务且工程质量合格的，在总包人或者转包人不主张或者怠于主张工程价款优先受偿权的情况下，应允许分包人或者实际施工人就其承建的工程部分在发包人欠付的工程款范围内向发包人主张工程价款优先受偿权。分包人或者实际施工人有条件地享有优先受偿权。"

但此后，最高人民法院民事审判第一庭于 2019 年编的《民事审判指导与参考》第 78 辑中《关于〈审理建设工程施工合同纠纷案件适用法律问题的解释（二）〉解读与探索》一文中，明确："通过《解释（二）》第十七条文字规定来看，只有与发包人签订建设工程施工合同的承包人方可享有优先受偿权，此处的发包人应当理解为建设单位（业主方），而不能作广义上理解。转包人或违法分包人虽以发包人名义与实际施工人签订建设工程施工合同，但并非法律及司法解释意义上的发包人。可见，《解释（二）》通过重申并明确法律规定大大缩小享有优先受偿权的主体范围可以有效规制实际施工人滥用诉讼权利，审判实践中应加以注意，这对于规范建筑施工市场秩序，从源头上消除转包、违法分包现象具有积极意义。结合《解释（二）》相关规定可知，本次司法解释亦将实际施工人排除在优先受偿权的权利主体之外。"

再有，最高人民法院法民事审判第一庭编著的《最高人民法院建设工程合同司法解释（二）理解与适用》明确指出："实际施工人不应享有建设工程价款优先受偿权"，明确"本条（第十七条）司法解释在该意见的基础上以司法解释明确了实际施工人不享有建设工程价款优先受偿权。地方各级人民法院有关实际施工人享有工程价款优先受偿权问题的意见，凡与本解释相悖的，应立即停止”。明确指出实际施工人对工程款没有优先受偿权。

最高人民法院也作出了否定未与业主方签订施工合同的实际施工人享有优先受偿权的案例，即（2019）最高法民再258号案[①]。该案判决认为：最高人民法院《关于审理建设工程施工合同纠纷案件适用法律问题的解释》第26条第2款规定的是发包人只在欠付工程价款范围内对实际施工人承担责任，即实际施工人有条件向发包人主张工程价款，但并未规定实际施工人享有工程价款的优先受偿权。原《合同法》第286条仅规定承包人享有工程价款优先受偿权，亦未规定实际施工人也享有该权利。

尽管，以上文章及案例都确认了实际施工人对工程款没有优先受偿权的观点，但实践中仍有相左案例出现，可见法院在审理个案时是否给予实际施工人优先权，仍会根据个案的实际情况作出处理。

四、破产背景下适用实际施工人相关权利之困局

在破产法或者专项法律规定中，目前尚没有明确破产清算下是否适用实际施工人，实践中做法不一。笔者在处理破产相关衍生诉讼时查阅了相关案例发现，法院目前仍以支持实际施工人在破产清算背景下的适用为主流观点。法院观点认为，虽然总包企业已进入破产清算程序，但实际施工人保护农民工工资的初衷并未改变，若进行破产清算债权申报，则会极大地影响农民工的权益。

在（2021）沪0117民初9328号（未生效上诉中）、（2021）沪0112民初3563号（未生效上诉中）案件中，法院认为即使债务人进入破产程序，仍然应当适用司法解释关于实际施工人的规定，发包方在欠付工程款范围内向实际施工人承担责任。

笔者首先肯定此观点出于保护农民工权益的出发点，但是笔者同时也发现如完全按照此原则去处理破产清算中的问题，那么问题也将很有可能陷入另一个困境，即实际施工人权利保护压迫其他债权人权利的困局，也不利于管理人整体把握解决破产问题。

（一）困局一：利润挤占

我们在衍生诉讼中可以发现实际施工人的利益不仅包括农民工工资也往往包

① （2019）最高法民再258号。

括工程利润。如果只是简单地确认实际施工人的地位,并依据建工司法解释判决案件的话,该工程利润也将突破合同相对性,法院往往难以确认哪些款项表面是用来支付农民工工资而实质上是侵犯了其他债权人的利益。

法院的判决往往是将利润及成本一并判决给实际施工人,很难去辨析哪些是真正支付农民工工资,哪些是具有商业价值的利润。特别是在一般案件中的判决与在破产清算背景下的判决应当不同,法院也应当考虑破产清算中其他债权人的利益,否则就会造成实质上的不公平。

(二)困局二:项目混同

在目前实际施工人仍可能获得在某一工程项目的处置变价范围内优先权受偿的情况下,某一项目的实际施工人的清偿往往成了最优先级。实践中很多时候企业处在破产程序时人员配合不力,资料缺失,项目众多关系交错复杂,想要完全还原项目情况厘清关系已基本没有可能。很多时候建工单位实际控制人往往将多个项目资金混同,仅从表面情况判断极有可能发生错误,致使真正应该受偿的实际施工人反而无法得到清偿。这也使得在同一个破产案件中处于同样性质的债权人一个变为最优先债权而另一个变为普通债权,发生所谓“同人不同命”的现象,这往往是在我们很难真正厘清工程款真实的清偿情况作出的处理,实在欠妥,与破产法清偿顺位的立意显然是冲突的。

(三)困局三:侵犯同等法益

建工司法解释的立意原本是旨在保护农民工的利益维护社会稳定。但破产中还有一类特别保护的法益即劳动者权益。如仅根据建工司法解释的规定便给予实际施工人优先权,从而使得其在破产清算分配过程中获得最优先的清偿,那么同样需要保护的劳动者权益则往往无法得到保护,同样也可能导致维护社会稳定问题。

实际施工人在发包人欠付工程款内享受优先权的规定,实质上影响了其他债权人的利益。根据破产法规定,债务人财产根据顺位优先清偿债权,破产财产不足以清偿同一顺序的清偿要求的,按照比例分配。实际施工人对欠付工程款的优先偿付,实质上导致债务人财产的减损。若债务人的财产甚至于都不足以支付劳动债权,那么实际施工人的规定与债权人之间将形成非常大且不可调和的矛盾。实际施工人的规定初衷是为了保护农民工的工资利益而突破了合同相对性创设的概念。在债务人已经破产清算的情况下,同样是需要保护的弱势群体的普通劳动者薪资与农民工工资孰先孰后,我们很难从价值上作出判断。结合困局一中提到的利润挤占问题,此时也可能发生实际施工人利润挤占劳动者权利的谬误,无法称得上是让人满意的效果。

关于承包人工程款在破产法的优先权。根据《民法典》第 807 条承包人对工程款优先权及《企业破产法》第 18 条建设工程合同属于双方均未履行完毕的合同而管理人决定继续履行合同；承包人享有建设工程价款优先受偿权问题，依据《企业破产法》第 42 条第 1 项“因管理人或者债务人请求对方当事人履行双方均未履行完毕的合同所产生的债务”属于共益债务的规定，来确定其优先权，而且《建工解释(一)》第 40 条将其优先范畴仅限于工作人员的报酬及材料款等支出。

笔者认为，实际施工人保护农民工工资的立法目的没有错，但应当局限于破产法范畴内，而不是过分保护，从而导致债务人财产影响债权人利益。若真需要适用实际施工人规定，也可以对工程款性质进行区分后区别对待。

五、解决建议

(一)破产立法融入实际施工人相关的规定

笔者认为可以在破产法或司法解释中融入建工领域保护实际施工人的相关规定，在坚持特别法优于一般法的基础上，发包人欠付工程款仍归入债务人财产，并将实际施工人中的农民工工资作为第一顺位债权进行申报。这样处置的优点在于债务人财产不会因此造成损失，在实际施工人方面也保护了其关于农民工工资的利益。

(二)通过破产集中管辖，集中处置类案

根据破产法管辖的原则，破产衍生诉讼由破产法院集中管辖；建工领域诉讼属于专属管辖，由不动产地法院进行管辖。管辖的不同导致不动产专属地法院仅关注一案的具体情况，并不会关注债务人破产清算情况；若全部由破产受理法院集中管辖，法院就类型案件可以统筹办理，维护债权人及农民工工资利益。

(三)积极发挥债权人会议作用

债权人会议是依法申报债权人参加破产清算程序，并对其权利进行自治决策的机构。其权利范围和行使方式均由破产法律和司法解释直接规定，其机构的主要职能是决议和监督管理人。债权人会议在破产清算程序中起着至关重要的作用，有利于债权人在破产程序中发挥决策与参与作用。管理人应当积极发挥债权人会议作用，由管理人制作书面议案表决，债权人自行决策相关财产方案。

六、结语

现行破产制度还存在诸多方面问题，比如与各个专门法律衔接及适用问题、债权人利益保护不足问题等。在法院进一步扩大破产企业受理范围时，管理人面对的挑战也会越来越多，甚至遇到破产法及配套司法解释未涉及的新问题。但破产管理人在碰到新问题时，一旦出现处理瑕疵就会影响到债权人的利益，引发激烈矛盾。尽管如此，破产管理人仍应保持审慎态度，以保护债权人利益为抓手，不断研究拓展，处理好每一例破产案件。

多元解纷背景下金融纠纷调解的现状与反思

赵文梅* 张浩波**

一、引言

多元解纷[①]机制建设是新形势下处理人民内部矛盾、完善社会矛盾综合治理的重要举措。[②]近年来，围绕多元解纷机制的建设和健全，最高人民法院在中央政策的指导下牵头出台了一系列意见，并专门针对金融纠纷制定了《关于全面推进金融纠纷多元化解机制建设的意见》(法发〔2019〕27号，以下简称《金融纠纷化解意见》)。上海也于2021年专门制定了《上海市促进多元化解矛盾纠纷条例》和《关于探索实行调解程序前置试点的实施办法》，细化了多元解纷(尤其是调解前置)的操作流程，为推进上海国际金融中心建设、妥善化解金融纠纷提供了制度保障。从政策导向上看，明显可以感觉到矛盾化解模式由"以诉讼为中心，调解贯穿诉讼始终"的模式向"以调解为中心，诉讼作为最终的保障"的模式转变，这一点也可以在最高人民法院《关于深化人民法院一站式多元解纷机制建设推动矛盾纠纷源头化解的实施意见》(法发〔2021〕25号，以下简称《纠纷源头化解意见》)中得到印证。[③]

多元解纷机制虽然在政策层面被大力推广，但是其实际运行情况可能并未发挥出政策制定者所预想的效果，至少在笔者所接触到的金融纠纷调解实务中是如此。预想作为矛盾化解中心方式的调解，有时候却体现为诉讼的前置程序，仿佛是为了延缓诉讼立案和裁判。以金融借款合同纠纷为例，笔者曾经办的数百件案件

---

* 赵文梅，中共党员，北京炜衡(上海)律师事务所高级合伙人、执委会主任，美国耶鲁大学访问学者、西南政法大学法律硕士。主要执业领域为银行与金融、公司与并购、政府法律服务以及重大金融、民商事、行政纠纷争议解决。

** 张浩波，北京炜衡(上海)律师事务所律师。

① 从相关立法文本来看，"多元化解纠纷""多元化解决纠纷""多元化解矛盾纠纷"并存，本文统称"多元解纷"。另外，本文重点讨论调解，因此暂不涉及其他多元解纷手段。

② 《国民经济和社会发展第十四个五年规划和2035年远景目标纲要》第五十五章第一节。

③ 该意见第8条中载明，"完善各类调解联动工作体系，形成内部和解、协商先行，行业性专业性调解、仲裁等非诉方式挺前、诉讼托底的分级化解模式"。

都先经由上海银行业保险业纠纷调解中心（以下简称银保调中心）调解不成后进入诉讼程序。作为原告方的银行自然会产生“反正最终都是要诉讼，为什么要走一遍调解程序”等诸如此类的困惑。调解作为解纷手段在金融纠纷中并未发挥出化解矛盾的作用，于是催生了本文——《多元解纷背景下金融纠纷调解的现状与反思》。本文接下来将回答三个问题：（1）适用调解纠纷的现状如何？（2）影响调解成功的原因为何？（3）改善调解运行的措施有何？

二、适用调解纠纷的现状

在金融纠纷领域，多元解纷机制并没有完全发挥出制度设计所欲达到的效果。《纠纷源头化解意见》中针对金融领域，尤其是金融借款合同、信用卡等纠纷，提出要“促进纠纷在诉前批量化解”。但从上海地区法院和调解中心公开披露的 2020 年[①]数据来看，诉讼与调解无论是在纠纷受理的数量、类型上，还是在纠纷处理的结果上，均存在显著差距。

（一）调解处理纠纷的数量与诉讼相比差距较大

2020 年，上海全市法院共受理一审金融商事案件 179258 件，审结一审金融商事案件共 178871 件。案件数量同比有所下降，主要原因是银行卡纠纷数量大幅下降。2020 年上海全市法院收案数量排名前三的金融商事案件类型是银行卡纠纷（共 105607 件，同比下降 35.82%）、金融借款合同纠纷（共 42970 件，同比上升 58.04%）和融资租赁合同纠纷（共 18241 件，同比上升 65.93%），三者分别占据上海全市法院一审金融商事案件总数的 58.91%、23.97%、10.17%。[②]

2020 年，银调中心[③]共收到来案量 2.3 万余件，受理调解 12485 件，开展调解量 10784 件。其中，全部走完调解程序的调解量为 7762 件，走完调解程序后的案件占比为 62%；走完调解程序后调解成功的案件有 6128 件，调解成功率为 79%。[④]至于上海市金融消费纠纷调解中心（以下简称金调中心），据不完全统计，其在

---

① 因 2021 年部分数据暂不能通过公开渠道获取，故笔者选择 2020 年数据进行对比。

② 《上海高院发布中英文版 2020 年度金融商事审判白皮书》，载上海法院诉讼服务网，2022 年 1 月 30 日访问。

③ 2020 年年底上海银行业纠纷调解中心与上海市保险合同纠纷人民调解委员会完成整合，新的“上海银行业保险业纠纷调解中心”正式挂牌成立，故此时仍称银调中心。

④ 《上海银调中心高质量推进 2020 年银行业纠纷调解工作创新发展》，载微信公众号“银保调中心”，2021 年 1 月 12 日访问。

2020 年 1—10 月共收到调解案件 3123 件，其中调解结案仅为 2442 件。[①]

由上述数据可知，诉讼处理的金融纠纷案件数量仍然远远大于调解，虽然 2020 年银行卡纠纷的案件量确实分流出一部分至调解，但尚与《纠纷源头化解意见》中设想的“诉前批量化解”有很大差距。

（二）调解处理纠纷的类型与诉讼相比略显单一

从案件类型上看，2020 年上海全市法院收案数量排名前五的金融商事案件类为银行卡纠纷、金融借款合同纠纷、融资租赁合同纠纷、证券虚假陈述责任纠纷和财产保险合同纠纷，上述五类案件分别占全市法院一审金融商事案件总数的 58.91%、23.97%、10.17%、1.8%、1.27%，合计占比达 96.12%。另外，基于金融市场的不断创新发展，新类型的纠纷也不断涌现。[②]

相较于类型丰富的诉讼案件，调解中心的案件类型较为集中。比如金调中心在 2020 年 1—10 月收到的 3123 件调解案件中有 2623 件是信用卡纠纷案，占比高达 83.99%。

（三）调解处理后可能仍需经历完整的诉讼环节

按照诉讼案件繁简分流、轻重分离、快慢分道的运行设计，在实务中对于无实质性法律争议的追债类金融案件一般都是由金融调解机构先行调解。[③] 在笔者接触的金融纠纷借款合同纠纷案件中，对于批量的个贷案件，确实存在先行调解的操作范式。但问题就在于，先行调解的操作范式可能会导致程序空转。比如批量的个贷类案件中有不少是无法与当事人取得联系的，该类案件无法进行调解；即便是与当事人取得联系，也存在无法达成调解协议的可能，因此在纠纷进入调解中心后，调解中心直接以调解失败结案，又需要银行方另行向法院起诉。此外，当事人之间尽管达成了调解协议，但在申请司法确认的过程中客户如果反悔或者失联，银行方无法依据调解协议单独申请司法确认进而执行，故仍须另行起诉。

鉴于上述种种情况在金融纠纷实务中屡见不鲜，且不乏当事人利用程序恶意拖延，因而客观上导致先行调解程序浪费和制度空转。

---

① 中欧陆家嘴国际金融研究院编著:《2020 上海金融消费纠纷调解情况报告》，载《中国金融消费者保护报告 2020》。

② 《上海高院发布中英文版 2020 年度金融商事审判白皮书》，载上海法院诉讼服务网，2022 年 1 月 30 日访问。

③ 最高人民法院《关于政协十三届全国委员会第三次会议第 2632 号（财税金融类 227 号）提案答复的函》。

三、影响调解成功的原因

(一)公众普遍观念原因

俗话说“态度决定一切”,在具体展开当事人方面影响调解的原因之前,笔者想先就态度,也就是观念上的原因进行一二分析。在笔者看来,不少律师、银行从业人员谈到调解即存在一种抵触情绪,这种抵触情绪是从调解实践中慢慢累积而成的。总体而言,笔者认为是存在以下三类误区。

1. 误以为金融纠纷调解模式与传统的调解模式没有区别

传统的调解是一种依靠群众力量实行自我教育、自我管理、自我服务的具有中国特色的法律制度,其注重调解员的权威性和说服性;是一种调解员更多以说服教育、做思想工作为主要的调解手段。[①] 调解员的作用主要是解释、劝解,至于纠纷能否和解,则取决于当事人是否愿意妥协。这种调解方式在解决民间纠纷(如婚姻家庭、邻里纠纷)上有其不可替代的优点,但是在处理金融纠纷上不太适宜——因金融纠纷中代表金融机构的工作人员让渡的并非自身的权利,其无法自由决定。此外,传统调解因其滋生于熟人社会,故化解纷争、修复关系也是其调解的目的之一。但是金融机构在处理与自然人之间的债权债务时并无上述需求,故传统的调解模式也会让银行方面的工作人员产生消极情绪。

但实际上,金融纠纷的调解模式已经不同于往日传统的调解模式。一是调解员具有专业背景。以金调中心为例,其拥有 80 多名来自高校、研究所、律师事务所、监管机构、金融机构的资深法律和金融专家调解员,既具有金融素养又具备法律知识。二是调解方式趋向理性。区别于传统的说服、劝解,金调中心借鉴了“国际成熟经验和良好实践,引入裁断机制,试行中立评估制度,评估意见基于事实和法律对纠纷进行全面分析、充分论证,为争议双方提供客观、中立、专业的解决方案,引导争议双方回归到法治轨道上理性主张权利”[②]。

2. 误以为调解只是减轻法院工作压力的工具

实务界人士通常会认为调解只是法院减轻工作压力的工具,比如为了拖延诉讼立案而给一个诉前调的案号,为了避免裁判风险而力促当事人调解。但实际上这种认识并不公允也不全面。虽然在客观上,调解的确会产生纠纷不进入法院的结果,但这并不意味着就是法院推诿拖延,因为大量纠纷实际上是不用进入法院处

---

① 参见洪冬英主编:《调解程序概述》,法律出版社 2020 年版,第 35—36 页。

② 中欧陆家嘴国际金融研究院编著:《2020 上海金融消费纠纷调解情况报告》,载《中国金融消费者保护报告 2020》。

理的。另外，法官参与调解的工作量并不比作出一纸裁判小，但正是基于有些纠纷与矛盾通过裁判并不能真正化解，因此调解才不可避免。

3. 误以为诉讼是最好的解纷方式

自20世纪80年代末期以来，伴随着法治建设的推进，诉讼中心主义逐渐发展起来，[①]以调解为主的其他纠纷化解方式日渐万马齐喑。但实际上诉讼并非唯一的、最好的解纷方式。一个良性的纠纷化解体系应当是民间组织、社会团体等私力化解机制与人民调解、行政调解、仲裁、诉讼等公力纠纷化解机制相互衔接的协调体系。[②]

（二）具体客户方原因

除了上述观念方面的原因，在金融纠纷的调解实务中当事人方面的原因或许更是直接影响调解的成功率。具体到银行客户上（以自然人为例），主要存在无法取得联系和无法合理预期两个方面的原因。

1. 无法取得联系

（1）自始无法联系

无法与客户取得联系是诸多调解中心和法院通认的老大难问题。[③]就调解中心而言，由于自愿性是调解的基石性原则，当事人无法取得联系就直接导致了调解工作不能展开。针对此类情况，尽管进入诉讼后可以通过公告的方式解决，但也在客观上造成诉讼时间延长，不利于矛盾纠纷的化解。

（2）嗣后无法联系

在纠纷处理的实务中也存在不少是嗣后无法取得联系的情况。如果说自始无法联系导致纠纷自始无法调解，那么嗣后无法联系则是案件本可能进行调解，却由于一些人为因素最终导致纠纷无法调解。典型场景是在客户逾期的初始阶段，银行方面进行催收。但由于客户资金紧缺无法及时还款，导致债务越积越多；再叠加银行催收不当导致客户产生厌烦情绪等多重因素，使得本来可以正常联系的客户更换了联系方式，导致无法继续联系。

---

① 参见洪冬英主编：《调解程序概述》，法律出版社2020年版，第17页。

② 王学辉：《多元化纠纷化解机制研究——基于过程与阶段视角的分析》，载《行政法学研究》2012年第1期。

③ 《2020上海金融消费纠纷调解情况报告》与上海市高级人民法院发布的中英文版2020年度金融商事审判白皮书均谈到无法联系、不能有效送达的问题，为此上海法院还专门向相关金融机构发送了司法建议。

2. 无法合理预期

由于客户对银行合规制度的不了解，导致其在参与调解前对调解方案产生了不合理的预期。笔者在参与或了解的调解案例中，几乎均有客户希望银行方面能够减少还款本金。站在民间借贷的角度，笔者能够理解客户的此种需求。在传统熟人社会中，自然人之间的借款让渡本金并不鲜见，这种仁义、贵和的思想也是中华民族的传统美德。但是商业银行有严格的监管要求，这种熟人社会的让渡模式在与银行的借贷中就不再可行。银行通常的调解方案比如停止计息、贷款展期等措施，给到客户的往往是期限利益。如果客户沿用熟人社会的调解思维，遇阻后就会产生消极情绪，认为银行不配合调解。

（三）银行方原因

银行在金融借款合同纠纷类案件中调解工作开展得不积极，有其现实合理性，具体如下。

1. 调解目的与手段不匹配

在金融借款合同纠纷中，银行参与调解的直接目的无非就是两个：一是成功清收；二是清收不成则进行核销。传统的调解优势比如费用低、情感维系等对于银行来说几乎没有激励作用，因此就出现了目的和手段不匹配的情况。

对于暂时明显无法清收的客户，银行方的预期结果从某种程度上来说是进行呆账核销的合规处理。呆账核销是银行内部消化处置不良资产的主要方式之一，在压降不良、腾出信贷空间等方面具有重要作用。然而根据监管要求，核销呆账需要有一系列的证明材料，其中就包括法院作出的终结执行程序的裁定。此类案件或是无法调解、或是调解不成之后还是要经过诉讼、执行的环节，调解还需要耗费大量的时间成本，因此银行也没有动力去调解。

2. 调解人员授权不到位

在调解实务中，代表银行参与调解的工作人员通常是三类：(1)客户经理；(2)法务经理；(3)外聘律师。在具体的调解过程中，上述人员根据现场情况迅速反应以及根据个案情况确定调解方案的灵活度是促成案件成功调解的关键因素。然而在大多数案件中，上述人员对于调解方案的确定并没有足够的权限，需要离场后再行请示。这也是影响调解成功率的重要因素之一。

（四）制度上原因

诉调衔接的制度设计为调解空转埋下了隐患。此处的诉调衔接仅就实务中调解成功与调解不成功两种结果与后续诉讼程序衔接的问题进行讨论。从调解的结果看，无外乎就是成功后完成清收或执行，或者调解不成功转入诉讼。

1. 调解失败必然会导致程序空转

在调解不成功的情形下，银行需要另行起诉，继续经过完整的诉讼和执行程序。这也就导致之前的调解程序空转，对银行来说这几乎没有实益，还延误了完成清收或核销的时间。实务中这种情况属于大多数，这也是导致银行不愿意先行进行调解程序的主要原因。

2. 调解成功未必能进行司法确认

司法确认在制度设计之初就需要当事人“共同申请”，此轮《民事诉讼法》修改也继续保留。未经司法确认的调解协议仅仅是在银行与客户之间达成民事合同，并无强制执行力。这样就导致了部分客户恶意利用程序进行拖延还款。典型场景如客户与银行达成调解协议后，拒不配合申请司法确认，从而导致银行还须另行起诉。另外，在实务中也存在当事人均予以配合进行司法确认时，法院出于各种因素的考量要求银行重新立案最终仍需进入诉讼程序，进而以调解书结案的情况。

综上所述，在种种因素叠加、各方利益博弈的情况下，银行参与调解的积极性不高确实有其合理性基础。

四、改善调解运行的措施

（一）纠正调解观念

对调解在实际适用中的困惑、排斥，参与调解的各方首先是要转变观念，正确对待调解制度。笔者认为，无论是从解纷方式的理想选择，还是从诉讼“爆炸”，法院不堪重负的现实去考虑，各方均需从诉讼中心主义的观念里转变出来。尤其是银行方，在解纷方式改革的过程中有阵痛是难免的，但是从长远的角度考虑，如果纠纷能够更高效、更友好地得以解决，则既可以节约诉讼成本，也能够维护商业声誉，对其自身展业也有良性助推作用。

（二）加强客户教育

针对客户对银行种种制度的不理解从而产生的误区，可以通过加强金融消费者教育进行改善。比如尽可能向客户详尽解释所涉纠纷中的产品和服务知识。对于法律关系简单的贷款类纠纷，应尽可能向客户解释期内利息、罚息、复利等金额的计算规则；对于法律关系复杂的金融创新业务，应尽可能向客户解释产品的内容、结构和风险点，提升素养、消除误解。除了强调金融消费者保护，笔者以为还应该让客户理解银行的合规要求。在具体的调解开展前，让客户理解银行可以接受的调解边界，从而使其更理性地提出自身的调解需求。

（三）优化内部管理

1. 完善合同文本和贷后管理，避免客户失联

针对调解中无法取得联系的老、大、难问题，建议银行在贷前贷后都要加强管理。一是在贷前提供给客户的格式文本上对联系地址和方式进行清晰、明确的约定；二是在贷后定期与客户保持沟通；三是在客户逾期后的清收过程中合法、合规、合理地清收，避免因过度骚扰而导致客户失联。这样既有利于避免纠纷产生，也可以为潜在的调解或诉讼奠定沟通环境。

2. 区分金融纠纷的案件类型，适时引入调解

针对标的不大、无须进行保全、客户方也表示愿意积极配合处理的银行卡（信用卡）纠纷、个贷类的金融借款合同纠纷，银行方面可以制订专门的操作指引，就此类相对简易、债权债务清晰的纠纷通过调解程序迅速化解。

在此基础上，因个人业务服务过程中涉及的金融信息保护、银行卡管理、征信管理等衍生出来的投诉纠纷，也建议银行健全内部化解方式，尽量通过和解、调解的方式及时予以解决，避免仅由于误解或情绪对立产生的纠纷进入诉讼。

3. 适用单边承诺和动态授权，创新工作方式

（1）概括同意——单边承诺

单边承诺在部分金融纠纷的调解过程中已经在逐步推广适用。比如金调中心已经与兴业银行上海分行、平安银行上海分行签订备忘录，在该两行推广适用小额纠纷快速解决机制。① 根据该机制，对于金额在 5000 元以下的纠纷，如果无法达成调解方案的，则由调解员提出调解意见。如果客户接受该调解意见，则金融机构必须接受并承诺履行。② 从中证中小投资者服务中心的调解规则中也可以看到单边承诺的制度设计。③

---

① 《更高效 更可得 更专业 上海持续深化金融消费纠纷多元化解实践》，载微信公众号“金调中心”，2022 年 1 月 10 日访问。

② 中欧陆家嘴国际金融研究院编著：《2020 上海金融消费纠纷调解情况报告》，载《中国金融消费者保护报告 2020》。

③ 《中证中小投资者服务中心调解规则》第 49 条规定：单边承诺调解是指证券期货经营机构、资本市场其他主体承诺由投服中心根据纠纷事实和相关法律法规、部门规章、规范性文件、自律规则及行业惯例等提出调解建议，若投资者采纳该建议，证券期货经营机构或资本市场其他主体应按照该建议与投资者签署调解协议并履行的调解方式。

（2）个案同意——动态授权

前文已述，银行工作人员根据现场情况迅速反应以及根据个案情况确定调解方案的灵活度是促成案件成功调解的关键因素，在《金融纠纷化解意见》中多部门也倡议鼓励金融机构建立调解权限动态授予、异地授予、及时应调、快速审批等机制。因此在风险可控的前提下，建议银行结合自身展业过程中纠纷集中产生的类型，进行动态授权的尝试。

诉讼时效抗辩一审未行使二审提出能否支持的判断

——以某建设工程设计合同纠纷二审案为例

吴佷君 *　臧怿 **

一、引言

诉讼时效抗辩应在一审期间内提出，当事人在一审期间因自身情况未提出诉讼时效抗辩，在二审或者发回重审期间提出的，人民法院原则上不予支持，但该当事人基于新的证据能够证明对方当事人的请求权已过诉讼时效期间的情形除外。对该“新的证据”的认定，应受到“禁反言”规则的限制，且应参照“答辩失权”理论进行限缩解释，并以能够证明义务人一审陷入诉讼时效未经过的错误认识作为认定其证明力的必要条件，并非满足形式意义上“新的证据”即可作为除外情形予以认定。

二、案例介绍

1. 基本案情

一审法院于 2021 年 ×× 月 ×× 日将一审开庭传票、起诉状副本等应诉材料寄往被告 B 公司代理律师处，请其转交 B 公司。但 B 公司未出席一审法院庭审，一审法院缺席审理后判决原告 A 公司的诉讼请求不予支持。一审法院认为，A 公司既未提交其与 B 公司的合同原件，也未能举证证明其完成合同约定的设计工作或其曾向 B 公司主张过权利。现 A 公司仅凭其与 B 公司签订的合同复印件主张设计费用，缺乏确凿、充分的证据，难以支持。B 公司经一审法院合法传唤无正当理由未到庭，应视为其放弃举证、质证等民事权利，并承担由此产生的法律后果。

---

* 吴佷君，华东政法大学民商法学硕士，北京炜衡（上海）律师事务所高级合伙人律师，争议解决业务部主任，上海律协民商事诉讼业务研究委员会委员，上海市长宁区“十佳律师”“优秀律师”。

** 臧怿，华东政法大学经济法学硕士，北京炜衡（上海）律师事务所律师。

后原告（上诉人）A 公司上诉，要求撤销一审判决，改判支持 A 公司的全部诉讼请求。A 公司补充事实称，B 公司（甲方）与 A 公司（乙方）于 2012 年 10 月 31 日签订《×× 设计合同》约定，合同生效后 7 日内，B 公司向 A 公司预付总额的 30% 作为定金；乙方提交初步设计文件，得甲方书面确认后 7 日内，甲方支付总额的 40%；乙方提交全部施工图设计文件，经得甲方书面确认后 7 日内，甲方结清全部工程设计费。A 公司已于 2013 年 3 月 20 日向 B 公司提交了施工图设计文件，并得到 B 公司的认可，但 B 公司未按照合同约定支付设计费用。故请求：判令 B 公司向 A 公司支付设计费 ×× 万元。

被告人（被上诉人）辩称：不同意 A 公司的上诉请求，A 公司的请求已过诉讼时效。请求二审法院驳回 A 公司上诉请求，维持原判。

二审期间，A 公司向法院提交五份证据，分别为证据一《×× 设计合同》，证明 A 公司为 B 公司提供设计服务，设计费用为 ×× 万元；证据二《×× 弱电系统初步设计》、证据三《×× 弱电系统施工图设计》，共同证明 A 公司已按照约定履行合同义务；证据四工作成果移交确认单，证明 A 公司已完成合同约定的设计工作并依据合同约定移交给 B 公司，B 公司表示认可；证据五金额为 ×× 元和 ×× 元的两张发票，证明 A 公司已向 B 公司开具足额合法发票。

二审法院查明：B 公司（甲方）与 A 公司（乙方）于 2012 年 10 月 31 日签订《×× 设计合同》，约定 A 公司为 B 公司提供设计服务，设计费用为 ×× 万元。A 公司于 2013 年 3 月 20 日向 B 公司提交施工图设计文件，并于 2013 年 4 月正式出版《×× 弱电系统初步设计》及《×× 弱电系统施工图设计》。B 公司认可前述设计成果，且未向 A 公司支付任何设计费用。

二审中，B 公司向法院出具《情况说明》，表示其于 2021 年 4 月 12 日收到一审应诉材料，并于 2021 年 5 月 25 日收到一审民事判决书。

2. 裁判结果

二审法院作出民事判决：(1)撤销 ×× 人民法院(2021)沪 ×× 民初 ×× 号民事判决；(2)B 公司于判决生效之日起 10 日内向 A 公司支付设计费用人民币 ×× 元。一审案件受理费减半收取人民币 ×× 元，二审案件受理费人民币 ×× 元，均由被上诉人 B 公司负担。

3. 裁判理由

法院生效裁判认为：A 公司与 B 公司签订的《×× 设计合同》系双方真实意思表示，应为有效。A 公司已向 B 公司提交初步设计文件及全部施工图文件，且得到B公司认可，B公司应当支付相应价款。虽B公司二审抗辩A公司的主张已超过诉讼时效期间，但当事人在一审期间未提出诉讼时效抗辩，在二审期间提出的，人民法院不予支持。B公司自认其于一审庭审前收到应诉材料，然其在无正当理由的情况下未参加一审诉讼，一审法院据此作出缺席判决，尚无不妥。B公司因一审缺席而未发表抗辩意见，现于二审期间提出诉讼时效抗辩，法院不予支持。因此，A公司主张B公司应支付其 × 万元设计费用，具有事实及合同依据，人民法院予以支持。

三、案例注解

（一）问题的提出

本案一审中被告B公司未出庭答辩，法院作出缺席判决，二审庭审时B公司当庭提出诉讼时效抗辩，试图论证B公司虽二审期间提出诉讼时效抗辩，但属于法条规定的例外应予支持的情形。B公司通过主张一审未送达等程序方面存在瑕疵，以论证其一审未提出诉讼时效抗辩权并非可归责于其自身原因，进而达到使二审法院支持其诉讼时效抗辩或将案件发回一审法院重审以不再适用诉讼时效制度的目的。

而对A公司而言，尽管最高人民法院《关于审理民事案件适用诉讼时效制度若干问题的规定》（以下简称《诉讼时效解释》）第3条对诉讼时效适用的阶段和条件作出了初步规定[①]，但具体到本案的二审的事实认定和法律适用，仍存在诸多法律适用不清晰的方面：第一，B公司在一审期间未提出时效抗辩，在二审期间提出时效抗辩意见是否因为超过主张期限而完全不应被采纳？第二，如二审法院不发回重审，A公司二审中提交的新的关键涉案证据（设计文件正本、设计文件签收单等）能否被认定为新的证据？法院能否援引《诉讼时效解释》第3条的规定支持B公司的答辩意见？第三，因A公司提交了新的证据，故本案有发回重审的可能，如二审法院发回重审后，B公司继续援引诉讼时效制度抗辩，能否得到一审法院支持？

案件审理过程中，双方围绕《诉讼时效解释》第3条中“一审期间未提出”“新

---

① 最高人民法院《关于审理民事案件适用诉讼时效制度若干问题的规定》（2008年）第4条规定，当事人在一审期间未提出诉讼时效抗辩，在二审期间提出的，人民法院不予支持，但其基于新的证据能够证明对方当事人的请求权已过诉讼时效期间的情形除外。当事人未按照前款规定提出诉讼时效抗辩，以诉讼时效期间届满为由申请再审或者提出再审抗辩的，人民法院不予支持。

的证据”“能够证明”等用语的理解与法律适用问题展开了激烈的辩论。

(二)一审未提出时效抗辩二审提出,是否因超过主张期限而不应被采纳?

1. 未提出诉讼时效抗辩界定问题——是否包含非因当事人原因未提出的情形

由《诉讼时效解释》第3条的规定可知,其适用的前提是一审期间“未提出”时效抗辩。而当事人一审未提出诉讼时效抗辩,可能存在两种情况。一种是一审期间放弃诉讼时效抗辩但在二审期间提出的,此时应直接适用《诉讼时效解释》第3条的规定,人民法院依法不予支持。还有一种情况,即非因义务人自身原因导致一审阶段未提出诉讼时效抗辩。较为常见的是义务人没有收到开庭传票等或者送达方式不当导致缺席判决等。那么非因可归责于当事人的原因而未提出诉讼时效抗辩,是否亦属于“当事人在一审期间未提出诉讼时效抗辩”的情形?

笔者认为,一审期间“未提出诉讼时效抗辩”包含了“可提出但未提出”之含义,应当限于当事人一审期间放弃或者推定当事人放弃诉讼时效抗辩权。排除非因可归责于当事人的原因而未提出诉讼时效抗辩的情形。

“不能提出而未提出”诉讼时效抗辩的情形不应属于《诉讼时效解释》第3条适用的前提,亦不可因此致使当事人丧失主张诉讼时效抗辩的权利。此时,义务人答辩的相关权利已被剥夺,不存在一审提出诉讼时效抗辩的可能。若因非可归责于义务人自身的原因剥夺义务人提出诉讼时效抗辩的权利,显然与立法目的相悖。司法实践中也有类似的观点。例如,在向新华与陈胜、陈霞民间借贷纠纷案[①]中,法院对被告陈霞送达开庭传票程序违法,以此作出的缺席判决致被告陈霞未依法行使原审的诉讼权利,故法院认为,被告陈霞提出主债务超过诉讼时效不承担连带保证责任的抗辩理由成立。

具体到本案中,B公司代理人在二审庭审中主张诉讼时效抗辩。二审法官当庭询问A公司对B公司提出的诉讼时效抗辩的意见时,A公司代理人当庭未予答复,表示庭后书面阐述代理意见。庭后,A公司代理人向二审法院申请调取本案一审全套卷宗材料,以了解一审B公司案卷送达情况。通过调取一审卷宗,A公司代理人注意到,虽然B公司并未签收一审涉案诉讼材料,但一审法院却在开庭前将一审开庭传票、起诉状副本等应诉材料寄往B公司的代理律师处,请其转交B公司,有送达回证为证。另经查,该律师为本案二审代理律师且仍在一审法院代理B公司其他多起案件。而根据最高人民法院《关于进一步加强民事送达工作的若干意

---

① 参见(2018)鄂1127民初1260号。

见》第8条的规定，当事人拒绝确认送达地址或以拒绝应诉、拒接电话、避而不见送达人员、搬离原住所等躲避、规避送达，人民法院不能或无法要求其确认送达地址的，可以分别以下列情形处理：……(3)没有约定、当事人也未提交书面材料或者书面材料中未载明地址的，以1年内进行其他诉讼、仲裁案件中提供的地址为送达地址……鉴于B公司住址无法送达，且被告代理律师一直在一审法院代理B公司其他的案件，因此，一审法院将开庭传票、起诉状副本等应诉材料寄往代理律师处并无不妥。A公司代理人将上述情况告知二审法院并援引《诉讼时效解释》第3条进行书面答辩。二审法院随即要求B公司说明一审送达情况，后B公司出具《情况说明》，表示其于2021年4月12日收到一审应诉材料。故上述证据表明B公司一审未参加庭审并非存在程序瑕疵，系其自身原因，即可提出而未提出诉讼时效抗辩，故其应当承担相应不利后果。

2. 一审期间可提出但未提出诉讼时效抗辩，二审提出是否应当被采纳

如前文所述，《诉讼时效解释》第3条的"未提出"应当限定为"可提出而未提出"，若当事人在一审期间可提出但未提出诉讼时效抗辩，又在二审期间提出的，人民法院是否应当采纳？

《诉讼时效解释》第3条给出了否定答案。我们认为主要原因有二。第一，无论是直接查明诉讼时效期间已过的事实进行改判还是因一审未审理诉讼时效问题将案件发回重审的方式，均导致了认定原审法院审理的案件为错案的结果，基于当事人未提出诉讼时效答辩而将过错归因于原审法官，并不公平。因此，除非有特殊情况，否则二审法院原则上对义务人一审未提出而在二审提出的诉讼时效抗辩不予支持，包含不会单纯因为一审未审理诉讼时效问题将案件发回重审或改判。第二，从答辩权的行使及程序安定角度，我国虽并未规定答辩失权制度，但答辩随时提出主义对固定诉争焦点以及答辩方恶意迟候答辩、进行诉讼突袭等对对方当事人的权利保护不利，有违程序的安定，因此《诉讼时效解释》明确，作为诉讼时效答辩，原则上应在一审期间提出，一审期间未提出而在二审期间提出的，人民法院原则上不予支持。

具体到本案，B公司一审因自身原因未参加庭审，可提出但未提出诉讼时效抗辩，二审提出原则上不应予以支持。但值得注意的是，本案二审中A公司为证明其诉讼主张补充提交了五份新的证据，那么B公司是否能援引《诉讼时效解释》第3条规定的"基于新的证据能够证明对方当事人的请求权已过诉讼时效期间"的除外情形，对A公司的主张进行有效阻却抗辩呢？

（三）A公司二审提交的关键涉案证据能否被认定为新的证据

新的证据的认定作为二审人民法院是否支持诉讼时效请求的例外情形，成为决定本案案件审理判决走向的关键，故在此有必要予以探讨。

我国立法中对新的证据的界定经历了三个阶段：第一阶段为2001年以前，尽管《民事诉讼法》（1991年）第125条[①]、第179条第1款第1项[②]均提及新的证据，但并未对新的证据进行界定，仅停留在理论探讨层面，以论证证据失权的价值及我国引入该制度的意义为侧重点，为后续法律法规遵循证据失权证据理论奠定基础。第二个阶段为2001—2008年，在此阶段，严格贯彻证据失权理论，以“新发现”作为认定新的证据的关键标准。在此阶段，证据失权理论的正义性等存在较大争议，过于严苛的证据失权理论在实践中往往会与具体案件中的实体公正冲突甚至相悖，由此引发诸多诟病。因此，第三个阶段为2008年后，《民事诉讼法》（2012年）、最高人民法院《关于适用〈中华人民共和国民事诉讼法〉的解释》[以下简称《民事诉讼法司法解释》]（2015年）以及后续修改的《民事诉讼法司法解释》（2021年）均扩大了新的证据的认定范围，以罚款取代证据失权制度，成为我国民事诉讼法对于逾期举证的主要处罚机制。目前的民事诉讼法实质上对新的证据认定标准作出了修改，不再以“新发现”作为界定新的证据的衡量标准，即若证据与案件基本事实有关，人民法院应当采纳[③]，而无论当事人是否存在故意或者重大过失提交，即只要是在人民法院作出判决之前提供的与案件基本事实有关证据，无论是何原因、无论由谁提出，就都应属于新的证据。

司法实践对新的证据的认定阶段与立法中大致相同，但时间点上略有出入。2012年《民事诉讼法》修改后，不同法院裁判中对于新的证据认定仍持有不同观点，不过至2019年后，最高人民法院判例均不再以“新发现”作为界定新的证据的衡量标准。

前文阐述了新的证据界定的三个阶段及现阶段对界定所持意见，那么“基于新

---

① 《民事诉讼法》（1991年）第125条规定，当事人在法庭上可以提出新的证据。当事人经法庭许可，可以向证人、鉴定人、勘验人发问。当事人要求重新进行调查、鉴定或者勘验的，是否准许，由人民法院决定。

② 《民事诉讼法》（1991年）第179条规定，当事人的申请符合下列情形之一的，人民法院应当再审：（1）有新的证据，足以推翻原判决、裁定的……

③ 《民事诉讼法司法解释》（2015年）第102条规定，当事人因故意或者重大过失逾期提供的证据，人民法院不予采纳。但该证据与案件基本事实有关的，人民法院应当采纳，并依照《民事诉讼法》第65条、第115条第1款的规定予以训诫、罚款。当事人非因故意或者重大过失逾期提供的证据，人民法院应当采纳，并对当事人予以训诫。当事人一方要求另一方赔偿因逾期提供证据致使其增加的交通、住宿、就餐、误工、证人出庭作证等必要费用的，人民法院可予以支持。

的证据”如何理解？是否应当仅限于“基于”义务人提交的证据，抑或既可以基于权利人提交的新的证据，又可以基于义务人提交的新的证据？我们认为应采取后一种理解，即义务人既可以基于己方提供的新的证据，又可以基于权利人提交的新的证据，但前提是，“新的证据”应满足能够证明对方当事人的请求权已过诉讼时效期间。

具体到本案，A公司二审中提交的新关键涉案证据（设计文件正本、设计文件签收单等）因对查明案件事实有重要作用，应当被认定为属于司法解释字面意义上的“新的证据”。B公司提出诉讼时效抗辩的主张可基于A公司提交的“新的证据”。那么法条中“能够证明对方当事人的请求权已过诉讼时效期间”应作何理解？换言之，是否只要满足新的证据的字面标准，均可以被认定为《诉讼时效解释》第3条的例外情形？对于能够证明对方当事人的请求权已过诉讼时效期间的新的证据的认定是否还应有其他限制？本案中，若B公司以A公司的五份证据为由，提出基于新的证据主张诉讼时效经过是否可以得到法院的支持？下文将予以探讨。

（四）法院能否基于新的证据的例外情形支持B公司的诉讼时效抗辩

我们认为，对于能够证明债权人的请求权已过诉讼时效期间新的证据的认定应受到“禁反言”的限制，参照“答辩失权制度”予以限缩，且应当以能够证明义务人一审陷入诉讼时效未经过的错误认识作为认定其证明力的必要条件，并非满足“新的证据”的形式即可作为《诉讼时效解释》第三条的例外情形。具体理由如下。

1. 新的证据的认定应受“禁反言”的限制

“禁反言”，又称“禁止反言”，是诚信原则在诉讼中的具体体现[①]，其旨在排除当事人矛盾的行为，维护相对方的合理信赖利益，确保诉讼程序的安定。最高人民法院民事诉讼法修改研究小组认为[②]，诚实信用原则对当事人及其他诉讼参与人有禁止反言的要求。若其实施了前后矛盾的诉讼行为，前一诉讼行为已经得到对方的承认或者信任，因为前后矛盾的诉讼行为损害了对方当事人的利益，所以后一诉讼行为应当受到禁止。

---

① 参见全国人大常委会法制工作委员会民法室编著：《〈中华人民共和国民事诉讼法〉释解与适用》，人民法院出版社2012年版，第14—15页；吴高盛主编：《中华人民共和国民事诉讼法释义及实用指南》，中国民主法制出版社2012年版，第87页。

② 参见最高人民法院民事诉讼法修改研究小组编著：《〈中华人民共和国民事诉讼法〉修改条文理解与适用》，人民法院出版社2012年版，第23页。

如果义务人已明确表示放弃诉讼时效抗辩权或者以其行为可以认定其放弃诉讼时效抗辩权的，其在二审期间提出诉讼时效抗辩，即使有新的证据证明权利人的请求权已超过诉讼时效期间，根据“禁反言”规则，人民法院也不应予以支持。此外，诉讼时效抗辩权应在生效判决作出前行使，该期间为失权期间，义务人如果没有按照前述规定提出诉讼时效抗辩，一旦该期间经过，即使基于新的证据足以证明其享有诉讼时效抗辩权，义务人据以申请再审或者基于其他再审事由进入再审后在再审过程中提出诉讼时效抗辩的，人民法院就不予支持。

“禁反言”原则对新的证据的限制在司法实践中也有体现，如在福建省佳成顺发担保有限公司与上海因侨尔服饰有限公司融资租赁合同纠纷案[①]中，上海因侨尔公司基于新的证据提出抗辩，但法院以“原一、二审诉讼中均只针对佳成顺发公司的主张进行了实体上的抗辩，未对诉讼时效提出抗辩，视为对诉讼时效抗辩权的放弃”，对上海因侨尔公司在重审中提出诉讼时效抗辩不予采纳，亦是默认了“禁反言”原则作为对《诉讼时效解释》中“新的证据”的限制。

结合本案，B公司一审因自身原因未参加庭审，因而不涉及“禁反言”规则的适用，但在其他情况如一审中义务人明确表示放弃诉讼时效抗辩权、义务人向对方当事人作出同意履行义务的意思表示或自愿履行义务的，均应受“禁反言”的限制，义务人在二审期间基于“新的证据”提出诉讼时效抗辩，人民法院也不应予以支持。

2. 新的证据应参照“答辩失权”理论作限缩解释

民事诉讼中的“答辩失权”理论，是指诉讼中被告必须在法定的期间内提出答辩，未如期提出答辩的，将产生对被告不利的法律后果。[②]尽管我国并未规定答辩失权制度，但答辩随时提出主义对于固定诉争焦点、确定案件事实存在不稳定性，尤其在答辩方恶意延迟答辩、进行诉讼突袭的情形下，对对方当事人的权利保护不利，有违程序安定原则。[③]《诉讼时效解释》第3条实质上是以“答辩失权”理论为其法理依据。此外，考虑到罚款取代证据失权制度的新的证据的认定更多地侧重于“实体公正”的衡量，在答辩方恶意拖延的情况下，存在有悖于程序的安定的弊

---

① 参见（2016）闽0821民初2298号。

② 参见最高人民法院民事审判第二庭编著：《最高人民法院关于民事案件诉讼时效司法解释理解与适用》，人民法院出版社2008年版，第91页。

③ 参见宋晓明等：《最高人民法院〈关于审理民事案件适用诉讼时效制度若干问题的规定〉的理解与适用》，载《民事审判指导与参考》第35期。

端。诉讼时效制度作为限制请求权形式的基本民事法律制度，不仅涉及请求权范围，即除实体法之外，更多地侧重于程序公正的衡量。若将“能够证明对方当事人的请求权已过诉讼时效期间”不加以审查与限制，则极有可能导致无限期地保留诉讼时效抗辩权，在任何诉讼阶段均可行使，进而导致法院无法在一审程序中固定诉讼争议焦点，破坏审级制度的功能性设计，不利于维护司法程序的安定和司法裁判的权威，同时亦违背了设定诉讼时效制度以维护社会经济秩序的基本宗旨，不利于法律关系和社会经济秩序的稳定，故而“能够证明对方当事人的请求权已过诉讼时效期间”应采取更为严苛的认定标准，参照“答辩失权”制度作限缩解释。

因此，司法实践中，如作为被告的当事人缺席一审，应当认为其放弃对事实理由答辩及对证据质证等权利。这些权利一经放弃，后果将贯穿整个案件审理过程。结合本案，A 公司提供的合同证据已经载明了合同签订的时间，在 A 公司没有其他证据佐证的前提下，B 公司完全可以根据现有证据对时效问题提出抗辩。但 B 公司并未在一审中对 A 公司提交证据作出否认的意思表示，也没有对 A 公司主张的事实理由作出任何抗辩，虽然 A 公司诉请未得到一审法院支持，但败诉原因是 A 公司证据瑕疵，与 B 公司无关。故 B 公司对 A 公司诉请及证据中所含时效内容的事实不予否认也未提出抗辩的后果，应在二审中予以维持。

3. 新的证据认定应以能够证明义务人一审陷入诉讼时效未经过的错误认识为前提

上述“禁反言”的限制及参照“答辩失权制度”作限缩解释虽然能够很好地排除部分不符合例外情形的新的证据，但是对于何种“新的证据”应当属于例外情形并未进行详细的阐明。我们认为，《诉讼时效解释》第 3 条规定例外情形下新的证据认定，应当以可以证明义务人一审陷入诉讼时效未经过的错误认识为标准进行审查，且将“新的证据”限定为一审庭审结束后新发现的证据或当事人在一审举证期限届满前申请人民法院调取证据未获准许，二审经法院审查认为应当准许并依当事人申请调取的证据。具体原因如下。

第一，若将“能够证明对方当事人的请求权已过诉讼时效期间的新的证据”等同于二审提交的“新的证据”，即只要是在二审法院作出判决之前提供的与案件基本事实有关的证据，无论是何原因、无论由谁提出，都应属于“新的证据”，都可作为一审未提出诉讼时效抗辩二审提出诉讼时效抗辩不予支持的例外，则将导致审级制度限制的功能性设计破坏，有违程序的安定。

第二，法条中“新的证据”作为例外情形，应当是对义务人一审客观上不能（而非主观不愿）提出诉讼时效抗辩的救济，将“新的证据”限定于一审中无法获得且需能够证明“义务人一审陷入诉讼时效未经过的错误认识”符合诉讼时效制度维护社会秩序稳定的立法目的，也是保障司法程序的安定的应有之义。“基于新的证据能够证明对方当事人的请求权已过诉讼时效期间的情形除外”中“能够证明”应当包含两层含义：一是“诉讼时效经过”需要义务人提供证据进行支撑；二是“新的证据”与“诉讼时效经过”存在关联性。绝大多数情况下，根据举证责任分配相关规则，义务人主张诉讼时效经过须提供证据进行支撑①。但是在少数情况下，存在义务人需举证证明诉讼时效期间已经经过的情形，如基于新证据推翻权利人关于诉讼时效中断的证据②。上述少数情况实则系义务人一审陷入诉讼时效未经过的错误认识，其属于客观上不能而非主观上不愿提出诉讼时效抗辩，此种情形下不应归责于义务人。“能够证明对方当事人的请求权已过诉讼时效期间的新的证据”证明力的审查应当限于义务人基于对一审期间诉讼时效期间未经过的事实证据的错误认识。

第三，考虑到无论二审法院基于新的证据改判或者发回重审，均将会导致原审法院审理案件定位为错案，必须对新的证据予以限制，排除当事人故意不提交的情况，将予以认可的新的证据限定为当事人基于此产生错误认识（可认为诉讼时效期间确未经过而无须提出诉讼时效抗辩），故在一审期间未提出诉讼时效抗辩，方能契合《诉讼时效解释》第 3 条应有之义。

具体到本案，B 公司在一审开庭前即已收到 A 公司诉状及证据材料，虽然不包含二审补充的五份证据，但是根据诉状 B 公司对 A 公司的诉请及相关事实和法律依据已经清楚知悉，此时 B 公司有义务也有可能通过内部核查等方式，对 A 公司所述事实理由进行核实，并积极应诉。其完全可以在一审阶段提出时效抗辩。此外，A 公司在二审过程中补充提交的证据材料都是用以证明双方合同履行以及交付的证据，该证据的形成时间均晚于 A 公司一审提交的双方合同落款时间。B 公司针对形成时间更早的合同证据尚未提出时效抗辩，反而要求对形成时间晚于合

① 诉讼时效抗辩权为义务人的实体权利，关于诉讼时效期间经过的事实的主张为否定事实的主张，而对诉讼时效期间未经过事实的主张系对肯定事实的主张。故根据民事诉讼证据举证原则的一般法理，一般应由主张肯定事实的当事人一方对肯定事实的存在负举证责任，如果其举证不能，则证明肯定事实不存在，而应认定否定事实。因此，由于义务人所主张的诉讼时效期间已经经过的事实为否定事实，所以，其只需提出诉讼时效抗辩即可，并不以其有证据证明诉讼时效期间已过的事实为必要。参见最高人民法院民事审判第二庭编著：《最高人民法院关于民事案件诉讼时效司法解释理解与适用》，人民法院出版社 2008 年版，第 93 页。

② 朱晓喆：《〈民法典〉第 192 条（诉讼时效的法律效果）评注》，载《中国应用法学》2022 年第 2 期。

同的证据提出时效抗辩，亦不应予以支持。故A公司二审补充提交的证据，只是对一审所述事实的补强，不会产生B公司对一审事实产生误判的效果，不属于《诉讼时效解释》第3条所载之“新的证据”。

既然本案二审补充提交的证据不属于《诉讼时效解释》第3条所载之“新的证据”，那么何种新的证据应当属于上述“新的证据”？经检索相关案例可知，司法实践中基本不存在因“新的证据”作为例外情形支持诉讼时效抗辩的案例。时任最高人民法院民二庭副庭长的刘竹梅法官也在《关于民事诉讼时效司法解释的解读（上）》中指出：“后来加了一个但书，二审时候基于新证据提出也可以，加了一个限制，二审要基于新证据提出，当时基于新的证据，我是不主张写的。”[①] 由此可见，“新的证据”是否作为例外情形在《诉讼时效解释》第3条中单独列出存在一定争议。同时，司法实践中对“新的证据”作为例外情形的审慎适用，亦反映了《诉讼时效解释》第3条所载之“新的证据”并非字面意义的理解。尽管如此，我们仍认为，在理论上“新的证据”作为例外情形依然存在适用空间，例如一审中权利人提交的用于证明诉讼时效未经过的材料经鉴定系伪造、权利人在更早时候已知道或应当知道权利受到损害的证据等。

当然，本案还存在一种可能：因A公司提交了新的证据，故二审法院可能将本案发回重审。若发回重审，应适用一审程序进行审理，若此时B公司继续援引诉讼时效制度抗辩，能否得到一审法院的支持？

（五）二审发回重审案件，B公司援引诉讼时效抗辩，能否得到法院支持

若二审法院发回重审，重审将适用一审程序予以审理。B公司继续援引诉讼时效制度抗辩，能否得到法院支持？对此司法实践中有两种观点：第一种观点认为，发回重审仍使用原一审程序，只要案件处于一审程序审理阶段（无论是一审还是发回重审，均按照一审程序审理），B公司仍有权在重审期间主张诉讼时效抗辩。第二种观点认为，B公司只可在一审期间行使诉讼时效抗辩权，除非满足有新的证据证实等例外情况，否则即使发回重审按照一审程序进行审理，B公司主张诉讼时效抗辩仍不应予以支持。

笔者认为，当事人在原一审期间内，怠于行使诉讼时效抗辩权，即使该案发回重审，除非有法定除外情形，当事人仍不能提出相同抗辩主张，即诉讼时效抗辩权

---

① 刘竹梅：《关于民事诉讼时效司法解释的解读（上）》，https://mp.weixin.qq.com/s/x7sCtX2L2Q2QSkDB8uwX2w，2022年5月12日访问。

的行使应当限缩适用，具体有如下原因。

1. 发回重审案件是原诉讼程序的延续，系完整诉讼程序的组成部分

发回重审重新启动一审审理程序，义务人仍享有诉讼时效抗辩权系凭表象得出的结论。从民事诉讼原理及程序机制设置的目的来看，发回重审案件，虽适用一审程序重新组成合议庭进行审理，但不可仅因为其适用一审程序而将其视为独立的审判程序。一审审判程序的启动是基于当事人行使诉权的结果，发回重审突破了民事诉讼处分原则，系司法运作的无奈之举。[①] 重审根据二审裁定进行立案，而非基于当事人行使诉权而启动，因此，并不可以将其视为独立的审判程序，不可以脱离之前的诉讼阶段，应认为其是原审的延续。当事人在原一审中未提出诉讼时效答辩，应承担相应的法律后果，因此发回重审阶段对于当事人提出的诉讼时效抗辩申请，除无法定事由外，不应予以支持。

司法实践中亦存在相关案例予以佐证，例如在中国航空港建设总公司辽宁蓝天工程部、辽宁北方工程部诉北京世恒信商贸有限责任公司、白恩宇建设工程合同案[②]中，法院认为，发回重审的一审程序并非完全独立的一审程序，与原一、二审的诉讼过程共同构成了完整的诉讼程序，当事人具有足够充分的时间准备所谓的“防御”权利，因此时效抗辩行使阶段的限缩适用不会损失当事人的合法权益。否则一旦抗辩权允许在发回重审期间行使并被采纳，将对案件审理产生“推倒重来”的结果，这种裁判结果所遵循的程序规则导致了诉讼双方的权利非对等。

2. 诉讼时效抗辩权的行使是实现程序安定、避免诉累、实现诉讼效率的选择

《诉讼时效规定》立法目的是减少诉累，节约审判资源，实现诉讼效率，在不违背基本法理的基础上，应作出有利于权利人的解释。最高人民法院民二庭负责人就《关于审理民事案件适用诉讼时效制度若干问题的规定》答记者问提出，如果任由义务人在任何审理阶段均可行使诉讼时效抗辩权，则将出现法院无法在一审审理阶段固定诉争焦点，无法有效发挥一审事实审的功能，使审级制度的功能性设计流于形式，产生损害司法程序的安定性、司法裁决的权威性、社会秩序的稳定性等

---

① 赵泽军：《民事诉讼发回重审制度的反思和建构——以民事诉讼法修正案草案为视角》，载《政法论坛》2012 年第 4 期。

② 张鹏：《中国航空港建设总公司辽宁蓝天工程部、辽宁北方工程部诉北京世恒信商贸有限责任公司、白恩宇建设工程合同案——诉讼时效抗辩权能否在发回重审期间行使的判断》，载《人民法院案例选》2016 年第 4 辑。

问题。[①]

具体到司法实践中，法院也基本持否定观点，即对于一审未提出诉讼时效抗辩，二审提出，发回重审的案件，若无法定的理由不支持当事人在发回重审期间提出的诉讼时效抗辩。根据威科先行法律数据库大数据检索，截至2021年12月，一审未提出诉讼时效抗辩而二审提出的案件中，发回重审的案件共77件，其中3件系发回重审中支持诉讼时效抗辩，但无一例外均属于一审程序存在瑕疵剥夺了当事人提出诉讼时效抗辩的权利。[②]一审未提出诉讼时效抗辩而二审提出的，原则上不予支持，无论是二审裁判抑或发回重审。

四、结语

本案中A公司二审代理人在未参与一审案件的情况下，充分分析了一审败诉的原因，并综合一审诉讼进行的实际情况，对二审提交新的证据可能导致的诉讼时效过期风险进行了合理预判。经过A公司二审代理人的综合研判，如果二审不予提交补充证据，则本案部分关键事实无法得到证实，A公司相应诉请则无法得到法院支持；而提交新的证据后，虽然会产生B公司以诉讼时效为由进行抗辩的风险，但由于其一审自行放弃诉讼权利，故A公司在二审期间通过合理调整诉讼策略，成功规避该项风险的可能性较高。事实上，二审法院最终也认可了A公司代理人意见，对A公司全部诉请予以支持，代理人成功维护了A公司合法权益。

同时，对于本案B公司关于诉讼时效抗辩最终未被二审法院采纳这一节，也应当引起重视。A公司在一审期间对于相关权利已经超过诉讼时效的事实是无法规避的，适用诉讼时效的主动权完全在于B公司，而诉讼时效的提出基本不需要诉讼成本。B公司如果在一审中提出诉讼时效抗辩，本案即尘埃落定，A公司后续的任何诉讼策略都将无力回天。正是因为B公司在一审中消极应诉，B公司代理人在收悉材料后也没有相应敏感度，没有及时提示当事人，导致时效抗辩失效。这也告诫当事人和案件代理人，应当对时效问题提高敏感度，积极在时效期间行使权利。

本案体现了对《诉讼时效解释》第3条的深入理解与运用。我们认为，《诉讼时效解释》第3条应包括以下六层含义。第一，在一般情况下，义务人在一审期间没有提出诉讼时效抗辩而在二审期间提出的，人民法院应不予支持。第二，在一审

① 《最高人民法院民二庭负责人就〈关于审理民事案件适用诉讼时效制度若干问题的规定〉答记者问》，载《人民法院报》2008年9月1日。

② 参见(2015)原商重初字第1号；(2018)鄂1127民初1260号；(2018)湘1322民初2256号。

期间，如果义务人已明确表示放弃诉讼时效抗辩权或者以其行为可以认定其放弃诉讼时效抗辩权的，其在二审期间提出诉讼时效抗辩，除非有新证据证明义务人一审陷入诉讼时效未经过的错误认识，否则即使有新的证据，根据“禁反言”原则，人民法院也不应予以支持。第三，诉讼时效抗辩权应在生效判决作出前行使，该期间为失权期间，义务人如果没有按照前述规定提出诉讼时效抗辩，该期间经过，即使基于新的证据足以证明其享有诉讼时效抗辩权，义务人据以申请再审或者基于其他再审事由进入再审后在再审过程中提出诉讼时效抗辩的，人民法院也不予支持。第四，义务人在原一审、二审中均未行使诉讼时效抗辩权，而在发回重审期间提出的，无论有无充分证据证实，均因超过抗辩权行使阶段而不应被采纳。第五，义务人在一审期间没有提出诉讼时效抗辩，如果其在二审期间有新的证据能够证明权利人的请求权已超过诉讼时效期间而提出诉讼时效抗辩的，二审法院可予以支持，但需审查所提供新的证据。二审法院还可以事实不清为由发回重审，义务人仍可在重审期间主张上述权利，但法院亦需审查所提供新的证据。新的证据的审查与认定应排除当事人逾期提交的情形，并以能够证明义务人一审陷入诉讼时效未经过的错误认识作为认定其证明力的必要条件。第六，基于一审法院对义务人送达开庭传票违法、违法作出缺席判决等程序违法剥夺被告答辩权，作为特殊情况，不属于“应提出而未提出”诉讼时效抗辩的情形，不受上述规定限制。